ESTATUTO DA CRIANÇA E DO ADOLESCENTE

E LEGISLAÇÃO COMPLEMENTAR

O livro é a porta que se abre para a realização do homem.

Jair Lot Vieira

Supervisão Editorial

JAIR LOT VIEIRA

ESTATUTO DA CRIANÇA E DO ADOLESCENTE

E LEGISLAÇÃO COMPLEMENTAR

LEI Nº 8.069, DE 13 DE JULHO DE 1990

Atualizada até a Lei nº 12.594, de 18 de janeiro de 2012

Institui o Sistema Nacional de Atendimento Socioeducativo

SINASE

Constituição Federal • Código Civil • Código Penal
Código de Processo Civil • Código de Processo Penal
Sistema Nacional de Atendimento Socioeducativo (SINASE)
Registro Civil • Resoluções do CONANDA
Normas e Convenções Internacionais

6ª EDIÇÃO

REVISTA, AMPLIADA E ATUALIZADA

Atualizada até a Lei nº 12.650, de 17 de maio de 2012

Altera o Código Penal com a finalidade de modificar as regras relativas à prescrição dos crimes praticados contra crianças e adolescentes.

edipro

ESTATUTO DA CRIANÇA E DO ADOLESCENTE E LEGISLAÇÃO COMPLEMENTAR

Lei nº 8.069, de 13 de julho de 1990

Atualizada até a Lei nº 12.594, de 18 de janeiro de 2012

Institui o Sistema Nacional de Atendimento Socioeducativo - SINASE

Supervisão editorial: Jair Lot Vieira

6ª Edição 2012 – Atualizada até a Lei nº 12.650, de 17.5.2012

Coordenação editorial: *Maíra Lot Vieira Micales*
Produção editorial: *Murilo Oliveira de Castro Coelho*
Assessor editorial: *Flávio Ramalho*
Editoração: *Alexandre Rudyard Benevides*
Revisão: *Sandra Cristina Lopes*
Arte: *Equipe Edipro*

Dados Internacionais de Catalogação na Publicação (CIP)
(Câmara Brasileira do Livro, SP, Brasil)

Brasil
[Leis etc.]
Estatuto da Criança e do Adolescente : Lei nº 8.069, de 13 de julho de 1990 e legislação complementar : [supervisão editorial Jair Lot Vieira] -- 6ª ed., rev., ampl. e atual. -- São Paulo : EDIPRO, 2012. – (Série Legislação).

ISBN 978-85-7283-752-1

1. Menores – Leis e legislação – Brasil I. Vieira, Jair Lot. II. Série.

09-09774 CDU-347.157.1(81)(094)

Índices para catálogo sistemático:
1. Brasil : Estatuto da Criança e do Adolescente : 347.157.1(81)(094)
2. Estatuto da Criança e do Adolescente : Brasil : 347.157.1(81)(094)

edipro

edições profissionais ltda.
São Paulo: Fone (11) 3107-4788 – Fax (11) 3107-0061
Bauru: Fone (14) 3234-4121 – Fax (14) 3234-4122
www.edipro.com.br

ÍNDICE GERAL

LEI Nº 8.069, DE 13 DE JULHO DE 1990 – *Dispõe sobre o Estatuto da Criança e do Adolescente e dá outras providências* 13
Livro I – Parte Geral (arts. 1º a 85) 13
Título I – Das Disposições Preliminares (arts. 1º a 6º) 13
Título II – Dos Direitos Fundamentais (arts. 7º a 69) 14
Capítulo I – Do Direito à Vida e à Saúde (arts. 7º a 14) 14
Capítulo II – Do Direito à Liberdade, ao Respeito e à Dignidade (arts. 15 a 18) 15
Capítulo III – Do Direito à Convivência Familiar e Comunitária (arts. 19 a 52) 16
Seção I – Disposições Gerais (arts. 19 a 24) 16
Seção II – Da Família Natural (arts. 25 a 27) 17
Seção III – Da Família Substituta (arts. 28 a 52-D) 17
Subseção I – Disposições Gerais (arts. 28 a 32) 17
Subseção II – Da Guarda (arts. 33 a 35) 19
Subseção III – Da Tutela (arts. 36 a 38) 20
Subseção IV – Da Adoção (arts. 39 a 52-D) 20
Capítulo IV – Do Direito à Educação, à Cultura, ao Esporte e ao Lazer (arts. 53 a 59) 31
Capítulo V – Do Direito à Profissionalização e à Proteção no Trabalho (arts. 60 a 69) 32
Título III – Da Prevenção (arts. 70 a 85) 33
Capítulo I – Disposições Gerais (arts. 70 a 73) 33
Capítulo II – Da Prevenção Especial (arts. 74 a 85) 33
Seção I – Da informação, Cultura, Lazer, Esportes, Diversões e Espetáculos (arts. 74 a 80) 33
Seção II – Dos Produtos e Serviços (arts. 81 e 82) 34
Seção III – Da Autorização para Viajar (arts. 83 a 85) 35

Livro II – Parte Especial (arts. 86 a 258) ... 35
Título I – Da Política de Atendimento (arts. 86 a 97) ... 35
Capítulo I – Disposições Gerais (arts. 86 a 89) ... 35
Capítulo II – Das Entidades de Atendimento (arts. 90 a 97) ... 37
Seção I – Disposições Gerais (arts. 90 a 94) ... 37
Seção II – Da Fiscalização das Entidades (arts. 95 a 97) ... 41
Título II – Das Medidas de Proteção (arts. 98 a 102) ... 42
Capítulo I – Disposições Gerais (art. 98) ... 42
Capítulo II – Das Medidas Específicas de Proteção (arts. 99 a 102) ... 42
Título III – Da Prática de Ato Infracional (arts. 103 a 128) ... 47
Capítulo I – Disposições Gerais (arts. 103 a 105) ... 47
Capítulo II – Dos Direitos Individuais (arts. 106 a 109) ... 47
Capítulo III – Das Garantias Processuais (arts. 110 e 111) ... 48
Capítulo IV – Das Medidas Socioeducativas (arts. 112 a 125) ... 48
Seção I – Disposições Gerais (arts. 112 a 114) ... 48
Seção II – Da Advertência (art. 115) ... 49
Seção III – Da Obrigação de Reparar o Dano (art. 116) ... 49
Seção IV – Da Prestação de Serviços à Comunidade (art. 117) ... 49
Seção V – Da Liberdade Assistida (arts. 118 e 119) ... 49
Seção VI – Do Regime de Semiliberdade (art. 120) ... 50
Seção VII – Da Internação (arts. 121 a 125) ... 50
Capítulo V – Da Remissão (arts. 126 a 128) ... 51
Título IV – Das Medidas Pertinentes aos Pais ou Responsável (arts. 129 e 130) ... 52
Título V – Do Conselho Tutelar (arts. 131 a 140) ... 52
Capítulo I – Disposições Gerais (arts. 131 a 135) ... 52
Capítulo II – Das Atribuições do Conselho (arts. 136 e 137) ... 53
Capítulo III – Da Competência (art. 138) ... 54
Capítulo IV – Da Escolha dos Conselheiros (art. 139) ... 54
Capítulo V – Dos Impedimentos (art. 140) ... 54
Título VI – Do Acesso à Justiça (arts. 141 a 224) ... 55
Capítulo I – Disposições Gerais (arts. 141 a 144) ... 55
Capítulo II – Da Justiça da Infância e da Juventude (arts. 145 a 151) ... 55
Seção I – Disposições Gerais (art. 145) ... 55
Seção II – Do Juiz (arts. 146 a 149) ... 55
Seção III – Dos Serviços Auxiliares (arts. 150 e 151) ... 57
Capítulo III – Dos Procedimentos (arts. 152 a 197-E) ... 57
Seção I – Disposições Gerais (arts. 152 a 154) ... 57

Seção II – Da Perda e da Suspensão do Poder Familiar (arts. 155 a 163) 58
Seção III – Da Destituição da Tutela (art. 164) 60
Seção IV – Da Colocação em Família Substituta (arts. 165 a 170)... 60
Seção V – Da Apuração de Ato Infracional Atribuído a Adolescente (arts. 171 a 190) 62
Seção VI – Da Apuração de Irregularidades em Entidade de Atendimento (arts. 191 a 193) 65
Seção VII – Da Apuração de Infração Administrativa às Normas de Proteção à Criança e ao Adolescente (arts. 194 a 197) 65
Seção VIII – Da Habilitação de Pretendentes à Adoção (arts. 197-A a 197-E) 66
Capítulo IV – Dos Recursos (arts. 198 a 199-E) 68
Capítulo V – Do Ministério Público (arts. 200 a 205) 69
Capítulo VI – Do Advogado (arts. 206 e 207) 71
Capítulo VII – Da Proteção Judicial dos Interesses Individuais, Difusos e Coletivos (arts. 208 a 224) 71
Título VII – Dos Crimes e Das Infrações Administrativas (arts. 225 a 258-B) 75
Capítulo I – Dos Crimes (arts. 225 a 244-B) 75
Seção I – Disposições Gerais (arts. 225 a 227) 75
Seção II – Dos Crimes em Espécie (arts. 228 a 244-B) 75
Capítulo II – Das Infrações Administrativas (arts. 245 a 258-B) 79
Disposições Finais e Transitórias (arts. 259 a 267) 82

CONSTITUIÇÃO E CÓDIGOS 89
CONSTITUIÇÃO DA REPÚBLICA FEDERATIVA DO BRASIL (Excertos) . 89
CÓDIGO CIVIL – Lei nº 10.406, de 10 de janeiro de 2002 (Excertos) 93
CÓDIGO DE PROCESSO CIVIL – Lei nº 5.869, de 11 de janeiro de 1973 (Excertos) 108
CÓDIGO PENAL – Decreto-Lei nº 2.848, de 7 de dezembro de 1940 (Excertos) 110
CÓDIGO DE PROCESSO PENAL – Decreto-Lei nº 3.689, de 3 de outubro de 1941 (Excertos) 124
CONSOLIDAÇÃO DAS LEIS DO TRABALHO – Decreto-Lei nº 5.452, de 1º de maio de 1943 (Excertos) 127

LEGISLAÇÃO COMPLEMENTAR E ALTERADORA 137
LEIS 137
LEI Nº 6.015, DE 31 DE DEZEMBRO DE 1973 – *Dispõe sobre os registros públicos, e dá outras providências* (Excertos) 137

LEI Nº 8.072, DE 25 DE JULHO DE 1990 – *Dispõe sobre os crimes hediondos, nos termos do art. 5º, inciso XLIII, da Constituição Federal, e determina outras providências* 143

LEI Nº 8.242, DE 12 DE OUTUBRO DE 1991 – *Cria o Conselho Nacional dos Direitos da Criança e do Adolescente (CONANDA) e dá outras providências* 145

LEI Nº 8.560, DE 29 DE DEZEMBRO DE 1992 – *Regula a investigação de paternidade dos filhos havidos fora do casamento e dá outras providências* 147

LEI Nº 8.642, DE 31 DE MARÇO DE 1993 – *Dispõe sobre a instituição do Programa Nacional de Atenção Integral à Criança e ao Adolescente – PRONAICA e dá outras providências* 148

LEI Nº 9.975, DE 23 DE JUNHO DE 2000 – *Acrescenta artigo à Lei nº 8.069, de 13 de julho de 1990, que dispõe sobre o Estatuto da Criança e do Adolescente* 149

LEI Nº 10.421, DE 15 DE ABRIL DE 2002 – *Estende à mãe adotiva o direito à licença-maternidade e ao salário-maternidade, alterando a Consolidação das Leis do Trabalho, aprovada pelo Decreto-Lei nº 5.452, de 1º de maio de 1943, e a Lei nº 8.213, de 24 de julho de 1991* 149

LEI Nº 10.764, DE 12 DE NOVEMBRO DE 2003 – *Altera a Lei nº 8.069, de 13 de julho de 1990, que dispõe sobre o Estatuto da Criança e do Adolescente e dá outras providências* 150

LEI Nº 11.185, DE 7 DE OUTUBRO DE 2005 – *Altera o* caput *do art. 11 da Lei nº 8.069, de 13 de julho de 1990, que dispõe sobre o Estatuto da Criança e do Adolescente e dá outras providências* 151

LEI Nº 11.259, DE 30 DE DEZEMBRO DE 2005 – *Acrescenta dispositivo à Lei nº 8.069, de 13 de julho de 1990 – Estatuto da Criança e do Adolescente, para determinar investigação imediata em caso de desaparecimento de criança ou adolescente* 151

LEI Nº 11.770, DE 9 DE SETEMBRO DE 2008 – *Cria o Programa Empresa Cidadã, destinado à prorrogação da licença-maternidade mediante concessão de incentivo fiscal, e altera a Lei nº 8.212, de 24 de julho de 1991* 151

LEI Nº 11.804, DE 5 DE NOVEMBRO DE 2008 – *Disciplina o direito a alimentos gravídicos e a forma como ele será exercido e dá outras providências* 152

LEI Nº 11.829, DE 25 DE NOVEMBRO DE 2008 – *Altera a Lei nº 8.069, de 13 de julho de 1990 – Estatuto da Criança e do Adolescente, para aprimorar o combate à produção, venda e distribuição de pornografia infantil, bem como criminalizar a aquisição e a posse de tal material e outras condutas relacionadas à pedofilia na internet* 153

LEI Nº 11.924, DE 17 DE ABRIL DE 2009 – *Altera o art. 57 da Lei nº 6.015, de 31 de dezembro de 1973, para autorizar o enteado ou a enteada a adotar o nome da família do padrasto ou da madrasta* 154

LEI Nº 12.010, DE 3 DE AGOSTO DE 2009 – *Dispõe sobre adoção; altera as Leis nºs 8.069, de 13 de julho de 1990 – Estatuto da Criança e do Adolescente, 8.560, de 29 de dezembro de 1992; revoga dispositivos da Lei nº 10.406, de 10 de janeiro de 2002 – Código Civil, e da Consolidação das Leis do Trabalho – CLT, aprovada pelo Decreto-Lei nº 5.452, de 1º de maio de 1943; e dá outras providências* ... 154

LEI Nº 12.015, DE 7 DE AGOSTO DE 2009 – *Altera o Título VI da Parte Especial do Decreto-Lei nº 2.848, de 7 de dezembro de 1940 – Código Penal, e o art. 1º da Lei nº 8.072, de 25 de julho de 1990, que dispõe sobre os crimes hediondos, nos termos do inciso XLIII do art. 5º da Constituição Federal e revoga a Lei nº 2.252, de 1º de julho de 1954, que trata de corrupção de menores* ... 155

LEI Nº 12.038, DE 1º DE OUTUBRO DE 2009 – *Altera o art. 250 da Lei nº 8.069, de 13 de julho de 1990 – Estatuto da Criança e do Adolescente, para determinar o fechamento definitivo de hotel, pensão, motel ou congênere que reiteradamente hospede crianças e adolescentes desacompanhados dos pais ou responsáveis, ou sem autorização* ... 156

LEI Nº 12.318, DE 26 DE AGOSTO DE 2010 – *Dispõe sobre a alienação parental e altera o art. 236 da Lei nº 8.069, de 13 de julho de 1990* ... 156

LEI Nº 12.415, DE 9 DE JUNHO DE 2011 – *Acrescenta parágrafo único ao art. 130 da Lei nº 8.069, de 13 de julho de 1990 (Estatuto da Criança e do Adolescente), para determinar que alimentos provisórios sejam fixados cautelarmente em favor da criança ou adolescente cujo agressor seja afastado da moradia comum por determinação judicial* ... 158

LEI Nº 12.594, DE 18 DE JANEIRO DE 2012 – *Institui o Sistema Nacional de Atendimento Socioeducativo (SINASE), regulamenta a execução das medidas socioeducativas destinadas a adolescente que pratique ato infracional; e altera as Leis nºs 8.069, de 13 de julho de 1990 (Estatuto da Criança e do Adolescente); 7.560, de 19 de dezembro de 1986, 7.998, de 11 de janeiro de 1990, 5.537, de 21 de novembro de 1968, 8.315, de 23 de dezembro de 1991, 8.706, de 14 de setembro de 1993, os Decretos-Leis nºs 4.048, de 22 de janeiro de 1942, 8.621, de 10 de janeiro de 1946, e a Consolidação das Leis do Trabalho (CLT), aprovada pelo Decreto-Lei nº 5.452, de 1º de maio de 1943* ... 158

LEI Nº 12.650, DE 17 DE MAIO DE 2012 – *Altera o Decreto-Lei nº 2.848, de 7 de dezembro de 1940 – Código Penal, com a finalidade de modificar as regras relativas à prescrição dos crimes praticados contra crianças e adolescentes* ... 175

DECRETOS ... 176

DECRETO Nº 99.710, DE 21 DE NOVEMBRO DE 1990 – *Promulga a Convenção sobre os Direitos da Criança* ... 176

DECRETO Nº 1.056, DE 11 DE FEVEREIRO DE 1994 – *Regulamenta a Lei nº 8.642, de 31.3.1993, e estabelece a forma de atuação dos órgãos do Poder Executivo para execução do Programa Nacional de Atenção Integral à Criança e ao Adolescente (PRONAICA), e dá outras providências* 176

DECRETO Nº 1.196, DE 14 DE JULHO DE 1994 – *Dispõe sobre a gestão e administração do Fundo Nacional para a Criança e o Adolescente (FNCA), e dá outras providências* 178

DECRETO Nº 2.429, DE 17 DE DEZEMBRO DE 1997 – *Promulga a Convenção Interamericana sobre Conflito de Leis em Matéria de Adoção de Menores, concluída em La Paz, em 24 de maio de 1984* 180

DECRETO Nº 3.087, DE 21 DE JUNHO DE 1999 – *Promulga a Convenção Relativa à Proteção das Crianças e à Cooperação em Matéria de Adoção Internacional, concluída na Haia, em 29 de maio de 1993* 180

DECRETO Nº 3.413, DE 14 DE ABRIL DE 2000 – *Promulga a Convenção sobre os Aspectos Civis do Sequestro Internacional de Crianças, concluída na cidade de Haia, em 25 de outubro de 1980* 181

DECRETO Nº 3.597, DE 12 DE SETEMBRO DE 2000 – *Promulga Convenção nº 182 e a Recomendação 190 da Organização Internacional do Trabalho (OIT) sobre a Proibição das Piores Formas de Trabalho Infantil e a Ação Imediata para sua Eliminação, concluídas em Genebra, em 17 de junho de 1999* 181

DECRETO Nº 3.951, DE 4 DE OUTUBRO DE 2001 – *Designa a Autoridade Central para dar cumprimento às obrigações impostas pela Convenção sobre os Aspectos Civis do Sequestro Internacional de Crianças, cria o Conselho da Autoridade Central Administrativa Federal contra o Sequestro Internacional de Crianças e institui o Programa Nacional para Cooperação no Regresso de Crianças e Adolescentes Brasileiros Sequestrados Internacionalmente* 182

DECRETO Nº 5.006, DE 8 DE MARÇO DE 2004 – *Promulga o Protocolo Facultativo à Convenção sobre os Direitos da Criança relativo ao envolvimento de crianças em conflitos armados* 184

DECRETO Nº 5.007, DE 8 DE MARÇO DE 2004 – *Promulga o Protocolo Facultativo à Convenção sobre os Direitos da Criança referente à venda de crianças, à prostituição infantil e à pornografia infantil* 185

DECRETO Nº 5.089, DE 20 DE MAIO DE 2004 – *Dispõe sobre a composição, estruturação, competências e funcionamento do Conselho Nacional dos Direitos da Criança e do Adolescente – CONANDA, e dá outras providências* 185

DECRETO Nº 5.491, DE 18 DE JULHO DE 2005 – *Regulamenta a atuação de organismos estrangeiros e nacionais de adoção internacional* 188

DECRETO Nº 6.230, DE 11 DE OUTUBRO DE 2007 – *Estabelece o Compromisso pela Redução da Violência Contra Crianças e Adolescentes, com vistas à implementação de ações de promoção e defesa dos direi-*

tos da criança e do adolescente, por parte da União Federal, em regime de colaboração com Municípios, Estados e Distrito Federal, institui o Comitê Gestor de Políticas de Enfrentamento à Violência contra Criança e Adolescente, e dá outras providências 191

DECRETO Nº 6.231, DE 11 DE OUTUBRO DE 2007 – *Institui o Programa de Proteção a Crianças e Adolescentes Ameaçados de Morte – PPCAAM* . 193

DECRETO Nº 6.481, DE 12 DE JUNHO DE 2008 – *Regulamenta os artigos 3º, alínea "d", e 4º da Convenção 182 da Organização Internacional do Trabalho (OIT) que trata da proibição das piores formas de trabalho infantil e ação imediata para sua eliminação, aprovada pelo Decreto Legislativo nº 178, de 14 de dezembro de 1999, e promulgada pelo Decreto nº 3.597, de 12 de setembro de 2000, e dá outras providências* 195

DECRETO Nº 7.052 DE 23 DE DEZEMBRO DE 2009 – *Regulamenta a Lei nº 11.770, de 9 de setembro de 2008, que cria o Programa Empresa Cidadã, destinado à prorrogação da licença-maternidade, no tocante a empregadas de pessoas jurídicas* 213

RESOLUÇÕES E PORTARIAS 215

RESOLUÇÃO CONANDA Nº 28, DE 9 DE AGOSTO DE 1994 – *Dispõe sobre o estimulo à instalação de comissões estaduais judiciárias de adoção* 215

RESOLUÇÃO CONANDA Nº 44, DE 6 DE DEZEMBRO DE 1996 – *Regulamenta a execução das diretrizes do art. 88, V, do Estatuto da Criança e do Adolescente e dá outras providências* 215

PORTARIA INTERMINISTERIAL MS/SEDH/SEPM Nº 1.426, DE 14 DE JULHO DE 2004 – *Aprova as diretrizes para a implantação e implementação da atenção à saúde dos adolescentes em conflito com a lei, em regime de internação e internação provisória, e dá outras providências* .. 216

RESOLUÇÃO CONANDA Nº 112, DE 27 DE MARÇO DE 2006 – *Dispõe sobre os parâmetros para a formação continuada dos operadores do sistema de garantia dos direitos da criança e do adolescente* 219

RESOLUÇÃO CONANDA Nº 113, DE 19 DE ABRIL DE 2006 – *Dispõe sobre os parâmetros para a institucionalização e fortalecimento do Sistema de Garantia dos Direitos da Criança e do Adolescente* 227

RESOLUÇÃO CONANDA Nº 119, DE 11 DE DEZEMBRO DE 2006 – *Dispõe sobre o Sistema Nacional de Atendimento Socioeducativo e dá outras providências* 238

PORTARIA MTE/SIT Nº 88, DE 28 DE ABRIL DE 2009 – *Remete ao que são considerados locais e serviços perigosos ou insalubres, proibidos ao trabalho do menor de 18 (dezoito) anos* 238

RESOLUÇÃO CONANDA Nº 137, DE 21 DE JANEIRO DE 2010 – *Dispõe sobre os parâmetros para a criação e o funcionamento dos Fundos Nacional, Estaduais e Municipais dos Direitos da Criança e do Adolescente e dá outras providências* 239

PORTARIA MTE Nº 656, DE 26 DE MARÇO DE 2010 – *Cria o Selo "Parceiros da Aprendizagem", bem como disciplina a concessão do documento às entidades merecedoras* 245

ACORDOS E CONVENÇÕES INTERNACIONAIS 247

Convenção sobre os Direitos da Criança – *Promulgada pelo Decreto nº 99.710, de 21.11.1990* 247

Convenção Interamericana sobre Conflito de Leis em Matéria de Adoção de Menores/MRE – *Promulgada pelo Decreto nº 2.429, de 17.12.1997.* 260

Convenção Relativa à Proteção das Crianças e à Cooperação em Matéria de Adoção Internacional – *Promulgada pelo Decreto nº 3.087, de 21.6.1999* 264

Convenção sobre os Aspectos Civis do Sequestro Internacional de Crianças – *Promulgada pelo Decreto nº 3.413, de 14.4.2000* 272

Convenção OIT nº 182 – Convenção sobre a Proibição das Piores Formas de Trabalho Infantil e a Ação Imediata para sua Eliminação – *Promulgada pelo Decreto nº 3.597, de 12.9.2000* 280

Recomendação OIT nº 190 – Recomendação sobre a Proibição das Piores Formas de Trabalho Infantil e a Ação Imediata para a sua Eliminação – *Promulgada pelo Decreto nº 3.597, de 12.9.2000* 283

Protocolo Facultativo à Convenção sobre os Direitos da Criança Relativo ao Envolvimento de Crianças em Conflitos Armados – *Promulgado pelo Decreto nº 5.006, de 8.3.2004* 287

Protocolo Facultativo à Convenção sobre os Direitos da Criança Referente à Venda de Crianças, à Prostituição Infantil e à Pornografia Infantil – *Promulgado pelo Decreto nº 5.007, de 8.3.2004* 290

Declaração dos Direitos da Criança – *Proclamada pela Resolução da Assembleia Geral 1386 (XIV), de 20 de novembro de 1959* 296

Regras das Nações Unidas para Proteção de Jovens Privados de Liberdade 298

Diretrizes das Nações Unidas para a Prevenção da Delinquência Juvenil – Diretrizes de Riad – O Oitavo Congresso das Nações Unidas sobre Prevenção do Delito e Tratamento do Delinquente 309

Convenção nº 138 – OIT – Idade Mínima para Admissão em Emprego 317

Estatuto da Criança e do Adolescente

LEI Nº. 8.069, DE 13 DE JULHO DE 1990

Dispõe sobre o Estatuto da Criança e do Adolescente e dá outras providências.

O Presidente da República,

Faço saber que o Congresso Nacional decreta e eu sanciono a seguinte Lei:

Livro I
PARTE GERAL

TÍTULO I – DAS DISPOSIÇÕES PRELIMINARES

Art. 1º. Esta Lei dispõe sobre a proteção integral à criança e ao adolescente.

Art. 2º. Considera-se criança, para os efeitos desta Lei, a pessoa até doze anos de idade incompletos, e adolescente aquela entre doze e dezoito anos de idade.

Parágrafo único. Nos casos expressos em lei, aplica-se excepcionalmente este Estatuto às pessoas entre dezoito e vinte e um anos de idade.

Art. 3º. A criança e o adolescente gozam de todos os direitos fundamentais inerentes à pessoa humana, sem prejuízo da proteção integral de que trata esta Lei, assegurando-se-lhes, por lei ou por outros meios, todas as oportunidades e facilidades, a fim de lhes facultar o desenvolvimento físico, mental, moral, espiritual e social, em condições de liberdade e de dignidade.

Art. 4º. É dever da família, da comunidade, da sociedade em geral e do poder público assegurar, com absoluta prioridade, a efetivação dos direitos referentes à vida, à saúde, à alimentação, à educação, ao esporte, ao lazer, à profissionalização, à cultura, à dignidade, ao respeito, à liberdade e à convivência familiar e comunitária.

Parágrafo único. A garantia de prioridade compreende:

a) primazia de receber proteção e socorro em quaisquer circunstâncias;

b) precedência de atendimento nos serviços públicos ou de relevância pública;

c) preferência na formulação e na execução das políticas sociais públicas;

d) destinação privilegiada de recursos públicos nas áreas relacionadas com a proteção à infância e à juventude.

Art. 5º. Nenhuma criança ou adolescente será objeto de qualquer forma de negligência, discriminação, exploração, violência, crueldade e opressão, punido na forma da lei qualquer atentado, por ação ou omissão, aos seus direitos fundamentais.

Art. 6º. Na interpretação desta Lei levar-se-ão em conta os fins sociais a que ela se dirige, as exigências do bem comum, os direitos e deveres individuais e coletivos, e a condição peculiar da criança e do adolescente como pessoas em desenvolvimento.

TÍTULO II – DOS DIREITOS FUNDAMENTAIS

Capítulo I – Do Direito à Vida e à Saúde

Art. 7º. A criança e o adolescente têm direito a proteção à vida e à saúde, mediante a efetivação de políticas sociais públicas que permitam o nascimento e o desenvolvimento sadio e harmonioso, em condições dignas de existência.

Art. 8º. É assegurado à gestante, através do Sistema Único de Saúde, o atendimento pré e perinatal.

§ 1º. A gestante será encaminhada aos diferentes níveis de atendimento, segundo critérios médicos específicos, obedecendo-se aos princípios de regionalização e hierarquização do Sistema.

§ 2º. A parturiente será atendida preferencialmente pelo mesmo médico que a acompanhou na fase pré-natal.

§ 3º. Incumbe ao poder público propiciar apoio alimentar à gestante e à nutriz que dele necessitem.

§ 4º. Incumbe ao poder público proporcionar assistência psicológica à gestante e à mãe, no período pré e pós-natal, inclusive como forma de prevenir ou minorar as consequências do estado puerperal.

- *§ 4º acrescido pela Lei nº 12.010/2009 (DOU de 4.8.2009), com vigência 90 dias após a publicação.*

§ 5º. A assistência referida no § 4º deste artigo deverá ser também prestada a gestantes ou mães que manifestem interesse em entregar seus filhos para adoção.

- *§ 5º acrescido pela Lei nº 12.010/2009 (DOU de 4.8.2009), com vigência 90 dias após a publicação.*

Art. 9º. O poder público, as instituições e os empregadores propiciarão condições adequadas ao aleitamento materno, inclusive aos filhos de mães submetidas a medida privativa de liberdade.

Art. 10. Os hospitais e demais estabelecimentos de atenção à saúde de gestantes, públicos e particulares, são obrigados a:

I – manter registro das atividades desenvolvidas, através de prontuários individuais, pelo prazo de dezoito anos;

II – identificar o recém-nascido mediante o registro de sua impressão plantar e digital e da impressão digital da mãe, sem prejuízo de outras formas normatizadas pela autoridade administrativa competente;

III – proceder a exames visando ao diagnóstico e terapêutica de anormalidades no metabolismo do recém-nascido, bem como prestar orientação aos pais;

IV – fornecer declaração de nascimento onde constem necessariamente as intercorrências do parto e do desenvolvimento do neonato;

V – manter alojamento conjunto, possibilitando ao neonato a permanência junto à mãe.

Art. 11. É assegurado atendimento integral à saúde da criança e do adolescente, por intermédio do Sistema Único de Saúde, garantido o acesso universal e igualitário às ações e serviços para promoção, proteção e recuperação da saúde.

• *Art. 11,* caput, *com redação dada pela Lei nº 11.185/2005.*

§ 1º. A criança e o adolescente portadores de deficiência receberão atendimento especializado.

§ 2º. Incumbe ao poder público fornecer gratuitamente àqueles que necessitarem os medicamentos, próteses e outros recursos relativos ao tratamento, habilitação ou reabilitação.

Art. 12. Os estabelecimentos de atendimento à saúde deverão proporcionar condições para a permanência em tempo integral de um dos pais ou responsável, nos casos de internação de criança ou adolescente.

Art. 13. Os casos de suspeita ou confirmação de maus-tratos contra criança ou adolescente serão obrigatoriamente comunicados ao Conselho Tutelar da respectiva localidade, sem prejuízo de outras providências legais.

Parágrafo único. As gestantes ou mães que manifestem interesse em entregar seus filhos para adoção serão obrigatoriamente encaminhadas à Justiça da Infância e da Juventude.

• *Parágrafo único acrescido pela Lei nº 12.010/2009 (DOU de 4.8.2009), com vigência 90 dias após a publicação.*

Art. 14. O Sistema Único de Saúde promoverá programas de assistência médica e odontológica para a prevenção das enfermidades que ordinariamente afetam a população infantil, e campanhas de educação sanitária para pais, educadores e alunos.

Parágrafo único. É obrigatória a vacinação das crianças nos casos recomendados pelas autoridades sanitárias.

Capítulo II – Do Direito à Liberdade, ao Respeito e à Dignidade

Art. 15. A criança e o adolescente têm direito à liberdade, ao respeito e à dignidade como pessoas humanas em processo de desenvolvimento e como sujeitos de direitos civis, humanos e sociais garantidos na Constituição e nas leis.

Art. 16. O direito à liberdade compreende os seguintes aspectos:

I – ir, vir e estar nos logradouros públicos e espaços comunitários, ressalvadas as restrições legais;

II – opinião e expressão;

III – crença e culto religioso;

IV – brincar, praticar esportes e divertir-se;

V – participar da vida familiar e comunitária, sem discriminação;

VI – participar da vida política, na forma da lei;

VII – buscar refúgio, auxílio e orientação.

Art. 17. O direito ao respeito consiste na inviolabilidade da integridade física, psíquica e moral da criança e do adolescente, abrangendo a preservação da imagem, da identidade, da autonomia, dos valores, ideias e crenças, dos espaços e objetos pessoais.

Art. 18. É dever de todos velar pela dignidade da criança e do adolescente, pondo-os a salvo de qualquer tratamento desumano, violento, aterrorizante, vexatório ou constrangedor.

Capítulo III – Do Direito à Convivência Familiar e Comunitária

Seção I – Disposições Gerais

Art. 19. Toda criança ou adolescente tem direito a ser criado e educado no seio da sua família e, excepcionalmente, em família substituta, assegurada a convivência familiar e comunitária, em ambiente livre da presença de pessoas dependentes de substâncias entorpecentes.

§ 1º. Toda criança ou adolescente que estiver inserido em programa de acolhimento familiar ou institucional terá sua situação reavaliada, no máximo, a cada 6 (seis) meses, devendo a autoridade judiciária competente, com base em relatório elaborado por equipe interprofissional ou multidisciplinar, decidir de forma fundamentada pela possibilidade de reintegração familiar ou colocação em família substituta, em quaisquer das modalidades previstas no art. 28 desta Lei.

- *§ 1º acrescido pela Lei nº 12.010/2009 (DOU de 4.8.2009), com vigência 90 dias após a publicação.*

§ 2º. A permanência da criança e do adolescente em programa de acolhimento institucional não se prolongará por mais de 2 (dois) anos, salvo comprovada necessidade que atenda ao seu superior interesse, devidamente fundamentada pela autoridade judiciária.

- *§ 2º acrescido pela Lei nº 12.010/2009 (DOU de 4.8.2009), com vigência 90 dias após a publicação.*

§ 3º. A manutenção ou reintegração de criança ou adolescente à sua família terá preferência em relação a qualquer outra providência, caso em que será esta incluída em programas de orientação e auxílio, nos termos do parágrafo único do art. 23, dos incisos I e IV do *caput* do art. 101 e dos incisos I a IV do *caput* do art. 129 desta Lei.

- *§ 3º acrescido pela Lei nº 12.010/2009 (DOU de 4.8.2009), com vigência 90 dias após a publicação.*

Art. 20. Os filhos, havidos ou não da relação do casamento, ou por adoção, terão os mesmos direitos e qualificações, proibidas quaisquer designações discriminatórias relativas à filiação.

- *V. art. 1.596 do Código Civil.*

Art. 21. O poder familiar será exercido, em igualdade de condições, pelo pai e pela mãe, na forma do que dispuser a legislação civil, assegurado a qualquer deles o direito de, em caso de discordância, recorrer à autoridade judiciária competente para a solução da divergência.

• *A Lei nº 12.010/2009 (DOU de 4.8.2009) substituiu a expressão "pátrio poder" pela expressão "poder familiar", com vigência 90 dias após a publicação.*

Art. 22. Aos pais incumbe o dever de sustento, guarda e educação dos filhos menores, cabendo-lhes ainda, no interesse destes, a obrigação de cumprir e fazer cumprir as determinações judiciais.

Art. 23. A falta ou a carência de recursos materiais não constitui motivo suficiente para a perda ou a suspensão do poder familiar.

• *A Lei nº 12.010/2009 (DOU de 4.8.2009) substituiu a expressão "pátrio poder" pela expressão "poder familiar", com vigência 90 dias após a publicação.*

Parágrafo único. Não existindo outro motivo que por si só autorize a decretação da medida, a criança ou o adolescente será mantido em sua família de origem, a qual deverá obrigatoriamente ser incluída em programas oficiais de auxílio.

Art. 24. A perda e a suspensão do poder familiar serão decretadas judicialmente, em procedimento contraditório, nos casos previstos na legislação civil, bem como na hipótese de descumprimento injustificado dos deveres e obrigações a que alude o art. 22.

• *A Lei nº 12.010/2009 (DOU de 4.8.2009) substituiu a expressão "pátrio poder" pela expressão "poder familiar", com vigência 90 dias após a publicação.*

Seção II – Da Família Natural

Art. 25. Entende-se por família natural a comunidade formada pelos pais ou qualquer deles e seus descendentes.

Parágrafo único. Entende-se por família extensa ou ampliada aquela que se estende para além da unidade pais e filhos ou da unidade do casal, formada por parentes próximos com os quais a criança ou adolescente convive e mantém vínculos de afinidade e afetividade.

• *Parágrafo único acrescido pela Lei nº 12.010/2009 (DOU de 4.8.2009), com vigência 90 dias após a publicação.*

Art. 26. Os filhos havidos fora do casamento poderão ser reconhecidos pelos pais, conjunta ou separadamente, no próprio termo de nascimento, por testamento, mediante escritura ou outro documento público, qualquer que seja a origem da filiação.

Parágrafo único. O reconhecimento pode preceder o nascimento do filho ou suceder-lhe ao falecimento, se deixar descendentes.

Art. 27. O reconhecimento do estado de filiação é direito personalíssimo, indisponível e imprescritível, podendo ser exercitado contra os pais ou seus herdeiros, sem qualquer restrição, observado o segredo de Justiça.

Seção III – Da Família Substituta

Subseção I – Disposições Gerais

Art. 28. A colocação em família substituta far-se-á mediante guarda, tutela ou adoção, independentemente da situação jurídica da criança ou adolescente, nos termos desta Lei.

§ 1º. Sempre que possível, a criança ou o adolescente será previamente ouvido por equipe interprofissional, respeitado seu estágio de desenvolvimento e grau de compreensão sobre as implicações da medida, e terá sua opinião devidamente considerada.

- *§ 1º com redação dada pela Lei nº 12.010/2009 (DOU de 4.8.2009), com vigência 90 dias após a publicação.*

§ 2º. Tratando-se de maior de 12 (doze) anos de idade, será necessário seu consentimento, colhido em audiência.

- *§ 2º com redação dada pela Lei nº 12.010/2009 (DOU de 4.8.2009), com vigência 90 dias após a publicação.*

§ 3º. Na apreciação do pedido levar-se-á em conta o grau de parentesco e a relação de afinidade ou de afetividade, a fim de evitar ou minorar as consequências decorrentes da medida.

- *§ 3º acrescido pela Lei nº 12.010/2009 (DOU de 4.8.2009), com vigência 90 dias após a publicação.*

§ 4º. Os grupos de irmãos serão colocados sob adoção, tutela ou guarda da mesma família substituta, ressalvada a comprovada existência de risco de abuso ou outra situação que justifique plenamente a excepcionalidade de solução diversa, procurando-se, em qualquer caso, evitar o rompimento definitivo dos vínculos fraternais.

- *§ 4º acrescido pela Lei nº 12.010/2009 (DOU de 4.8.2009), com vigência 90 dias após a publicação.*

§ 5º. A colocação da criança ou adolescente em família substituta será precedida de sua preparação gradativa e acompanhamento posterior, realizados pela equipe interprofissional a serviço da Justiça da Infância e da Juventude, preferencialmente com o apoio dos técnicos responsáveis pela execução da política municipal de garantia do direito à convivência familiar.

- *§ 5º acrescido pela Lei nº 12.010/2009 (DOU de 4.8.2009), com vigência 90 dias após a publicação.*

§ 6º. Em se tratando de criança ou adolescente indígena ou proveniente de comunidade remanescente de quilombo, é ainda obrigatório:

I – que sejam consideradas e respeitadas sua identidade social e cultural, os seus costumes e tradições, bem como suas instituições, desde que não sejam incompatíveis com os direitos fundamentais reconhecidos por esta Lei e pela Constituição Federal;

II – que a colocação familiar ocorra prioritariamente no seio de sua comunidade ou junto a membros da mesma etnia;

III – a intervenção e oitiva de representantes do órgão federal responsável pela política indigenista, no caso de crianças e adolescentes indígenas, e de antropólogos, perante a equipe interprofissional ou multidisciplinar que irá acompanhar o caso.

- *§ 6º acrescido pela Lei nº 12.010/2009 (DOU de 4.8.2009), com vigência 90 dias após a publicação.*

Art. 29. Não se deferirá colocação em família substituta a pessoa que revele, por qualquer modo, incompatibilidade com a natureza da medida ou não ofereça ambiente familiar adequado.

Art. 30. A colocação em família substituta não admitirá transferência da criança ou adolescente a terceiros ou a entidades governamentais ou não governamentais, sem autorização judicial.

Art. 31. A colocação em família substituta estrangeira constitui medida excepcional, somente admissível na modalidade de adoção.

Art. 32. Ao assumir a guarda ou a tutela, o responsável prestará compromisso de bem e fielmente desempenhar o encargo, mediante termo nos autos.

Subseção II – Da Guarda

Art. 33. A guarda obriga a prestação de assistência material, moral e educacional à criança ou adolescente, conferindo a seu detentor o direito de opor-se a terceiros, inclusive aos pais.

§ 1º. A guarda destina-se a regularizar a posse de fato, podendo ser deferida, liminar ou incidentalmente, nos procedimentos de tutela e adoção, exceto no de adoção por estrangeiros.

§ 2º. Excepcionalmente, deferir-se-á a guarda, fora dos casos de tutela e adoção, para atender a situações peculiares ou suprir a falta eventual dos pais ou responsável, podendo ser deferido o direito de representação para a prática de atos determinados.

§ 3º. A guarda confere à criança ou adolescente a condição de dependente, para todos os fins e efeitos de direito, inclusive previdenciários.

§ 4º. Salvo expressa e fundamentada determinação em contrário, da autoridade judiciária competente, ou quando a medida for aplicada em preparação para adoção, o deferimento da guarda de criança ou adolescente a terceiros não impede o exercício do direito de visitas pelos pais, assim como o dever de prestar alimentos, que serão objeto de regulamentação específica, a pedido do interessado ou do Ministério Público.

- *§ 4º acrescido pela Lei nº 12.010/2009 (DOU de 4.8.2009), com vigência 90 dias após a publicação.*

Art. 34. O poder público estimulará, por meio de assistência jurídica, incentivos fiscais e subsídios, o acolhimento, sob a forma de guarda, de criança ou adolescente afastado do convívio familiar.

- *Art. 34,* caput, *com redação dada pela Lei nº 12.010/2009 (DOU de 4.8.2009), com vigência 90 dias após a publicação.*

§ 1º. A inclusão da criança ou adolescente em programas de acolhimento familiar terá preferência a seu acolhimento institucional, observado, em qualquer caso, o caráter temporário e excepcional da medida, nos termos desta Lei.

- *§ 1º acrescido pela Lei nº 12.010/2009 (DOU de 4.8.2009), com vigência 90 dias após a publicação.*

§ 2º. Na hipótese do § 1º deste artigo a pessoa ou casal cadastrado no programa de acolhimento familiar poderá receber a criança ou adolescente mediante guarda, observado o disposto nos arts. 28 a 33 desta Lei.

- *§ 2º acrescido pela Lei nº 12.010/2009 (DOU de 4.8.2009), com vigência 90 dias após a publicação.*

Art. 35. A guarda poderá ser revogada a qualquer tempo, mediante ato judicial fundamentado, ouvido o Ministério Público.

Subseção III – Da Tutela

Art. 36. A tutela será deferida, nos termos da lei civil, a pessoa de até 18 (dezoito) anos incompletos.

• *Art. 36,* caput, *com redação dada pela Lei nº 12.010/2009 (DOU de 4.8.2009), com vigência 90 dias após a publicação.*

Parágrafo único. O deferimento da tutela pressupõe a prévia decretação da perda ou suspensão do poder familiar e implica necessariamente o dever de guarda.

• *A Lei nº 12.010/2009 (DOU de 4.8.2009) substituiu a expressão "pátrio poder" pela expressão "poder familiar", com vigência 90 dias após a publicação.*

Art. 37. O tutor nomeado por testamento ou qualquer documento autêntico, conforme previsto no parágrafo único do art. 1.729 da Lei nº 10.406, de 10 de janeiro de 2002 – Código Civil, deverá, no prazo de 30 (trinta) dias após a abertura da sucessão, ingressar com pedido destinado ao controle judicial do ato, observando o procedimento previsto nos arts. 165 a 170 desta Lei.

• *Art. 37,* caput, *com redação dada pela Lei nº 12.010/2009 (DOU de 4.8.2009), com vigência 90 dias após a publicação.*

• ***Código Civil:***

Art. 1.729. *O direito de nomear tutor compete aos pais, em conjunto.*

Parágrafo único. A nomeação deve constar de testamento ou de qualquer outro documento autêntico.

Parágrafo único. Na apreciação do pedido, serão observados os requisitos previstos nos arts. 28 e 29 desta Lei, somente sendo deferida a tutela à pessoa indicada na disposição de última vontade, se restar comprovado que a medida é vantajosa ao tutelando e que não existe outra pessoa em melhores condições de assumi-la.

• *Parágrafo único com redação dada pela Lei nº 12.010/2009 (DOU de 4.8.2009), com vigência 90 dias após a publicação.*

Art. 38. Aplica-se à destituição da tutela o disposto no art. 24.

Subseção IV – Da Adoção

Art. 39. A adoção de criança e de adolescente reger-se-á segundo o disposto nesta Lei.

§ 1º. A adoção é medida excepcional e irrevogável, à qual se deve recorrer apenas quando esgotados os recursos de manutenção da criança ou adolescente na família natural ou extensa, na forma do parágrafo único do art. 25 desta Lei.

• *§ 1º acrescido pela Lei nº 12.010/2009 (DOU de 4.8.2009), com vigência 90 dias após a publicação.*

§ 2º. É vedada a adoção por procuração.

• *§ 2º, primitivo parágrafo único, renumerado pela Lei nº 12.010/2009 (DOU de 4.8.2009), com vigência 90 dias após a publicação.*

Art. 40. O adotando deve contar com, no máximo, dezoito anos à data do pedido, salvo se já estiver sob a guarda ou tutela dos adotantes.

Art. 41. A adoção atribui a condição de filho ao adotado, com os mesmos direitos e deveres, inclusive sucessórios, desligando-o de qualquer vínculo com pais e parentes, salvo os impedimentos matrimoniais.

§ 1º. Se um dos cônjuges ou concubinos adota o filho do outro, mantêm-se os vínculos de filiação entre o adotado e o cônjuge ou concubino do adotante e os respectivos parentes.

§ 2º. É recíproco o direito sucessório entre o adotado, seus descendentes, o adotante, seus ascendentes, descendentes e colaterais até o 4º grau, observada a ordem de vocação hereditária.

Art. 42. Podem adotar os maiores de 18 (dezoito) anos, independentemente do estado civil.

- *Art. 42,* caput, *com redação dada pela Lei nº 12.010/2009 (DOU de 4.8.2009), com vigência 90 dias após a publicação.*

§ 1º. Não podem adotar os ascendentes e os irmãos do adotando.

§ 2º. Para adoção conjunta, é indispensável que os adotantes sejam casados civilmente ou mantenham união estável, comprovada a estabilidade da família.

- *§ 2º com redação dada pela Lei nº 12.010/2009 (DOU de 4.8.2009), com vigência 90 dias após a publicação.*

§ 3º. O adotante há de ser, pelo menos, dezesseis anos mais velho do que o adotando.

§ 4º. Os divorciados, os judicialmente separados e os ex-companheiros podem adotar conjuntamente, contanto que acordem sobre a guarda e o regime de visitas e desde que o estágio de convivência tenha sido iniciado na constância do período de convivência e que seja comprovada a existência de vínculos de afinidade e afetividade com aquele não detentor da guarda, que justifiquem a excepcionalidade da concessão.

- *§ 4º com redação dada pela Lei nº 12.010/2009 (DOU de 4.8.2009), com vigência 90 dias após a publicação.*

§ 5º. Nos casos do § 4º deste artigo, desde que demonstrado efetivo benefício ao adotando, será assegurada a guarda compartilhada, conforme previsto no art. 1.584 da Lei nº 10.406, de 10 de janeiro de 2002 – Código Civil.

- *§ 5º com redação dada pela Lei nº 12.010/2009 (DOU de 4.8.2009), com vigência 90 dias após a publicação.*
- ***Código Civil:***

  Art. 1.584. *A guarda, unilateral ou compartilhada, poderá ser:*

  I – requerida, por consenso, pelo pai e pela mãe, ou por qualquer deles, em ação autônoma de separação, de divórcio, de dissolução de união estável ou em medida cautelar;

  II – decretada pelo juiz, em atenção a necessidades específicas do filho, ou em razão da distribuição de tempo necessário ao convívio deste com o pai e com a mãe.

  § 1º. Na audiência de conciliação, o juiz informará ao pai e à mãe o significado da guarda compartilhada, a sua importância, a similitude de deveres e direitos atribuídos aos genitores e as sanções pelo descumprimento de suas cláusulas.

  § 2º. Quando não houver acordo entre a mãe e o pai quanto à guarda do filho, será aplicada, sempre que possível, a guarda compartilhada.

  § 3º. Para estabelecer as atribuições do pai e da mãe e os períodos de convivência sob guarda compartilhada, o juiz, de ofício ou a requerimento do Ministério Público, poderá basear-se em orientação técnico-profissional ou de equipe interdisciplinar.

  § 4º. A alteração não autorizada ou o descumprimento imotivado de cláusula de guarda, unilateral ou compartilhada, poderá implicar a redução de prerrogativas atribuídas ao seu detentor, inclusive quanto ao número de horas de convivência com o filho.

§ 5º. Se o juiz verificar que o filho não deve permanecer sob a guarda do pai ou da mãe, deferirá a guarda à pessoa que revele compatibilidade com a natureza da medida, considerados, de preferência, o grau de parentesco e as relações de afinidade e afetividade.

- *Art. 1.584 com redação dada pela Lei nº 11.698/2008.*

§ 6º. A adoção poderá ser deferida ao adotante que, após inequívoca manifestação de vontade, vier a falecer no curso do procedimento, antes de prolatada a sentença.

- *§ 6º acrescido pela Lei nº 12.010/2009 (DOU de 4.8.2009), com vigência 90 dias após a publicação.*

Art. 43. A adoção será deferida quando apresentar reais vantagens para o adotando e fundar-se em motivos legítimos.

Art. 44. Enquanto não der conta de sua administração e saldar o seu alcance, não pode o tutor ou o curador adotar o pupilo ou o curatelado.

Art. 45. A adoção depende do consentimento dos pais ou do representante legal do adotando.

§ 1º. O consentimento será dispensado em relação à criança ou adolescente cujos pais sejam desconhecidos ou tenham sido destituídos do poder familiar.

- *A Lei nº 12.010/2009 (DOU de 4.8.2009) substituiu a expressão "pátrio poder" pela expressão "poder familiar", com vigência 90 dias após a publicação.*

§ 2º. Em se tratando de adotando maior de doze anos de idade, será também necessário o seu consentimento.

Art. 46. A adoção será precedida de estágio de convivência com a criança ou adolescente, pelo prazo que a autoridade judiciária fixar, observadas as peculiaridades do caso.

§ 1º. O estágio de convivência poderá ser dispensado se o adotando já estiver sob a tutela ou guarda legal do adotante durante tempo suficiente para que seja possível avaliar a conveniência da constituição do vínculo.

- *§ 1º com redação dada pela Lei nº 12.010/2009 (DOU de 4.8.2009), com vigência 90 dias após a publicação.*

§ 2º. A simples guarda de fato não autoriza, por si só, a dispensa da realização do estágio de convivência.

- *§ 2º com redação dada pela Lei nº 12.010/2009 (DOU de 4.8.2009), com vigência 90 dias após a publicação.*

§ 3º. Em caso de adoção por pessoa ou casal residente ou domiciliado fora do País, o estágio de convivência, cumprido no território nacional, será de, no mínimo, 30 (trinta) dias.

- *§ 3º acrescido pela Lei nº 12.010/2009 (DOU de 4.8.2009), com vigência 90 dias após a publicação.*

§ 4º. O estágio de convivência será acompanhado pela equipe interprofissional a serviço da Justiça da Infância e da Juventude, preferencialmente com apoio dos técnicos responsáveis pela execução da política de garantia do direito à convivência familiar, que apresentarão relatório minucioso acerca da conveniência do deferimento da medida.

- *§ 4º acrescido pela Lei nº 12.010/2009 (DOU de 4.8.2009), com vigência 90 dias após a publicação.*

Art. 47. O vínculo da adoção constitui-se por sentença judicial, que será inscrita no registro civil mediante mandado do qual não se fornecerá certidão.

§ 1º. A inscrição consignará o nome dos adotantes como pais, bem como o nome de seus ascendentes.

§ 2º. O mandado judicial, que será arquivado, cancelará o registro original do adotado.

§ 3º. A pedido do adotante, o novo registro poderá ser lavrado no Cartório do Registro Civil do Município de sua residência.

- *§ 3º com redação dada pela Lei nº 12.010/2009 (DOU de 4.8.2009), com vigência 90 dias após a publicação.*

§ 4º. Nenhuma observação sobre a origem do ato poderá constar nas certidões do registro.

- *§ 4º com redação dada pela Lei nº 12.010/2009 (DOU de 4.8.2009), com vigência 90 dias após a publicação.*

§ 5º. A sentença conferirá ao adotado o nome do adotante e, a pedido de qualquer deles, poderá determinar a modificação do prenome.

- *§ 5º com redação dada pela Lei nº 12.010/2009 (DOU de 4.8.2009), com vigência 90 dias após a publicação.*

§ 6º. Caso a modificação de prenome seja requerida pelo adotante, é obrigatória a oitiva do adotando, observado o disposto nos §§ 1º e 2º do art. 28 desta Lei.

- *§ 6º com redação dada pela Lei nº 12.010/2009 (DOU de 4.8.2009), com vigência 90 dias após a publicação.*

§ 7º. A adoção produz seus efeitos a partir do trânsito em julgado da sentença constitutiva, exceto na hipótese prevista no § 6º do art. 42 desta Lei, caso em que terá força retroativa à data do óbito.

- *§ 7º acrescido pela Lei nº 12.010/2009 (DOU de 4.8.2009), com vigência 90 dias após a publicação.*

§ 8º. O processo relativo à adoção assim como outros a ele relacionados serão mantidos em arquivo, admitindo-se seu armazenamento em microfilme ou por outros meios, garantida a sua conservação para consulta a qualquer tempo.

- *§ 8º acrescido pela Lei nº 12.010/2009 (DOU de 4.8.2009), com vigência 90 dias após a publicação.*

Art. 48. O adotado tem direito de conhecer sua origem biológica, bem como de obter acesso irrestrito ao processo no qual a medida foi aplicada e seus eventuais incidentes, após completar 18 (dezoito) anos.

- *Art. 48,* caput, *com redação dada pela Lei nº 12.010/2009 (DOU de 4.8.2009), com vigência 90 dias após a publicação.*

Parágrafo único. O acesso ao processo de adoção poderá ser também deferido ao adotado menor de 18 (dezoito) anos, a seu pedido, assegurada orientação e assistência jurídica e psicológica.

- *Parágrafo único acrescido pela Lei nº 12.010/2009 (DOU de 4.8.2009), com vigência 90 dias após a publicação.*

Art. 49. A morte dos adotantes não restabelece o poder familiar dos pais naturais.

- *A Lei nº 12.010/2009 (DOU de 4.8.2009) substituiu a expressão "pátrio poder" pela expressão "poder familiar", com vigência 90 dias após a publicação.*

Art. 50. A autoridade judiciária manterá, em cada comarca ou foro regional, um registro de crianças e adolescentes em condições de serem adotados e outro de pessoas interessadas na adoção.

§ 1º. O deferimento da inscrição dar-se-á após prévia consulta aos órgãos técnicos do juizado, ouvido o Ministério Público.

§ 2º. Não será deferida a inscrição se o interessado não satisfizer os requisitos legais, ou verificada qualquer das hipóteses previstas no art. 29.

§ 3º. A inscrição de postulantes à adoção será precedida de um período de preparação psicossocial e jurídica, orientado pela equipe técnica da Justiça da Infância e da Juventude, preferencialmente com apoio dos técnicos responsáveis pela execução da política municipal de garantia do direito à convivência familiar.

- *§ 3º acrescido pela Lei nº 12.010/2009 (DOU de 4.8.2009), com vigência 90 dias após a publicação.*

§ 4º. Sempre que possível e recomendável, a preparação referida no § 3º deste artigo incluirá o contato com crianças e adolescentes em acolhimento familiar ou institucional em condições de serem adotados, a ser realizado sob a orientação, supervisão e avaliação da equipe técnica da Justiça da Infância e da Juventude, com apoio dos técnicos responsáveis pelo programa de acolhimento e pela execução da política municipal de garantia do direito à convivência familiar.

- *§ 4º acrescido pela Lei nº 12.010/2009 (DOU de 4.8.2009), com vigência 90 dias após a publicação.*

§ 5º. Serão criados e implementados cadastros estaduais e nacional de crianças e adolescentes em condições de serem adotados e de pessoas ou casais habilitados à adoção.

- *§ 5º acrescido pela Lei nº 12.010/2009 (DOU de 4.8.2009), com vigência 90 dias após a publicação.*

§ 6º. Haverá cadastros distintos para pessoas ou casais residentes fora do País, que somente serão consultados na inexistência de postulantes nacionais habilitados nos cadastros mencionados no § 5º deste artigo.

- *§ 6º acrescido pela Lei nº 12.010/2009 (DOU de 4.8.2009), com vigência 90 dias após a publicação.*

§ 7º. As autoridades estaduais e federais em matéria de adoção terão acesso integral aos cadastros, incumbindo-lhes a troca de informações e a cooperação mútua, para melhoria do sistema.

- *§ 7º acrescido pela Lei nº 12.010/2009 (DOU de 4.8.2009), com vigência 90 dias após a publicação.*

§ 8º. A autoridade judiciária providenciará, no prazo de 48 (quarenta e oito) horas, a inscrição das crianças e adolescentes em condições de serem adotados que não tiveram colocação familiar na comarca de origem, e das pessoas ou casais que tiveram deferida sua habilitação à adoção nos cadastros estadual e nacional referidos no § 5º deste artigo, sob pena de responsabilidade.

- *§ 8º acrescido pela Lei nº 12.010/2009 (DOU de 4.8.2009), com vigência 90 dias após a publicação.*

§ 9º. Compete à Autoridade Central Estadual zelar pela manutenção e correta alimentação dos cadastros, com posterior comunicação à Autoridade Central Federal Brasileira.

• *§ 9º acrescido pela Lei nº 12.010/2009 (DOU de 4.8.2009), com vigência 90 dias após a publicação.*

§ 10. A adoção internacional somente será deferida se, após consulta ao cadastro de pessoas ou casais habilitados à adoção, mantido pela Justiça da Infância e da Juventude na comarca, bem como aos cadastros estadual e nacional referidos no § 5º deste artigo, não for encontrado interessado com residência permanente no Brasil.

• *§ 10 acrescido pela Lei nº 12.010/2009 (DOU de 4.8.2009), com vigência 90 dias após a publicação.*

§ 11. Enquanto não localizada pessoa ou casal interessado em sua adoção, a criança ou o adolescente, sempre que possível e recomendável, será colocado sob guarda de família cadastrada em programa de acolhimento familiar.

• *§ 11 acrescido pela Lei nº 12.010/2009 (DOU de 4.8.2009), com vigência 90 dias após a publicação.*

§ 12. A alimentação do cadastro e a convocação criteriosa dos postulantes à adoção serão fiscalizadas pelo Ministério Público.

• *§ 12 acrescido pela Lei nº 12.010/2009 (DOU de 4.8.2009), com vigência 90 dias após a publicação.*

§ 13. Somente poderá ser deferida adoção em favor de candidato domiciliado no Brasil não cadastrado previamente nos termos desta Lei quando:

• *§ 13,* caput, *acrescido pela Lei nº 12.010/2009 (DOU de 4.8.2009), com vigência 90 dias após a publicação.*

I – se tratar de pedido de adoção unilateral;

• *Inciso I acrescido pela Lei nº 12.010/2009 (DOU de 4.8.2009), com vigência 90 dias após a publicação.*

II – for formulada por parente com o qual a criança ou adolescente mantenha vínculos de afinidade e afetividade;

• *Inciso II acrescido pela Lei nº 12.010/2009 (DOU de 4.8.2009), com vigência 90 dias após a publicação.*

III – oriundo o pedido de quem detém a tutela ou guarda legal de criança maior de 3 (três) anos ou adolescente, desde que o lapso de tempo de convivência comprove a fixação de laços de afinidade e afetividade, e não seja constatada a ocorrência de má-fé ou qualquer das situações previstas nos arts. 237 ou 238 desta Lei.

• *Inciso III acrescido pela Lei nº 12.010/2009 (DOU de 4.8.2009), com vigência 90 dias após a publicação.*

§ 14. Nas hipóteses previstas no § 13 deste artigo, o candidato deverá comprovar, no curso do procedimento, que preenche os requisitos necessários à adoção, conforme previsto nesta Lei.

• *§ 14 acrescido pela Lei nº 12.010/2009 (DOU de 4.8.2009), com vigência 90 dias após a publicação.*

Art. 51. Considera-se adoção internacional aquela na qual a pessoa ou casal postulante é residente ou domiciliado fora do Brasil, conforme previsto no Artigo 2 da Convenção de Haia, de 29 de maio de 1993, Relativa à Proteção das Crianças e à Cooperação em Matéria de Adoção Internacional, aprovada pelo Decreto Legislativo nº 1, de 14 de janeiro de 1999, e promulgada pelo Decreto nº 3.087, de 21 de junho de 1999.

- *Art. 51,* caput, *com redação dada pela Lei nº 12.010/2009 (DOU de 4.8.2009), com vigência 90 dias após a publicação.*
- *V. Convenção nesta edição.*

§ 1º. A adoção internacional de criança ou adolescente brasileiro ou domiciliado no Brasil somente terá lugar quando restar comprovado:

- *§ 1º,* caput, *com redação dada pela Lei nº 12.010/2009 (DOU de 4.8.2009), com vigência 90 dias após a publicação.*

I – que a colocação em família substituta é a solução adequada ao caso concreto;

- *Inciso I acrescido pela Lei nº 12.010/2009 (DOU de 4.8.2009), com vigência 90 dias após a publicação.*

II – que foram esgotadas todas as possibilidades de colocação da criança ou adolescente em família substituta brasileira, após consulta aos cadastros mencionados no art. 50 desta Lei;

- *Inciso II acrescido pela Lei nº 12.010/2009 (DOU de 4.8.2009), com vigência 90 dias após a publicação.*

III – que, em se tratando de adoção de adolescente, este foi consultado, por meios adequados ao seu estágio de desenvolvimento, e que se encontra preparado para a medida, mediante parecer elaborado por equipe interprofissional, observado o disposto nos §§ 1º e 2º do art. 28 desta Lei.

- *Inciso III acrescido pela Lei nº 12.010/2009 (DOU de 4.8.2009), com vigência 90 dias após a publicação.*

§ 2º. Os brasileiros residentes no exterior terão preferência aos estrangeiros, nos casos de adoção internacional de criança ou adolescente brasileiro.

- *§ 2º com redação dada pela Lei nº 12.010/2009 (DOU de 4.8.2009), com vigência 90 dias após a publicação.*

§ 3º. A adoção internacional pressupõe a intervenção das Autoridades Centrais Estaduais e Federal em matéria de adoção internacional.

- *§ 3º com redação dada pela Lei nº 12.010/2009 (DOU de 4.8.2009), com vigência 90 dias após a publicação.*

§ 4º. (Revogado).

- *§ 4º revogado pela Lei nº 12.010/2009 (DOU de 4.8.2009), com vigência 90 dias após a publicação.*

Art. 52. A adoção internacional observará o procedimento previsto nos arts. 165 a 170 desta Lei, com as seguintes adaptações:

- *Art. 52,* caput, *com redação dada pela Lei nº 12.010/2009 (DOU de 4.8.2009), com vigência 90 dias após a publicação.*

I – a pessoa ou casal estrangeiro, interessado em adotar criança ou adolescente brasileiro, deverá formular pedido de habilitação à adoção perante a Autoridade Central em matéria de adoção internacional no país de acolhida, assim entendido aquele onde está situada sua residência habitual;

- *Inciso I acrescido pela Lei nº 12.010/2009 (DOU de 4.8.2009), com vigência 90 dias após a publicação.*

II – se a Autoridade Central do país de acolhida considerar que os solicitantes estão habilitados e aptos para adotar, emitirá um relatório que contenha informações sobre a identidade, a capacidade jurídica e adequação dos solicitantes para adotar, sua situação pessoal, familiar e médica, seu meio social, os motivos que os animam e sua aptidão para assumir uma adoção internacional;

- *Inciso II acrescido pela Lei nº 12.010/2009 (DOU de 4.8.2009), com vigência 90 dias após a publicação.*

III – a Autoridade Central do país de acolhida enviará o relatório à Autoridade Central Estadual, com cópia para a Autoridade Central Federal Brasileira;

- *Inciso III acrescido pela Lei nº 12.010/2009 (DOU de 4.8.2009), com vigência 90 dias após a publicação.*

IV – o relatório será instruído com toda a documentação necessária, incluindo estudo psicossocial elaborado por equipe interprofissional habilitada e cópia autenticada da legislação pertinente, acompanhada da respectiva prova de vigência;

- *Inciso IV acrescido pela Lei nº 12.010/2009 (DOU de 4.8.2009), com vigência 90 dias após a publicação.*

V – os documentos em língua estrangeira serão devidamente autenticados pela autoridade consular, observados os tratados e convenções internacionais, e acompanhados da respectiva tradução, por tradutor público juramentado;

- *Inciso V acrescido pela Lei nº 12.010/2009 (DOU de 4.8.2009), com vigência 90 dias após a publicação.*

VI – a Autoridade Central Estadual poderá fazer exigências e solicitar complementação sobre o estudo psicossocial do postulante estrangeiro à adoção, já realizado no país de acolhida;

- *Inciso VI acrescido pela Lei nº 12.010/2009 (DOU de 4.8.2009), com vigência 90 dias após a publicação.*

VII – verificada, após estudo realizado pela Autoridade Central Estadual, a compatibilidade da legislação estrangeira com a nacional, além do preenchimento por parte dos postulantes à medida dos requisitos objetivos e subjetivos necessários ao seu deferimento, tanto à luz do que dispõe esta Lei como da legislação do país de acolhida, será expedido laudo de habilitação à adoção internacional, que terá validade por, no máximo, 1 (um) ano;

- *Inciso VII acrescido pela Lei nº 12.010/2009 (DOU de 4.8.2009), com vigência 90 dias após a publicação.*

VIII – de posse do laudo de habilitação, o interessado será autorizado a formalizar pedido de adoção perante o Juízo da Infância e da Juventude do local em que se encontra a criança ou adolescente, conforme indicação efetuada pela Autoridade Central Estadual.

- *Inciso VIII acrescido pela Lei nº 12.010/2009 (DOU de 4.8.2009), com vigência 90 dias após a publicação.*

§ 1º. Se a legislação do país de acolhida assim o autorizar, admite-se que os pedidos de habilitação à adoção internacional sejam intermediados por organismos credenciados.

- *§ 1º acrescido pela Lei nº 12.010/2009 (DOU de 4.8.2009), com vigência 90 dias após a publicação.*

§ 2º. Incumbe à Autoridade Central Federal Brasileira o credenciamento de organismos nacionais e estrangeiros encarregados de intermediar pedidos de habilitação à adoção internacional, com posterior comunicação às Autoridades Centrais Estaduais e publicação nos órgãos oficiais de imprensa e em sítio próprio da internet.

- *§ 2º acrescido pela Lei nº 12.010/2009 (DOU de 4.8.2009), com vigência 90 dias após a publicação.*

§ 3º. Somente será admissível o credenciamento de organismos que:

I – sejam oriundos de países que ratificaram a Convenção de Haia e estejam devidamente credenciados pela Autoridade Central do país onde estiverem sediados e no país de acolhida do adotando para atuar em adoção internacional no Brasil;

II – satisfizerem as condições de integridade moral, competência profissional, experiência e responsabilidade exigidas pelos países respectivos e pela Autoridade Central Federal Brasileira;

III – forem qualificados por seus padrões éticos e sua formação e experiência para atuar na área de adoção internacional;

IV – cumprirem os requisitos exigidos pelo ordenamento jurídico brasileiro e pelas normas estabelecidas pela Autoridade Central Federal Brasileira.

- *§ 3º acrescido pela Lei nº 12.010/2009 (DOU de 4.8.2009), com vigência 90 dias após a publicação.*

§ 4º. Os organismos credenciados deverão ainda:

I – perseguir unicamente fins não lucrativos, nas condições e dentro dos limites fixados pelas autoridades competentes do país onde estiverem sediados, do país de acolhida e pela Autoridade Central Federal Brasileira;

II – ser dirigidos e administrados por pessoas qualificadas e de reconhecida idoneidade moral, com comprovada formação ou experiência para atuar na área de adoção internacional, cadastradas pelo Departamento de Polícia Federal e aprovadas pela Autoridade Central Federal Brasileira, mediante publicação de portaria do órgão federal competente;

III – estar submetidos à supervisão das autoridades competentes do país onde estiverem sediados e no país de acolhida, inclusive quanto à sua composição, funcionamento e situação financeira;

IV – apresentar à Autoridade Central Federal Brasileira, a cada ano, relatório geral das atividades desenvolvidas, bem como relatório de acompanhamento das adoções internacionais efetuadas no período, cuja cópia será encaminhada ao Departamento de Polícia Federal;

V – enviar relatório pós-adotivo semestral para a Autoridade Central Estadual, com cópia para a Autoridade Central Federal Brasileira, pelo período mínimo de 2 (dois) anos. O envio do relatório será mantido até a juntada de cópia autenticada do registro civil, estabelecendo a cidadania do país de acolhida para o adotado;

VI – tomar as medidas necessárias para garantir que os adotantes encaminhem à Autoridade Central Federal Brasileira cópia da certidão de registro de nascimento estrangeira e do certificado de nacionalidade tão logo lhes sejam concedidos.

- *§ 4º acrescido pela Lei nº 12.010/2009 (DOU de 4.8.2009), com vigência 90 dias após a publicação.*

§ 5º. A não apresentação dos relatórios referidos no § 4º deste artigo pelo organismo credenciado poderá acarretar a suspensão de seu credenciamento.

- *§ 5º acrescido pela Lei nº 12.010/2009 (DOU de 4.8.2009), com vigência 90 dias após a publicação.*

§ 6º. O credenciamento de organismo nacional ou estrangeiro encarregado de intermediar pedidos de adoção internacional terá validade de 2 (dois) anos.

- *§ 6º acrescido pela Lei nº 12.010/2009 (DOU de 4.8.2009), com vigência 90 dias após a publicação.*

§ 7º. A renovação do credenciamento poderá ser concedida mediante requerimento protocolado na Autoridade Central Federal Brasileira nos 60 (sessenta) dias anteriores ao término do respectivo prazo de validade.

- *§ 7º acrescido pela Lei nº 12.010/2009 (DOU de 4.8.2009), com vigência 90 dias após a publicação.*

§ 8º. Antes de transitada em julgado a decisão que concedeu a adoção internacional, não será permitida a saída do adotando do território nacional.

- *§ 8º acrescido pela Lei nº 12.010/2009 (DOU de 4.8.2009), com vigência 90 dias após a publicação.*

§ 9º. Transitada em julgado a decisão, a autoridade judiciária determinará a expedição de alvará com autorização de viagem, bem como para obtenção de passaporte, constando, obrigatoriamente, as características da criança ou adolescente adotado, como idade, cor, sexo, eventuais sinais ou traços peculiares, assim como foto recente e a aposição da impressão digital do seu polegar direito, instruindo o documento com cópia autenticada da decisão e certidão de trânsito em julgado.

- *§ 9º acrescido pela Lei nº 12.010/2009 (DOU de 4.8.2009), com vigência 90 dias após a publicação.*

§ 10. A Autoridade Central Federal Brasileira poderá, a qualquer momento, solicitar informações sobre a situação das crianças e adolescentes adotados.

- *§ 10 acrescido pela Lei nº 12.010/2009 (DOU de 4.8.2009), com vigência 90 dias após a publicação.*

§ 11. A cobrança de valores por parte dos organismos credenciados, que sejam considerados abusivos pela Autoridade Central Federal Brasileira e que não estejam devidamente comprovados, é causa de seu descredenciamento.

- *§ 11 acrescido pela Lei nº 12.010/2009 (DOU de 4.8.2009), com vigência 90 dias após a publicação.*

§ 12. Uma mesma pessoa ou seu cônjuge não podem ser representados por mais de uma entidade credenciada para atuar na cooperação em adoção internacional.

- *§ 12 acrescido pela Lei nº 12.010/2009 (DOU de 4.8.2009), com vigência 90 dias após a publicação.*

§ 13. A habilitação de postulante estrangeiro ou domiciliado fora do Brasil terá validade máxima de 1 (um) ano, podendo ser renovada.

- *§ 13 acrescido pela Lei nº 12.010/2009 (DOU de 4.8.2009), com vigência 90 dias após a publicação.*

§ 14. É vedado o contato direto de representantes de organismos de adoção, nacionais ou estrangeiros, com dirigentes de programas de acolhimento institucional ou familiar, assim como com crianças e adolescentes em condições de serem adotados, sem a devida autorização judicial.

- *§ 14 acrescido pela Lei nº 12.010/2009 (DOU de 4.8.2009), com vigência 90 dias após a publicação.*

§ 15. A Autoridade Central Federal Brasileira poderá limitar ou suspender a concessão de novos credenciamentos sempre que julgar necessário, mediante ato administrativo fundamentado.

- *§ 15 acrescido pela Lei nº 12.010/2009 (DOU de 4.8.2009), com vigência 90 dias após a publicação.*

Art. 52-A. É vedado, sob pena de responsabilidade e descredenciamento, o repasse de recursos provenientes de organismos estrangeiros encarregados de intermediar pedidos de adoção internacional a organismos nacionais ou a pessoas físicas.

- *Art. 52-A,* caput, *acrescido pela Lei nº 12.010/2009 (DOU de 4.8.2009), com vigência 90 dias após a publicação.*

Parágrafo único. Eventuais repasses somente poderão ser efetuados via Fundo dos Direitos da Criança e do Adolescente e estarão sujeitos às deliberações do respectivo Conselho de Direitos da Criança e do Adolescente.

- *Parágrafo único acrescido pela Lei nº 12.010/2009 (DOU de 4.8.2009), com vigência 90 dias após a publicação.*

Art. 52-B. A adoção por brasileiro residente no exterior em país ratificante da Convenção de Haia, cujo processo de adoção tenha sido processado em conformidade com a legislação vigente no país de residência e atendido o disposto na Alínea "c" do Artigo 17 da referida Convenção, será automaticamente recepcionada com o reingresso no Brasil.

- *Art. 52-B,* caput, *acrescido pela Lei nº 12.010/2009 (DOU de 4.8.2009), com vigência 90 dias após a publicação.*

§ 1º. Caso não tenha sido atendido o disposto na Alínea "c" do Artigo 17 da Convenção de Haia, deverá a sentença ser homologada pelo Superior Tribunal de Justiça.

- *§ 1º acrescido pela Lei nº 12.010/2009 (DOU de 4.8.2009), com vigência 90 dias após a publicação.*

§ 2º. O pretendente brasileiro residente no exterior em país não ratificante da Convenção de Haia, uma vez reingressado no Brasil, deverá requerer a homologação da sentença estrangeira pelo Superior Tribunal de Justiça.

- *§ 2º acrescido pela Lei nº 12.010/2009 (DOU de 4.8.2009), com vigência 90 dias após a publicação.*
- *V. Convenção nesta edição.*

Art. 52-C. Nas adoções internacionais, quando o Brasil for o país de acolhida, a decisão da autoridade competente do país de origem da criança ou do adolescente será conhecida pela Autoridade Central Estadual que tiver processado o pedido de habilitação dos pais adotivos, que comunicará o fato à Autoridade Central Federal e determinará as providências necessárias à expedição do Certificado de Naturalização Provisório.

- *Art. 52-C,* caput, *acrescido pela Lei nº 12.010/2009 (DOU de 4.8.2009), com vigência 90 dias após a publicação.*

§ 1º. A Autoridade Central Estadual, ouvido o Ministério Público, somente deixará de reconhecer os efeitos daquela decisão se restar demonstrado que a adoção é manifestamente contrária à ordem pública ou não atende ao interesse superior da criança ou do adolescente.

- *§ 1º acrescido pela Lei nº 12.010/2009 (DOU de 4.8.2009), com vigência 90 dias após a publicação.*

§ 2º. Na hipótese de não reconhecimento da adoção, prevista no § 1º deste artigo, o Ministério Público deverá imediatamente requerer o que for de direito para resguardar os interesses da criança ou do adolescente, comunicando-se as providências à Autoridade Central Estadual, que fará a comunicação à Autoridade Central Federal Brasileira e à Autoridade Central do país de origem.

- *§ 2º acrescido pela Lei nº 12.010/2009 (DOU de 4.8.2009), com vigência 90 dias após a publicação.*

Art. 52-D. Nas adoções internacionais, quando o Brasil for o país de acolhida e a adoção não tenha sido deferida no país de origem porque a sua legislação a delega ao país de acolhida, ou, ainda, na hipótese de, mesmo com decisão, a criança ou o adolescente ser oriundo de país que não tenha aderido à Convenção referida, o processo de adoção seguirá as regras da adoção nacional.

- *Art. 52-D acrescido pela Lei nº 12.010/2009 (DOU de 4.8.2009), com vigência 90 dias após a publicação.*

Capítulo IV – Do Direito à Educação, à Cultura, ao Esporte e ao Lazer

Art. 53. A criança e o adolescente têm direito à educação, visando ao pleno desenvolvimento de sua pessoa, preparo para o exercício da cidadania e qualificação para o trabalho, assegurando-se-lhes:

I – igualdade de condições para o acesso e permanência na escola;

II – direito de ser respeitado por seus educadores;

III – direito de contestar critérios avaliativos, podendo recorrer às instâncias escolares superiores;

IV – direito de organização e participação em entidades estudantis;

V – acesso à escola pública e gratuita próxima de sua residência.

Parágrafo único. É direito dos pais ou responsáveis ter ciência do processo pedagógico, bem como participar da definição das propostas educacionais.

Art. 54. É dever do Estado assegurar à criança e ao adolescente:

I – ensino fundamental, obrigatório e gratuito, inclusive para os que a ele não tiveram acesso na idade própria;

II – progressiva extensão da obrigatoriedade e gratuidade ao ensino médio;

III – atendimento educacional especializado aos portadores de deficiência, preferencialmente na rede regular de ensino;

IV – atendimento em creche e pré-escola às crianças de zero a seis anos de idade;

V – acesso aos níveis mais elevados do ensino, da pesquisa e da criação artística, segundo a capacidade de cada um;

VI – oferta de ensino noturno regular, adequado às condições do adolescente trabalhador;

VII – atendimento no ensino fundamental, através de programas suplementares de material didático-escolar, transporte, alimentação e assistência à saúde.

§ 1º. O acesso ao ensino obrigatório e gratuito é direito público subjetivo.

§ 2º. O não oferecimento do ensino obrigatório pelo poder público ou sua oferta irregular importa responsabilidade da autoridade competente.

§ 3º. Compete ao poder público recensear os educandos no ensino fundamental, fazer-lhes a chamada e zelar, junto aos pais ou responsável, pela frequência à escola.

Art. 55. Os pais ou responsável têm a obrigação de matricular seus filhos ou pupilos na rede regular de ensino.

Art. 56. Os dirigentes de estabelecimentos de ensino fundamental comunicarão ao Conselho Tutelar os casos de:

I – maus-tratos envolvendo seus alunos;

II – reiteração de faltas injustificadas e de evasão escolar, esgotados os recursos escolares;

III – elevados níveis de repetência.

Art. 57. O poder público estimulará pesquisas, experiências e novas propostas relativas a calendário, seriação, currículo, metodologia, didática e avaliação, com vistas à inserção de crianças e adolescentes excluídos do ensino fundamental obrigatório.

Art. 58. No processo educacional respeitar-se-ão os valores culturais, artísticos e históricos próprios do contexto social da criança e do adolescente, garantindo-se a estes a liberdade da criação e o acesso às fontes de cultura.

Art. 59. Os municípios, com apoio dos estados e da União, estimularão e facilitarão a destinação de recursos e espaços para programações culturais, esportivas e de lazer voltadas para a infância e a juventude.

Capítulo V – Do Direito à Profissionalização e à Proteção no Trabalho

Art. 60. É proibido qualquer trabalho a menores de quatorze anos de idade, salvo na condição de aprendiz.

Art. 61. A proteção ao trabalho dos adolescentes é regulada por legislação especial, sem prejuízo do disposto nesta Lei.

Art. 62. Considera-se aprendizagem a formação técnico-profissional ministrada segundo as diretrizes e bases da legislação de educação em vigor.

Art. 63. A formação técnico-profissional obedecerá aos seguintes princípios:

I – garantia de acesso e frequência obrigatória ao ensino regular;

II – atividade compatível com o desenvolvimento do adolescente;

III – horário especial para o exercício das atividades.

Art. 64. Ao adolescente até quatorze anos de idade é assegurada bolsa de aprendizagem.

Art. 65. Ao adolescente aprendiz, maior de quatorze anos, são assegurados os direitos trabalhistas e previdenciários.

Art. 66. Ao adolescente portador de deficiência é assegurado trabalho protegido.

Art. 67. Ao adolescente empregado, aprendiz, em regime familiar de trabalho, aluno de escola técnica, assistido em entidade governamental ou não governamental, é vedado trabalho:

I – noturno, realizado entre as vinte e duas horas de um dia e as cinco horas do dia seguinte;

II – perigoso, insalubre ou penoso;

III – realizado em locais prejudiciais à sua formação e ao seu desenvolvimento físico, psíquico, moral e social;

IV – realizado em horários e locais que não permitam a frequência à escola.

Art. 68. O programa social que tenha por base o trabalho educativo, sob responsabilidade de entidade governamental ou não governamental sem fins lucrativos, deverá assegurar ao adolescente que dele participe condições de capacitação para o exercício de atividade regular remunerada.

§ 1º. Entende-se por trabalho educativo a atividade laboral em que as exigências pedagógicas relativas ao desenvolvimento pessoal e social do educando prevalecem sobre o aspecto produtivo.

§ 2º. A remuneração que o adolescente recebe pelo trabalho efetuado ou a participação na venda dos produtos de seu trabalho não desfigura o caráter educativo.

Art. 69. O adolescente tem direito à profissionalização e à proteção no trabalho, observados os seguintes aspectos, entre outros:

I – respeito à condição peculiar de pessoa em desenvolvimento;

II – capacitação profissional adequada ao mercado de trabalho.

TÍTULO III – DA PREVENÇÃO

Capítulo I – Disposições Gerais

Art. 70. É dever de todos prevenir a ocorrência de ameaça ou violação dos direitos da criança e do adolescente.

Art. 71. A criança e o adolescente têm direito a informação, cultura, lazer, esportes, diversões, espetáculos e produtos e serviços que respeitem sua condição peculiar de pessoa em desenvolvimento.

Art. 72. As obrigações previstas nesta Lei não excluem da prevenção especial outras decorrentes dos princípios por ela adotados.

Art. 73. A inobservância das normas de prevenção importará em responsabilidade da pessoa física ou jurídica, nos termos desta Lei.

Capítulo II – Da Prevenção Especial

Seção I
Da Informação, Cultura, Lazer, Esportes, Diversões e Espetáculos

Art. 74. O poder público, através do órgão competente, regulará as diversões e espetáculos públicos, informando sobre a natureza deles, as faixas etárias a que não se recomendem, locais e horários em que sua apresentação se mostre inadequada.

Parágrafo único. Os responsáveis pelas diversões e espetáculos públicos deverão afixar, em lugar visível e de fácil acesso, à entrada do local de exibição, informação destacada sobre a natureza do espetáculo e a faixa etária especificada no certificado de classificação.

Art. 75. Toda criança ou adolescente terá acesso às diversões e espetáculos públicos classificados como adequados à sua faixa etária.

Parágrafo único. As crianças menores de dez anos somente poderão ingressar e permanecer nos locais de apresentação ou exibição quando acompanhadas dos pais ou responsável.

Art. 76. As emissoras de rádio e televisão somente exibirão, no horário recomendado para o público infanto-juvenil, programas com finalidades educativas, artísticas, culturais e informativas.

Parágrafo único. Nenhum espetáculo será apresentado ou anunciado sem aviso de sua classificação, antes de sua transmissão, apresentação ou exibição.

Art. 77. Os proprietários, diretores, gerentes e funcionários de empresas que explorem a venda ou aluguel de fitas de programação em vídeo cuidarão para que não haja venda ou locação em desacordo com a classificação atribuída pelo órgão competente.

Parágrafo único. As fitas a que alude este artigo deverão exibir, no invólucro, informação sobre a natureza da obra e a faixa etária a que se destinam.

Art. 78. As revistas e publicações contendo material impróprio ou inadequado a crianças e adolescentes deverão ser comercializadas em embalagem lacrada, com a advertência de seu conteúdo.

Parágrafo único. As editoras cuidarão para que as capas que contenham mensagens pornográficas ou obscenas sejam protegidas com embalagem opaca.

Art. 79. As revistas e publicações destinadas ao público infanto-juvenil não poderão conter ilustrações, fotografias, legendas, crônicas ou anúncios de bebidas alcoólicas, tabaco, armas e munições, e deverão respeitar os valores éticos e sociais da pessoa e da família.

Art. 80. Os responsáveis por estabelecimentos que explorem comercialmente bilhar, sinuca ou congênere ou por casas de jogos, assim entendidas as que realize apostas, ainda que eventualmente, cuidarão para que não seja permitida a entrada e a permanência de crianças e adolescentes no local, afixando aviso para orientação do público.

Seção II – Dos Produtos e Serviços

Art. 81. É proibida a venda à criança ou ao adolescente de:

I – armas, munições e explosivos;

II – bebidas alcoólicas;

III – produtos cujos componentes possam causar dependência física ou psíquica ainda que por utilização indevida;

IV – fogos de estampido e de artifício, exceto aqueles que pelo seu reduzido potencial sejam incapazes de provocar qualquer dano físico em caso de utilização indevida;

V – revistas e publicações a que alude o art. 78;

VI – bilhetes lotéricos e equivalentes.

Art. 82. É proibida a hospedagem de criança ou adolescente em hotel, motel, pensão ou estabelecimento congênere, salvo se autorizado ou acompanhado pelos pais ou responsável.

Seção III – Da Autorização para Viajar

Art. 83. Nenhuma criança poderá viajar para fora da comarca onde reside, desacompanhada dos pais ou responsável, sem expressa autorização judicial.

§ 1º. A autorização não será exigida quando:

a) tratar-se de comarca contígua à da residência da criança, se na mesma unidade da Federação, ou incluída na mesma região metropolitana;

b) a criança estiver acompanhada:

1) de ascendente ou colateral maior, até o terceiro grau, comprovado documentalmente o parentesco;

2) de pessoa maior, expressamente autorizada pelo pai, mãe ou responsável.

§ 2º. A autoridade judiciária poderá, a pedido dos pais ou responsável, conceder autorização válida por dois anos.

Art. 84. Quando se tratar de viagem ao exterior, a autorização é dispensável, se a criança ou adolescente:

I – estiver acompanhado de ambos os pais ou responsável;

II – viajar na companhia de um dos pais, autorizado expressamente pelo outro através de documento com firma reconhecida.

Art. 85. Sem prévia e expressa autorização judicial, nenhuma criança ou adolescente nascido em território nacional poderá sair do País em companhia de estrangeiro residente ou domiciliado no exterior.

Livro II
PARTE ESPECIAL

TÍTULO I – DA POLÍTICA DE ATENDIMENTO

Capítulo I – Disposições Gerais

Art. 86. A política de atendimento dos direitos da criança e do adolescente far-se-á através de um conjunto articulado de ações governamentais e não governamentais, da União, dos estados, do Distrito Federal e dos municípios.

Art. 87. São linhas de ação da política de atendimento:

I – políticas sociais básicas;

II – políticas e programas de assistência social, em caráter supletivo, para aqueles que deles necessitem;

III – serviços especiais de prevenção e atendimento médico e psicossocial às vítimas de negligência, maus-tratos, exploração, abuso, crueldade e opressão;

IV – serviço de identificação e localização de pais, responsável, crianças e adolescentes desaparecidos;

V – proteção jurídico-social por entidades de defesa dos direitos da criança e do adolescente;

VI – políticas e programas destinados a prevenir ou abreviar o período de afastamento do convívio familiar e a garantir o efetivo exercício do direito à convivência familiar de crianças e adolescentes;

• *Inciso VI acrescido pela Lei nº 12.010/2009 (DOU de 4.8.2009), com vigência 90 dias após a publicação.*

VII – campanhas de estímulo ao acolhimento sob forma de guarda de crianças e adolescentes afastados do convívio familiar e à adoção, especificamente inter-racial, de crianças maiores ou de adolescentes, com necessidades específicas de saúde ou com deficiências e de grupos de irmãos.

• *Inciso VII acrescido pela Lei nº 12.010/2009 (DOU de 4.8.2009), com vigência 90 dias após a publicação.*

Art. 88. São diretrizes da política de atendimento:

I – municipalização do atendimento;

II – criação de conselhos municipais, estaduais e nacional dos direitos da criança e do adolescente, órgãos deliberativos e controladores das ações em todos os níveis, assegurada a participação popular paritária por meio de organizações representativas, segundo leis federal, estaduais e municipais;

III – criação e manutenção de programas específicos, observada a descentralização político-administrativa;

IV – manutenção de fundos nacional, estaduais e municipais vinculados aos respectivos conselhos dos direitos da criança e do adolescente;

V – integração operacional de órgãos do Judiciário, Ministério Público, Defensoria, Segurança Pública e Assistência Social, preferencialmente em um mesmo local, para efeito de agilização do atendimento inicial a adolescente a quem se atribua autoria de ato infracional;

VI – integração operacional de órgãos do Judiciário, Ministério Público, Defensoria, Conselho Tutelar e encarregados da execução das políticas sociais básicas e de assistência social, para efeito de agilização do atendimento de crianças e de adolescentes inseridos em programas de acolhimento familiar ou institucional, com vista na sua rápida reintegração à família de origem ou, se tal solução se mostrar comprovadamente inviável, sua colocação em família substituta, em quaisquer das modalidades previstas no art. 28 desta Lei;

• *Inciso VI com redação dada pela Lei nº 12.010/2009 (DOU de 4.8.2009), com vigência 90 dias após a publicação.*

VII – mobilização da opinião pública para a indispensável participação dos diversos segmentos da sociedade.

• *Inciso VII acrescido pela Lei nº 12.010/2009 (DOU de 4.8.2009), com vigência 90 dias após a publicação.*

Art. 89. A função de membro do conselho nacional e dos conselhos estaduais e municipais dos direitos da criança e do adolescente é considerada de interesse público relevante e não será remunerada.

Capítulo II – Das Entidades de Atendimento

Seção I – Disposições Gerais

Art. 90. As entidades de atendimento são responsáveis pela manutenção das próprias unidades, assim como pelo planejamento e execução de programas de proteção e socioeducativos destinados a crianças e adolescentes, em regime de:

I – orientação e apoio sociofamiliar;

II – apoio socioeducativo em meio aberto;

III – colocação familiar;

IV – acolhimento institucional;

- *Inciso IV com redação dada pela Lei nº 12.010/2009 (DOU de 4.8.2009), com vigência 90 dias após a publicação.*

V – prestação de serviços à comunidade;

- *Inciso V com redação dada pela Lei nº 12.594/2012 (DOU de 19.1.2012), com vigência 90 dias após a publicação.*

VI – liberdade assistida;

- *Inciso VI, primitivo inciso V, com redação dada pela Lei nº 12.594/2012 (DOU de 19.1.2012), com vigência 90 dias após a publicação.*

VII – semiliberdade; e

- *Inciso VII, primitivo inciso VI, com redação dada pela Lei nº 12.594/2012 (DOU de 19.1.2012), com vigência 90 dias após a publicação.*

VIII – internação.

- *Inciso VIII, primitivo inciso VII, acrescido pela Lei nº 12.594/2012 (DOU de 19.1.2012), com vigência 90 dias após a publicação.*

§ 1º. As entidades governamentais e não governamentais deverão proceder à inscrição de seus programas, especificando os regimes de atendimento, na forma definida neste artigo, no Conselho Municipal dos Direitos da Criança e do Adolescente, o qual manterá registro das inscrições e de suas alterações, do que fará comunicação ao Conselho Tutelar e à autoridade judiciária.

- *§ 1º acrescido pela Lei nº 12.010/2009 (DOU de 4.8.2009), com vigência 90 dias após a publicação.*

§ 2º. Os recursos destinados à implementação e manutenção dos programas relacionados neste artigo serão previstos nas dotações orçamentárias dos órgãos públicos encarregados das áreas de Educação, Saúde e Assistência Social, dentre outros, observando-se o princípio da prioridade absoluta à criança e ao adolescente preconizado pelo *caput* do art. 227 da Constituição Federal e pelo *caput* e parágrafo único do art. 4º desta Lei.

- *§ 2º acrescido pela Lei nº 12.010/2009 (DOU de 4.8.2009), com vigência 90 dias após a publicação.*
- ***Constituição da República Federativa do Brasil:***

Art. 227. *É dever da família, da sociedade e do Estado assegurar à criança, ao adolescente e ao jovem, com absoluta prioridade, o direito à vida, à saúde, à alimentação, à* *educação, ao lazer, à profissionalização, à cultura, à dignidade, ao respeito, à liberdade e à convivência familiar e comunitária, além de colocá-los a salvo de toda forma de negligência, discriminação, exploração, violência, crueldade e opressão.*

- *Art. 227,* caput, *com redação dada pela Emenda Constitucional nº 65/2010.*

§ 3º. Os programas em execução serão reavaliados pelo Conselho Municipal dos Direitos da Criança e do Adolescente, no máximo, a cada 2 (dois) anos, constituindo-se critérios para renovação da autorização de funcionamento:

I – o efetivo respeito às regras e princípios desta Lei, bem como às resoluções relativas à modalidade de atendimento prestado expedidas pelos Conselhos de Direitos da Criança e do Adolescente, em todos os níveis;

II – a qualidade e eficiência do trabalho desenvolvido, atestadas pelo Conselho Tutelar, pelo Ministério Público e pela Justiça da Infância e da Juventude;

III – em se tratando de programas de acolhimento institucional ou familiar, serão considerados os índices de sucesso na reintegração familiar ou de adaptação à família substituta, conforme o caso.

- *§ 3º acrescido pela Lei nº 12.010/2009 (DOU de 4.8.2009), com vigência 90 dias após a publicação.*

Art. 91. As entidades não governamentais somente poderão funcionar depois de registradas no Conselho Municipal dos Direitos da Criança e do Adolescente, o qual comunicará o registro ao Conselho Tutelar e à autoridade judiciária da respectiva localidade.

§ 1º. Será negado o registro à entidade que:

- *§ 1º,* caput, *primitivo parágrafo único, renumerado pela Lei nº 12.010/2009 (DOU de 4.8.2009), com vigência 90 dias após a publicação.*

a) não ofereça instalações físicas em condições adequadas de habitabilidade, higiene, salubridade e segurança;

b) não apresente plano de trabalho compatível com os princípios desta Lei;

c) esteja irregularmente constituída;

d) tenha em seus quadros pessoas inidôneas;

e) não se adequar ou deixar de cumprir as resoluções e deliberações relativas à modalidade de atendimento prestado expedidas pelos Conselhos de Direitos da Criança e do Adolescente, em todos os níveis.

- *Alínea "e" acrescida pela Lei nº 12.010/2009 (DOU de 4.8.2009), com vigência 90 dias após a publicação.*

§ 2º. O registro terá validade máxima de 4 (quatro) anos, cabendo ao Conselho Municipal dos Direitos da Criança e do Adolescente, periodicamente, reavaliar o cabimento de sua renovação, observado o disposto no § 1º deste artigo.

- *§ 2º acrescido pela Lei nº 12.010/2009 (DOU de 4.8.2009), com vigência 90 dias após a publicação.*

Art. 92. As entidades que desenvolvam programas de acolhimento familiar ou institucional deverão adotar os seguintes princípios:

- *Art. 92,* caput, *com redação dada pela Lei nº 12.010/2009 (DOU de 4.8.2009), com vigência 90 dias após a publicação.*

I – preservação dos vínculos familiares e promoção da reintegração familiar;

- *Inciso I com redação dada pela Lei nº 12.010/2009 (DOU de 4.8.2009), com vigência 90 dias após a publicação.*

II – integração em família substituta, quando esgotados os recursos de manutenção na família natural ou extensa;

- *Inciso II com redação dada pela Lei nº 12.010/2009 (DOU de 4.8.2009), com vigência 90 dias após a publicação.*

III – atendimento personalizado e em pequenos grupos;

IV – desenvolvimento de atividades em regime de coeducação;

V – não desmembramento de grupos de irmãos;

VI – evitar, sempre que possível, a transferência para outras entidades de crianças e adolescentes abrigados;

VII – participação na vida da comunidade local;

VIII – preparação gradativa para o desligamento;

IX – participação de pessoas da comunidade no processo educativo.

§ 1º. O dirigente de entidade que desenvolve programa de acolhimento institucional é equiparado ao guardião, para todos os efeitos de direito.

- *§ 1º acrescido pela Lei nº 12.010/2009 (DOU de 4.8.2009), com vigência 90 dias após a publicação.*

§ 2º. Os dirigentes de entidades que desenvolvem programas de acolhimento familiar ou institucional remeterão à autoridade judiciária, no máximo a cada 6 (seis) meses, relatório circunstanciado acerca da situação de cada criança ou adolescente acolhido e sua família, para fins da reavaliação prevista no § 1º do art. 19 desta Lei.

- *§ 2º acrescido pela Lei nº 12.010/2009 (DOU de 4.8.2009), com vigência 90 dias após a publicação.*

§ 3º. Os entes federados, por intermédio dos Poderes Executivo e Judiciário, promoverão conjuntamente a permanente qualificação dos profissionais que atuam direta ou indiretamente em programas de acolhimento institucional e destinados à colocação familiar de crianças e adolescentes, incluindo membros do Poder Judiciário, Ministério Público e Conselho Tutelar.

- *§ 3º acrescido pela Lei nº 12.010/2009 (DOU de 4.8.2009), com vigência 90 dias após a publicação.*

§ 4º. Salvo determinação em contrário da autoridade judiciária competente, as entidades que desenvolvem programas de acolhimento familiar ou institucional, se necessário com o auxílio do Conselho Tutelar e dos órgãos de assistência social, estimularão o contato da criança ou adolescente com seus pais e parentes, em cumprimento ao disposto nos incisos I e VIII do *caput* deste artigo.

- *§ 4º acrescido pela Lei nº 12.010/2009 (DOU de 4.8.2009), com vigência 90 dias após a publicação.*

§ 5º. As entidades que desenvolvem programas de acolhimento familiar ou institucional somente poderão receber recursos públicos se comprovado o atendimento dos princípios, exigências e finalidades desta Lei.

- *§ 5º acrescido pela Lei nº 12.010/2009 (DOU de 4.8.2009), com vigência 90 dias após a publicação.*

§ 6º. O descumprimento das disposições desta Lei pelo dirigente de entidade que desenvolva programas de acolhimento familiar ou institucional é causa de sua destituição, sem prejuízo da apuração de sua responsabilidade administrativa, civil e criminal.

• *§ 6º acrescido pela Lei nº 12.010/2009 (DOU de 4.8.2009), com vigência 90 dias após a publicação.*

Art. 93. As entidades que mantenham programa de acolhimento institucional poderão, em caráter excepcional e de urgência, acolher crianças e adolescentes sem prévia determinação da autoridade competente, fazendo comunicação do fato em até 24 (vinte e quatro) horas ao Juiz da Infância e da Juventude, sob pena de responsabilidade.

• *Art. 93,* caput*, com redação dada pela Lei nº 12.010/2009 (DOU de 4.8.2009), com vigência 90 dias após a publicação.*

Parágrafo único. Recebida a comunicação, a autoridade judiciária, ouvido o Ministério Público e se necessário com o apoio do Conselho Tutelar local, tomará as medidas necessárias para promover a imediata reintegração familiar da criança ou do adolescente ou, se por qualquer razão não for isso possível ou recomendável, para seu encaminhamento a programa de acolhimento familiar, institucional ou a família substituta, observado o disposto no § 2º do art. 101 desta Lei.

• *Parágrafo único acrescido pela Lei nº 12.010/2009 (DOU de 4.8.2009), com vigência 90 dias após a publicação.*

Art. 94. As entidades que desenvolvem programas de internação têm as seguintes obrigações, entre outras:

I – observar os direitos e garantias de que são titulares os adolescentes;

II – não restringir nenhum direito que não tenha sido objeto de restrição na decisão de internação;

III – oferecer atendimento personalizado, em pequenas unidades e grupos reduzidos;

IV – preservar a identidade e oferecer ambiente de respeito e dignidade ao adolescente;

V – diligenciar no sentido do restabelecimento e da preservação dos vínculos familiares;

VI – comunicar à autoridade judiciária, periodicamente, os casos em que se mostre inviável ou impossível o reatamento dos vínculos familiares;

VII – oferecer instalações físicas em condições adequadas de habitabilidade, higiene, salubridade e segurança e os objetos necessários à higiene pessoal;

VIII – oferecer vestuário e alimentação suficientes e adequados à faixa etária dos adolescentes atendidos;

IX – oferecer cuidados médicos, psicológicos, odontológicos e farmacêuticos;

X – propiciar escolarização e profissionalização;

XI – propiciar atividades culturais, esportivas e de lazer;

XII – propiciar assistência religiosa àqueles que desejarem, de acordo com suas crenças;

XIII – proceder a estudo social e pessoal de cada caso;

XIV – reavaliar periodicamente cada caso, com intervalo máximo de seis meses, dando ciência dos resultados à autoridade competente;

XV – informar, periodicamente, o adolescente internado sobre sua situação processual;

XVI – comunicar às autoridades competentes todos os casos de adolescentes portadores de moléstias infecto-contagiosas;

XVII – fornecer comprovante de depósito dos pertences dos adolescentes;

XVIII – manter programas destinados ao apoio e acompanhamento de egressos;

XIX – providenciar os documentos necessários ao exercício da cidadania àqueles que não os tiverem;

XX – manter arquivo de anotações onde constem data e circunstâncias do atendimento, nome do adolescente, seus pais ou responsável, parentes, endereços, sexo, idade, acompanhamento da sua formação, relação de seus pertences e demais dados que possibilitem sua identificação e a individualização do atendimento.

§ 1º. Aplicam-se, no que couber, as obrigações constantes deste artigo às entidades que mantêm programas de acolhimento institucional e familiar.

- *§ 1º com redação dada pela Lei nº 12.010/2009 (DOU de 4.8.2009), com vigência 90 dias após a publicação.*

§ 2º. No cumprimento das obrigações a que alude este artigo as entidades utilizarão preferencialmente os recursos da comunidade.

Seção II – Da Fiscalização das Entidades

Art. 95. As entidades governamentais e não governamentais referidas no art. 90 serão fiscalizadas pelo Judiciário, pelo Ministério Público e pelos Conselhos Tutelares.

Art. 96. Os planos de aplicação e as prestações de contas serão apresentados ao estado ou ao município, conforme a origem das dotações orçamentárias.

Art. 97. São medidas aplicáveis às entidades de atendimento que descumprirem obrigação constante do art. 94, sem prejuízo da responsabilidade civil e criminal de seus dirigentes ou prepostos:

I – às entidades governamentais:

a) advertência;

b) afastamento provisório de seus dirigentes;

c) afastamento definitivo de seus dirigentes;

d) fechamento de unidade ou interdição de programa;

II – às entidades não governamentais:

a) advertência;

b) suspensão total ou parcial do repasse de verbas públicas;

c) interdição de unidades ou suspensão de programa;

d) cassação do registro.

§ 1º. Em caso de reiteradas infrações cometidas por entidades de atendimento, que coloquem em risco os direitos assegurados nesta Lei, deverá ser o fato comunicado ao Ministério Público ou representado perante autoridade judiciária competente para as providências cabíveis, inclusive suspensão das atividades ou dissolução da entidade.

- *§ 1º, primitivo parágrafo único, renumerado pela Lei nº 12.010/2009 (DOU de 4.8.2009), com vigência 90 dias após a publicação.*

§ 2º. As pessoas jurídicas de direito público e as organizações não governamentais responderão pelos danos que seus agentes causarem às crianças e aos adolescentes, caracterizado o descumprimento dos princípios norteadores das atividades de proteção específica.

- *§ 2º acrescido pela Lei nº 12.010/2009 (DOU de 4.8.2009), com vigência 90 dias após a publicação.*

TÍTULO II – DAS MEDIDAS DE PROTEÇÃO

Capítulo I – Disposições Gerais

Art. 98. As medidas de proteção à criança e ao adolescente são aplicáveis sempre que os direitos reconhecidos nesta Lei forem ameaçados ou violados:

I – por ação ou omissão da sociedade ou do Estado;

II – por falta, omissão ou abuso dos pais ou responsável;

III – em razão de sua conduta.

Capítulo II – Das Medidas Específicas de Proteção

Art. 99. As medidas previstas neste Capítulo poderão ser aplicadas isolada ou cumulativamente, bem como substituídas a qualquer tempo.

Art. 100. Na aplicação das medidas levar-se-ão em conta as necessidades pedagógicas, preferindo-se aquelas que visem ao fortalecimento dos vínculos familiares e comunitários.

Parágrafo único. São também princípios que regem a aplicação das medidas:

- *Parágrafo único,* caput, *acrescido pela Lei nº 12.010/2009 (DOU de 4.8.2009), com vigência 90 dias após a publicação.*

I – condição da criança e do adolescente como sujeitos de direitos: crianças e adolescentes são os titulares dos direitos previstos nesta e em outras Leis, bem como na Constituição Federal;

- *Inciso I acrescido pela Lei nº 12.010/2009 (DOU de 4.8.2009), com vigência 90 dias após a publicação.*

II – proteção integral e prioritária: a interpretação e aplicação de toda e qualquer norma contida nesta Lei deve ser voltada à proteção integral e prioritária dos direitos de que crianças e adolescentes são titulares;

- *Inciso II acrescido pela Lei nº 12.010/2009 (DOU de 4.8.2009), com vigência 90 dias após a publicação.*

III – responsabilidade primária e solidária do poder público: a plena efetivação dos direitos assegurados a crianças e a adolescentes por esta Lei e pela Constituição Federal, salvo nos casos por esta expressamente ressalvados, é de responsabilidade primária e solidária das 3 (três) esferas de governo, sem prejuízo da municipalização do atendimento e da possibilidade da execução de programas por entidades não governamentais;

- *Inciso III acrescido pela Lei nº 12.010/2009 (DOU de 4.8.2009), com vigência 90 dias após a publicação.*

IV – interesse superior da criança e do adolescente: a intervenção deve atender prioritariamente aos interesses e direitos da criança e do adolescente, sem prejuízo da consideração que for devida a outros interesses legítimos no âmbito da pluralidade dos interesses presentes no caso concreto;

- *Inciso IV acrescido pela Lei nº 12.010/2009 (DOU de 4.8.2009), com vigência 90 dias após a publicação.*

V – privacidade: a promoção dos direitos e proteção da criança e do adolescente deve ser efetuada no respeito pela intimidade, direito à imagem e reserva da sua vida privada;

- *Inciso V acrescido pela Lei nº 12.010/2009 (DOU de 4.8.2009), com vigência 90 dias após a publicação.*

VI – intervenção precoce: a intervenção das autoridades competentes deve ser efetuada logo que a situação de perigo seja conhecida;

- *Inciso VI acrescido pela Lei nº 12.010/2009 (DOU de 4.8.2009), com vigência 90 dias após a publicação.*

VII – intervenção mínima: a intervenção deve ser exercida exclusivamente pelas autoridades e instituições cuja ação seja indispensável à efetiva promoção dos direitos e à proteção da criança e do adolescente;

- *Inciso VII acrescido pela Lei nº 12.010/2009 (DOU de 4.8.2009), com vigência 90 dias após a publicação.*

VIII – proporcionalidade e atualidade: a intervenção deve ser a necessária e adequada à situação de perigo em que a criança ou o adolescente se encontram no momento em que a decisão é tomada;

- *Inciso VIII acrescido pela Lei nº 12.010/2009 (DOU de 4.8.2009), com vigência 90 dias após a publicação.*

IX – responsabilidade parental: a intervenção deve ser efetuada de modo que os pais assumam os seus deveres para com a criança e o adolescente;

- *Inciso IX acrescido pela Lei nº 12.010/2009 (DOU de 4.8.2009), com vigência 90 dias após a publicação.*

X – prevalência da família: na promoção de direitos e na proteção da criança e do adolescente deve ser dada prevalência às medidas que os mantenham ou reintegrem na sua família natural ou extensa ou, se isto não for possível, que promovam a sua integração em família substituta;

- *Inciso X acrescido pela Lei nº 12.010/2009 (DOU de 4.8.2009), com vigência 90 dias após a publicação.*

XI – obrigatoriedade da informação: a criança e o adolescente, respeitado seu estágio de desenvolvimento e capacidade de compreensão, seus pais ou responsável devem ser informados dos seus direitos, dos motivos que determinaram a intervenção e da forma como esta se processa;

- *Inciso XI acrescido pela Lei nº 12.010/2009 (DOU de 4.8.2009), com vigência 90 dias após a publicação.*

XII – oitiva obrigatória e participação: a criança e o adolescente, em separado ou na companhia dos pais, de responsável ou de pessoa por si indicada, bem como os seus pais ou responsável, têm direito a ser ouvidos e a participar nos atos e na definição da medida de promoção dos direitos e de proteção, sendo sua opinião devidamente considerada pela autoridade judiciária competente, observado o disposto nos §§ 1º e 2º do art. 28 desta Lei.

- *Inciso XII acrescido pela Lei nº 12.010/2009 (DOU de 4.8.2009), com vigência 90 dias após a publicação.*

Art. 101. Verificada qualquer das hipóteses previstas no art. 98, a autoridade competente poderá determinar, dentre outras, as seguintes medidas:

I – encaminhamento aos pais ou responsável, mediante termo de responsabilidade;

II – orientação, apoio e acompanhamento temporários;

III – matrícula e frequência obrigatórias em estabelecimento oficial de ensino fundamental;

IV – inclusão em programa comunitário ou oficial de auxílio à família, à criança e ao adolescente;

V – requisição de tratamento médico, psicológico ou psiquiátrico, em regime hospitalar ou ambulatorial;

VI – inclusão em programa oficial ou comunitário de auxílio, orientação e tratamento a alcoólatras e toxicômanos;

VII – acolhimento institucional;

- *Inciso VII com redação dada pela Lei nº 12.010/2009 (DOU de 4.8.2009), com vigência 90 dias após a publicação.*

VIII – inclusão em programa de acolhimento familiar;

- *Inciso VIII com redação dada pela Lei nº 12.010/2009 (DOU de 4.8.2009), com vigência 90 dias após a publicação.*

IX – colocação em família substituta.

- *Inciso IX, primitivo inciso VIII, renumerado pela Lei nº 12.010/2009 (DOU de 4.8.2009), com vigência 90 dias após a publicação.*

§ 1º. O acolhimento institucional e o acolhimento familiar são medidas provisórias e excepcionais, utilizáveis como forma de transição para reintegração familiar ou, não sendo esta possível, para colocação em família substituta, não implicando privação de liberdade.

- *§ 1º acrescido pela Lei nº 12.010/2009 (DOU de 4.8.2009), com vigência 90 dias após a publicação.*

§ 2º. Sem prejuízo da tomada de medidas emergenciais para proteção de vítimas de violência ou abuso sexual e das providências a que alude o art. 130 desta Lei, o afastamento da criança ou adolescente do convívio familiar é de competência exclusiva da autoridade judiciária e importará na deflagração, a pedido do Ministério Público ou de quem tenha legítimo interesse, de procedimento judicial contencioso, no qual se garanta aos pais ou ao responsável legal o exercício do contraditório e da ampla defesa.

- *§ 2º acrescido pela Lei nº 12.010/2009 (DOU de 4.8.2009), com vigência 90 dias após a publicação.*

§ 3º. Crianças e adolescentes somente poderão ser encaminhados às instituições que executam programas de acolhimento institucional, governamentais ou não, por meio de uma Guia de Acolhimento, expedida pela autoridade judiciária, na qual obrigatoriamente constará, dentre outros:

- *§ 3º,* caput, *acrescido pela Lei nº 12.010/2009 (DOU de 4.8.2009), com vigência 90 dias após a publicação.*

I – sua identificação e a qualificação completa de seus pais ou de seu responsável, se conhecidos;

- *Inciso I acrescido pela Lei nº 12.010/2009 (DOU de 4.8.2009), com vigência 90 dias após a publicação.*

II – o endereço de residência dos pais ou do responsável, com pontos de referência;

- *Inciso II acrescido pela Lei nº 12.010/2009 (DOU de 4.8.2009), com vigência 90 dias após a publicação.*

III – os nomes de parentes ou de terceiros interessados em tê-los sob sua guarda;

- *Inciso III acrescido pela Lei nº 12.010/2009 (DOU de 4.8.2009), com vigência 90 dias após a publicação.*

IV – os motivos da retirada ou da não reintegração ao convívio familiar.

- *Inciso IV acrescido pela Lei nº 12.010/2009 (DOU de 4.8.2009), com vigência 90 dias após a publicação.*

§ 4º. Imediatamente após o acolhimento da criança ou do adolescente, a entidade responsável pelo programa de acolhimento institucional ou familiar elaborará um plano individual de atendimento, visando à reintegração familiar, ressalvada a existência de ordem escrita e fundamentada em contrário de autoridade judiciária competente, caso em que também deverá contemplar sua colocação em família substituta, observadas as regras e princípios desta Lei.

- *§ 4º acrescido pela Lei nº 12.010/2009 (DOU de 4.8.2009), com vigência 90 dias após a publicação.*

§ 5º. O plano individual será elaborado sob a responsabilidade da equipe técnica do respectivo programa de atendimento e levará em consideração a opinião da criança ou do adolescente e a oitiva dos pais ou do responsável.

- *§ 5º acrescido pela Lei nº 12.010/2009 (DOU de 4.8.2009), com vigência 90 dias após a publicação.*

§ 6º. Constarão do plano individual, dentre outros:

- *§ 6º,* caput, *acrescido pela Lei nº 12.010/2009 (DOU de 4.8.2009), com vigência 90 dias após a publicação.*

I – os resultados da avaliação interdisciplinar;

- *Inciso I acrescido pela Lei nº 12.010/2009 (DOU de 4.8.2009), com vigência 90 dias após a publicação.*

II – os compromissos assumidos pelos pais ou responsável; e

- *Inciso II acrescido pela Lei nº 12.010/2009 (DOU de 4.8.2009), com vigência 90 dias após a publicação.*

III – a previsão das atividades a serem desenvolvidas com a criança ou com o adolescente acolhido e seus pais ou responsável, com vista na reintegração familiar ou, caso seja esta vedada por expressa e fundamentada determinação judicial, as providências a serem tomadas para sua colocação em família substituta, sob direta supervisão da autoridade judiciária.

- *Inciso III acrescido pela Lei nº 12.010/2009 (DOU de 4.8.2009), com vigência 90 dias após a publicação.*

§ 7º. O acolhimento familiar ou institucional ocorrerá no local mais próximo à residência dos pais ou do responsável e, como parte do processo de reintegração familiar, sempre que identificada a necessidade, a família de origem será incluída em programas oficiais de orientação, de apoio e de promoção social, sendo facilitado e estimulado o contato com a criança ou com o adolescente acolhido.

• *§ 7º acrescido pela Lei nº 12.010/2009 (DOU de 4.8.2009), com vigência 90 dias após a publicação.*

§ 8º. Verificada a possibilidade de reintegração familiar, o responsável pelo programa de acolhimento familiar ou institucional fará imediata comunicação à autoridade judiciária, que dará vista ao Ministério Público, pelo prazo de 5 (cinco) dias, decidindo em igual prazo.

• *§ 8º acrescido pela Lei nº 12.010/2009 (DOU de 4.8.2009), com vigência 90 dias após a publicação.*

§ 9º. Em sendo constatada a impossibilidade de reintegração da criança ou do adolescente à família de origem, após seu encaminhamento a programas oficiais ou comunitários de orientação, apoio e promoção social, será enviado relatório fundamentado ao Ministério Público, no qual conste a descrição pormenorizada das providências tomadas e a expressa recomendação, subscrita pelos técnicos da entidade ou responsáveis pela execução da política municipal de garantia do direito à convivência familiar, para a destituição do poder familiar, ou destituição de tutela ou guarda.

• *§ 9º acrescido pela Lei nº 12.010/2009 (DOU de 4.8.2009), com vigência 90 dias após a publicação.*

§ 10. Recebido o relatório, o Ministério Público terá o prazo de 30 (trinta) dias para o ingresso com a ação de destituição do poder familiar, salvo se entender necessária a realização de estudos complementares ou outras providências que entender indispensáveis ao ajuizamento da demanda.

• *§ 10 acrescido pela Lei nº 12.010/2009 (DOU de 4.8.2009), com vigência 90 dias após a publicação.*

§ 11. A autoridade judiciária manterá, em cada comarca ou foro regional, um cadastro contendo informações atualizadas sobre as crianças e adolescentes em regime de acolhimento familiar e institucional sob sua responsabilidade, com informações pormenorizadas sobre a situação jurídica de cada um, bem como as providências tomadas para sua reintegração familiar ou colocação em família substituta, em qualquer das modalidades previstas no art. 28 desta Lei.

• *§ 11 acrescido pela Lei nº 12.010/2009 (DOU de 4.8.2009), com vigência 90 dias após a publicação.*

§ 12. Terão acesso ao cadastro o Ministério Público, o Conselho Tutelar, o órgão gestor da Assistência Social e os Conselhos Municipais dos Direitos da Criança e do Adolescente e da Assistência Social, aos quais incumbe deliberar sobre a implementação de políticas públicas que permitam reduzir o número de crianças e adolescentes afastados do convívio familiar e abreviar o período de permanência em programa de acolhimento.

• *§ 12 acrescido pela Lei nº 12.010/2009 (DOU de 4.8.2009), com vigência 90 dias após a publicação.*

Art. 102. As medidas de proteção de que trata este Capítulo serão acompanhadas da regularização do registro civil.

§ 1º. Verificada a inexistência de registro anterior, o assento de nascimento da criança ou adolescente será feito à vista dos elementos disponíveis, mediante requisição da autoridade judiciária.

§ 2º. Os registros e certidões necessários à regularização de que trata este artigo são isentos de multas, custas e emolumentos, gozando de absoluta prioridade.

§ 3º. Caso ainda não definida a paternidade, será deflagrado procedimento específico destinado à sua averiguação, conforme previsto pela Lei nº 8.560, de 29 de dezembro de 1992.

- *§ 3º acrescido pela Lei nº 12.010/2009 (DOU de 4.8.2009), com vigência 90 dias após a publicação.*
- *V. Lei nº 8.560/1992, nesta edição.*

§ 4º. Nas hipóteses previstas no § 3º deste artigo, é dispensável o ajuizamento de ação de investigação de paternidade pelo Ministério Público se, após o não comparecimento ou a recusa do suposto pai em assumir a paternidade a ele atribuída, a criança for encaminhada para adoção.

- *§ 4º acrescido pela Lei nº 12.010/2009 (DOU de 4.8.2009), com vigência 90 dias após a publicação.*

TÍTULO III – DA PRÁTICA DE ATO INFRACIONAL

Capítulo I – Disposições Gerais

Art. 103. Considera-se ato infracional a conduta descrita como crime ou contravenção penal.

Art. 104. São penalmente inimputáveis os menores de dezoito anos, sujeitos às medidas previstas nesta Lei.

Parágrafo único. Para os efeitos desta Lei, deve ser considerada a idade do adolescente à data do fato.

Art. 105. Ao ato infracional praticado por criança corresponderão as medidas previstas no art. 101.

Capítulo II – Dos Direitos Individuais

Art. 106. Nenhum adolescente será privado de sua liberdade senão em flagrante de ato infracional ou por ordem escrita e fundamentada da autoridade judiciária competente.

Parágrafo único. O adolescente tem direito à identificação dos responsáveis pela sua apreensão, devendo ser informado acerca de seus direitos.

Art. 107. A apreensão de qualquer adolescente e o local onde se encontra recolhido serão incontinenti comunicados à autoridade judiciária competente e à família do apreendido ou à pessoa por ele indicada.

Parágrafo único. Examinar-se-á, desde logo e sob pena de responsabilidade, a possibilidade de liberação imediata.

Art. 108. A internação, antes da sentença, pode ser determinada pelo prazo máximo de quarenta e cinco dias.

Parágrafo único. A decisão deverá ser fundamentada e basear-se em indícios suficientes de autoria e materialidade, demonstrada a necessidade imperiosa da medida.

Art. 109. O adolescente civilmente identificado não será submetido a identificação compulsória pelos órgãos policiais, de proteção e judiciais, salvo para efeito de confrontação, havendo dúvida fundada.

Capítulo III – Das Garantias Processuais

Art. 110. Nenhum adolescente será privado de sua liberdade sem o devido processo legal.

Art. 111. São asseguradas ao adolescente, entre outras, as seguintes garantias:

I – pleno e formal conhecimento da atribuição de ato infracional, mediante citação ou meio equivalente;

II – igualdade na relação processual, podendo confrontar-se com vítimas e testemunhas e produzir todas as provas necessárias à sua defesa;

III – defesa técnica por advogado;

IV – assistência judiciária gratuita e integral aos necessitados, na forma da lei;

V – direito de ser ouvido pessoalmente pela autoridade competente;

VI – direito de solicitar a presença de seus pais ou responsável em qualquer fase do procedimento.

Capítulo IV – Das Medidas Socioeducativas

Seção I – Disposições Gerais

Art. 112. Verificada a prática de ato infracional, a autoridade competente poderá aplicar ao adolescente as seguintes medidas:

I – advertência;

II – obrigação de reparar o dano;

III – prestação de serviços à comunidade;

IV – liberdade assistida;

V – inserção em regime de semiliberdade;

VI – internação em estabelecimento educacional;

VII – qualquer uma das previstas no art. 101, I a VI.

§ 1º. A medida aplicada ao adolescente levará em conta a sua capacidade de cumpri-la, as circunstâncias e a gravidade da infração.

§ 2º. Em hipótese alguma e sob pretexto algum, será admitida a prestação de trabalho forçado.

§ 3º. Os adolescentes portadores de doença ou deficiência mental receberão tratamento individual e especializado, em local adequado às suas condições.

Art. 113. Aplica-se a este Capítulo o disposto nos arts. 99 e 100.

Art. 114. A imposição das medidas previstas nos incisos II a VI do art. 112 pressupõe a existência de provas suficientes da autoria e da materialidade da infração, ressalvada a hipótese de remissão, nos termos do art. 127.

Parágrafo único. A advertência poderá ser aplicada sempre que houver prova da materialidade e indícios suficientes da autoria.

Seção II – Da Advertência

Art. 115. A advertência consistirá em admoestação verbal, que será reduzida a termo e assinada.

Seção III – Da Obrigação de Reparar o Dano

Art. 116. Em se tratando de ato infracional com reflexos patrimoniais, a autoridade poderá determinar, se for o caso, que o adolescente restitua a coisa, promova o ressarcimento do dano, ou, por outra forma, compense o prejuízo da vítima.

Parágrafo único. Havendo manifesta impossibilidade, a medida poderá ser substituída por outra adequada.

Seção IV – Da Prestação de Serviços à Comunidade

Art. 117. A prestação de serviços comunitários consiste na realização de tarefas gratuitas de interesse geral, por período não excedente a seis meses, junto a entidades assistenciais, hospitais, escolas e outros estabelecimentos congêneres, bem como em programas comunitários ou governamentais.

Parágrafo único. As tarefas serão atribuídas conforme as aptidões do adolescente, devendo ser cumpridas durante jornada máxima de oito horas semanais, aos sábados, domingos e feriados ou em dias úteis, de modo a não prejudicar a frequência à escola ou à jornada normal de trabalho.

Seção V – Da Liberdade Assistida

Art. 118. A liberdade assistida será adotada sempre que se afigurar a medida mais adequada para o fim de acompanhar, auxiliar e orientar o adolescente.

§ 1º. A autoridade designará pessoa capacitada para acompanhar o caso, a qual poderá ser recomendada por entidade ou programa de atendimento.

§ 2º. A liberdade assistida será fixada pelo prazo mínimo de seis meses, podendo a qualquer tempo ser prorrogada, revogada ou substituída por outra medida, ouvido o orientador, o Ministério Público e o defensor.

Art. 119. Incumbe ao orientador, com o apoio e a supervisão da autoridade competente, a realização dos seguintes encargos, entre outros:

I – promover socialmente o adolescente e sua família, fornecendo-lhes orientação e inserindo-os, se necessário, em programa oficial ou comunitário de auxílio e assistência social;

II – supervisionar a frequência e o aproveitamento escolar do adolescente, promovendo, inclusive, sua matrícula;

III – diligenciar no sentido da profissionalização do adolescente e de sua inserção no mercado de trabalho;

IV – apresentar relatório do caso.

Seção VI – Do Regime de Semiliberdade

Art. 120. O regime de semiliberdade pode ser determinado desde o início, ou como forma de transição para o meio aberto, possibilitada a realização de atividades externas, independentemente de autorização judicial.

§ 1º. São obrigatórias a escolarização e a profissionalização, devendo, sempre que possível, ser utilizados os recursos existentes na comunidade.

§ 2º. A medida não comporta prazo determinado aplicando-se, no que couber, as disposições relativas à internação.

Seção VII – Da Internação

Art. 121. A internação constitui medida privativa da liberdade, sujeita aos princípios de brevidade, excepcionalidade e respeito à condição peculiar de pessoa em desenvolvimento.

§ 1º. Será permitida a realização de atividades externas, a critério da equipe técnica da entidade, salvo expressa determinação judicial em contrário.

§ 2º. A medida não comporta prazo determinado, devendo sua manutenção ser reavaliada, mediante decisão fundamentada, no máximo a cada seis meses.

§ 3º. Em nenhuma hipótese o período máximo de internação excederá a três anos.

§ 4º. Atingido o limite estabelecido no parágrafo anterior, o adolescente deverá ser liberado, colocado em regime de semiliberdade ou de liberdade assistida.

§ 5º. A liberação será compulsória aos vinte e um anos de idade.

§ 6º. Em qualquer hipótese a desinternação será precedida de autorização judicial, ouvido o Ministério Público.

§ 7º. A determinação judicial mencionada no § 1º poderá ser revista a qualquer tempo pela autoridade judiciária.

• *§ 7º acrescido pela Lei nº 12.594/2012 (DOU de 19.1.2012), com vigência 90 dias após a publicação.*

Art. 122. A medida de internação só poderá ser aplicada quando:

I – tratar-se de ato infracional cometido mediante grave ameaça ou violência a pessoa;

II – por reiteração no cometimento de outras infrações graves;

III – por descumprimento reiterado e injustificável da medida anteriormente imposta.

§ 1º. O prazo de internação na hipótese do inciso III deste artigo não poderá ser superior a 3 (três) meses, devendo ser decretada judicialmente após o devido processo legal.

• *§ 1º com redação dada pela Lei nº 12.594/2012 (DOU de 19.1.2012), com vigência 90 dias após a publicação.*

§ 2º. Em nenhuma hipótese será aplicada a internação, havendo outra medida adequada.

Art. 123. A internação deverá ser cumprida em entidade exclusiva para adolescentes, em local distinto daquele destinado ao abrigo, obedecida rigorosa separação por critérios de idade, compleição física e gravidade da infração.

Parágrafo único. Durante o período de internação, inclusive provisória, serão obrigatórias atividades pedagógicas.

Art. 124. São direitos do adolescente privado de liberdade, entre outros, os seguintes:

I – entrevistar-se pessoalmente com o representante do Ministério Público;

II – peticionar diretamente a qualquer autoridade;

III – avistar-se reservadamente com seu defensor;

IV – ser informado de sua situação processual, sempre que solicitada;

V – ser tratado com respeito e dignidade;

VI – permanecer internado na mesma localidade ou naquela mais próxima ao domicílio de seus pais ou responsável;

VII – receber visitas, ao menos, semanalmente;

VIII – corresponder-se com seus familiares e amigos;

IX – ter acesso aos objetos necessários à higiene e asseio pessoal;

X – habitar alojamento em condições adequadas de higiene e salubridade;

XI – receber escolarização e profissionalização;

XII – realizar atividades culturais, esportivas e de lazer;

XIII – ter acesso aos meios de comunicação social;

XIV – receber assistência religiosa, segundo a sua crença, e desde que assim o deseje;

XV – manter a posse de seus objetos pessoais e dispor de local seguro para guardá-los, recebendo comprovante daqueles porventura depositados em poder da entidade;

XVI – receber, quando de sua desinternação, os documentos pessoais indispensáveis à vida em sociedade.

§ 1º. Em nenhum caso haverá incomunicabilidade.

§ 2º. A autoridade judiciária poderá suspender temporariamente a visita, inclusive de pais ou responsável, se existirem motivos sérios e fundados de sua prejudicialidade aos interesses do adolescente.

Art. 125. É dever do Estado zelar pela integridade física e mental dos internos, cabendo-lhe adotar as medidas adequadas de contenção e segurança.

Capítulo V – Da Remissão

Art. 126. Antes de iniciado o procedimento judicial para apuração de ato infracional, o representante do Ministério Público poderá conceder a remissão, como forma de exclusão do processo, atendendo às circunstâncias e consequências do fato, ao contexto social, bem como à personalidade do adolescente e sua maior ou menor participação no ato infracional.

Parágrafo único. Iniciado o procedimento, a concessão da remissão pela autoridade judiciária importará na suspensão ou extinção do processo.

Art. 127. A remissão não implica necessariamente o reconhecimento ou comprovação da responsabilidade, nem prevalece para efeito de antecedentes, podendo incluir eventualmente a aplicação de qualquer das medidas previstas em lei, exceto a colocação em regime de semiliberdade e a internação.

Art. 128. A medida aplicada por força da remissão poderá ser revista judicialmente, a qualquer tempo, mediante pedido expresso do adolescente ou de seu representante legal, ou do Ministério Público.

TÍTULO IV – DAS MEDIDAS PERTINENTES AOS PAIS OU RESPONSÁVEL

Art. 129. São medidas aplicáveis aos pais ou responsável:

I – encaminhamento a programa oficial ou comunitário de proteção à família;

II – inclusão em programa oficial ou comunitário de auxílio, orientação e tratamento a alcoólatras e toxicômanos;

III – encaminhamento a tratamento psicológico ou psiquiátrico;

IV – encaminhamento a cursos ou programas de orientação;

V – obrigação de matricular o filho ou pupilo e acompanhar sua frequência e aproveitamento escolar;

VI – obrigação de encaminhar a criança ou adolescente a tratamento especializado;

VII – advertência;

VIII – perda da guarda;

IX – destituição da tutela;

X – suspensão ou destituição do poder familiar.

- *A Lei nº 12.010/2009 (DOU de 4.8.2009) substituiu a expressão "pátrio poder" pela expressão "poder familiar", com vigência 90 dias após a publicação.*

Parágrafo único. Na aplicação das medidas previstas nos incisos IX e X deste artigo, observar-se-á o disposto nos arts. 23 e 24.

Art. 130. Verificada a hipótese de maus-tratos, opressão ou abuso sexual impostos pelos pais ou responsável, a autoridade judiciária poderá determinar, como medida cautelar, o afastamento do agressor da moradia comum.

Parágrafo único. Da medida cautelar constará, ainda, a fixação provisória dos alimentos de que necessitem a criança ou o adolescente dependentes do agressor.

- *Parágrafo único acrescido pela Lei nº 12.415/2011.*

TÍTULO V – DO CONSELHO TUTELAR

Capítulo I – Disposições Gerais

Art. 131. O Conselho Tutelar é órgão permanente e autônomo, não jurisdicional, encarregado pela sociedade de zelar pelo cumprimento dos direitos da criança e do adolescente, definidos nesta Lei.

Art. 132. Em cada Município haverá, no mínimo, um Conselho Tutelar composto de 5 (cinco) membros, escolhidos pela comunidade local para mandato de três anos, permitida uma recondução.

• *Art. 132 com redação dada pela Lei nº 8.242/1991.*

Art. 133. Para a candidatura a membro do Conselho Tutelar, serão exigidos os seguintes requisitos:

I – reconhecida idoneidade moral;

II – idade superior a 21 (vinte e um) anos;

III – residir no município.

Art. 134. Lei municipal disporá sobre local, dia e horário de funcionamento do Conselho Tutelar, inclusive quanto a eventual remuneração de seus membros.

Parágrafo único. Constará da lei orçamentária municipal previsão dos recursos necessários ao funcionamento do Conselho Tutelar.

Art. 135. O exercício efetivo da função de conselheiro constituirá serviço público relevante, estabelecerá presunção de idoneidade moral e assegurará prisão especial, em caso de crime comum, até o julgamento definitivo.

Capítulo II – Das Atribuições do Conselho

Art. 136. São atribuições do Conselho Tutelar:

I – atender as crianças e adolescentes nas hipóteses previstas nos arts. 98 e 105, aplicando as medidas previstas no art. 101, I a VII;

II – atender e aconselhar os pais ou responsável, aplicando as medidas previstas no art. 129, I a VII;

III – promover a execução de suas decisões, podendo para tanto:

a) requisitar serviços públicos nas áreas de saúde, educação, serviço social, previdência, trabalho e segurança;

b) representar junto à autoridade judiciária nos casos de descumprimento injustificado de suas deliberações.

IV – encaminhar ao Ministério Público notícia de fato que constitua infração administrativa ou penal contra os direitos da criança ou adolescente;

V – encaminhar à autoridade judiciária os casos de sua competência;

VI – providenciar a medida estabelecida pela autoridade judiciária, dentre as previstas no art. 101, de I a VI, para o adolescente autor de ato infracional;

VII – expedir notificações;

VIII – requisitar certidões de nascimento e de óbito de criança ou adolescente quando necessário;

IX – assessorar o Poder Executivo local na elaboração da proposta orçamentária para planos e programas de atendimento dos direitos da criança e do adolescente;

X – representar, em nome da pessoa e da família, contra a violação dos direitos previstos no art. 220, § 3º, inciso II, da Constituição Federal;

• ***Constituição da República Federativa do Brasil:***

Art. 220. *A manifestação do pensamento, a criação, a expressão e a informação, sob qualquer forma, processo ou veículo não sofrerão qualquer restrição, observado o disposto nesta Constituição. (...)*

§ 3º. Compete à lei federal: (...)

II – estabelecer os meios legais que garantam à pessoa e à família a possibilidade de se defenderem de programas ou programações de rádio e televisão que contrariem o disposto no art. 221, bem como da propaganda de produtos, práticas e serviços que possam ser nocivos à saúde e ao meio ambiente. (...)

XI – representar ao Ministério Público para efeito das ações de perda ou suspensão do poder familiar, após esgotadas as possibilidades de manutenção da criança ou do adolescente junto à família natural.

• *Inciso XI com redação dada pela Lei nº 12.010/2009 (DOU de 4.8.2009), com vigência 90 dias após a publicação.*

Parágrafo único. Se, no exercício de suas atribuições, o Conselho Tutelar entender necessário o afastamento do convívio familiar, comunicará incontinenti o fato ao Ministério Público, prestando-lhe informações sobre os motivos de tal entendimento e as providências tomadas para a orientação, o apoio e a promoção social da família.

• *Parágrafo único acrescido pela Lei nº 12.010/2009 (DOU de 4.8.2009), com vigência 90 dias após a publicação.*

Art. 137. As decisões do Conselho Tutelar somente poderão ser revistas pela autoridade judiciária a pedido de quem tenha legítimo interesse.

Capítulo III – Da Competência

Art. 138. Aplica-se ao Conselho Tutelar a regra de competência constante do art. 147.

Capítulo IV – Da Escolha dos Conselheiros

Art. 139. O processo para a escolha dos membros do Conselho Tutelar será estabelecido em lei municipal e realizado sob a responsabilidade do Conselho Municipal dos Direitos da Criança e do Adolescente, e a fiscalização do Ministério Público.

• *Art. 139 com redação dada pela Lei nº 8.242/1991.*

Capítulo V – Dos Impedimentos

Art. 140. São impedidos de servir no mesmo Conselho marido e mulher, ascendentes e descendentes, sogro e genro ou nora, irmãos, cunhados, durante o cunhadio, tio e sobrinho, padrasto ou madrasta e enteado.

Parágrafo único. Estende-se o impedimento do conselheiro, na forma deste artigo, em relação à autoridade judiciária e ao representante do Ministério Público com atuação na Justiça da Infância e da Juventude, em exercício na comarca, foro regional ou distrital.

TÍTULO VI – DO ACESSO À JUSTIÇA

Capítulo I – Disposições Gerais

Art. 141. É garantido o acesso de toda criança ou adolescente à Defensoria Pública, ao Ministério Público e ao Poder Judiciário, por qualquer de seus órgãos.

§ 1º. A assistência judiciária gratuita será prestada aos que dela necessitarem, através de defensor público ou advogado nomeado.

§ 2º. As ações judiciais da competência da Justiça da Infância e da Juventude são isentas de custas e emolumentos, ressalvada a hipótese de litigância de má-fé.

Art. 142. Os menores de dezesseis anos serão representados e os maiores de dezesseis e menores de vinte e um anos assistidos por seus pais, tutores ou curadores, na forma da legislação civil ou processual.

Parágrafo único. A autoridade judiciária dará curador especial à criança ou adolescente, sempre que os interesses destes colidirem com os de seus pais ou responsável, ou quando carecer de representação ou assistência legal ainda que eventual.

Art. 143. É vedada a divulgação de atos judiciais, policiais e administrativos que digam respeito a crianças e adolescentes a que se atribua autoria de ato infracional.

Parágrafo único. Qualquer notícia a respeito do fato não poderá identificar a criança ou adolescente, vedando-se fotografia, referência a nome, apelido, filiação, parentesco, residência e, inclusive, iniciais do nome e sobrenome.

• *Parágrafo único com redação dada pela Lei nº 10.764/2003.*

Art. 144. A expedição de cópia ou certidão de atos a que se refere o artigo anterior somente será deferida pela autoridade judiciária competente, se demonstrado o interesse e justificada a finalidade.

Capítulo II – Da Justiça da Infância e da Juventude

Seção I – Disposições Gerais

Art. 145. Os estados e o Distrito Federal poderão criar varas especializadas e exclusivas da infância e da juventude, cabendo ao Poder Judiciário estabelecer sua proporcionalidade por número de habitantes, dotá-las de infraestrutura e dispor sobre o atendimento, inclusive em plantões.

Seção II – Do Juiz

Art. 146. A autoridade a que se refere esta Lei é o Juiz da Infância e da Juventude, ou o juiz que exerce essa função, na forma da lei de organização judiciária local.

Art. 147. A competência será determinada:

I – pelo domicílio dos pais ou responsável;

II – pelo lugar onde se encontre a criança ou adolescente, à falta dos pais ou responsável.

§ 1º. Nos casos de ato infracional, será competente a autoridade do lugar da ação ou omissão, observadas as regras de conexão, continência e prevenção.

§ 2º. A execução das medidas poderá ser delegada à autoridade competente da residência dos pais ou responsável, ou do local onde sediar-se a entidade que abrigar a criança ou adolescente.

§ 3º. Em caso de infração cometida através de transmissão simultânea de rádio ou televisão, que atinja mais de uma comarca, será competente, para aplicação da penalidade, a autoridade judiciária do local da sede estadual da emissora ou rede, tendo a sentença eficácia para todas as transmissoras ou retransmissoras do respectivo estado.

Art. 148. A Justiça da Infância e da Juventude é competente para:

I – conhecer de representações promovidas pelo Ministério Público, para apuração de ato infracional atribuído a adolescente, aplicando as medidas cabíveis;

II – conceder a remissão, como forma de suspensão ou extinção do processo;

III – conhecer de pedidos de adoção e seus incidentes;

IV – conhecer de ações civis fundadas em interesses individuais, difusos ou coletivos afetos à criança e ao adolescente, observado o disposto no art. 209;

V – conhecer de ações decorrentes de irregularidades em entidades de atendimento, aplicando as medidas cabíveis;

VI – aplicar penalidades administrativas nos casos de infrações contra norma de proteção à criança ou adolescente;

VII – conhecer de casos encaminhados pelo Conselho Tutelar, aplicando as medidas cabíveis.

Parágrafo único. Quando se tratar de criança ou adolescente nas hipóteses do art. 98, é também competente a Justiça da Infância e da Juventude para o fim de:

a) conhecer de pedidos de guarda e tutela;

b) conhecer de ações de destituição do poder familiar, perda ou modificação da tutela ou guarda;

- *A Lei nº 12.010/2009 (DOU de 4.8.2009) substituiu a expressão "pátrio poder" pela expressão "poder familiar", com vigência 90 dias após a publicação.*

c) suprir a capacidade ou o consentimento para o casamento;

d) conhecer de pedidos baseados em discordância paterna ou materna, em relação ao exercício do poder familiar;

- *A Lei nº 12.010/2009 (DOU de 4.8.2009) substituiu a expressão "pátrio poder" pela expressão "poder familiar", com vigência 90 dias após a publicação.*

e) conceder a emancipação, nos termos da lei civil, quando faltarem os pais;

f) designar curador especial em casos de apresentação de queixa ou representação, ou de outros procedimentos judiciais ou extrajudiciais em que haja interesses de criança ou adolescente;

g) conhecer de ações de alimentos;

h) determinar o cancelamento, a retificação e o suprimento dos registros de nascimento e óbito.

Art. 149. Compete à autoridade judiciária disciplinar, através de portaria, ou autorizar, mediante alvará:

I – a entrada e permanência de criança ou adolescente, desacompanhado dos pais ou responsável, em:

a) estádio, ginásio e campo desportivo;

b) bailes ou promoções dançantes;

c) boate ou congêneres;

d) casa que explore comercialmente diversões eletrônicas;

e) estúdios cinematográficos, de teatro, rádio e televisão;

II – a participação de criança e adolescente em:

a) espetáculos públicos e seus ensaios;

b) certames de beleza.

§ 1º. Para os fins do disposto neste artigo, a autoridade judiciária levará em conta, dentre outros fatores:

a) os princípios desta Lei;

b) as peculiaridades locais;

c) a existência de instalações adequadas;

d) o tipo de frequência habitual ao local;

e) a adequação do ambiente a eventual participação ou frequência de crianças e adolescentes;

f) a natureza do espetáculo.

§ 2º. As medidas adotadas na conformidade deste artigo deverão ser fundamentadas, caso a caso, vedadas as determinações de caráter geral.

Seção III – Dos Serviços Auxiliares

Art. 150. Cabe ao Poder Judiciário, na elaboração de sua proposta orçamentária, prever recursos para manutenção de equipe interprofissional, destinada a assessorar a Justiça da Infância e da Juventude.

Art. 151. Compete à equipe interprofissional dentre outras atribuições que lhe forem reservadas pela legislação local, fornecer subsídios por escrito, mediante laudos, ou verbalmente, na audiência, e bem assim desenvolver trabalhos de aconselhamento, orientação, encaminhamento, prevenção e outros, tudo sob a imediata subordinação à autoridade judiciária, assegurada a livre manifestação do ponto de vista técnico.

Capítulo III – Dos Procedimentos

Seção I – Disposições Gerais

Art. 152. Aos procedimentos regulados nesta Lei aplicam-se subsidiariamente as normas gerais previstas na legislação processual pertinente.

Parágrafo único. É assegurada, sob pena de responsabilidade, prioridade absoluta na tramitação dos processos e procedimentos previstos nesta Lei, assim como na execução dos atos e diligências judiciais a eles referentes.

- *Parágrafo único acrescido pela Lei nº 12.010/2009 (DOU de 4.8.2009), com vigência 90 dias após a publicação.*

Art. 153. Se a medida judicial a ser adotada não corresponder a procedimento previsto nesta ou em outra lei, a autoridade judiciária poderá investigar os fatos e ordenar de ofício as providências necessárias, ouvido o Ministério Público.

Parágrafo único. O disposto neste artigo não se aplica para o fim de afastamento da criança ou do adolescente de sua família de origem e em outros procedimentos necessariamente contenciosos.

- *Parágrafo único acrescido pela Lei nº 12.010/2009 (DOU de 4.8.2009), com vigência 90 dias após a publicação.*

Art. 154. Aplica-se às multas o disposto no art. 214.

Seção II – Da Perda e da Suspensão do Poder Familiar

- *A Lei nº 12.010/2009 (DOU de 4.8.2009) substituiu a expressão "pátrio poder" pela expressão "poder familiar", com vigência 90 dias após a publicação.*

Art. 155. O procedimento para a perda ou a suspensão do poder familiar terá início por provocação do Ministério Público ou de quem tenha legítimo interesse.

- *A Lei nº 12.010/2009 (DOU de 4.8.2009) substituiu a expressão "pátrio poder" pela expressão "poder familiar", com vigência 90 dias após a publicação.*

Art. 156. A petição inicial indicará:

I – a autoridade judiciária a que for dirigida;

II – o nome, o estado civil, a profissão e a residência do requerente e do requerido, dispensada a qualificação em se tratando de pedido formulado por representante do Ministério Público;

III – a exposição sumária do fato e o pedido;

IV – as provas que serão produzidas, oferecendo, desde logo, o rol de testemunhas e documentos.

Art. 157. Havendo motivo grave, poderá a autoridade judiciária, ouvido o Ministério Público, decretar a suspensão do poder familiar, liminar ou incidentalmente, até o julgamento definitivo da causa, ficando a criança ou adolescente confiado a pessoa idônea, mediante termo de responsabilidade.

- *A Lei nº 12.010/2009 (DOU de 4.8.2009) substituiu a expressão "pátrio poder" pela expressão "poder familiar", com vigência 90 dias após a publicação.*

Art. 158. O requerido será citado para, no prazo de dez dias, oferecer resposta escrita, indicando as provas a serem produzidas e oferecendo desde logo o rol de testemunhas e documentos.

Parágrafo único. Deverão ser esgotados todos os meios para a citação pessoal.

Art. 159. Se o requerido não tiver possibilidade de constituir advogado, sem prejuízo do próprio sustento e de sua família, poderá requerer, em cartório, que lhe seja nomeado dativo, ao qual incumbirá a apresentação de resposta, contando-se o prazo a partir da intimação do despacho de nomeação.

Art. 160. Sendo necessário, a autoridade judiciária requisitará de qualquer repartição ou órgão público a apresentação de documento que interesse à causa, de ofício ou a requerimento das partes ou do Ministério Público.

Art. 161. Não sendo contestado o pedido, a autoridade judiciária dará vista dos autos ao Ministério Público, por cinco dias, salvo quando este for o requerente, decidindo em igual prazo.

§ 1º. A autoridade judiciária, de ofício ou a requerimento das partes ou do Ministério Público, determinará a realização de estudo social ou perícia por equipe interprofissional ou multidisciplinar, bem como a oitiva de testemunhas que comprovem a presença de uma das causas de suspensão ou destituição do poder familiar previstas nos arts. 1.637 e 1.638 da Lei nº 10.406, de 10 de janeiro de 2002 – Código Civil, ou no art. 24 desta Lei.

- *§ 1º com redação dada pela Lei nº 12.010/2009 (DOU de 4.8.2009), com vigência 90 dias após a publicação.*
- ***Código Civil:***

__Art. 1.637.__ Se o pai, ou a mãe, abusar de sua autoridade, faltando aos deveres a eles inerentes ou arruinando os bens dos filhos, cabe ao juiz, requerendo algum parente, ou o Ministério Público, adotar a medida que lhe pareça reclamada pela segurança do menor e seus haveres, até suspendendo o poder familiar, quando convenha.

Parágrafo único. Suspende-se igualmente o exercício do poder familiar ao pai ou à mãe condenados por sentença irrecorrível, em virtude de crime cuja pena exceda a dois anos de prisão.

__Art. 1.638.__ Perderá por ato judicial o poder familiar o pai ou a mãe que:

I – castigar imoderadamente o filho;

II – deixar o filho em abandono;

III – praticar atos contrários à moral e aos bons costumes;

IV – incidir, reiteradamente, nas faltas previstas no artigo antecedente.

§ 2º. Em sendo os pais oriundos de comunidades indígenas, é ainda obrigatória a intervenção, junto à equipe profissional ou multidisciplinar referida no § 1º deste artigo, de representantes do órgão federal responsável pela política indigenista, observado o disposto no § 6º do art. 28 desta Lei.

- *§ 2º com redação dada pela Lei nº 12.010/2009 (DOU de 4.8.2009), com vigência 90 dias após a publicação.*

§ 3º. Se o pedido importar em modificação de guarda, será obrigatória, desde que possível e razoável, a oitiva da criança ou adolescente, respeitado seu estágio de desenvolvimento e grau de compreensão sobre as implicações da medida.

- *§ 3º acrescido pela Lei nº 12.010/2009 (DOU de 4.8.2009), com vigência 90 dias após a publicação.*

§ 4º. É obrigatória a oitiva dos pais sempre que esses forem identificados e estiverem em local conhecido.

- *§ 4º acrescido pela Lei nº 12.010/2009 (DOU de 4.8.2009), com vigência 90 dias após a publicação.*

Art. 162. Apresentada a resposta, a autoridade judiciária dará vista dos autos ao Ministério Público, por cinco dias, salvo quando este for o requerente, designando, desde logo, audiência de instrução e julgamento.

§ 1º. A requerimento de qualquer das partes, do Ministério Público, ou de ofício, a autoridade judiciária poderá determinar a realização de estudo social ou, se possível, de perícia por equipe interprofissional.

§ 2º. Na audiência, presentes as partes e o Ministério Público, serão ouvidas as testemunhas, colhendo-se oralmente o parecer técnico, salvo quando apresentado por escrito, manifestando-se sucessivamente o requerente, o requerido e o Ministério Público, pelo tempo de vinte minutos cada um, prorrogável por mais dez. A decisão será proferida na audiência, podendo a autoridade judiciária, excepcionalmente, designar data para sua leitura no prazo máximo de cinco dias.

Art. 163. O prazo máximo para conclusão do procedimento será de 120 (cento e vinte) dias.

• *Art. 163,* caput, *com redação dada pela Lei nº 12.010/2009 (DOU de 4.8.2009), com vigência 90 dias após a publicação.*

Parágrafo único. A sentença que decretar a perda ou a suspensão do poder familiar será averbada à margem do registro de nascimento da criança ou do adolescente.

• *Parágrafo único acrescido pela Lei nº 12.010/2009 (DOU de 4.8.2009), com vigência 90 dias após a publicação.*

Seção III – Da Destituição da Tutela

Art. 164. Na destituição da tutela, observar-se-á o procedimento para a remoção de tutor previsto na lei processual civil e, no que couber, o disposto na seção anterior.

Seção IV – Da Colocação em Família Substituta

Art. 165. São requisitos para a concessão de pedidos de colocação em família substituta:

I – qualificação completa do requerente e de seu eventual cônjuge, ou companheiro, com expressa anuência deste;

II – indicação de eventual parentesco do requerente e de seu cônjuge, ou companheiro, com a criança ou adolescente, especificando se tem ou não parente vivo;

III – qualificação completa da criança ou adolescente e de seus pais, se conhecidos;

IV – indicação do cartório onde foi inscrito nascimento, anexando, se possível, uma cópia da respectiva certidão;

V – declaração sobre a existência de bens, direitos ou rendimentos relativos à criança ou ao adolescente.

Parágrafo único. Em se tratando de adoção, observar-se-ão também os requisitos específicos.

Art. 166. Se os pais forem falecidos, tiverem sido destituídos ou suspensos do poder familiar, ou houverem aderido expressamente ao pedido de colocação em família substituta, este poderá ser formulado diretamente em cartório, em petição assinada pelos próprios requerentes, dispensada a assistência de advogado.

• *Art. 166,* caput, *com redação dada pela Lei nº 12.010/2009 (DOU de 4.8.2009), com vigência 90 dias após a publicação.*

§ 1º. Na hipótese de concordância dos pais, esses serão ouvidos pela autoridade judiciária e pelo representante do Ministério Público, tomando-se por termo as declarações.

• *§ 1º acrescido pela Lei nº 12.010/2009 (DOU de 4.8.2009), com vigência 90 dias após a publicação.*

§ 2º. O consentimento dos titulares do poder familiar será precedido de orientações e esclarecimentos prestados pela equipe interprofissional da Justiça da Infância e da Juventude, em especial, no caso de adoção, sobre a irrevogabilidade da medida.

• *§ 2º acrescido pela Lei nº 12.010/2009 (DOU de 4.8.2009), com vigência 90 dias após a publicação.*

§ 3º. O consentimento dos titulares do poder familiar será colhido pela autoridade judiciária competente em audiência, presente o Ministério Público, garantida a livre manifestação de vontade e esgotados os esforços para manutenção da criança ou do adolescente na família natural ou extensa.

• *§ 3º acrescido pela Lei nº 12.010/2009 (DOU de 4.8.2009), com vigência 90 dias após a publicação.*

§ 4º. O consentimento prestado por escrito não terá validade se não for ratificado na audiência a que se refere o § 3º deste artigo.

• *§ 4º acrescido pela Lei nº 12.010/2009 (DOU de 4.8.2009), com vigência 90 dias após a publicação.*

§ 5º. O consentimento é retratável até a data da publicação da sentença constitutiva da adoção.

• *§ 5º acrescido pela Lei nº 12.010/2009 (DOU de 4.8.2009), com vigência 90 dias após a publicação.*

§ 6º. O consentimento somente terá valor se for dado após o nascimento da criança.

• *§ 6º acrescido pela Lei nº 12.010/2009 (DOU de 4.8.2009), com vigência 90 dias após a publicação.*

§ 7º. A família substituta receberá a devida orientação por intermédio de equipe técnica interprofissional a serviço do Poder Judiciário, preferencialmente com apoio dos técnicos responsáveis pela execução da política municipal de garantia do direito à convivência familiar.

• *§ 7º acrescido pela Lei nº 12.010/2009 (DOU de 4.8.2009), com vigência 90 dias após a publicação.*

Art. 167. A autoridade judiciária, de ofício ou a requerimento das partes ou do Ministério Público, determinará a realização de estudo social ou, se possível, perícia por equipe interprofissional, decidindo sobre a concessão de guarda provisória, bem como, no caso de adoção, sobre o estágio de convivência.

Parágrafo único. Deferida a concessão da guarda provisória ou do estágio de convivência, a criança ou o adolescente será entregue ao interessado, mediante termo de responsabilidade.

• *Parágrafo único acrescido pela Lei nº 12.010/2009 (DOU de 4.8.2009), com vigência 90 dias após a publicação.*

Art. 168. Apresentado o relatório social ou o laudo pericial, e ouvida, sempre que possível, a criança ou o adolescente, dar-se-á vista dos autos ao Ministério Público, pelo prazo de 5 (cinco) dias, decidindo a autoridade judiciária em igual prazo.

Art. 169. Nas hipóteses em que a destituição da tutela, a perda ou a suspensão do poder familiar constituir pressuposto lógico da medida principal de colocação em família substituta, será observado o procedimento contraditório previsto nas Seções II e III deste Capítulo.

• *A Lei nº 12.010/2009 (DOU de 4.8.2009) substituiu a expressão "pátrio poder" pela expressão "poder familiar", com vigência 90 dias após a publicação.*

Parágrafo único. A perda ou a modificação da guarda poderá ser decretada nos mesmos autos do procedimento, observado o disposto no art. 35.

Art. 170. Concedida a guarda ou a tutela, observar-se-á o disposto no art. 32, e, quanto à adoção, o contido no art. 47.

Parágrafo único. A colocação de criança ou adolescente sob a guarda de pessoa inscrita em programa de acolhimento familiar será comunicada pela autoridade judiciária à entidade por este responsável no prazo máximo de 5 (cinco) dias.

- *Parágrafo único acrescido pela Lei nº 12.010/2009 (DOU de 4.8.2009), com vigência 90 dias após a publicação.*

Seção V – Da Apuração de Ato Infracional Atribuído a Adolescente

Art. 171. O adolescente apreendido por força de ordem judicial será, desde logo, encaminhado à autoridade judiciária.

Art. 172. O adolescente apreendido em flagrante de ato infracional será, desde logo, encaminhado à autoridade policial competente.

Parágrafo único. Havendo repartição policial especializada para atendimento de adolescente e em se tratando de ato infracional praticado em coautoria com maior, prevalecerá a atribuição da repartição especializada, que, após as providências necessárias e conforme o caso, encaminhará o adulto à repartição policial própria.

Art. 173. Em caso de flagrante de ato infracional cometido mediante violência ou grave ameaça a pessoa, a autoridade policial, sem prejuízo do disposto nos arts. 106, parágrafo único, e 107, deverá:

I – lavrar auto de apreensão, ouvidos as testemunhas e o adolescente;

II – apreender o produto e os instrumentos da infração;

III – requisitar os exames ou perícias necessários à comprovação da materialidade e autoria da infração.

Parágrafo único. Nas demais hipóteses de flagrante, a lavratura do auto poderá ser substituída por boletim de ocorrência circunstanciada.

Art. 174. Comparecendo qualquer dos pais ou responsável, o adolescente será prontamente liberado pela autoridade policial, sob termo de compromisso e responsabilidade de sua apresentação ao representante do Ministério Público, no mesmo dia ou, sendo impossível, no primeiro dia útil imediato, exceto quando, pela gravidade do ato infracional e sua repercussão social, deva o adolescente permanecer sob internação para garantia de sua segurança pessoal ou manutenção da ordem pública.

Art. 175. Em caso de não liberação, a autoridade policial encaminhará, desde logo, o adolescente ao representante do Ministério Público, juntamente com cópia do auto de apreensão ou boletim de ocorrência.

§ 1º. Sendo impossível a apresentação imediata, a autoridade policial encaminhará o adolescente à entidade de atendimento, que fará a apresentação ao representante do Ministério Público no prazo de vinte e quatro horas.

§ 2º. Nas localidades onde não houver entidade de atendimento, a apresentação far-se-á pela autoridade policial. À falta de repartição policial especializada, o adolescente aguardará a apresentação em dependência separada da destinada a maiores, não podendo, em qualquer hipótese, exceder o prazo referido no parágrafo anterior.

Art. 176. Sendo o adolescente liberado, a autoridade policial encaminhará imediatamente ao representante do Ministério Público cópia do auto de apreensão ou boletim de ocorrência.

Art. 177. Se, afastada a hipótese de flagrante, houver indícios de participação de adolescente na prática de ato infracional, a autoridade policial encaminhará ao representante do Ministério Público relatório das investigações e demais documentos.

Art. 178. O adolescente a quem se atribua autoria de ato infracional não poderá ser conduzido ou transportado em compartimento fechado de veículo policial, em condições atentatórias à sua dignidade, ou que impliquem risco à sua integridade física ou mental, sob pena de responsabilidade.

Art. 179. Apresentado o adolescente, o representante do Ministério Público, no mesmo dia e à vista do auto de apreensão, boletim de ocorrência ou relatório policial, devidamente autuados pelo cartório judicial e com informação sobre os antecedentes do adolescente, procederá imediata e informalmente à sua oitiva e, em sendo possível, de seus pais ou responsável, vítima e testemunhas.

Parágrafo único. Em caso de não apresentação, o representante do Ministério Público notificará os pais ou responsável para apresentação do adolescente, podendo requisitar o concurso das polícias civil e militar.

Art. 180. Adotadas as providências a que alude o artigo anterior, o representante do Ministério Público poderá:

I – promover o arquivamento dos autos;

II – conceder a remissão;

III – representar à autoridade judiciária para aplicação de medida socioeducativa.

Art. 181. Promovido o arquivamento dos autos ou concedida a remissão pelo representante do Ministério Público, mediante termo fundamentado, que conterá o resumo dos fatos, os autos serão conclusos à autoridade judiciária para homologação.

§ 1º. Homologado o arquivamento ou a remissão, a autoridade judiciária determinará, conforme o caso, o cumprimento da medida.

§ 2º. Discordando, a autoridade judiciária fará remessa dos autos ao Procurador-Geral de Justiça, mediante despacho fundamentado, e este oferecerá representação, designará outro membro do Ministério Público para apresentá-la, ou ratificará o arquivamento ou a remissão, que só então estará a autoridade judiciária obrigada a homologar.

Art. 182. Se, por qualquer razão, o representante do Ministério Público não promover o arquivamento ou conceder a remissão, oferecerá representação à autoridade judiciária, propondo a instauração de procedimento para aplicação da medida socioeducativa que se afigurar a mais adequada.

§ 1º. A representação será oferecida por petição, que conterá o breve resumo dos fatos e a classificação do ato infracional e, quando necessário, o rol de testemunhas, podendo ser deduzida oralmente, em sessão diária instalada pela autoridade judiciária.

§ 2º. A representação independe de prova pré-constituída da autoria e materialidade.

Art. 183. O prazo máximo e improrrogável para a conclusão do procedimento, estando o adolescente internado provisoriamente, será de quarenta e cinco dias.

Art. 184. Oferecida a representação, a autoridade judiciária designará audiência de apresentação do adolescente, decidindo, desde logo, sobre a decretação ou manutenção da internação, observado o disposto no art. 108 e parágrafo.

§ 1º. O adolescente e seus pais ou responsáveis serão cientificados do teor da representação, e notificados a comparecer à audiência, acompanhados de advogado.

§ 2º. Se os pais ou responsáveis não forem localizados, a autoridade judiciária dará curador especial ao adolescente.

§ 3º. Não sendo localizado o adolescente, a autoridade judiciária expedirá mandado de busca e apreensão, determinando o sobrestamento do feito, até a efetiva apresentação.

§ 4º. Estando o adolescente internado, será requisitada a sua apresentação, sem prejuízo da notificação dos pais ou responsável.

Art. 185. A internação, decretada ou mantida pela autoridade judiciária, não poderá ser cumprida em estabelecimento prisional.

§ 1º. Inexistindo na comarca entidade com as características definidas no art. 123, o adolescente deverá ser imediatamente transferido para a localidade mais próxima.

§ 2º. Sendo impossível a pronta transferência, o adolescente aguardará sua remoção em repartição policial, desde que em seção isolada dos adultos e com instalações apropriadas, não podendo ultrapassar o prazo máximo de cinco dias, sob pena de responsabilidade.

Art. 186. Comparecendo o adolescente, seus pais ou responsável, a autoridade judiciária procederá à oitiva dos mesmos, podendo solicitar opinião de profissional qualificado.

§ 1º. Se a autoridade judiciária entender adequada a remissão, ouvirá o representante do Ministério Público, proferindo decisão.

§ 2º. Sendo o fato grave, passível de aplicação de medida de internação ou colocação em regime de semiliberdade, a autoridade judiciária, verificando que o adolescente não possui advogado constituído, nomeará defensor, designando, desde logo, audiência em continuação, podendo determinar a realização de diligências e estudo do caso.

§ 3º. O advogado constituído ou o defensor nomeado, no prazo de três dias contado da audiência de apresentação, oferecerá defesa prévia e rol de testemunhas.

§ 4º. Na audiência em continuação, ouvidas as testemunhas arroladas na representação e na defesa prévia, cumpridas as diligências e juntado o relatório da equipe interprofissional, será dada a palavra ao representante do Ministério Público e ao defensor, sucessivamente, pelo tempo de vinte minutos para cada um, prorrogável por mais dez, a critério da autoridade judiciária, que em seguida proferirá decisão.

Art. 187. Se o adolescente, devidamente notificado, não comparecer, injustificadamente à audiência de apresentação, a autoridade judiciária designará nova data, determinando sua condução coercitiva.

Art. 188. A remissão, como forma de extinção ou suspensão do processo, poderá ser aplicada em qualquer fase do procedimento, antes da sentença.

Art. 189. A autoridade judiciária não aplicará qualquer medida, desde que reconheça na sentença:

I – estar provada a inexistência do fato;

II – não haver prova da existência do fato;

III – não constituir o fato ato infracional;

IV – não existir prova de ter o adolescente concorrido para o ato infracional.

Parágrafo único. Na hipótese deste artigo, estando o adolescente internado, será imediatamente colocado em liberdade.

Art. 190. A intimação da sentença que aplicar medida de internação ou regime de semiliberdade será feita:

I – ao adolescente e ao seu defensor;

II – quando não for encontrado o adolescente, a seus pais ou responsáveis, sem prejuízo do defensor.

§ 1º. Sendo outra a medida aplicada, a intimação far-se-á unicamente na pessoa do defensor.

§ 2º. Recaindo a intimação na pessoa do adolescente, deverá este manifestar se deseja ou não recorrer da sentença.

Seção VI – Da Apuração de Irregularidades em Entidade de Atendimento

Art. 191. O procedimento de apuração de irregularidades em entidade governamental e não governamental terá início mediante portaria da autoridade judiciária ou representação do Ministério Público ou do Conselho Tutelar, onde conste, necessariamente, resumo dos fatos.

Parágrafo único. Havendo motivo grave, poderá a autoridade judiciária, ouvido o Ministério Público, decretar liminarmente o afastamento provisório do dirigente da entidade, mediante decisão fundamentada.

Art. 192. O dirigente da entidade será citado para, no prazo de dez dias, oferecer resposta escrita, podendo juntar documentos e indicar as provas a produzir.

Art. 193. Apresentada ou não a resposta, e sendo necessário, a autoridade judiciária designará audiência de instrução e julgamento, intimando as partes.

§ 1º. Salvo manifestação em audiência, as partes e o Ministério Público terão 5 (cinco) dias para oferecer alegações finais, decidindo a autoridade judiciária em igual prazo.

§ 2º. Em se tratando de afastamento provisório ou definitivo de dirigente de entidade governamental, a autoridade judiciária oficiará à autoridade administrativa imediatamente superior ao afastado, marcando prazo para a substituição.

§ 3º. Antes de aplicar qualquer das medidas, a autoridade judiciária poderá fixar prazo para a remoção das irregularidades verificadas. Satisfeitas as exigências, o processo será extinto, sem julgamento de mérito.

§ 4º. A multa e a advertência serão impostas ao dirigente da entidade ou programa de atendimento.

Seção VII
Da Apuração de Infração Administrativa às Normas de Proteção à Criança e ao Adolescente

Art. 194. O procedimento para imposição de penalidade administrativa por infração às normas de proteção à criança e ao adolescente terá início por representação do Ministério Público, ou do Conselho Tutelar, ou auto de infração elaborado por servidor efetivo ou voluntário credenciado, e assinado por duas testemunhas, se possível.

§ 1º. No procedimento iniciado com o auto de infração, poderão ser usadas fórmulas impressas, especificando-se a natureza e as circunstâncias da infração.

§ 2º. Sempre que possível, à verificação da infração seguir-se-á a lavratura do auto, certificando-se, em caso contrário, dos motivos do retardamento.

Art. 195. O requerido terá prazo de dez dias para apresentação de defesa, contado da data da intimação, que será feita:

I – pelo autuante, no próprio auto, quando este for lavrado na presença do requerido;

II – por oficial de justiça ou funcionário legalmente habilitado, que entregará cópia do auto ou da representação ao requerido, ou a seu representante legal, lavrando certidão;

III – por via postal, com aviso de recebimento, se não for encontrado o requerido ou seu representante legal;

IV – por edital, com prazo de trinta dias, se incerto ou não sabido o paradeiro do requerido ou de seu representante legal.

Art. 196. Não sendo apresentada a defesa no prazo legal, a autoridade judiciária dará vista dos autos do Ministério Público, por cinco dias, decidindo em igual prazo.

Art. 197. Apresentada a defesa, a autoridade judiciária procederá na conformidade do artigo anterior, ou, sendo necessário, designará audiência de instrução e julgamento.

Parágrafo único. Colhida a prova oral, manifestar-se-ão sucessivamente o Ministério Público e o procurador do requerido, pelo tempo de vinte minutos para cada um, prorrogável por mais dez, a critério da autoridade judiciária, que em seguida proferirá sentença.

Seção VIII – Da Habilitação de Pretendentes à Adoção

• *Seção VIII (arts. 197-A a 197-E) acrescida pela Lei nº 12.010/2009 (DOU de 4.8.2009), com vigência 90 dias após a publicação.*

Art. 197-A. Os postulantes à adoção, domiciliados no Brasil, apresentarão petição inicial na qual conste:

I – qualificação completa;

II – dados familiares;

III – cópias autenticadas de certidão de nascimento ou casamento, ou declaração relativa ao período de união estável;

IV – cópias da cédula de identidade e inscrição no Cadastro de Pessoas Físicas;

V – comprovante de renda e domicílio;

VI – atestados de sanidade física e mental;

VII – certidão de antecedentes criminais;

VIII – certidão negativa de distribuição cível.

• *Art. 197-A acrescido pela Lei nº 12.010/2009 (DOU de 4.8.2009), com vigência 90 dias após a publicação.*

Art. 197-B. A autoridade judiciária, no prazo de 48 (quarenta e oito) horas, dará vista dos autos ao Ministério Público, que no prazo de 5 (cinco) dias poderá:

I – apresentar quesitos a serem respondidos pela equipe interprofissional encarregada de elaborar o estudo técnico a que se refere o art. 197-C desta Lei;

II – requerer a designação de audiência para oitiva dos postulantes em juízo e testemunhas;

III – requerer a juntada de documentos complementares e a realização de outras diligências que entender necessárias.

- *Art. 197-B acrescido pela Lei nº 12.010/2009 (DOU de 4.8.2009), com vigência 90 dias após a publicação.*

Art. 197-C. Intervirá no feito, obrigatoriamente, equipe interprofissional a serviço da Justiça da Infância e da Juventude, que deverá elaborar estudo psicossocial, que conterá subsídios que permitam aferir a capacidade e o preparo dos postulantes para o exercício de uma paternidade ou maternidade responsável, à luz dos requisitos e princípios desta Lei.

§ 1º. É obrigatória a participação dos postulantes em programa oferecido pela Justiça da Infância e da Juventude preferencialmente com apoio dos técnicos responsáveis pela execução da política municipal de garantia do direito à convivência familiar, que inclua preparação psicológica, orientação e estímulo à adoção inter-racial, de crianças maiores ou de adolescentes, com necessidades específicas de saúde ou com deficiências e de grupos de irmãos.

§ 2º. Sempre que possível e recomendável, a etapa obrigatória da preparação referida no § 1º deste artigo incluirá o contato com crianças e adolescentes em regime de acolhimento familiar ou institucional em condições de serem adotados, a ser realizado sob a orientação, supervisão e avaliação da equipe técnica da Justiça da Infância e da Juventude, com o apoio dos técnicos responsáveis pelo programa de acolhimento familiar ou institucional e pela execução da política municipal de garantia do direito à convivência familiar.

- *Art. 197-C acrescido pela Lei nº 12.010/2009 (DOU de 4.8.2009), com vigência 90 dias após a publicação.*

Art. 197-D. Certificada nos autos a conclusão da participação no programa referido no art. 197-C desta Lei, a autoridade judiciária, no prazo de 48 (quarenta e oito) horas, decidirá acerca das diligências requeridas pelo Ministério Público e determinará a juntada do estudo psicossocial, designando, conforme o caso, audiência de instrução e julgamento.

Parágrafo único. Caso não sejam requeridas diligências, ou sendo essas indeferidas, a autoridade judiciária determinará a juntada do estudo psicossocial, abrindo a seguir vista dos autos ao Ministério Público, por 5 (cinco) dias, decidindo em igual prazo.

- *Art. 197-D acrescido pela Lei nº 12.010/2009 (DOU de 4.8.2009), com vigência 90 dias após a publicação.*

Art. 197-E. Deferida a habilitação, o postulante será inscrito nos cadastros referidos no art. 50 desta Lei, sendo a sua convocação para a adoção feita de acordo com ordem cronológica de habilitação e conforme a disponibilidade de crianças ou adolescentes adotáveis.

§ 1º. A ordem cronológica das habilitações somente poderá deixar de ser observada pela autoridade judiciária nas hipóteses previstas no § 13 do art. 50 desta Lei, quando comprovado ser essa a melhor solução no interesse do adotando.

§ 2º. A recusa sistemática na adoção das crianças ou adolescentes indicados importará na reavaliação da habilitação concedida.

- *Art. 197-E acrescido pela Lei nº 12.010/2009 (DOU de 4.8.2009), com vigência 90 dias após a publicação.*

Capítulo IV – Dos Recursos

Art. 198. Nos procedimentos afetos à Justiça da Infância e da Juventude, inclusive os relativos à execução das medidas socioeducativas, adotar-se-á o sistema recursal da Lei nº 5.869, de 11 de janeiro de 1973 (Código de Processo Civil), com as seguintes adaptações:

- *Art. 198,* caput, *com redação dada pela Lei nº 12.594/2012 (DOU de 19.1.2012), com vigência 90 dias após a publicação.*

I – os recursos serão interpostos independentemente de preparo;

II – em todos os recursos, salvo nos embargos de declaração, o prazo para o Ministério Público e para a defesa será sempre de 10 (dez) dias;

- *Inciso II com redação dada pela Lei nº 12.594/2012 (DOU de 19.1.2012), com vigência 90 dias após a publicação.*

III – os recursos terão preferência de julgamento e dispensarão revisor;

IV – (revogado);

- *Inciso IV revogado pela Lei nº 12.010/2009 (DOU de 4.8.2009), com vigência 90 dias após a publicação.*

V – (revogado);

- *Inciso V revogado pela Lei nº 12.010/2009 (DOU de 4.8.2009), com vigência 90 dias após a publicação.*

VI – (revogado);

- *Inciso VI revogado pela Lei nº 12.010/2009 (DOU de 4.8.2009), com vigência 90 dias após a publicação.*

VII – antes de determinar a remessa dos autos à superior instância, no caso de apelação, ou do instrumento, no caso de agravo, a autoridade judiciária proferirá despacho fundamentado, mantendo ou reformando a decisão, no prazo de cinco dias;

VIII – mantida a decisão apelada ou agravada, o escrivão remeterá os autos ou o instrumento à superior instância dentro de vinte e quatro horas, independentemente de novo pedido do recorrente; se a reformar, a remessa dos autos dependerá de pedido expresso da parte interessada ou do Ministério Público, no prazo de cinco dias, contados da intimação.

Art. 199. Contra as decisões proferidas com base no art. 149 caberá recurso de apelação.

Art. 199-A. A sentença que deferir a adoção produz efeito desde logo, embora sujeita a apelação, que será recebida exclusivamente no efeito devolutivo, salvo se se tratar de adoção internacional ou se houver perigo de dano irreparável ou de difícil reparação ao adotando.

- *Art. 199-A acrescido pela Lei nº 12.010/2009 (DOU de 4.8.2009), com vigência 90 dias após a publicação.*

Art. 199-B. A sentença que destituir ambos ou qualquer dos genitores do poder familiar fica sujeita a apelação, que deverá ser recebida apenas no efeito devolutivo.

• *Art. 199-B acrescido pela Lei nº 12.010/2009 (DOU de 4.8.2009), com vigência 90 dias após a publicação.*

Art. 199-C. Os recursos nos procedimentos de adoção e de destituição de poder familiar, em face da relevância das questões, serão processados com prioridade absoluta, devendo ser imediatamente distribuídos, ficando vedado que aguardem, em qualquer situação, oportuna distribuição, e serão colocados em mesa para julgamento sem revisão e com parecer urgente do Ministério Público.

• *Art. 199-C acrescido pela Lei nº 12.010/2009 (DOU de 4.8.2009), com vigência 90 dias após a publicação.*

Art. 199-D. O relator deverá colocar o processo em mesa para julgamento no prazo máximo de 60 (sessenta) dias, contado da sua conclusão.

Parágrafo único. O Ministério Público será intimado da data do julgamento e poderá na sessão, se entender necessário, apresentar oralmente seu parecer.

• *Art. 199-D acrescido pela Lei nº 12.010/2009 (DOU de 4.8.2009), com vigência 90 dias após a publicação.*

Art. 199-E. O Ministério Público poderá requerer a instauração de procedimento para apuração de responsabilidades se constatar o descumprimento das providências e do prazo previstos nos artigos anteriores.

• *Art. 199-E acrescido pela Lei nº 12.010/2009 (DOU de 4.8.2009), com vigência 90 dias após a publicação.*

Capítulo V – Do Ministério Público

Art. 200. As funções do Ministério Público previstas nesta Lei serão exercidas nos termos da respectiva Lei Orgânica.

Art. 201. Compete ao Ministério Público:

I – conceder a remissão como forma de exclusão do processo;

II – promover e acompanhar os procedimentos relativos às infrações atribuídas a adolescentes;

III – promover e acompanhar as ações de alimentos e os procedimentos de suspensão e destituição do poder familiar, nomeação e remoção de tutores, curadores e guardiães, bem como oficiar em todos os demais procedimentos da competência da Justiça da Infância e da Juventude;

• *A Lei nº 12.010/2009 (DOU de 4.8.2009) substituiu a expressão "pátrio poder" pela expressão "poder familiar", com vigência 90 dias após a publicação.*

IV – promover, de ofício ou por solicitação dos interessados, a especialização e a inscrição de hipoteca legal e a prestação de contas dos tutores, curadores e quaisquer administradores de bens de crianças e adolescentes nas hipóteses do art. 98;

V – promover o inquérito civil e a ação civil pública para a proteção dos interesses individuais, difusos ou coletivos relativos à infância e à adolescência, inclusive os definidos no art. 220, § 3º inciso II, da Constituição Federal;

• ***Constituição da República Federativa do Brasil:***

Art. 220. *A manifestação do pensamento, a criação, a expressão e a informação, sob qualquer forma, processo ou veículo não sofrerão qualquer restrição, observado o disposto nesta Constituição. (...)*

§ 3º. Compete à lei federal: (...)

II – estabelecer os meios legais que garantam à pessoa e à família a possibilidade de se defenderem de programas ou programações de rádio e televisão que contrariem o disposto no art. 221, bem como da propaganda de produtos, práticas e serviços que possam ser nocivos à saúde e ao meio ambiente. (...)

VI – instaurar procedimentos administrativos e, para instruí-los:

a) expedir notificações para colher depoimentos ou esclarecimentos e, em caso de não comparecimento injustificado, requisitar condução coercitiva, inclusive pela polícia civil ou militar;

b) requisitar informações, exames, perícias e documentos de autoridades municipais, estaduais e federais, da administração direta ou indireta, bem como promover inspeções e diligências investigatórias;

c) requisitar informações e documentos a particulares e instituições privadas;

VII – instaurar sindicâncias, requisitar diligências investigatórias e determinar a instauração de inquérito policial, para apuração de ilícitos ou infrações às normas de proteção à infância e à juventude;

VIII – zelar pelo efetivo respeito aos direitos e garantias legais assegurados às crianças e adolescentes, promovendo as medidas judiciais e extrajudiciais cabíveis;

IX – impetrar mandado de segurança, de injunção e *habeas corpus*, em qualquer juízo, instância ou tribunal, na defesa dos interesses sociais e individuais indisponíveis afetos à criança e ao adolescente;

X – representar ao juízo visando à aplicação de penalidade por infrações cometidas contra as normas de proteção à infância e à juventude, sem prejuízo da promoção da responsabilidade civil e penal do infrator, quando cabível;

XI – inspecionar as entidades públicas e particulares de atendimento e os programas de que trata esta Lei, adotando de pronto as medidas administrativas ou judiciais necessárias à remoção de irregularidades porventura verificadas;

XII – requisitar força policial, bem como a colaboração dos serviços médicos, hospitalares, educacionais e de assistência social, públicos ou privados, para o desempenho de suas atribuições.

§ 1º. A legitimação do Ministério Público para as ações cíveis previstas neste artigo não impede a de terceiros, nas mesmas hipóteses, segundo dispuserem a Constituição e esta Lei.

§ 2º. As atribuições constantes deste artigo não excluem outras, desde que compatíveis com a finalidade do Ministério Público.

§ 3º. O representante do Ministério Público, no exercício de suas funções, terá livre acesso a todo local onde se encontre criança ou adolescente.

§ 4º. O representante do Ministério Público será responsável pelo uso indevido das informações e documentos que requisitar, nas hipóteses legais de sigilo.

§ 5º. Para o exercício da atribuição de que trata o inciso VIII deste artigo, poderá o representante do Ministério Público:

a) reduzir a termo as declarações do reclamante, instaurando o competente procedimento, sob sua presidência;

b) entender-se diretamente com a pessoa ou autoridade reclamada, em dia, local e horário previamente notificados ou acertados;

c) efetuar recomendações visando à melhoria dos serviços públicos e de relevância pública afetos à criança e ao adolescente, fixando prazo razoável para sua perfeita adequação.

Art. 202. Nos processos e procedimentos em que não for parte, atuará obrigatoriamente o Ministério Público na defesa dos direitos e interesses de que cuida esta Lei, hipótese em que terá vista dos autos depois das partes, podendo juntar documentos e requerer diligências, usando os recursos cabíveis.

Art. 203. A intimação do Ministério Público, em qualquer caso, será feita pessoalmente.

Art. 204. A falta de intervenção do Ministério Público acarreta a nulidade do feito, que será declarada de ofício pelo juiz ou a requerimento de qualquer interessado.

Art. 205. As manifestações processuais do representante do Ministério Público deverão ser fundamentadas.

Capítulo VI – Do Advogado

Art. 206. A criança ou o adolescente, seus pais ou responsável, e qualquer pessoa que tenha legítimo interesse na solução da lide poderão intervir nos procedimentos de que trata esta Lei, através de advogado, o qual será intimado para todos os atos, pessoalmente ou por publicação oficial, respeitado o segredo de justiça.

Parágrafo único. Será prestada assistência judiciária integral e gratuita àqueles que dela necessitarem.

Art. 207. Nenhum adolescente a quem se atribua a prática de ato infracional, ainda que ausente ou foragido, será processado sem defensor.

§ 1º. Se o adolescente não tiver defensor, ser-lhe-á nomeado pelo juiz, ressalvado o direito de, a todo tempo, constituir outro de sua preferência.

§ 2º. A ausência do defensor não determinará o adiamento de nenhum ato do processo, devendo o juiz nomear substituto, ainda que provisoriamente, ou para o só efeito do ato.

§ 3º. Será dispensada a outorga de mandato, quando se tratar de defensor nomeado ou, sido constituído, tiver sido indicado por ocasião de ato formal com a presença da autoridade judiciária.

Capítulo VII
Da Proteção Judicial dos Interesses Individuais, Difusos e Coletivos

Art. 208. Regem-se pelas disposições desta Lei as ações de responsabilidade por ofensa aos direitos assegurados à criança e ao adolescente, referentes ao não oferecimento ou oferta irregular:

I – do ensino obrigatório;

II – de atendimento educacional especializado aos portadores de deficiência;

III – de atendimento em creche e pré-escola às crianças de zero a seis anos de idade;

IV – de ensino noturno regular, adequado às condições do educando;

V – de programas suplementares de oferta de material didático-escolar, transporte e assistência à saúde do educando do ensino fundamental;

VI – de serviço de assistência social visando à proteção à família, à maternidade, à infância e à adolescência, bem como ao amparo às crianças e adolescentes que dele necessitem;

VII – de acesso às ações e serviços de saúde;

VIII – de escolarização e profissionalização dos adolescentes privados de liberdade;

IX – de ações, serviços e programas de orientação, apoio e promoção social de famílias e destinados ao pleno exercício do direito à convivência familiar por crianças e adolescentes;

- *Inciso IX acrescido pela Lei nº 12.010/2009 (DOU de 4.8.2009), com vigência 90 dias após a publicação.*

X – de programas de atendimento para a execução das medidas socioeducativas e aplicação de medidas de proteção.

- *Inciso X acrescido pela Lei nº 12.594/2012 (DOU de 19.1.2012), com vigência 90 dias após a publicação.*

§ 1º. As hipóteses previstas neste artigo não excluem da proteção judicial outros interesses individuais, difusos ou coletivos, próprios da infância e da adolescência, protegidos pela Constituição e pela Lei.

- *§ 1º, primitivo parágrafo único, renumerado pela Lei nº 11.259/2005.*

§ 2º. A investigação do desaparecimento de crianças ou adolescentes será realizada imediatamente após notificação aos órgãos competentes, que deverão comunicar o fato aos portos, aeroportos, Polícia Rodoviária e companhias de transporte interestaduais e internacionais, fornecendo-lhes todos os dados necessários à identificação do desaparecido.

- *§ 2º acrescido pela Lei nº 11.259/2005.*

Art. 209. As ações previstas neste Capítulo serão propostas no foro do local onde ocorreu ou deva ocorrer a ação ou omissão, cujo Juízo terá competência absoluta para processar a causa, ressalvadas a competência da Justiça Federal e a competência originária dos Tribunais Superiores.

Art. 210. Para as ações cíveis fundadas em interesses coletivos ou difusos, consideram-se legitimados concorrentemente:

I – o Ministério Público;

II – a União, os estados, os municípios, o Distrito Federal e os territórios;

III – as associações legalmente constituídas há pelo menos um ano e que incluam entre seus fins institucionais a defesa dos interesses e direitos protegidos por esta Lei, dispensada a autorização da assembleia, se houver prévia autorização estatutária.

§ 1º. Admitir-se-á litisconsórcio facultativo entre os Ministérios Públicos da União e dos estados na defesa dos interesses e direitos de que cuida esta Lei.

§ 2º. Em caso de desistência ou abandono da ação por associação legitimada, o Ministério Público ou outro legitimado poderá assumir a titularidade ativa.

Art. 211. Os órgãos públicos legitimados poderão tomar dos interessados compromisso de ajustamento de sua conduta às exigências legais, o qual terá eficácia de título executivo extrajudicial.

Art. 212. Para defesa dos direitos e interesses protegidos por esta Lei, são admissíveis todas as espécies de ações pertinentes.

§ 1º. Aplicam-se às ações previstas neste Capítulo as normas do Código de Processo Civil.

§ 2º. Contra atos ilegais ou abusivos de autoridade pública ou agente de pessoa jurídica no exercício de atribuições do poder público, que lesem direito líquido e certo previsto nesta Lei, caberá ação mandamental, que se regerá pelas normas da lei do mandado de segurança.

Art. 213. Na ação que tenha por objeto o cumprimento de obrigação de fazer ou não fazer, o Juiz concederá a tutela específica da obrigação ou determinará providências que assegurem o resultado prático equivalente ao do adimplemento.

§ 1º. Sendo relevante o fundamento da demanda e havendo justificado receio de ineficácia do provimento final, é lícito ao juiz conceder a tutela liminarmente ou após justificação prévia, citando o réu.

§ 2º. O Juiz poderá, na hipótese do parágrafo anterior ou na sentença, impor multa diária ao réu, independentemente de pedido do autor, se for suficiente ou compatível com a obrigação, fixando prazo razoável para o cumprimento do preceito.

§ 3º. A multa só será exigível do réu após o trânsito em julgado da sentença favorável ao autor, mas será devida desde o dia em que se houver configurado o descumprimento.

Art. 214. Os valores das multas reverterão ao fundo gerido pelo Conselho dos Direitos da Criança e do Adolescente do respectivo município.

§ 1º. As multas não recolhidas até trinta dias após o trânsito em julgado da decisão serão exigidas através de execução promovida pelo Ministério Público, nos mesmos autos, facultada igual iniciativa aos demais legitimados.

§ 2º. Enquanto o fundo não for regulamentado, o dinheiro ficará depositado em estabelecimento oficial de crédito, em conta com correção monetária.

Art. 215. O Juiz poderá conferir efeito suspensivo aos recursos, para evitar dano irreparável à parte.

Art. 216. Transitada em julgado a sentença que impuser condenação ao poder público, o Juiz determinará a remessa de peças à autoridade competente, para apuração da responsabilidade civil e administrativa do agente a que se atribua a ação ou omissão.

Art. 217. Decorridos sessenta dias do trânsito em julgado da sentença condenatória sem que a associação autora lhe promova a execução, deverá fazê-lo o Ministério Público, facultada igual iniciativa aos demais legitimados.

Art. 218. O Juiz condenará a associação autora a pagar ao réu os honorários advocatícios arbitrados na conformidade do § 4º do art. 20 da Lei nº 5.869, de 11 de janeiro de 1973 (Código de Processo Civil), quando reconhecer que a pretensão é manifestamente infundada.

• ***Código de Processo Civil:***

Art. 20. A sentença condenará o vencido a pagar ao vencedor as despesas que antecipou e os honorários advocatícios. Esta verba honorária será devida, também, nos casos em que o advogado funcionar em causa própria. (...)

§ 4º. Nas causas de pequeno valor, nas de valor inestimável, naquelas em que não houver condenação ou for vencida a Fazenda Pública, e nas execuções, embargadas ou não, os honorários serão fixados consoante apreciação equitativa do juiz, atendidas as normas das alíneas a, b e c do parágrafo anterior. (...)

Parágrafo único. Em caso de litigância de má-fé, a associação autora e os diretores responsáveis pela propositura da ação serão solidariamente condenados ao décuplo das custas, sem prejuízo de responsabilidade por perdas e danos.

Art. 219. Nas ações de que trata este Capítulo, não haverá adiantamento de custas, emolumentos, honorários periciais e quaisquer outras despesas.

Art. 220. Qualquer pessoa poderá e o servidor público deverá provocar a iniciativa do Ministério Público, prestando-lhe informações sobre fatos que constituam objeto de ação civil, e indicando-lhe os elementos de convicção.

Art. 221. Se, no exercício de suas funções, os juízos e tribunais tiverem conhecimento de fatos que possam ensejar a propositura de ação civil, remeterão peças ao Ministério Público para as providências cabíveis.

Art. 222. Para instruir a petição inicial, o interessado poderá requerer às autoridades competentes as certidões e informações que julgar necessárias, que serão fornecidas no prazo de quinze dias.

Art. 223. O Ministério Público poderá instaurar, sob sua presidência, inquérito civil, ou requisitar, de qualquer pessoa, organismo público ou particular, certidões, informações, exames ou perícias, no prazo que assinalar, o qual não poderá ser inferior a dez dias úteis.

§ 1º. Se o órgão do Ministério Público, esgotadas todas as diligências, se convencer da inexistência de fundamento para a propositura da ação cível, promoverá o arquivamento dos autos do inquérito civil ou das peças informativas, fazendo-o fundamentadamente.

§ 2º. Os autos do inquérito civil ou as peças de informação arquivados serão remetidos, sob pena de se incorrer em falta grave, no prazo de três dias, ao Conselho Superior do Ministério Público.

§ 3º. Até que seja homologada ou rejeitada a promoção de arquivamento, em sessão do Conselho Superior do Ministério Público, poderão as associações legitimadas apresentar razões escritas ou documentos, que serão juntados aos autos do inquérito ou anexados às peças de informação.

§ 4º. A promoção de arquivamento será submetida a exame e deliberação do Conselho Superior do Ministério Público, conforme dispuser o seu regimento.

§ 5º. Deixando o Conselho Superior de homologar a promoção de arquivamento, designará, desde logo, outro órgão do Ministério Público para o ajuizamento da ação.

Art. 224. Aplicam-se subsidiariamente, no que couber, as disposições da Lei nº 7.347, de 24 de julho de 1985.

• *Lei nº 7.347/1985 (Lei dos Interesses Difusos) – Disciplina a ação civil pública de responsabilidade por danos causados ao meio ambiente, ao consumidor, a bens e direitos de valor artístico, estético, histórico, turístico e paisagístico (VETADO) e dá outras providências.*

TÍTULO VII – DOS CRIMES E DAS INFRAÇÕES ADMINISTRATIVAS

Capítulo I – Dos Crimes

Seção I – Disposições Gerais

Art. 225. Este Capítulo dispõe sobre crimes praticados contra a criança e o adolescente, por ação ou omissão, sem prejuízo do disposto na legislação penal.

Art. 226. Aplicam-se aos crimes definidos nesta Lei as normas da Parte Geral do Código Penal e, quanto ao processo, as pertinentes ao Código de Processo Penal.

Art. 227. Os crimes definidos nesta Lei são de ação pública incondicionada.

Seção II – Dos Crimes em Espécie

Art. 228. Deixar o encarregado de serviço ou o dirigente de estabelecimento de atenção à saúde de gestante de manter registro das atividades desenvolvidas, na forma e prazo referidos no art. 10 desta Lei, bem como de fornecer à parturiente ou a seu responsável, por ocasião da alta médica, declaração de nascimento, onde constem as intercorrências do parto e do desenvolvimento do neonato:

Pena – detenção de seis meses a dois anos.

Parágrafo único. Se o crime é culposo:

Pena – detenção de dois a seis meses, ou multa.

Art. 229. Deixar o médico, enfermeiro ou dirigente de estabelecimento de atenção à saúde de gestante de identificar corretamente o neonato e a parturiente, por ocasião do parto, bem como deixar de proceder aos exames referidos no art. 10 desta Lei:

Pena – detenção de seis meses a dois anos.

Parágrafo único. Se o crime é culposo:

Pena – detenção de dois a seis meses, ou multa.

Art. 230. Privar a criança ou o adolescente de sua liberdade, procedendo à sua apreensão sem estar em flagrante de ato infracional ou inexistindo ordem escrita da autoridade judiciária competente:

Pena – detenção de seis meses a dois anos.

Parágrafo único. Incide na mesma pena aquele que procede à apreensão sem observância das formalidades legais.

Art. 231. Deixar a autoridade policial responsável pela apreensão de criança ou adolescente de fazer imediata comunicação à autoridade judiciária competente e à família do apreendido ou à pessoa por ele indicada:

Pena – detenção de seis meses a dois anos.

Art. 232. Submeter criança ou adolescente sob sua autoridade, guarda ou vigilância a vexame ou a constrangimento:

Pena – detenção de seis meses a dois anos.

Art. 233. (Revogado).

• *Art. 233 revogado pela Lei nº 9.455/1997.*

Art. 234. Deixar a autoridade competente, sem justa causa, de ordenar a imediata liberação de criança ou adolescente, tão logo tenha conhecimento da ilegalidade da apreensão:

Pena – detenção de seis meses a dois anos.

Art. 235. Descumprir, injustificadamente, prazo fixado nesta Lei em benefício de adolescente privado de liberdade:

Pena – detenção de seis meses a dois anos.

Art. 236. Impedir ou embaraçar a ação de autoridade judiciária, membro do Conselho Tutelar ou representante do Ministério Público no exercício de função prevista nesta Lei:

Pena – detenção de seis meses a dois anos.

• *O parágrafo único que seria acrescido neste artigo pela Lei nº 12.318/2010 foi vetado.*

Art. 237. Subtrair criança ou adolescente ao poder de quem o tem sob sua guarda em virtude de lei ou ordem judicial, com o fim de colocação em lar substituto:

Pena – reclusão de dois a seis anos, e multa.

Art. 238. Prometer ou efetivar a entrega de filho ou pupilo a terceiro, mediante paga ou recompensa:

Pena – reclusão de um a quatro anos, e multa.

Parágrafo único. Incide nas mesmas penas quem oferece ou efetiva a paga ou recompensa.

Art. 239. Promover ou auxiliar a efetivação de ato destinado ao envio de criança ou adolescente para o exterior com inobservância das formalidades legais ou com o fito de obter lucro:

Pena – reclusão de quatro a seis anos, e multa.

Parágrafo único. Se há emprego de violência, grave ameaça ou fraude:

• *Parágrafo único acrescido pela Lei nº 10.764/2003.*

Pena – reclusão, de 6 (seis) a 8 (oito) anos, além da pena correspondente à violência.

• *Pena acrescida pela Lei nº 10.764/2003.*

Art. 240. Produzir, reproduzir, dirigir, fotografar, filmar ou registrar, por qualquer meio, cena de sexo explícito ou pornográfica, envolvendo criança ou adolescente:

• *Art. 240,* caput, *com redação dada pela Lei nº 11.829/2008.*

Pena – reclusão, de 4 (quatro) a 8 (oito) anos, e multa.

• *Pena com redação dada pela Lei nº 11.829/2008.*

§ 1º. Incorre nas mesmas penas quem agencia, facilita, recruta, coage, ou de qualquer modo intermedeia a participação de criança ou adolescente nas cenas referidas no *caput* deste artigo, ou ainda quem com esses contracena.

• *§ 1º com redação dada pela Lei nº 11.829/2008.*

§ 2º. Aumenta-se a pena de 1/3 (um terço) se o agente comete o crime:

• *§ 2º,* caput, *com redação dada pela Lei nº 11.829/2008.*

I – no exercício de cargo ou função pública ou a pretexto de exercê-la;

• *Inciso I com redação dada pela Lei nº 11.829/2008.*

II – prevalecendo-se de relações domésticas, de coabitação ou de hospitalidade; ou

• *Inciso II com redação dada pela Lei nº 11.829/2008.*

III – prevalecendo-se de relações de parentesco consanguíneo ou afim até o terceiro grau, ou por adoção, de tutor, curador, preceptor, empregador da vítima ou de quem, a qualquer outro título, tenha autoridade sobre ela, ou com seu consentimento.

• *Inciso III acrescido pela Lei nº 11.829/2008.*

Art. 241. Vender ou expor à venda fotografia, vídeo ou outro registro que contenha cena de sexo explícito ou pornográfica envolvendo criança ou adolescente:

Pena – reclusão, de 4 (quatro) a 8 (oito) anos, e multa.

• *Art. 241 com redação dada pela Lei nº 11.829/2008.*

Art. 241-A. Oferecer, trocar, disponibilizar, transmitir, distribuir, publicar ou divulgar por qualquer meio, inclusive por meio de sistema de informática ou telemático, fotografia, vídeo ou outro registro que contenha cena de sexo explícito ou pornográfica envolvendo criança ou adolescente:

Pena – reclusão, de 3 (três) a 6 (seis) anos, e multa.

§ 1º. Nas mesmas penas incorre quem:

I – assegura os meios ou serviços para o armazenamento das fotografias, cenas ou imagens de que trata o *caput* deste artigo;

II – assegura, por qualquer meio, o acesso por rede de computadores às fotografias, cenas ou imagens de que trata o *caput* deste artigo.

§ 2º. As condutas tipificadas nos incisos I e II do § 1º deste artigo são puníveis quando o responsável legal pela prestação do serviço, oficialmente notificado, deixa de desabilitar o acesso ao conteúdo ilícito de que trata o *caput* deste artigo.

• *Art. 241-A acrescido pela Lei nº 11.829/2008.*

Art. 241-B. Adquirir, possuir ou armazenar, por qualquer meio, fotografia, vídeo ou outra forma de registro que contenha cena de sexo explícito ou pornográfica envolvendo criança ou adolescente:

Pena – reclusão, de 1 (um) a 4 (quatro) anos, e multa.

§ 1º. A pena é diminuída de 1 (um) a 2/3 (dois terços) se de pequena quantidade o material a que se refere o *caput* deste artigo.

§ 2º. Não há crime se a posse ou o armazenamento tem a finalidade de comunicar às autoridades competentes a ocorrência das condutas descritas nos arts. 240, 241, 241-A e 241-C desta Lei, quando a comunicação for feita por:

I – agente público no exercício de suas funções;

II – membro de entidade, legalmente constituída, que inclua, entre suas finalidades institucionais, o recebimento, o processamento e o encaminhamento de notícia dos crimes referidos neste parágrafo;

III – representante legal e funcionários responsáveis de provedor de acesso ou serviço prestado por meio de rede de computadores, até o recebimento do material relativo à notícia feita à autoridade policial, ao Ministério Público ou ao Poder Judiciário.

§ 3º. As pessoas referidas no § 2º deste artigo deverão manter sob sigilo o material ilícito referido.

• *Art. 241-B acrescido pela Lei nº 11.829/2008.*

Art. 241-C. Simular a participação de criança ou adolescente em cena de sexo explícito ou pornográfica por meio de adulteração, montagem ou modificação de fotografia, vídeo ou qualquer outra forma de representação visual:

Pena – reclusão, de 1 (um) a 3 (três) anos, e multa.

Parágrafo único. Incorre nas mesmas penas quem vende, expõe à venda, disponibiliza, distribui, publica ou divulga por qualquer meio, adquire, possui ou armazena o material produzido na forma do *caput* deste artigo.

• *Art. 241-C acrescido pela Lei nº 11.829/2008.*

Art. 241-D. Aliciar, assediar, instigar ou constranger, por qualquer meio de comunicação, criança, com o fim de com ela praticar ato libidinoso:

Pena – reclusão, de 1 (um) a 3 (três) anos, e multa.

Parágrafo único. Nas mesmas penas incorre quem:

I – facilita ou induz o acesso à criança de material contendo cena de sexo explícito ou pornográfica com o fim de com ela praticar ato libidinoso;

II – pratica as condutas descritas no *caput* deste artigo com o fim de induzir criança a se exibir de forma pornográfica ou sexualmente explícita.

• *Art. 241-D acrescido pela Lei nº 11.829/2008.*

Art. 241-E. Para efeito dos crimes previstos nesta Lei, a expressão "cena de sexo explícito ou pornográfica" compreende qualquer situação que envolva criança ou adolescente em atividades sexuais explícitas, reais ou simuladas, ou exibição dos órgãos genitais de uma criança ou adolescente para fins primordialmente sexuais.

• *Art. 241-E acrescido pela Lei nº 11.829/2008.*

Art. 242. Vender, fornecer ainda que gratuitamente ou entregar, de qualquer forma, a criança ou adolescente arma, munição ou explosivo:

Pena – reclusão, de 3 (três) a 6 (seis) anos.

• *Pena com redação dada pela Lei nº 10.764/2003.*

Art. 243. Vender, fornecer ainda que gratuitamente, ministrar ou entregar, de qualquer forma, a criança ou adolescente, sem justa causa, produtos cujos componentes possam causar dependência física ou psíquica, ainda que por utilização indevida:

Pena – detenção de 2 (dois) a 4 (quatro) anos, e multa, se o fato não constitui crime mais grave.

• *Pena com redação dada pela Lei nº 10.764/2003.*

Art. 244. Vender, fornecer ainda que gratuitamente ou entregar, de qualquer forma, a criança ou adolescente fogos de estampido ou de artifício, exceto aqueles que, pelo seu reduzido potencial, sejam incapazes de provocar qualquer dano físico em caso de utilização indevida:

Pena – detenção de seis meses a dois anos, e multa.

Art. 244-A. Submeter criança ou adolescente, como tais definidos no caput do art. 2º desta Lei, à prostituição ou à exploração sexual:

Pena – reclusão de quatro a dez anos, e multa.

§ 1º. Incorrem nas mesmas penas o proprietário, o gerente ou o responsável pelo local em que se verifique a submissão de criança ou adolescente às práticas referidas no *caput* deste artigo.

§ 2º. Constitui efeito obrigatório da condenação a cassação da licença de localização e de funcionamento do estabelecimento.

- *Art. 244-A acrescido pela Lei nº 9.975/2000.*

Art. 244-B. Corromper ou facilitar a corrupção de menor de 18 (dezoito) anos, com ele praticando infração penal ou induzindo-o a praticá-la:

Pena – reclusão, de 1 (um) a 4 (quatro) anos.

§ 1º. Incorre nas penas previstas no *caput* deste artigo quem pratica as condutas ali tipificadas utilizando-se de quaisquer meios eletrônicos, inclusive salas de bate-papo da internet.

§ 2º. As penas previstas no *caput* deste artigo são aumentadas de um terço no caso de a infração cometida ou induzida estar incluída no rol do art. 1º da Lei nº 8.072, de 25 de julho de 1990.

- *Art. 244-B acrescido pela Lei nº 12.015/2009.*
- ***Lei nº 8.072/1990** – Dispõe sobre os crimes hediondos, nos termos do art. 5º, inciso XLIII, da Constituição Federal, e determina outras providências:*

__Art. 1º.__ São considerados hediondos os seguintes crimes, todos tipificados no Decreto-Lei nº 2.848, de 7 de dezembro de 1940 – Código Penal, consumados ou tentados:

I – homicídio (art. 121), quando praticado em atividade típica de grupo de extermínio, ainda que cometido por um só agente, e homicídio qualificado (art. 121, § 2º, I, II, III, IV e V);

II – latrocínio (art. 157, § 3º, in fine*);*

III – extorsão qualificada pela morte (art. 158, § 2º);

IV – extorsão mediante sequestro e na forma qualificada (art. 159, caput, *e §§ 1º, 2º e 3º);*

V – estupro (art. 213, caput *e §§ 1º e 2º);*

VI – estupro de vulnerável (art. 217-A, caput *e §§ 1º, 2º, 3º e 4º);*

VII – epidemia com resultado morte (art. 267, § 1º).

VII-A – (vetado),

VII-B – falsificação, corrupção, adulteração ou alteração de produto destinado a fins terapêuticos ou medicinais (art. 273, caput *e § 1º, § 1º-A e § 1º-B, com redação dada pela Lei nº 9.677, de 2 de julho de 1998).*

Parágrafo único. Considera-se também hediondo o crime de genocídio previsto nos arts. 1º, 2º e 3º da Lei nº 2.889, de 1º de outubro de 1956, tentado ou consumado.

Capítulo II – Das Infrações Administrativas

Art. 245. Deixar o médico, professor ou responsável por estabelecimento de atenção à saúde e de ensino fundamental, pré-escola ou creche, de comunicar à autoridade competente os casos de que tenha conhecimento, envolvendo suspeita ou confirmação de maus-tratos contra criança ou adolescente:

Pena – multa de três a vinte salários de referência, aplicando-se o dobro em caso de reincidência.

Art. 246. Impedir o responsável ou funcionário de entidade de atendimento o exercício dos direitos constantes nos incisos II, III, VII, VIII e XI do art. 124 desta Lei:

Pena – multa de três a vinte salários de referência, aplicando-se o dobro em caso de reincidência.

Art. 247. Divulgar, total ou parcialmente, sem autorização devida, por qualquer meio de comunicação, nome, ato ou documento de procedimento policial, administrativo ou judicial relativo a criança ou adolescente a que se atribua ato infracional:

Pena – multa de três a vinte salários de referência, aplicando-se o dobro em caso de reincidência.

§ 1º. Incorre na mesma pena quem exibe, total ou parcialmente, fotografia de criança ou adolescente envolvido em ato infracional, ou qualquer ilustração que lhe diga respeito ou se refira a atos que lhe sejam atribuídos, de forma a permitir sua identificação, direta ou indiretamente.

§ 2º. Se o fato for praticado por órgão de imprensa ou emissora de rádio ou televisão, além da pena prevista neste artigo, a autoridade judiciária poderá determinar a apreensão da publicação ou a suspensão da programação da emissora até por dois dias, bem como da publicação do periódico até por dois números.

- *A ADIn nº 869-2 do STF, por unanimidade de votos, declarou inconstitucional a expressão "ou a suspensão da programação da emissora até por dois dias, bem como da publicação do periódico até por dois números".*

Art. 248. Deixar de apresentar à autoridade judiciária de seu domicílio, no prazo de cinco dias, com o fim de regularizar a guarda, adolescente trazido de outra comarca para a prestação de serviço doméstico, mesmo que autorizado pelos pais ou responsável:

Pena – multa de três a vinte salários de referência, aplicando-se o dobro em caso de reincidência, independentemente das despesas de retorno do adolescente, se for o caso.

Art. 249. Descumprir, dolosa ou culposamente, os deveres inerentes ao poder familiar ou decorrente de tutela ou guarda, bem assim determinação da autoridade judiciária ou Conselho Tutelar:

- *A Lei nº 12.010/2009 (DOU de 4.8.2009) substituiu a expressão "pátrio poder" pela expressão "poder familiar", com vigência 90 dias após a publicação.*

Pena – multa de três a vinte salários de referência, aplicando-se o dobro em caso de reincidência.

Art. 250. Hospedar criança ou adolescente desacompanhado dos pais ou responsável, ou sem autorização escrita desses ou da autoridade judiciária, em hotel, pensão, motel ou congênere:

- *Art. 250,* caput, *com redação dada pela Lei nº 12.038/2009.*

Pena – multa.

- *Pena com redação dada pela Lei nº 12.038/2009.*

§ 1º. Em caso de reincidência, sem prejuízo da pena de multa, a autoridade judiciária poderá determinar o fechamento do estabelecimento por até 15 (quinze) dias.

- *§ 1º acrescido pela Lei nº 12.038/2009.*

§ 2º. Se comprovada a reincidência em período inferior a 30 (trinta) dias, o estabelecimento será definitivamente fechado e terá sua licença cassada.

- *§ 2º acrescido pela Lei nº 12.038/2009.*

Art. 251. Transportar criança ou adolescente, por qualquer meio, com inobservância do disposto nos arts. 83, 84 e 85 desta Lei:

Pena – multa de três a vinte salários de referência, aplicando-se o dobro em caso de reincidência.

Art. 252. Deixar o responsável por diversão ou espetáculo público de afixar, em lugar visível e de fácil acesso, à entrada do local de exibição, informação destacada sobre a natureza da diversão ou espetáculo e a faixa etária especificada no certificado de classificação:

Pena – multa de três a vinte salários de referência, aplicando-se o dobro em caso de reincidência.

Art. 253. Anunciar peças teatrais, filmes ou quaisquer representações ou espetáculos, sem indicar os limites de idade a que não se recomendem:

Pena – multa de três a vinte salários de referência, duplicada em caso de reincidência, aplicável, separadamente, à casa de espetáculo e aos órgãos de divulgação ou publicidade.

Art. 254. Transmitir, através de rádio ou televisão, espetáculo em horário diverso do autorizado ou sem aviso de sua classificação:

Pena – multa de vinte a cem salários de referência; duplicada em caso de reincidência a autoridade judiciária poderá determinar a suspensão da programação da emissora por até dois dias.

Art. 255. Exibir filme, trailer, peça, amostra ou congênere classificado pelo órgão competente como inadequado às crianças ou adolescentes admitidos ao espetáculo:

Pena – multa de vinte a cem salários de referência; na reincidência, a autoridade poderá determinar a suspensão do espetáculo ou o fechamento do estabelecimento por até quinze dias.

Art. 256. Vender ou locar a criança ou adolescente fita de programação em vídeo, em desacordo com a classificação atribuída pelo órgão competente:

Pena – multa de três a vinte salários de referência; em caso de reincidência, a autoridade judiciária poderá determinar o fechamento do estabelecimento por até quinze dias.

Art. 257. Descumprir obrigação constante dos arts. 78 e 79 desta Lei:

Pena – multa de três a vinte salários de referência, duplicando-se a pena em caso de reincidência, sem prejuízo de apreensão da revista ou publicação.

Art. 258. Deixar o responsável pelo estabelecimento ou o empresário de observar o que dispõe esta Lei sobre o acesso de criança ou adolescente aos locais de diversão, ou sobre sua participação no espetáculo:

Pena – multa de três a vinte salários de referência; em caso de reincidência, a autoridade judiciária poderá determinar o fechamento do estabelecimento por até quinze dias.

Art. 258-A. Deixar a autoridade competente de providenciar a instalação e operacionalização dos cadastros previstos no art. 50 e no § 11 do art. 101 desta Lei:

Pena – multa de R$ 1.000,00 (mil reais) a R$ 3.000,00 (três mil reais).

Parágrafo único. Incorre nas mesmas penas a autoridade que deixa de efetuar o cadastramento de crianças e de adolescentes em condições de serem adotadas, de pessoas ou casais habilitados à adoção e de crianças e adolescentes em regime de acolhimento institucional ou familiar.

• *Art. 258-A acrescido pela Lei nº 12.010/2009 (DOU de 4.8.2009), com vigência 90 dias após a publicação.*

Art. 258-B. Deixar o médico, enfermeiro ou dirigente de estabelecimento de atenção à saúde de gestante de efetuar imediato encaminhamento à autoridade judiciária de caso de que tenha conhecimento de mãe ou gestante interessada em entregar seu filho para adoção:

Pena – multa de R$ 1.000,00 (mil reais) a R$ 3.000,00 (três mil reais).

Parágrafo único. Incorre na mesma pena o funcionário de programa oficial ou comunitário destinado à garantia do direito à convivência familiar que deixa de efetuar a comunicação referida no *caput* deste artigo.

• *Art. 258-B acrescido pela Lei nº 12.010/2009 (DOU de 4.8.2009), com vigência 90 dias após a publicação.*

DISPOSIÇÕES FINAIS E TRANSITÓRIAS

Art. 259. A União, no prazo de noventa dias contados da publicação deste Estatuto, elaborará projeto de lei dispondo sobre a criação ou adaptação de seus órgãos às diretrizes da política de atendimento fixadas no art. 88 e ao que estabelece o Título V do Livro II.

Parágrafo único. Compete aos estados e municípios promoverem a adaptação de seus órgãos e programas às diretrizes e princípios estabelecidos nesta Lei.

Art. 260. Os contribuintes poderão efetuar doações aos Fundos dos Direitos da Criança e do Adolescente nacional, distrital, estaduais ou municipais, devidamente comprovadas, sendo essas integralmente deduzidas do imposto de renda, obedecidos os seguintes limites:

• *Art. 260,* caput, *com redação dada pela Lei nº 12.594/2012 (DOU de 19.1.2012), com vigência 90 dias após a publicação.*

I – 1% (um por cento) do imposto sobre a renda devido apurado pelas pessoas jurídicas tributadas com base no lucro real; e

• *Inciso I com redação dada pela Lei nº 12.594/2012 (DOU de 19.1.2012), com vigência 90 dias após a publicação.*

II – 6% (seis por cento) do imposto sobre a renda apurado pelas pessoas físicas na Declaração de Ajuste Anual, observado o disposto no art. 22 da Lei nº 9.532, de 10 de dezembro de 1997.

• *Inciso II com redação dada pela Lei nº 12.594/2012 (DOU de 19.1.2012), com vigência 90 dias após a publicação.*

§ 1º. (Revogado)

• *§ 1º revogado pela Lei nº 9.532/1997.*

§ 1º-A. Na definição das prioridades a serem atendidas com os recursos captados pelos Fundos Nacional, Estaduais e Municipais dos Direitos da Criança e do Adolescente, serão consideradas as disposições do Plano Nacional de Promoção, Proteção e Defesa dos Direitos de Crianças e Adolescentes à Convivência Familiar, bem como as regras e princípios relativos à garantia do direito à convivência familiar previstos nesta Lei.

- *§ 1º-A acrescido pela Lei nº 12.010/2009 (DOU de 4.8.2009), com vigência 90 dias após a publicação.*

§ 2º. Os Conselhos Municipais, Estaduais e Nacional dos Direitos da Criança e do Adolescente fixarão critérios de utilização, através de planos de aplicação das doações subsidiadas e demais receitas, aplicando necessariamente percentual para incentivo ao acolhimento, sob a forma de guarda, de criança ou adolescente, órfãos ou abandonado, na forma do disposto no art. 227, § 3º, VI, da Constituição Federal.

- ***Constituição da República Federativa do Brasil:***

__Art. 227.__ É dever da família, da sociedade e do Estado assegurar à criança, ao adolescente e ao jovem, com absoluta prioridade, o direito à vida, à saúde, à alimentação, à educação, ao lazer, à profissionalização, à cultura, à dignidade, ao respeito, à liberdade e à convivência familiar e comunitária, além de colocá-los a salvo de toda forma de negligência, discriminação, exploração, violência, crueldade e opressão. (...)

§ 3º. O direito à proteção especial abrangerá os seguintes aspectos: (...)

VI – estímulo do Poder Público, através de assistência jurídica, incentivos fiscais e subsídios, nos termos da lei, ao acolhimento, sob a forma de guarda, de criança ou adolescente órfão ou abandonado; (...).

§ 3º. O Departamento da Receita Federal, do Ministério da Economia, Fazenda e Planejamento, regulamentará a comprovação das doações feitas aos fundos, nos termos deste artigo.

- *§ 3º acrescido pela Lei nº 8.242/1991.*

§ 4º. O Ministério Público determinará em cada comarca a forma de fiscalização da aplicação, pelo Fundo Municipal dos Direitos da Criança e do Adolescente, dos incentivos fiscais referidos neste artigo.

- *§ 4º acrescido pela Lei nº 8.242/1991.*

§ 5º. Observado o disposto no § 4º do art. 3º da Lei nº 9.249, de 26 de dezembro de 1995, a dedução de que trata o inciso I do *caput*:

I – será considerada isoladamente, não se submetendo a limite em conjunto com outras deduções do imposto; e

II – não poderá ser computada como despesa operacional na apuração do lucro real.

- *§ 5º com redação dada pela Lei nº 12.594/2012 (DOU de 19.1.2012), com vigência 90 dias após a publicação.*

Art. 260-A. A partir do exercício de 2010, ano-calendário de 2009, a pessoa física poderá optar pela doação de que trata o inciso II do *caput* do art. 260 diretamente em sua Declaração de Ajuste Anual.

§ 1º. A doação de que trata o *caput* poderá ser deduzida até os seguintes percentuais aplicados sobre o imposto apurado na declaração:

I – (vetado);

II – (vetado);

III – 3% (três por cento) a partir do exercício de 2012.

§ 2º. A dedução de que trata o *caput*:

I – está sujeita ao limite de 6% (seis por cento) do imposto sobre a renda apurado na declaração de que trata o inciso II do *caput* do art. 260;

II – não se aplica à pessoa física que:

a) utilizar o desconto simplificado;

b) apresentar declaração em formulário; ou

c) entregar a declaração fora do prazo;

III – só se aplica às doações em espécie; e

IV – não exclui ou reduz outros benefícios ou deduções em vigor.

§ 3º. O pagamento da doação deve ser efetuado até a data de vencimento da primeira quota ou quota única do imposto, observadas instruções específicas da Secretaria da Receita Federal do Brasil.

§ 4º. O não pagamento da doação no prazo estabelecido no § 3º implica a glosa definitiva desta parcela de dedução, ficando a pessoa física obrigada ao recolhimento da diferença de imposto devido apurado na Declaração de Ajuste Anual com os acréscimos legais previstos na legislação.

§ 5º. A pessoa física poderá deduzir do imposto apurado na Declaração de Ajuste Anual as doações feitas, no respectivo ano-calendário, aos fundos controlados pelos Conselhos dos Direitos da Criança e do Adolescente municipais, distrital, estaduais e nacional concomitantemente com a opção de que trata o *caput*, respeitado o limite previsto no inciso II do art. 260.

• *Art. 260-A acrescido pela Lei nº 12.594/2012 (DOU de 19.1.2012), com vigência 90 dias após a publicação.*

Art. 260-B. A doação de que trata o inciso I do art. 260 poderá ser deduzida:

I – do imposto devido no trimestre, para as pessoas jurídicas que apuram o imposto trimestralmente; e

II – do imposto devido mensalmente e no ajuste anual, para as pessoas jurídicas que apuram o imposto anualmente.

Parágrafo único. A doação deverá ser efetuada dentro do período a que se refere a apuração do imposto.

• *Art. 260-B acrescido pela Lei nº 12.594/2012 (DOU de 19.1.2012), com vigência 90 dias após a publicação.*

Art. 260-C. As doações de que trata o art. 260 desta Lei podem ser efetuadas em espécie ou em bens.

Parágrafo único. As doações efetuadas em espécie devem ser depositadas em conta específica, em instituição financeira pública, vinculadas aos respectivos fundos de que trata o art. 260.

• *Art. 260-C acrescido pela Lei nº 12.594/2012 (DOU de 19.1.2012), com vigência 90 dias após a publicação.*

Art. 260-D. Os órgãos responsáveis pela administração das contas dos Fundos dos Direitos da Criança e do Adolescente nacional, estaduais, distrital e municipais devem emitir recibo em favor do doador, assinado por pessoa competente e pelo presidente do Conselho correspondente, especificando:

I – número de ordem;

II – nome, Cadastro Nacional da Pessoa Jurídica (CNPJ) e endereço do emitente;

III – nome, CNPJ ou Cadastro de Pessoas Físicas (CPF) do doador;

IV – data da doação e valor efetivamente recebido; e

V – ano-calendário a que se refere a doação.

§ 1º. O comprovante de que trata o *caput* deste artigo pode ser emitido anualmente, desde que discrimine os valores doados mês a mês.

§ 2º. No caso de doação em bens, o comprovante deve conter a identificação dos bens, mediante descrição em campo próprio ou em relação anexa ao comprovante, informando também se houve avaliação, o nome, CPF ou CNPJ e endereço dos avaliadores.

• *Art. 260-D acrescido pela Lei nº 12.594/2012 (DOU de 19.1.2012), com vigência 90 dias após a publicação.*

Art. 260-E. Na hipótese da doação em bens, o doador deverá:

I – comprovar a propriedade dos bens, mediante documentação hábil;

II – baixar os bens doados na declaração de bens e direitos, quando se tratar de pessoa física, e na escrituração, no caso de pessoa jurídica; e

III – considerar como valor dos bens doados:

a) para as pessoas físicas, o valor constante da última declaração do imposto de renda, desde que não exceda o valor de mercado;

b) para as pessoas jurídicas, o valor contábil dos bens.

Parágrafo único. O preço obtido em caso de leilão não será considerado na determinação do valor dos bens doados, exceto se o leilão for determinado por autoridade judiciária.

• *Art. 260-E acrescido pela Lei nº 12.594/2012 (DOU de 19.1.2012), com vigência 90 dias após a publicação*

Art. 260-F. Os documentos a que se referem os arts. 260-D e 260-E devem ser mantidos pelo contribuinte por um prazo de 5 (cinco) anos para fins de comprovação da dedução perante a Receita Federal do Brasil.

• *Art. 260-F acrescido pela Lei nº 12.594/2012 (DOU de 19.1.2012), com vigência 90 dias após a publicação.*

Art. 260-G. Os órgãos responsáveis pela administração das contas dos Fundos dos Direitos da Criança e do Adolescente nacional, estaduais, distrital e municipais devem:

I – manter conta bancária específica destinada exclusivamente a gerir os recursos do Fundo;

II – manter controle das doações recebidas; e

III – informar anualmente à Secretaria da Receita Federal do Brasil as doações recebidas mês a mês, identificando os seguintes dados por doador:

a) nome, CNPJ ou CPF;

b) valor doado, especificando se a doação foi em espécie ou em bens.

• *Art. 260-G acrescido pela Lei nº 12.594/2012 (DOU de 19.1.2012), com vigência 90 dias após a publicação.*

Art. 260-H. Em caso de descumprimento das obrigações previstas no art. 260-G, a Secretaria da Receita Federal do Brasil dará conhecimento do fato ao Ministério Público.

• *Art. 260-H acrescido pela Lei nº 12.594/2012 (DOU de 19.1.2012), com vigência 90 dias após a publicação.*

Art. 260-I. Os Conselhos dos Direitos da Criança e do Adolescente nacional, estaduais, distrital e municipais divulgarão amplamente à comunidade:

I – o calendário de suas reuniões;

II – as ações prioritárias para aplicação das políticas de atendimento à criança e ao adolescente;

III – os requisitos para a apresentação de projetos a serem beneficiados com recursos dos Fundos dos Direitos da Criança e do Adolescente nacional, estaduais, distrital ou municipais;

IV – a relação dos projetos aprovados em cada ano-calendário e o valor dos recursos previstos para implementação das ações, por projeto;

V – o total dos recursos recebidos e a respectiva destinação, por projeto atendido, inclusive com cadastramento na base de dados do Sistema de Informações sobre a Infância e a Adolescência; e

VI – a avaliação dos resultados dos projetos beneficiados com recursos dos Fundos dos Direitos da Criança e do Adolescente nacional, estaduais, distrital e municipais.

• *Art. 260-I acrescido pela Lei nº 12.594/2012 (DOU de 19.1.2012), com vigência 90 dias após a publicação.*

Art. 260-J. O Ministério Público deter minará, em cada Comarca, a forma de fiscalização da aplicação dos incentivos fiscais referidos no art. 260 desta Lei.

Parágrafo único. O descumprimento do disposto nos arts. 260-G e 260-I sujeitará os infratores a responder por ação judicial proposta pelo Ministério Público, que poderá atuar de ofício, a requerimento ou representação de qualquer cidadão.

• *Art. 260-J acrescido pela Lei nº 12.594/2012 (DOU de 19.1.2012), com vigência 90 dias após a publicação.*

Art. 260-K. A Secretaria de Direitos Humanos da Presidência da República (SDH/PR) encaminhará à Secretaria da Receita Federal do Brasil, até 31 de outubro de cada ano, arquivo eletrônico contendo a relação atualizada dos Fundos dos Direitos da Criança e do Adolescente nacional, distrital, estaduais e municipais, com a indicação dos respectivos números de inscrição no CNPJ e das contas bancárias específicas mantidas em instituições financeiras públicas, destinadas exclusivamente a gerir os recursos dos Fundos.

• *Art. 260-K acrescido pela Lei nº 12.594/2012 (DOU de 19.1.2012), com vigência 90 dias após a publicação.*

Art. 260-L. A Secretaria da Receita Federal do Brasil expedirá as instruções necessárias à aplicação do disposto nos arts. 260 a 260-K.

• *Art. 260-L acrescido pela Lei nº 12.594/2012 (DOU de 19.1.2012), com vigência 90 dias após a publicação.*

Art. 261. A falta dos Conselhos Municipais dos Direitos da Criança e do Adolescente, os registros, inscrições e alterações a que se referem os arts. 90, parágrafo único, e 91 desta Lei serão efetuados perante a autoridade judiciária da comarca a que pertencer a entidade.

Parágrafo único. A União fica autorizada a repassar aos estados e municípios, e os estados aos municípios, os recursos referentes aos programas e atividades previstos nesta Lei, tão logo estejam criados os conselhos dos direitos da criança e do adolescente nos seus respectivos níveis.

Art. 262. Enquanto não instalados os Conselhos Tutelares, as atribuições a eles conferidas serão exercidas pela autoridade judiciária.

Art. 263. O Decreto-Lei nº 2.848, de 7 de dezembro de 1940 (Código Penal), passa a vigorar com as seguintes alterações:

• *Alterações já efetuadas no corpo do Código Penal – V. nesta edição.*

Art. 264. O art. 102 da Lei nº 6.015, de 31 de dezembro de 1973, fica acrescido do seguinte item:

• *Lei de Registros Públicos – Alterações já efetuadas no corpo da Lei – V. nesta edição.*

Art. 265. A Imprensa Nacional e demais gráficas da União, da Administração Direta ou Indireta, inclusive fundações instituídas e mantidas pelo Poder Público Federal promoverão edição popular do texto integral deste Estatuto, que será posto à disposição das escolas e das entidades de atendimento e de defesa dos direitos da criança e do adolescente.

Art. 266. Esta Lei entra em vigor noventa dias após sua publicação.

Parágrafo único. Durante o período de vacância deverão ser promovidas atividades e campanhas de divulgação e esclarecimentos acerca do disposto nesta Lei.

Art. 267. Revogam-se as Leis nº 4.513, de 1º de dezembro de 1964, e 6.697, de 10 de outubro de 1979 (Código de Menores), e as demais disposições em contrário.

Brasília, 13 de julho de 1990; 169º da Independência e 102º da República.

Fernando Collor

DOU de 16.7.1990 – Retificado em 27.9.1990

Constituição e Códigos

CONSTITUIÇÃO DA REPÚBLICA FEDERATIVA DO BRASIL
(Excertos)

Nós, representantes do povo brasileiro, reunidos em Assembleia Nacional Constituinte para instituir um Estado Democrático, destinado a assegurar o exercício dos direitos sociais e individuais, a liberdade, a segurança, o bem-estar, o desenvolvimento, a igualdade e a justiça como valores supremos de uma sociedade fraterna, pluralista e sem preconceitos, fundada na harmonia social e comprometida, na ordem interna e internacional, com a solução pacífica das controvérsias, promulgamos, sob a proteção de Deus, a seguinte Constituição da República Federativa do Brasil:

....

Título II – Dos Direitos e Garantias Fundamentais

....

Capítulo II – Dos Direitos Sociais

Art. 6º. São direitos sociais a educação, a saúde, a alimentação, o trabalho, a moradia, o lazer, a segurança, a previdência social, a proteção à maternidade e à infância, a assistência aos desamparados, na forma desta Constituição.

- *Art. 6º com redação dada pela Emenda Constitucional nº 64/2010.*

Art. 7º. São direitos dos trabalhadores urbanos e rurais, além de outros que visem à melhoria de sua condição social:

....

XXXIII – proibição de trabalho noturno, perigoso ou insalubre a menores de dezoito e de qualquer trabalho a menores de dezesseis anos, salvo na condição de aprendiz, a partir de quatorze anos;

- *Inciso XXXIII com redação dada pela Emenda Constitucional nº 20/1998.*

....

Art. 14. A soberania popular será exercida pelo sufrágio universal e pelo voto direto e secreto, com valor igual para todos, e, nos termos da lei, mediante:

....

§ 1º. O alistamento eleitoral e o voto são:

...

II – facultativos para:

...

c) os maiores de dezesseis e menores de dezoito anos.

...

Título III – Da Organização do Estado

...

Capítulo II – Da União

...

Art. 24. Compete à União, aos Estados e ao Distrito Federal legislar concorrentemente sobre:

...

XV – proteção à infância e à juventude;

...

Título VIII – Da Ordem Social

...

Capítulo II – Da Seguridade Social

Seção IV – Da Assistência Social

Art. 203. A assistência social será prestada a quem dela necessitar, independentemente de contribuição à seguridade social, e tem por objetivos:

I – a proteção à família, à maternidade, à infância, à adolescência e à velhice;

II – o amparo às crianças e adolescentes carentes;

...

Capítulo II – Da Educação, da Cultura e do Desporto

...

Seção I – Da Educação

Art. 205. A educação, direito de todos e dever do Estado e da família, será promovida e incentivada com a colaboração da sociedade, visando ao pleno desenvolvimento da pessoa, seu preparo para o exercício da cidadania e sua qualificação para o trabalho.

...

Art. 208. O dever do Estado com a educação será efetivado mediante a garantia de:

I – educação básica obrigatória e gratuita dos 4 (quatro) aos 17 (dezessete) anos de idade, assegurada inclusive sua oferta gratuita para todos os que a ela não tiveram acesso na idade própria;

- *Inciso I com redação dada pela Emenda Constitucional nº 59/2009.*
- *Conforme o art. 6º da Emenda Constitucional nº 59/2009 o disposto neste inciso deverá ser implementado, progressivamente, até 2016, nos termos do Plano Nacional de Educação, com apoio técnico e financeiro da União.*

II – progressiva universalização do ensino médio gratuito;

- *Inciso II com redação dada pela Emenda Constitucional nº 14/1996.*

III – atendimento educacional especializado aos portadores de deficiência, preferencialmente na rede regular de ensino;

- *V. Lei nº 7.853/1989, que dispõe sobre o apoio às pessoas portadoras de deficiência, sua integração social, sobre a Coordenadoria Nacional para a Integração da Pessoa Portadora de Deficiência (CORDE), institui a tutela jurisdicional de interesses coletivos ou difusos dessas pessoas, disciplina a atuação do Ministério Público, define crimes e dá outras providências — Regulamentada pelo Decreto nº 3.298/1999 — Lei nº 10.048/2000, prioriza o atendimento a pessoas deficientes — Lei nº 10.098/2000, estabelece normas gerais e critério básicos para a promoção da acessibilidade das pessoas portadoras de deficiência ou com mobilidade reduzida — Decreto nº 3.956/2001, que promulga a Convenção Interamericana para a Eliminação de todas as Formas de Discriminação contra as Pessoas Portadoras de Deficiência — Decreto nº 5.296/2004, regulamenta as Leis nºs 10.048/2004 e 10.098/2004.*
- *V. Lei nº 10.436/2002, que dispõe sobre a Língua Brasileira de Sinais – LIBRAS (meio legal de comunicação e expressão de comunidades de pessoas surdas e/ou mudas) — Decreto nº 5.626/2005, regulamenta a Lei nº 10.436/2002.*
- *V. Decreto Legislativo nº 186/2008 e Decreto nº 6.949/2009, que aprova o texto da Convenção sobre os Direitos das Pessoas com Deficiência e de seu Protocolo Facultativo, assinados em Nova Iorque, em 30 de março de 2007.*

IV – educação infantil, em creche e pré-escola, às crianças até 5 (cinco) anos de idade;

- *Inciso IV com redação dada pela Emenda Constitucional nº 53/2006.*

V – acesso aos níveis mais elevados do ensino, da pesquisa e da criação artística, segundo a capacidade de cada um;

VI – oferta de ensino noturno regular, adequado às condições do educando;

VII – atendimento ao educando, em todas as etapas da educação básica, por meio de programas suplementares de material didático-escolar, transporte, alimentação e assistência à saúde.

- *Inciso VII com redação dada pela Emenda Constitucional nº 59/2009.*
- *V. Lei nº 11.947/2009, que dispõe sobre a alimentação escolar. — Medida Provisória nº 2.178-36/2001, dispõe sobre o repasse de recursos financeiros do Programa Nacional de Alimentação Escolar, institui o Programa Dinheiro Direto na Escola, altera a Lei nº 9.533/1997, que dispõe sobre programa de garantia de renda mínima, institui programas de apoio da União às ações dos Estados e Municípios, voltadas para o atendimento educacional.*

§ 1º. O acesso ao ensino obrigatório e gratuito é direito público subjetivo.

§ 2º. O não oferecimento do ensino obrigatório pelo Poder Público, ou sua oferta irregular, importa responsabilidade da autoridade competente.

§ 3º. Compete ao Poder Público recensear os educandos no ensino fundamental, fazer-lhes a chamada e zelar, junto aos pais ou responsáveis, pela frequência à escola.

....

Capítulo VII – Da Família, da Criança, do Adolescente, do Jovem e do Idoso

- *Nome do Capítulo com redação dada pela Emenda Constitucional nº 65/2010.*

Art. 226. A família, base da sociedade, tem especial proteção do Estado.

....

§ 4º. Entende-se, também, como entidade familiar a comunidade formada por qualquer dos pais e seus descendentes.

§ 5º. Os direitos e deveres referentes à sociedade conjugal são exercidos igualmente pelo homem e pela mulher.

....

§ 7º. Fundado nos princípios da dignidade da pessoa humana e da paternidade responsável, o planejamento familiar é livre decisão do casal, competindo ao Estado propiciar recursos educacionais e científicos para o exercício desse direito, vedada qualquer forma coercitiva por parte de instituições oficiais ou privadas.

§ 8º. O Estado assegurará a assistência à família na pessoa de cada um dos que a integram, criando mecanismos para coibir a violência no âmbito de suas relações.

- *V. Lei nº 11.340/2006 (Lei Maria da Penha), que regulamenta este parágrafo.*

Art. 227. É dever da família, da sociedade e do Estado assegurar à criança, ao adolescente e ao jovem, com absoluta prioridade, o direito à vida, à saúde, à alimentação, à educação, ao lazer, à profissionalização, à cultura, à dignidade, ao respeito, à liberdade e à convivência familiar e comunitária, além de colocá-los a salvo de toda forma de negligência, discriminação, exploração, violência, crueldade e opressão.

- *Art. 227,* caput, *com redação dada pela Emenda Constitucional nº 65/2010.*

§ 1º. O Estado promoverá programas de assistência integral à saúde da criança, do adolescente e do jovem, admitida a participação de entidades não governamentais, mediante políticas específicas e obedecendo aos seguintes preceitos:

- *§ 1º com redação dada pela Emenda Constitucional nº 65/2010.*

I – aplicação de percentual dos recursos públicos destinados à saúde na assistência materno-infantil;

II – criação de programas de prevenção e atendimento especializado para as pessoas portadoras de deficiência física, sensorial ou mental, bem como de integração social do adolescente e do jovem portador de deficiência, mediante o treinamento para o trabalho e a convivência, e a facilitação do acesso aos bens e serviços coletivos, com a eliminação de obstáculos arquitetônicos e de todas as formas de discriminação.

- *Inciso II com redação dada pela Emenda Constitucional nº 65/2010.*

§ 2º. A lei disporá sobre normas de construção dos logradouros e dos edifícios de uso público e de fabricação de veículos de transporte coletivo, a fim de garantir acesso adequado às pessoas portadoras de deficiência.

§ 3º. O direito à proteção especial abrangerá os seguintes aspectos:

I – idade mínima de quatorze anos para admissão ao trabalho, observado o disposto no art. 7º, XXXIII;

II – garantia de direitos previdenciários e trabalhistas;

III – garantia de acesso do trabalhador adolescente e jovem à escola;

- *Inciso III com redação dada pela Emenda Constitucional nº 65/2010.*

IV – garantia de pleno e formal conhecimento da atribuição de ato infracional, igualdade na relação processual e defesa técnica por profissional habilitado, segundo dispuser a legislação tutelar específica;

V – obediência aos princípios de brevidade, excepcionalidade e respeito à condição peculiar de pessoa em desenvolvimento, quando da aplicação de qualquer medida privativa da liberdade;

VI – estímulo do Poder Público, através de assistência jurídica, incentivos fiscais e subsídios, nos termos da lei, ao acolhimento, sob a forma de guarda, de criança ou adolescente órfão ou abandonado;

VII – programas de prevenção e atendimento especializado à criança, ao adolescente e ao jovem dependente de entorpecentes e drogas afins.

- *Inciso III com redação dada pela Emenda Constitucional nº 65/2010.*

§ 4º. A lei punirá severamente o abuso, a violência e a exploração sexual da criança e do adolescente.

§ 5º. A adoção será assistida pelo Poder Público, na forma da lei, que estabelecerá casos e condições de sua efetivação por parte de estrangeiros.

§ 6º. Os filhos, havidos ou não da relação do casamento, ou por adoção, terão os mesmos direitos e qualificações, proibidas quaisquer designações discriminatórias relativas à filiação.

§ 7º. No atendimento dos direitos da criança e do adolescente levar-se-á em consideração o disposto no art. 204.

§ 8º. A lei estabelecerá:

I – o estatuto da juventude, destinado a regular os direitos dos jovens;

II – o plano nacional de juventude, de duração decenal, visando à articulação das várias esferas do poder público para a execução de políticas públicas.

- *§ 8º acrescido pela Emenda Constitucional nº 65/2010.*

Art. 228. São penalmente inimputáveis os menores de dezoito anos, sujeitos às normas da legislação especial.

Art. 229. Os pais têm o dever de assistir, criar e educar os filhos menores, e os filhos maiores têm o dever de ajudar e amparar os pais na velhice, carência ou enfermidade.

....

Brasília, 5 de outubro de 1988.

Ulisses Guimarães, Presidente

DOU de 5.10.1988

CÓDIGO CIVIL
LEI Nº 10.406, DE 10 DE JANEIRO DE 2002

Institui o Código Civil.

(Excertos)

O Presidente da República,

Faço saber que o Congresso Nacional decreta e eu sanciono a seguinte Lei:

Parte Geral
LIVRO I – DAS PESSOAS

Título I – Das Pessoas Naturais

Capítulo I – Da Personalidade e da Capacidade

Art. 1º. Toda pessoa é capaz de direitos e deveres na ordem civil.

Art. 2º. A personalidade civil da pessoa começa do nascimento com vida; mas a lei põe a salvo, desde a concepção, os direitos do nascituro.

Art. 3º. São absolutamente incapazes de exercer pessoalmente os atos da vida civil:

I – os menores de dezesseis anos;

....

Art. 4º. São incapazes, relativamente a certos atos, ou à maneira de os exercer:

I – os maiores de dezesseis e menores de dezoito anos;

...

IV – os pródigos.

...

Art. 5º. A menoridade cessa aos dezoito anos completos, quando a pessoa fica habilitada à prática de todos os atos da vida civil.

Parágrafo único. Cessará, para os menores, a incapacidade:

I – pela concessão dos pais, ou de um deles na falta do outro, mediante instrumento público, independentemente de homologação judicial, ou por sentença do juiz, ouvido o tutor, se o menor tiver dezesseis anos completos;

II – pelo casamento;

III – pelo exercício de emprego público efetivo;

IV – pela colação de grau em curso de ensino superior;

V – pelo estabelecimento civil ou comercial, ou pela existência de relação de emprego, desde que, em função deles, o menor com dezesseis anos completos tenha economia própria.

...

Art. 9º. Serão registrados em registro público:

I – os nascimentos, casamentos e óbitos;

II – a emancipação por outorga dos pais ou por sentença do juiz;

III – a interdição por incapacidade absoluta ou relativa;

IV – a sentença declaratória de ausência e de morte presumida.

Art. 10. Far-se-á averbação em registro público:

I – das sentenças que decretarem a nulidade ou anulação do casamento, o divórcio, a separação judicial e o restabelecimento da sociedade conjugal;

II – dos atos judiciais ou extrajudiciais que declararem ou reconhecerem a filiação;

...

LIVRO III – DOS FATOS JURÍDICOS

Título I – Do Negócio Jurídico

...

Capítulo V – Da Invalidade do Negócio Jurídico

...

Art. 180. O menor, entre dezesseis e dezoito anos, não pode, para eximir-se de uma obrigação, invocar a sua idade se dolosamente a ocultou quando inquirido pela outra parte, ou se, no ato de obrigar-se, declarou-se maior.

...

Título V – Da Prova

...

Art. 228. Não podem ser admitidos como testemunhas:

I – os menores de dezesseis anos;

...

Parágrafo único. Para a prova de fatos que só elas conheçam, pode o juiz admitir o depoimento das pessoas a que se refere este artigo.

...

Parte Especial
LIVRO I – DO DIREITO DAS OBRIGAÇÕES

TÍTULO IX – Da Responsabilidade Civil
Capítulo I – Da Obrigação de Indenizar

Art. 927. Aquele que, por ato ilícito (arts. 186 e 187), causar dano a outrem, fica obrigado a repará-lo.

Parágrafo único. Haverá obrigação de reparar o dano, independentemente de culpa, nos casos especificados em lei, ou quando a atividade normalmente desenvolvida pelo autor do dano implicar, por sua natureza, risco para os direitos de outrem.

Art. 928. O incapaz responde pelos prejuízos que causar, se as pessoas por ele responsáveis não tiverem obrigação de fazê-lo ou não dispuserem de meios suficientes.

Parágrafo único. A indenização prevista neste artigo, que deverá ser equitativa, não terá lugar se privar do necessário o incapaz ou as pessoas que dele dependem.

....

Art. 932. São também responsáveis pela reparação civil:

I – os pais, pelos filhos menores que estiverem sob sua autoridade e em sua companhia;

II – o tutor e o curador, pelos pupilos e curatelados, que se acharem nas mesmas condições;

....

LIVRO IV – DO DIREITO DE FAMÍLIA
Título I – Do Direito Pessoal
Subtítulo I – Do Casamento

....

Capítulo II – Da Capacidade para o Casamento

....

Art. 1.517. O homem e a mulher com dezesseis anos podem casar, exigindo-se autorização de ambos os pais, ou de seus representantes legais, enquanto não atingida a maioridade civil.

Parágrafo único. Se houver divergência entre os pais, aplica-se o disposto no parágrafo único do art. 1.631.

Art. 1.518. Até à celebração do casamento podem os pais, tutores ou curadores revogar a autorização.

Art. 1.519. A denegação do consentimento, quando injusta, pode ser suprida pelo juiz.

Art. 1.520. Excepcionalmente, será permitido o casamento de quem ainda não alcançou a idade núbil (art. 1.517), para evitar imposição ou cumprimento de pena criminal ou em caso de gravidez.

Capítulo III – Dos Impedimentos

Art. 1.521. Não podem casar:

I – os ascendentes com os descendentes, seja o parentesco natural ou civil;

II – os afins em linha reta;

III – o adotante com quem foi cônjuge do adotado e o adotado com quem o foi do adotante;

IV – os irmãos, unilaterais ou bilaterais, e demais colaterais, até o terceiro grau inclusive;

V – o adotado com o filho do adotante;

....

Capítulo VIII – Da Invalidade do Casamento

....

Art. 1.550. É anulável o casamento:

I – de quem não completou a idade mínima para casar;

II – do menor em idade núbil, quando não autorizado por seu representante legal;

....

Art. 1.551. Não se anulará, por motivo de idade, o casamento de que resultou gravidez.

Art. 1.552. A anulação do casamento dos menores de dezesseis anos será requerida:

I – pelo próprio cônjuge menor;

II – por seus representantes legais;

III – por seus ascendentes.

Art. 1.553. O menor que não atingiu a idade núbil poderá, depois de completá-la, confirmar seu casamento, com a autorização de seus representantes legais, se necessária, ou com suprimento judicial.

....

Art. 1.555. O casamento do menor em idade núbil, quando não autorizado por seu representante legal, só poderá ser anulado se a ação for proposta em cento e oitenta dias, por iniciativa do incapaz, ao deixar de sê-lo, de seus representantes legais ou de seus herdeiros necessários.

§ 1º. O prazo estabelecido neste artigo será contado do dia em que cessou a incapacidade, no primeiro caso; a partir do casamento, no segundo; e, no terceiro, da morte do incapaz.

§ 2º. Não se anulará o casamento quando à sua celebração houverem assistido os representantes legais do incapaz, ou tiverem, por qualquer modo, manifestado sua aprovação.

....

Art. 1.561. Embora anulável ou mesmo nulo, se contraído de boa-fé por ambos os cônjuges, o casamento, em relação a estes como aos filhos, produz todos os efeitos até o dia da sentença anulatória.

§ 1º. Se um dos cônjuges estava de boa-fé ao celebrar o casamento, os seus efeitos civis só a ele e aos filhos aproveitarão.

§ 2º. Se ambos os cônjuges estavam de má-fé ao celebrar o casamento, os seus efeitos civis só aos filhos aproveitarão.

....

Capítulo IX – Da Eficácia do Casamento

....

Art. 1.566. São deveres de ambos os cônjuges:

....

IV – sustento, guarda e educação dos filhos;

....

Art. 1.567. A direção da sociedade conjugal será exercida, em colaboração, pelo marido e pela mulher, sempre no interesse do casal e dos filhos.

Parágrafo único. Havendo divergência, qualquer dos cônjuges poderá recorrer ao juiz, que decidirá tendo em consideração aqueles interesses.

Art. 1.568. Os cônjuges são obrigados a concorrer, na proporção de seus bens e dos rendimentos do trabalho, para o sustento da família e a educação dos filhos, qualquer que seja o regime patrimonial.

....

Capítulo XI – Da Proteção da Pessoa dos Filhos

Art. 1.583. A guarda será unilateral ou compartilhada.

• *Art. 1.583,* caput, *com redação dada pela Lei nº 11.698/2008.*

§ 1º. Compreende-se por guarda unilateral a atribuída a um só dos genitores ou a alguém que o substitua (art. 1.584, § 5º) e, por guarda compartilhada a responsabilização conjunta e o exercício de direitos e deveres do pai e da mãe que não vivam sob o mesmo teto, concernentes ao poder familiar dos filhos comuns.

• *§ 1º acrescido pela Lei nº 11.698/2008.*

§ 2º. A guarda unilateral será atribuída ao genitor que revele melhores condições para exercê-la e, objetivamente, mais aptidão para propiciar aos filhos os seguintes fatores:

I – afeto nas relações com o genitor e com o grupo familiar;

II – saúde e segurança;

III – educação.

• *§ 2º acrescido pela Lei nº 11.698/2008.*

§ 3º. A guarda unilateral obriga o pai ou a mãe que não a detenha a supervisionar os interesses dos filhos.

• *§ 3º acrescido pela Lei nº 11.698/2008.*

§ 4º. (Vetado).

• *§ 4º acrescido pela Lei nº 11.698/2008.*

Art. 1.584. A guarda, unilateral ou compartilhada, poderá ser:

• *Art. 1.584,* caput, *com redação dada pela Lei nº 11.698/2008.*

I – requerida, por consenso, pelo pai e pela mãe, ou por qualquer deles, em ação autônoma de separação, de divórcio, de dissolução de união estável ou em medida cautelar;

• *Inciso I acrescido pela Lei nº 11.698/2008.*

II – decretada pelo juiz, em atenção a necessidades específicas do filho, ou em razão da distribuição de tempo necessário ao convívio deste com o pai e com a mãe.

• *Inciso II acrescido pela Lei nº 11.698/2008.*

§ 1º. Na audiência de conciliação, o juiz informará ao pai e à mãe o significado da guarda compartilhada, a sua importância, a similitude de deveres e direitos atribuídos aos genitores e as sanções pelo descumprimento de suas cláusulas.

• *§ 1º acrescido pela Lei nº 11.698/2008.*

§ 2º. Quando não houver acordo entre a mãe e o pai quanto à guarda do filho, será aplicada, sempre que possível, a guarda compartilhada.

• *§ 2º acrescido pela Lei nº 11.698/2008.*

§ 3º. Para estabelecer as atribuições do pai e da mãe e os períodos de convivência sob guarda compartilhada, o juiz, de ofício ou a requerimento do Ministério Público, poderá basear-se em orientação técnico-profissional ou de equipe interdisciplinar.

• *§ 3º acrescido pela Lei nº 11.698/2008.*

§ 4º. A alteração não autorizada ou o descumprimento imotivado de cláusula de guarda, unilateral ou compartilhada, poderá implicar a redução de prerrogativas atribuídas ao seu detentor, inclusive quanto ao número de horas de convivência com o filho.

• *§ 4º acrescido pela Lei nº 11.698/2008.*

§ 5º. Se o juiz verificar que o filho não deve permanecer sob a guarda do pai ou da mãe, deferirá a guarda à pessoa que revele compatibilidade com a natureza da medida, considerados, de preferência, o grau de parentesco e as relações de afinidade e afetividade.

• *§ 5º acrescido pela Lei nº 11.698/2008.*

Art. 1.585. Em sede de medida cautelar de separação de corpos, aplica-se quanto à guarda dos filhos as disposições do artigo antecedente.

Art. 1.586. Havendo motivos graves, poderá o juiz, em qualquer caso, a bem dos filhos, regular de maneira diferente da estabelecida nos artigos antecedentes a situação deles para com os pais.

Art. 1.587. No caso de invalidade do casamento, havendo filhos comuns, observar-se-á o disposto nos arts. 1.584 e 1.586.

Art. 1.588. O pai ou a mãe que contrair novas núpcias não perde o direito de ter consigo os filhos, que só lhe poderão ser retirados por mandado judicial, provado que não são tratados convenientemente.

Art. 1.589. O pai ou a mãe, em cuja guarda não estejam os filhos, poderá visitá-los e tê-los em sua companhia, segundo o que acordar com o outro cônjuge, ou for fixado pelo juiz, bem como fiscalizar sua manutenção e educação.

Parágrafo único. O direito de visita estende-se a qualquer dos avós, a critério do juiz, observados os interesses da criança ou do adolescente.

• *Parágrafo único acrescido pela Lei nº 12.398/2011.*

Art. 1.590. As disposições relativas à guarda e prestação de alimentos aos filhos menores estendem-se aos maiores incapazes.

Subtítulo II – Das Relações de Parentesco

Capítulo II – Da Filiação

Art. 1.596. Os filhos, havidos ou não da relação de casamento, ou por adoção, terão os mesmos direitos e qualificações, proibidas quaisquer designações discriminatórias relativas à filiação.

Art. 1.597. Presumem-se concebidos na constância do casamento os filhos:

I – nascidos cento e oitenta dias, pelo menos, depois de estabelecida a convivência conjugal;

II – nascidos nos trezentos dias subsequentes à dissolução da sociedade conjugal, por morte, separação judicial, nulidade e anulação do casamento;

III – havidos por fecundação artificial homóloga, mesmo que falecido o marido;

IV – havidos, a qualquer tempo, quando se tratar de embriões excedentários, decorrentes de concepção artificial homóloga;

V – havidos por inseminação artificial heteróloga, desde que tenha prévia autorização do marido.

Art. 1.598. Salvo prova em contrário, se, antes de decorrido o prazo previsto no inciso II do art. 1.523, a mulher contrair novas núpcias e lhe nascer algum filho, este se presume do primeiro marido, se nascido dentro dos trezentos dias a contar da data do falecimento deste e, do segundo, se o nascimento ocorrer após esse período e já decorrido o prazo a que se refere o inciso I do art. 1.597.

Art. 1.599. A prova da impotência do cônjuge para gerar, à época da concepção, ilide a presunção da paternidade.

Art. 1.600. Não basta o adultério da mulher, ainda que confessado, para ilidir a presunção legal da paternidade.

Art. 1.601. Cabe ao marido o direito de contestar a paternidade dos filhos nascidos de sua mulher, sendo tal ação imprescritível.

Parágrafo único. Contestada a filiação, os herdeiros do impugnante têm direito de prosseguir na ação.

Art. 1.602. Não basta a confissão materna para excluir a paternidade.

Art. 1.603. A filiação prova-se pela certidão do termo de nascimento registrada no Registro Civil.

Art. 1.604. Ninguém pode vindicar estado contrário ao que resulta do registro de nascimento, salvo provando-se erro ou falsidade do registro.

Art. 1.605. Na falta, ou defeito, do termo de nascimento, poderá provar-se a filiação por qualquer modo admissível em direito:

I – quando houver começo de prova por escrito, proveniente dos pais, conjunta ou separadamente;

II – quando existirem veementes presunções resultantes de fatos já certos.

Art. 1.606. A ação de prova de filiação compete ao filho, enquanto viver, passando aos herdeiros, se ele morrer menor ou incapaz.

Parágrafo único. Se iniciada a ação pelo filho, os herdeiros poderão continuá-la, salvo se julgado extinto o processo.

Capítulo III – Do Reconhecimento dos Filhos

Art. 1.607. O filho havido fora do casamento pode ser reconhecido pelos pais, conjunta ou separadamente.

Art. 1.608. Quando a maternidade constar do termo do nascimento do filho, a mãe só poderá contestá-la, provando a falsidade do termo, ou das declarações nele contidas.

Art. 1.609. O reconhecimento dos filhos havidos fora do casamento é irrevogável e será feito:

I – no registro do nascimento;

II – por escritura pública ou escrito particular, a ser arquivado em cartório;

III – por testamento, ainda que incidentalmente manifestado;

IV – por manifestação direta e expressa perante o juiz, ainda que o reconhecimento não haja sido o objeto único e principal do ato que o contém.

Parágrafo único. O reconhecimento pode preceder o nascimento do filho ou ser posterior ao seu falecimento, se ele deixar descendentes.

Art. 1.610. O reconhecimento não pode ser revogado, nem mesmo quando feito em testamento.

Art. 1.611. O filho havido fora do casamento, reconhecido por um dos cônjuges, não poderá residir no lar conjugal sem o consentimento do outro.

Art. 1.612. O filho reconhecido, enquanto menor, ficará sob a guarda do genitor que o reconheceu, e, se ambos o reconheceram e não houver acordo, sob a de quem melhor atender aos interesses do menor.

Art. 1.613. São ineficazes a condição e o termo apostos ao ato de reconhecimento do filho.

Art. 1.614. O filho maior não pode ser reconhecido sem o seu consentimento, e o menor pode impugnar o reconhecimento, nos quatro anos que se seguirem à maioridade, ou à emancipação.

Art. 1.615. Qualquer pessoa, que justo interesse tenha, pode contestar a ação de investigação de paternidade, ou maternidade.

Art. 1.616. A sentença que julgar procedente a ação de investigação produzirá os mesmos efeitos do reconhecimento; mas poderá ordenar que o filho se crie e eduque fora da companhia dos pais ou daquele que lhe contestou essa qualidade.

Art. 1.617. A filiação materna ou paterna pode resultar de casamento declarado nulo, ainda mesmo sem as condições do putativo.

Capítulo IV – Da Adoção

Art. 1.618. A adoção de crianças e adolescentes será deferida na forma prevista pela Lei nº 8.069, de 13 de julho de 1990 – Estatuto da Criança e do Adolescente.

- *Art. 1.618 com redação dada pela Lei nº 12.010/2009 (DOU de 4.8.2009), com vigência 90 dias após a publicação.*

Art. 1.619. A adoção de maiores de 18 (dezoito) anos dependerá da assistência efetiva do poder público e de sentença constitutiva, aplicando-se, no que couber, as regras gerais da Lei nº 8.069, de 13 de julho de 1990 – Estatuto da Criança e do Adolescente.

- *Art. 1.619 com redação dada pela Lei nº 12.010/2009 (DOU de 4.8.2009), com vigência 90 dias após a publicação.*

Arts. 1.620 a 1.629. (Revogados).

- *Arts. 1.620 a 1.629 revogados pelo art. 8º da Lei nº 12.010/2009 (DOU de 4.8.2009), com vigência 90 dias após a publicação.*

Capítulo V – Do Poder Familiar

Seção I – Disposições Gerais

Art. 1.630. Os filhos estão sujeitos ao poder familiar, enquanto menores.

Art. 1.631. Durante o casamento e a união estável, compete o poder familiar aos pais; na falta ou impedimento de um deles, o outro o exercerá com exclusividade.

Parágrafo único. Divergindo os pais quanto ao exercício do poder familiar, é assegurado a qualquer deles recorrer ao juiz para solução do desacordo.

Art. 1.632. A separação judicial, o divórcio e a dissolução da união estável não alteram as relações entre pais e filhos senão quanto ao direito, que aos primeiros cabe, de terem em sua companhia os segundos.

Art. 1.633. O filho, não reconhecido pelo pai, fica sob poder familiar exclusivo da mãe; se a mãe não for conhecida ou capaz de exercê-lo, dar-se-á tutor ao menor.

Seção II – Do Exercício do Poder Familiar

Art. 1.634. Compete aos pais, quanto à pessoa dos filhos menores:

I – dirigir-lhes a criação e educação;

II – tê-los em sua companhia e guarda;

III – conceder-lhes ou negar-lhes consentimento para casarem;

IV – nomear-lhes tutor por testamento ou documento autêntico, se o outro dos pais não lhe sobreviver, ou o sobrevivo não puder exercer o poder familiar;

V – representá-los, até aos dezesseis anos, nos atos da vida civil, e assisti-los, após essa idade, nos atos em que forem partes, suprindo-lhes o consentimento;

VI – reclamá-los de quem ilegalmente os detenha;

VII – exigir que lhes prestem obediência, respeito e os serviços próprios de sua idade e condição.

Seção III – Da Suspensão e Extinção do Poder Familiar

Art. 1.635. Extingue-se o poder familiar:

I – pela morte dos pais ou do filho;

II – pela emancipação, nos termos do art. 5º, parágrafo único;

III – pela maioridade;

IV – pela adoção;

V – por decisão judicial, na forma do artigo 1.638.

Art. 1.636. O pai ou a mãe que contrai novas núpcias, ou estabelece união estável, não perde, quanto aos filhos do relacionamento anterior, os direitos ao poder familiar, exercendo-os sem qualquer interferência do novo cônjuge ou companheiro.

Parágrafo único. Igual preceito ao estabelecido neste artigo aplica-se ao pai ou à mãe solteiros que casarem ou estabelecerem união estável.

Art. 1.637. Se o pai, ou a mãe, abusar de sua autoridade, faltando aos deveres a eles inerentes ou arruinando os bens dos filhos, cabe ao juiz, requerendo algum parente, ou o Ministério Público, adotar a medida que lhe pareça reclamada pela segurança do menor e seus haveres, até suspendendo o poder familiar, quando convenha.

Parágrafo único. Suspende-se igualmente o exercício do poder familiar ao pai ou à mãe condenados por sentença irrecorrível, em virtude de crime cuja pena exceda a dois anos de prisão.

Art. 1.638. Perderá por ato judicial o poder familiar o pai ou a mãe que:

I – castigar imoderadamente o filho;

II – deixar o filho em abandono;

III – praticar atos contrários à moral e aos bons costumes;

IV – incidir, reiteradamente, nas faltas previstas no artigo antecedente.

Título II – Do Direito Patrimonial

....

Subtítulo II – Do Usufruto e da Administração dos Bens de Filhos Menores

Art. 1.689. O pai e a mãe, enquanto no exercício do poder familiar:

I – são usufrutuários dos bens dos filhos;

II – têm a administração dos bens dos filhos menores sob sua autoridade.

Art. 1.690. Compete aos pais, e na falta de um deles ao outro, com exclusividade, representar os filhos menores de dezesseis anos, bem como assisti-los até completarem a maioridade ou serem emancipados.

Parágrafo único. Os pais devem decidir em comum as questões relativas aos filhos e a seus bens; havendo divergência, poderá qualquer deles recorrer ao juiz para a solução necessária.

Art. 1.691. Não podem os pais alienar, ou gravar de ônus real os imóveis dos filhos, nem contrair, em nome deles, obrigações que ultrapassem os limites da simples administração, salvo por necessidade ou evidente interesse da prole, mediante prévia autorização do juiz.

Parágrafo único. Podem pleitear a declaração de nulidade dos atos previstos neste artigo:

I – os filhos;

II – os herdeiros;

III – o representante legal.

Art. 1.692. Sempre que no exercício do poder familiar colidir o interesse dos pais com o do filho, a requerimento deste ou do Ministério Público o juiz lhe dará curador especial.

Art. 1.693. Excluem-se do usufruto e da administração dos pais:

I – os bens adquiridos pelo filho havido fora do casamento, antes do reconhecimento;

II – os valores auferidos pelo filho maior de dezesseis anos, no exercício de atividade profissional e os bens com tais recursos adquiridos;

III – os bens deixados ou doados ao filho, sob a condição de não serem usufruídos, ou administrados, pelos pais;

IV – os bens que aos filhos couberem na herança, quando os pais forem excluídos da sucessão.

Subtítulo III – Dos Alimentos

....

Art. 1.695. São devidos os alimentos quando quem os pretende não tem bens suficientes, nem pode prover, pelo seu trabalho, à própria mantença, e aquele, de quem se reclamam, pode fornecê-los, sem desfalque do necessário ao seu sustento.

Art. 1.696. O direito à prestação de alimentos é recíproco entre pais e filhos, e extensivo a todos os ascendentes, recaindo a obrigação nos mais próximos em grau, uns em falta de outros.

Art. 1.697. Na falta dos ascendentes cabe a obrigação aos descendentes, guardada a ordem de sucessão e, faltando estes, aos irmãos, assim germanos como unilaterais.

....

Art. 1.700. A obrigação de prestar alimentos transmite-se aos herdeiros do devedor, na forma do art. 1.694.

....

Art. 1.703. Para a manutenção dos filhos, os cônjuges separados judicialmente contribuirão na proporção de seus recursos.

....

Art. 1.705. Para obter alimentos, o filho havido fora do casamento pode acionar o genitor, sendo facultado ao juiz determinar, a pedido de qualquer das partes, que a ação se processe em segredo de justiça.

....

Título III – Da União Estável

....

Art. 1.724. As relações pessoais entre os companheiros obedecerão aos deveres de lealdade, respeito e assistência, e de guarda, sustento e educação dos filhos.

....

Título IV – Da Tutela e da Curatela

Capítulo I – Da Tutela

Seção I – Dos Tutores

Art. 1.728. Os filhos menores são postos em tutela:

I – com o falecimento dos pais, ou sendo estes julgados ausentes;

II – em caso de os pais decaírem do poder familiar.

Art. 1.729. O direito de nomear tutor compete aos pais, em conjunto.

Parágrafo único. A nomeação deve constar de testamento ou de qualquer outro documento autêntico.

Art. 1.730. É nula a nomeação de tutor pelo pai ou pela mãe que, ao tempo de sua morte, não tinha o poder familiar.

Art. 1.731. Em falta de tutor nomeado pelos pais incumbe a tutela aos parentes consanguíneos do menor, por esta ordem:

I – aos ascendentes, preferindo o de grau mais próximo ao mais remoto;

II – aos colaterais até o terceiro grau, preferindo os mais próximos aos mais remotos, e, no mesmo grau, os mais velhos aos mais moços; em qualquer dos casos, o juiz escolherá entre eles o mais apto a exercer a tutela em benefício do menor.

Art. 1.732. O juiz nomeará tutor idôneo e residente no domicílio do menor:

I – na falta de tutor testamentário ou legítimo;

II – quando estes forem excluídos ou escusados da tutela;

III – quando removidos por não idôneos o tutor legítimo e o testamentário.

Art. 1.733. Aos irmãos órfãos dar-se-á um só tutor.

§ 1º. No caso de ser nomeado mais de um tutor por disposição testamentária sem indicação de precedência, entende-se que a tutela foi cometida ao primeiro, e que os outros lhe sucederão pela ordem de nomeação, se ocorrer morte, incapacidade, escusa ou qualquer outro impedimento.

§ 2º. Quem institui um menor herdeiro, ou legatário seu, poderá nomear-lhe curador especial para os bens deixados, ainda que o beneficiário se encontre sob o poder familiar, ou tutela.

Art. 1.734. As crianças e os adolescentes cujos pais forem desconhecidos, falecidos ou que tiverem sido suspensos ou destituídos do poder familiar terão tutores nomeados pelo Juiz ou serão incluídos em programa de colocação familiar, na forma prevista pela Lei nº 8.069, de 13 de julho de 1990 – Estatuto da Criança e do Adolescente.

- *Art. 1.734 com redação dada pela Lei nº 12.010/2009 (DOU de 4.8.2009), com vigência 90 dias após a publicação.*

Seção II – Dos Incapazes de Exercer a Tutela

Art. 1.735. Não podem ser tutores e serão exonerados da tutela, caso a exerçam:

I – aqueles que não tiverem a livre administração de seus bens;

II – aqueles que, no momento de lhes ser deferida a tutela, se acharem constituídos em obrigação para com o menor, ou tiverem que fazer valer direitos contra este, e aqueles cujos pais, filhos ou cônjuges tiverem demanda contra o menor;

III – os inimigos do menor, ou de seus pais, ou que tiverem sido por estes expressamente excluídos da tutela;

IV – os condenados por crime de furto, roubo, estelionato, falsidade, contra a família ou os costumes, tenham ou não cumprido pena;

V – as pessoas de mau procedimento, ou falhas em probidade, e as culpadas de abuso em tutorias anteriores;

VI – aqueles que exercerem função pública incompatível com a boa administração da tutela.

Seção III – Da Escusa dos Tutores

Art. 1.736. Podem escusar-se da tutela:

I – mulheres casadas;

II – maiores de sessenta anos;

III – aqueles que tiverem sob sua autoridade mais de três filhos;

IV – os impossibilitados por enfermidade;

V – aqueles que habitarem longe do lugar onde se haja de exercer a tutela;

VI – aqueles que já exercerem tutela ou curatela;

VII – militares em serviço.

Art. 1.737. Quem não for parente do menor não poderá ser obrigado a aceitar a tutela, se houver no lugar parente idôneo, consanguíneo ou afim, em condições de exercê-la.

Art. 1.738. A escusa apresentar-se-á nos dez dias subsequentes à designação, sob pena de entender-se renunciado o direito de alegá-la; se o motivo escusatório ocorrer depois de aceita a tutela, os dez dias contar-se-ão do em que ele sobrevier.

Art. 1.739. Se o juiz não admitir a escusa, exercerá o nomeado a tutela, enquanto o recurso interposto não tiver provimento, e responderá desde logo pelas perdas e danos que o menor venha a sofrer.

Seção IV – Do Exercício da Tutela

Art. 1.740. Incumbe ao tutor, quanto à pessoa do menor:

I – dirigir-lhe a educação, defendê-lo e prestar-lhe alimentos, conforme os seus haveres e condição;

II – reclamar do juiz que providencie, como houver por bem, quando o menor haja mister correção;

III – adimplir os demais deveres que normalmente cabem aos pais, ouvida a opinião do menor, se este já contar doze anos de idade.

Art. 1.741. Incumbe ao tutor, sob a inspeção do juiz, administrar os bens do tutelado, em proveito deste, cumprindo seus deveres com zelo e boa-fé.

Art. 1.742. Para fiscalização dos atos do tutor, pode o juiz nomear um protutor.

Art. 1.743. Se os bens e interesses administrativos exigirem conhecimentos técnicos, forem complexos, ou realizados em lugares distantes do domicílio do tutor, poderá este, mediante aprovação judicial, delegar a outras pessoas físicas ou jurídicas o exercício parcial da tutela.

Art. 1.744. A responsabilidade do juiz será:

I – direta e pessoal, quando não tiver nomeado o tutor, ou não o houver feito oportunamente;

II – subsidiária, quando não tiver exigido garantia legal do tutor, nem o removido, tanto que se tornou suspeito.

Art. 1.745. Os bens do menor serão entregues ao tutor mediante termo especificado deles e seus valores, ainda que os pais o tenham dispensado.

Parágrafo único. Se o patrimônio do menor for de valor considerável, poderá o juiz condicionar o exercício da tutela à prestação de caução bastante, podendo dispensá-la se o tutor for de reconhecida idoneidade.

Art. 1.746. Se o menor possuir bens, será sustentado e educado a expensas deles, arbitrando o juiz para tal fim as quantias que lhe pareçam necessárias, considerado o rendimento da fortuna do pupilo quando o pai ou a mãe não as houver fixado.

Art. 1.747. Compete mais ao tutor:

I – representar o menor, até os dezesseis anos, nos atos da vida civil, e assisti-lo, após essa idade, nos atos em que for parte;

II – receber as rendas e pensões do menor, e as quantias a ele devidas;

III – fazer-lhe as despesas de subsistência e educação, bem como as de administração, conservação e melhoramentos de seus bens;

IV – alienar os bens do menor destinados a venda;

V – promover-lhe, mediante preço conveniente, o arrendamento de bens de raiz.

Art. 1.748. Compete também ao tutor, com autorização do juiz:

I – pagar as dívidas do menor;

II – aceitar por ele heranças, legados ou doações, ainda que com encargos;

III – transigir;

IV – vender-lhe os bens móveis, cuja conservação não convier, e os imóveis nos casos em que for permitido;

V – propor em juízo as ações, ou nelas assistir o menor, e promover todas as diligências a bem deste, assim como defendê-lo nos pleitos contra ele movidos.

Parágrafo único. No caso de falta de autorização, a eficácia de ato do tutor depende da aprovação ulterior do juiz.

Art. 1.749. Ainda com a autorização judicial, não pode o tutor, sob pena de nulidade:

I – adquirir por si, ou por interposta pessoa, mediante contrato particular, bens móveis ou imóveis pertencentes ao menor;

II – dispor dos bens do menor a título gratuito;

III – constituir-se cessionário de crédito ou de direito, contra o menor.

Art. 1.750. Os imóveis pertencentes aos menores sob tutela somente podem ser vendidos quando houver manifesta vantagem, mediante prévia avaliação judicial e aprovação do juiz.

Art. 1.751. Antes de assumir a tutela, o tutor declarará tudo o que o menor lhe deva, sob pena de não lhe poder cobrar, enquanto exerça a tutoria, salvo provando que não conhecia o débito quando a assumiu.

Art. 1.752. O tutor responde pelos prejuízos que, por culpa, ou dolo, causar ao tutelado; mas tem direito a ser pago pelo que realmente despender no exercício da tutela, salvo no caso do art. 1.734, e a perceber remuneração proporcional à importância dos bens administrados.

§ 1º. Ao protutor será arbitrada uma gratificação módica pela fiscalização efetuada.

§ 2º. São solidariamente responsáveis pelos prejuízos as pessoas às quais competia fiscalizar a atividade do tutor, e as que concorreram para o dano.

Seção V – Dos Bens do Tutelado

Art. 1.753. Os tutores não podem conservar em seu poder dinheiro dos tutelados, além do necessário para as despesas ordinárias com o seu sustento, a sua educação e a administração de seus bens.

§ 1º. Se houver necessidade, os objetos de ouro e prata, pedras preciosas e móveis serão avaliados por pessoa idônea e, após autorização judicial, alienados, e o seu produto convertido em títulos, obrigações e letras de responsabilidade direta ou indireta da União ou dos Estados, atendendo-se preferentemente à rentabilidade, e recolhidos ao estabelecimento bancário oficial ou aplicado na aquisição de imóveis, conforme for determinado pelo juiz.

§ 2º. O mesmo destino previsto no parágrafo antecedente terá o dinheiro proveniente de qualquer outra procedência.

§ 3º. Os tutores respondem pela demora na aplicação dos valores acima referidos, pagando os juros legais desde o dia em que deveriam dar esse destino, o que não os exime da obrigação, que o juiz fará efetiva, da referida aplicação.

Art. 1.754. Os valores que existirem em estabelecimento bancário oficial, na forma do artigo antecedente, não se poderão retirar, senão mediante ordem do juiz, e somente:

I – para as despesas com o sustento e educação do tutelado, ou a administração de seus bens;

II – para se comprarem bens imóveis e títulos, obrigações ou letras, nas condições previstas no § 1º do artigo antecedente;

III – para se empregarem em conformidade com o disposto por quem os houver doado, ou deixado;

IV – para se entregarem aos órfãos, quando emancipados, ou maiores, ou, mortos eles, aos seus herdeiros.

Seção VI – Da Prestação de Contas

Art. 1.755. Os tutores, embora o contrário tivessem disposto os pais dos tutelados, são obrigados a prestar contas da sua administração.

Art. 1.756. No fim de cada ano de administração, os tutores submeterão ao juiz o balanço respectivo, que, depois de aprovado, se anexará aos autos do inventário.

Art. 1.757. Os tutores prestarão contas de dois em dois anos, e também quando, por qualquer motivo, deixarem o exercício da tutela ou toda vez que o juiz achar conveniente.

Parágrafo único. As contas serão prestadas em juízo, e julgadas depois da audiência dos interessados, recolhendo o tutor imediatamente a estabelecimento bancário oficial os saldos, ou adquirindo bens imóveis, ou títulos, obrigações ou letras, na forma do § 1° do art. 1.753.

Art. 1.758. Finda a tutela pela emancipação ou maioridade, a quitação do menor não produzirá efeito antes de aprovadas as contas pelo juiz, subsistindo inteira, até então, a responsabilidade do tutor.

Art. 1.759. Nos casos de morte, ausência, ou interdição do tutor, as contas serão prestadas por seus herdeiros ou representantes.

Art. 1.760. Serão levadas a crédito do tutor todas as despesas justificadas e reconhecidamente proveitosas ao menor.

Art. 1.761. As despesas com a prestação das contas serão pagas pelo tutelado.

Art. 1.762. O alcance do tutor, bem como o saldo contra o tutelado, são dívidas de valor e vencem juros desde o julgamento definitivo das contas.

Seção VII – Da Cessação da Tutela

Art. 1.763. Cessa a condição de tutelado:

I – com a maioridade ou a emancipação do menor;

II – ao cair o menor sob o poder familiar, no caso de reconhecimento ou adoção.

Art. 1.764. Cessam as funções do tutor:

I – ao expirar o termo, em que era obrigado a servir;

II – ao sobrevir escusa legítima;

III – ao ser removido.

Art. 1.765. O tutor é obrigado a servir por espaço de dois anos.

Parágrafo único. Pode o tutor continuar no exercício da tutela, além do prazo previsto neste artigo, se o quiser e o juiz julgar conveniente ao menor.

Art. 1.766. Será destituído o tutor, quando negligente, prevaricador ou incurso em incapacidade.

Capítulo II – Da Curatela

Seção I – Dos Interditos

Art. 1.767. Estão sujeitos a curatela:

I – aqueles que, por enfermidade ou deficiência mental, não tiverem o necessário discernimento para os atos da vida civil;

II – aqueles que, por outra causa duradoura, não puderem exprimir a sua vontade;

III – os deficientes mentais, os ébrios habituais e os viciados em tóxicos;

IV – os excepcionais sem completo desenvolvimento mental;

V – os pródigos.

Art. 1.768. A interdição deve ser promovida:

I – pelos pais ou tutores;

II – pelo cônjuge, ou por qualquer parente;

III – pelo Ministério Público.

Art. 1.769. O Ministério Público só promoverá interdição:

I – em caso de doença mental grave;

II – se não existir ou não promover a interdição alguma das pessoas designadas nos incisos I e II do artigo antecedente;

III – se, existindo, forem incapazes as pessoas mencionadas no inciso antecedente.

Art. 1.770. Nos casos em que a interdição for promovida pelo Ministério Público, o juiz nomeará defensor ao suposto incapaz; nos demais casos o Ministério Público será o defensor.

Art. 1.771. Antes de pronunciar-se acerca da interdição, o juiz, assistido por especialistas, examinará pessoalmente o arguido de incapacidade.

Art. 1.772. Pronunciada a interdição das pessoas a que se referem os incisos III e IV do art. 1.767, o juiz assinará, segundo o estado ou o desenvolvimento mental do interdito, os limites da curatela, que poderão circunscrever-se às restrições constantes do art. 1.782.

Art. 1.773. A sentença que declara a interdição produz efeitos desde logo, embora sujeita a recurso.

Art. 1.774. Aplicam-se à curatela as disposições concernentes à tutela, com as modificações dos artigos seguintes.

Art. 1.775. O cônjuge ou companheiro, não separado judicialmente ou de fato, é, de direito, curador do outro, quando interdito.

§ 1º. Na falta do cônjuge ou companheiro, é curador legítimo o pai ou a mãe; na falta destes, o descendente que se demonstrar mais apto.

§ 2º. Entre os descendentes, os mais próximos precedem aos mais remotos.

§ 3º. Na falta das pessoas mencionadas neste artigo, compete ao juiz a escolha do curador.

Art. 1.776. Havendo meio de recuperar o interdito, o curador promover-lhe-á o tratamento em estabelecimento apropriado.

Art. 1.777. Os interditos referidos nos incisos I, III e IV do art. 1.767 serão recolhidos em estabelecimentos adequados, quando não se adaptarem ao convívio doméstico.

Art. 1.778. A autoridade do curador estende-se à pessoa e aos bens dos filhos do curatelado, observado o art. 5º.

Seção II
Da Curatela do Nascituro e do Enfermo ou Portador de Deficiência Física

Art. 1.779. Dar-se-á curador ao nascituro, se o pai falecer estando grávida a mulher, e não tendo o poder familiar.

Parágrafo único. Se a mulher estiver interdita, seu curador será o do nascituro.

Art. 1.780. A requerimento do enfermo ou portador de deficiência física, ou, na impossibilidade de fazê-lo, de qualquer das pessoas a que se refere o art. 1.768, dar-se-lhe-á curador para cuidar de todos ou alguns de seus negócios ou bens.

Seção III – Do Exercício da Curatela

Art. 1.781. As regras a respeito do exercício da tutela aplicam-se ao da curatela, com a restrição do art. 1.772 e as desta Seção.

Art. 1.782. A interdição do pródigo só o privará de, sem curador, emprestar, transigir, dar quitação, alienar, hipotecar, demandar ou ser demandado, e praticar, em geral, os atos que não sejam de mera administração.

Art. 1.783. Quando o curador for o cônjuge e o regime de bens do casamento for de comunhão universal, não será obrigado à prestação de contas, salvo determinação judicial.

LIVRO V – DO DIREITO DAS SUCESSÕES

Titulo III – Da Sucessão Testamentária

Capítulo VII – Dos Legados

Seção I – Disposições Gerais

Art. 1.920. O legado de alimentos abrange o sustento, a cura, o vestuário e a casa, enquanto o legatário viver, além da educação, se ele for menor.

....

LIVRO COMPLEMENTAR – DAS DISPOSIÇÕES FINAIS E TRANSITÓRIAS

....

Art. 2.043. Até que por outra forma se disciplinem, continuam em vigor as disposições de natureza processual, administrativa ou penal, constantes de leis cujos preceitos de natureza civil hajam sido incorporados a este Código.

Art. 2.044. Este Código entrará em vigor 1 (um) ano após a sua publicação.

Art. 2.045. Revogam-se a Lei nº 3.071, de 1º de janeiro de 1916 – Código Civil e a Parte Primeira do Código Comercial, Lei nº 556, de 25 de junho de 1850.

Art. 2.046. Todas as remissões, em diplomas legislativos, aos Códigos referidos no artigo antecedente, consideram-se feitas às disposições correspondentes deste Código.

Brasília, 10 de janeiro de 2002; 181º da Independência e 114º da República.

Fernando Henrique Cardoso

DOU de 11.1.2002

CÓDIGO DE PROCESSO CIVIL
LEI Nº 5.869, DE 11 DE JANEIRO DE 1973

Institui o Código de Processo Civil

(Excertos)

O Presidente da República,

Faço saber que o Congresso Nacional decreta e eu sanciono a seguinte Lei:

LIVRO I – DO PROCESSO DE CONHECIMENTO

....

TÍTULO V – DOS ATOS PROCESSUAIS

Capítulo I – Da Forma dos Atos Processuais

Seção I – Dos Atos em Geral

....

Art. 155. Os atos processuais são públicos. Correm, todavia, em segredo de justiça os processos:

....

II – que dizem respeito a casamento, filiação, separação dos cônjuges, conversão desta em divórcio, alimentos e guarda de menores.

- *Inciso II com redação dada pela Lei nº 6.515/1977.*

....

Capítulo VI – Das Provas

....

Seção VI – Da Prova Testemunhal

Subseção I – Da Admissibilidade e do Valor da Prova Testemunhal

....

Art. 405. Podem depor como testemunhas todas as pessoas, exceto as incapazes, impedidas ou suspeitas.

§ 1º. São incapazes:

....

III – o menor de 16 (dezesseis) anos;

....

§ 2º. São impedidos:

....

III – o que intervém em nome de uma parte, como o tutor na causa do menor, o representante legal da pessoa jurídica, o juiz, o advogado e outros, que assistam ou tenham assistido as partes.

....

LIVRO III – DO PROCESSO CAUTELAR

TÍTULO ÚNICO – DAS MEDIDAS CAUTELARES

....

Capítulo II – Dos Procedimentos Cautelares Específicos

....

Seção XV – De Outras Medidas Provisórias

Art. 888. O juiz poderá ordenar ou autorizar, na pendência da ação principal ou antes de sua propositura:

I – obras de conservação em coisa litigiosa ou judicialmente apreendida;

II – a entrega de bens de uso pessoal do cônjuge e dos filhos;

III – a posse provisória dos filhos, nos casos de separação judicial ou anulação de casamento;

IV – o afastamento do menor autorizado a contrair casamento contra a vontade dos pais;

V – o depósito de menores ou incapazes castigados imoderadamente por seus pais, tutores ou curadores, ou por eles induzidos à prática de atos contrários à lei ou à moral;

VI – o afastamento temporário de um dos cônjuges da morada do casal;

VII – a guarda e a educação dos filhos, regulado o direito de visita que, no interesse da criança ou do adolescente, pode, a critério do juiz, ser extensivo a cada um dos avós;

- *Inciso VII com redação dada pela Lei nº 12.398/2011.*

VIII – a interdição ou a demolição de prédio para resguardar a saúde, a segurança ou outro interesse público.

....

Brasília, 11 de janeiro de 1973; 152º da Independência e 85º da República.

Emílio G. Médici

DOU de 17.1.1973

CÓDIGO PENAL
DECRETO-LEI Nº 2.848, DE 7 DE DEZEMBRO DE 1940
(Excertos)

O Presidente da República, usando da atribuição que lhe confere o art. 180 da Constituição, decreta a seguinte Lei:

PARTE GERAL

....

TÍTULO III – DA IMPUTABILIDADE PENAL

• *Nome do Título III com redação dada pela Lei nº 7.209/1984.*

....

Menores de dezoito anos

Art. 27. Os menores de 18 (dezoito) anos são penalmente inimputáveis, ficando sujeitos às normas estabelecidas na legislação especial.

• *Art. 27 com redação dada pela Lei nº 7.209/1984.*

....

TÍTULO V – DAS PENAS

....

Capiítulo III – Da Aplicação da Pena

• *Capítulo III com redação dada pela Lei nº 7.209/1984.*

Circunstâncias agravantes

Art. 61. São circunstâncias que sempre agravam a pena, quando não constituem ou qualificam o crime:

• *Art. 61,* caput, *com redação dada pela Lei nº 7.209/1984.*

I – a reincidência;

• *Inciso I com redação dada pela Lei nº 7.209/1984.*

II – ter o agente cometido o crime:

• *Inciso II,* caput, *com redação dada pela Lei nº 7.209/1984.*

....

h) contra criança, maior de 60 (sessenta) anos, enfermo ou mulher grávida;

• *Alínea "h" com redação dada pela Lei nº 7.209/1984.*

....

Circunstâncias atenuantes

Art. 65. São circunstâncias que sempre atenuam a pena:

• *Art. 65,* caput, *com redação dada pela Lei nº 7.209/1984.*

I – ser o agente menor de 21 (vinte e um), na data do fato, ou maior de 70 (setenta) anos, na data da sentença;

- *Inciso I com redação dada pela Lei nº 7.209/1984.*

....

TÍTULO VIII – DA EXTINÇÃO DA PUNIBILIDADE

....

Termo inicial da prescrição antes de transitar em julgado a sentença final

Art. 111. A prescrição, antes de transitar em julgado a sentença final, começa a correr:

- *Art. 111,* caput, *com redação dada pela Lei nº 7.209/1984.*

....

V – nos crimes contra a dignidade sexual de crianças e adolescentes, previstos neste Código ou em legislação especial, da data em que a vítima completar 18 (dezoito) anos, salvo se a esse tempo já houver sido proposta a ação penal.

- *Inciso V acrescido pela Lei nº 12.650/2012.*

....

Redução dos prazos de prescrição

Art. 115. São reduzidos de metade os prazos de prescrição quando o criminoso era, ao tempo do crime, menor de 21 (vinte e um) anos, ou, na data da sentença, maior de 70 (setenta) anos.

- *Art. 115 com redação dada pela Lei nº 7.209/1984.*

....

PARTE ESPECIAL

TÍTULO I – DOS CRIMES CONTRA A PESSOA

Capítulo I – Dos Crimes Contra a Vida

Homicídio simples

Art. 121. Matar alguém:

Pena – reclusão, de seis a vinte anos.

....

Aumento de pena

§ 4º. No homicídio culposo, a pena é aumentada de 1/3 (um terço), se o crime resulta de inobservância de regra técnica de profissão, arte ou ofício, ou se o agente deixa de prestar imediato socorro à vítima, não procura diminuir as consequências do seu ato, ou foge para evitar prisão em flagrante. Sendo doloso o homicídio, a pena é aumentada de 1/3 (um terço) se o crime é praticado contra pessoa menor de 14 (quatorze) ou maior de 60 (sessenta) anos.

- *§ 4º com redação dada pela Lei nº 10.741/2003.*

....

Induzimento, instigação ou auxílio a suicídio

Art. 122. Induzir ou instigar alguém a suicidar-se ou prestar-lhe auxílio para que o faça:

Pena – reclusão, de dois a seis anos, se o suicídio se consuma; ou reclusão, de um a três anos, se da tentativa de suicídio resulta lesão corporal de natureza grave.

Parágrafo único. A pena é duplicada:

Aumento de pena

....

II – se a vítima é menor ou tem diminuída, por qualquer causa, a capacidade de resistência.

Infanticídio

Art. 123. Matar, sob a influência do estado puerperal, o próprio filho, durante o parto ou logo após:

Pena – detenção, de dois a seis anos.

Aborto provocado pela gestante ou com seu consentimento

Art. 124. Provocar aborto em si mesma ou consentir que outrem lho provoque:

Pena – detenção, de um a três anos.

Aborto provocado por terceiro

Art. 125. Provocar aborto, sem o consentimento da gestante:

Pena – reclusão, de três a dez anos.

Art. 126. Provocar aborto com o consentimento da gestante:

Pena – reclusão, de um a quatro anos.

Parágrafo único. Aplica-se a pena do artigo anterior, se a gestante não é maior de quatorze anos, ou é alienada ou débil mental, ou se o consentimento é obtido mediante fraude, grave ameaça ou violência.

Forma qualificada

Art. 127. As penas cominadas nos dois artigos anteriores são aumentadas de um terço, se, em consequência do aborto ou dos meios empregados para provocá-lo, a gestante sofre lesão corporal de natureza grave; e são duplicadas, se, por qualquer dessas causas, lhe sobrevém a morte.

Art. 128. Não se pune o aborto praticado por médico:

Aborto necessário

I – se não há outro meio de salvar a vida da gestante;

Aborto no caso de gravidez resultante de estupro

II – se a gravidez resulta de estupro e o aborto é precedido de consentimento da gestante ou, quando incapaz, de seu representante legal.

Capítulo II – Das Lesões Corporais

Lesão corporal

Art. 129. Ofender a integridade corporal ou a saúde de outrem:

Pena – detenção, de três meses a um ano.

Lesão corporal de natureza grave

§ 1º. Se resulta:

I – Incapacidade para as ocupações habituais, por mais de trinta dias;

II – perigo de vida;

III – debilidade permanente de membro, sentido ou função;

IV – aceleração de parto:

Pena – reclusão, de um a cinco anos.

§ 2º. Se resulta:

I – Incapacidade permanente para o trabalho;

II – enfermidade incuravel;

III – perda ou inutilização do membro, sentido ou função;

IV – deformidade permanente;

V – aborto:

Pena – reclusão, de dois a oito anos.

Lesão corporal seguida de morte

§ 3º. Se resulta morte e as circunstâncias evidenciam que o agente não quís o resultado, nem assumiu o risco de produzí-lo:

Pena – reclusão, de quatro a doze anos.

Diminuição de pena

§ 4º. Se o agente comete o crime impelido por motivo de relevante valor social ou moral ou sob o domínio de violenta emoção, logo em seguida a injusta provocação da vítima, o juiz pode reduzir a pena de um sexto a um terço.

Substituição da pena

§ 5º. O juiz, não sendo graves as lesões, pode ainda substituir a pena de detenção pela de multa, de duzentos mil réis a dois contos de réis:

I – se ocorre qualquer das hipóteses do parágrafo anterior;

II – se as lesões são recíprocas.

Lesão corporal culposa

§ 6º. Se a lesão é culposa:

Pena – detenção, de dois meses a um ano.

Aumento de pena

§ 7º. Aumenta-se a pena de um terço, se ocorrer qualquer das hipóteses do art. 121, § 4º.

- *§ 7º com redação dada pela Lei nº 8.069/1990.*

§ 8º. Aplica-se à lesão culposa o disposto no § 5º do art. 121.

- *§ 8º com redação dada pela Lei nº 8.069/1990.*

Violência Doméstica

- *Termo acrescido pela Lei nº 10.886/2004.*

§ 9º. Se a lesão for praticada contra ascendente, descendente, irmão, cônjuge ou companheiro, ou com quem conviva ou tenha convivido, ou, ainda, prevalecendo-se o agente das relações domésticas, de coabitação ou de hospitalidade:

- *§ 9º com redação dada pela Lei nº 11.340/2006.*

Pena – detenção, de 3 (três) meses a 3 (três) anos.

- *Pena com redação dada pela Lei nº 11.340/2006.*

§ 10. Nos casos previstos nos §§ 1º a 3º deste artigo, se as circunstâncias são as indicadas no § 9º deste artigo, aumenta-se a pena em 1/3 (um terço).

- *§ 10 acrescido pela Lei nº 10.886/2004.*

§ 11. Na hipótese do § 9º deste artigo, a pena será aumentada de um terço se o crime for cometido contra pessoa portadora de deficiência.

- *§ 11 acrescido pela Lei nº 11.340/2006.*

Capítulo III – Da Periclitação da Vida e da Saúde

Perigo de contágio venéreo

Art. 130. Expor alguém, por meio de relações sexuais ou qualquer ato libidinoso, a contágio de moléstia venérea, de que sabe ou deve saber que está contaminado:

Pena – detenção, de três meses a um ano, ou multa.

§ 1º. Se é intenção do agente transmitir a moléstia:

Pena – reclusão, de um a quatro anos, e multa.

§ 2º. Somente se procede mediante representação.

Perigo de contágio de moléstia grave

Art. 131. Praticar, com o fim de transmitir a outrem moléstia grave de que está contaminado, ato capaz de produzir o contágio:

Pena – reclusão, de um a quatro anos, e multa.

Perigo para a vida ou saúde de outrem

Art. 132. Expor a vida ou a saúde de outrem a perigo direto e iminente:

Pena – detenção, de três meses a um ano, se o fato não constitui crime mais grave.

Parágrafo único. A pena é aumentada de um sexto a um terço se a exposição da vida ou da saúde de outrem a perigo decorre do transporte de pessoas para a prestação de serviços em estabelecimentos de qualquer natureza, em desacordo com as normas legais.

- *Parágrafo único acrescido pela Lei nº 9.777/1998.*

Abandono de incapaz

Art. 133. Abandonar pessoa que está sob seu cuidado, guarda, vigilância ou autoridade, e, por qualquer motivo, incapaz de defender-se dos riscos resultantes do abandono:

Pena – detenção, de seis meses a três anos.

§ 1º. Se do abandono resulta lesão corporal de natureza grave:

Pena – reclusão, de um a cinco anos.

§ 2º. Se resulta a morte:

Pena – reclusão, de quatro a doze anos.

Aumento de pena

§ 3º. As penas cominadas neste artigo aumentam-se de um terço:

I – se o abandono ocorre em lugar ermo;

II – se o agente é ascendente ou descendente, cônjuge, irmão, tutor ou curador da vítima;

III – se a vítima é maior de 60 (sessenta) anos.

- *Inciso III acrescido pela Lei nº 10.741/2003.*

Exposição ou abandono de recém-nascido

Art. 134. Expor ou abandonar recém-nascido, para ocultar desonra própria:

Pena – detenção, de seis meses a dois anos.

§ 1º. Se do fato resulta lesão corporal de natureza grave:

Pena – detenção, de um a três anos.

§ 2º. Se resulta a morte:

Pena – detenção, de dois a seis anos.

Omissão de socorro

Art. 135. Deixar de prestar assistência, quando possível fazê-lo sem risco pessoal, à criança abandonada ou extraviada, ou à pessoa inválida ou ferida, ao desamparo ou em grave e iminente perigo; ou não pedir, nesses casos, o socorro da autoridade pública:

Pena – detenção, de um a seis meses, ou multa.

Parágrafo único. A pena é aumentada de metade, se da omissão resulta lesão corporal de natureza grave, e triplicada, se resulta a morte.

Maus-tratos

Art. 136. Expor a perigo a vida ou a saúde de pessoa sob sua autoridade, guarda ou vigilância, para fim de educação, ensino, tratamento ou custódia, quer privando-a de alimentação ou cuidados indispensáveis, quer sujeitando-a a trabalho excessivo ou inadequado, quer abusando de meios de correção ou disciplina:

Pena – detenção, de dois meses a um ano, ou multa.

§ 1º. Se do fato resulta lesão corporal de natureza grave:

Pena – reclusão, de um a quatro anos.

§ 2º. Se resulta a morte:

Pena – reclusão, de quatro a doze anos.

§ 3º. Aumenta-se a pena de um terço, se o crime é praticado contra pessoa menor de 14 (catorze) anos.

- *§ 3º acrescido pela Lei nº 8.069/1990.*

....

Capítulo VI – Dos Crimes Contra a Liberdade Individual

Seção I – Dos Crimes Contra a Liberdade Pessoal

Sequestro e cárcere privado

Art. 148. Privar alguém de sua liberdade, mediante sequestro ou cárcere privado:

Pena – reclusão, de um a três anos.

§ 1º. A pena é de reclusão, de dois a cinco anos:

....

IV – se o crime é praticado contra menor de 18 (dezoito) anos;

- *Inciso IV acrescido pela Lei nº 11.106/2005.*

....

§ 2º. Se resulta à vítima, em razão de maus-tratos ou da natureza da detenção, grave sofrimento físico ou moral:

Pena – reclusão, de dois a oito anos.

Redução a condição análoga à de escravo

Art. 149. Reduzir alguém a condição análoga à de escravo, quer submetendo-o a trabalhos forçados ou a jornada exaustiva, quer sujeitando-o a condições degradantes de trabalho, quer restringindo, por qualquer meio, sua locomoção em razão de dívida contraída com o empregador ou preposto:

- *Art. 149,* caput, *com redação dada pela Lei nº 10.803/2003.*

Pena – reclusão, de dois a oito anos, e multa, além da pena correspondente à violência.

- *Pena com redação dada pela Lei nº 10.803/2003.*

....

§ 2º. A pena é aumentada de metade, se o crime é cometido:

- *§ 2º,* caput, *acrescido pela Lei nº 10.803/2003.*

I – contra criança ou adolescente;

- *Inciso I acrescido pela Lei nº 10.803/2003.*

....

TÍTULO II – DOS CRIMES CONTRA O PATRIMÔNIO

....

Capítulo II – Do Roubo e da Extorsão

....

Extorsão mediante sequestro

Art. 159. Sequestrar pessoa com o fim de obter, para si ou para outrem, qualquer vantagem, como condição ou preço do resgate:

Pena – reclusão, de oito a quinze anos.

- *Pena com redação dada pela Lei nº 8.072/1990.*

§ 1º. Se o sequestro dura mais de 24 (vinte e quatro) horas, se o sequestrado é menor de 18 (dezoito) ou maior de 60 (sessenta) anos, ou se o crime é cometido por bando ou quadrilha.

- *§ 1º com redação dada pela Lei nº 10.741/2003.*

Pena – reclusão, de doze a vinte anos.

• *Pena com redação dada pela Lei nº 8.072/1990.*

§ 2º. Se do fato resulta lesão corporal de natureza grave:

Pena – reclusão, de dezesseis a vinte e quatro anos.

• *Pena com redação dada pela Lei nº 8.072/1990.*

§ 3º. Se resulta a morte:

Pena – reclusão, de vinte e quatro a trinta anos.

• *Pena com redação dada pela Lei nº 8.072/1990.*

§ 4º. Se o crime é cometido em concurso, o concorrente que o denunciar à autoridade, facilitando a libertação do sequestrado, terá sua pena reduzida de um a dois terços.

• *§ 4º com redação dada pela Lei nº 9.269/1996.*

....

Capítulo VI – Do Estelionato e Outras Fraudes

....

Abuso de incapazes

Art. 173. Abusar, em proveito próprio ou alheio, de necessidade, paixão ou inexperiência de menor, ou da alienação ou debilidade mental de outrem, induzindo qualquer deles à prática de ato suscetível de produzir efeito jurídico, em prejuízo próprio ou de terceiro:

Pena – reclusão, de dois a seis anos, e multa.

....

TÍTULO IV – DOS CRIMES CONTRA A ORGANIZAÇÃO DO TRABALHO

....

Frustração de direito assegurado por lei trabalhista

Art. 203. Frustrar, mediante fraude ou violência, direito assegurado pela legislação do trabalho:

Pena – detenção de um ano a dois anos, e multa, além da pena correspondente à violência.

• *Pena com redação dada pela Lei nº 9.777/1998.*

....

§ 2º. A pena é aumentada de um sexto a um terço se a vítima é menor de dezoito anos, idosa, gestante, indígena ou portadora de deficiência física ou mental.

• *§ 2º acrescido pela Lei nº 9.777/1998.*

....

Aliciamento de trabalhadores de um local para outro do território nacional

Art. 207. Aliciar trabalhadores, com o fim de levá-los de uma para outra localidade do território nacional:

Pena – detenção de um a três anos, e multa.

• *Pena com redação dada pela Lei nº 9.777/1998.*

....

§ 2º. A pena é aumentada de um sexto a um terço se a vítima é menor de dezoito anos, idosa, gestante, indígena ou portadora de deficiência física ou mental.

• *§ 2º acrescido pela Lei nº 9.777/1998.*

....

TÍTULO VI – DOS CRIMES CONTRA A DIGNIDADE SEXUAL

- *Título VI com redação dada pela Lei nº 12.015/2009.*

Capítulo I – Dos Crimes Contra Liberdade Sexual

- *Capítulo I com redação dada pela Lei nº 12.015/2009.*

Estupro

Art. 213. Constranger alguém, mediante violência ou grave ameaça, a ter conjunção carnal ou a praticar ou permitir que com ele se pratique outro ato libidinoso:

- *Art. 213,* caput, *com redação dada pela Lei nº 12.015/2009.*

Pena – reclusão, de 6 (seis) a 10 (dez) anos.

- *Pena com redação dada pela Lei nº 12.015/2009.*

§ 1º. Se da conduta resulta lesão corporal de natureza grave ou se a vítima é menor de 18 (dezoito) ou maior de 14 (catorze) anos:

- *§ 1º acrescido pela Lei nº 12.015/2009.*

Pena – reclusão, de 8 (oito) a 12 (doze) anos.

- *Pena acrescida pela Lei nº 12.015/2009.*

§ 2º. Se da conduta resulta morte:

- *§ 2º acrescido pela Lei nº 12.015/2009.*

Pena – reclusão, de 12 (doze) a 30 (trinta) anos.

- *Pena acrescida pela Lei nº 12.015/2009.*

....

Assédio sexual

- *Termo acrescido pela Lei nº 10.224/2001.*

Art. 216-A. Constranger alguém com o intuito de obter vantagem ou favorecimento sexual, prevalecendo-se o agente da sua condição de superior hierárquico ou ascendência inerentes ao exercício de emprego, cargo ou função.

- *Art. 216,* caput, *acrescido pela Lei nº 10.224/2001.*

Pena – detenção, de 1 (um) a 2 (dois) anos

- *Pena acrescida pela Lei nº 10.224/2001.*

....

§ 2º. A pena é aumentada em até um terço se a vítima é menor de 18 (dezoito) anos.

- *§ 2º acrescido pela Lei nº 12.015/2009.*

....

Capítulo II – Dos Crimes Sexuais Contra Vulnerável

- *Capítulo II com redação dada pela Lei nº 12.015/2009.*

....

Estupro de vulnerável

- *Termo acrescido pela Lei nº 12.015/2009.*

Art. 217-A. Ter conjunção carnal ou praticar outro ato libidinoso com menor de 14 (catorze) anos:

- *Art. 217-A,* caput, *acrescido pela Lei nº 12.015/2009.*

Pena – reclusão, de 8 (oito) a 15 (quinze) anos.

- *Pena acrescida pela Lei nº 12.015/2009.*

§ 1º. Incorre na mesma pena quem pratica as ações descritas no *caput* com alguém que, por enfermidade ou deficiência mental, não tem o necessário discernimento para a prática do ato, ou que, por qualquer outra causa, não pode oferecer resistência.

- *§ 1º acrescido pela Lei nº 12.015/2009.*

§ 2º. (Vetado).

- *§ 2º acrescido pela Lei nº 12.015/2009.*

§ 3º. Se da conduta resulta lesão corporal de natureza grave:

- *§ 3º acrescido pela Lei nº 12.015/2009.*

Pena – reclusão, de 10 (dez) a 20 (vinte) anos.

- *Pena acrescida pela Lei nº 12.015/2009.*

§ 4º. Se da conduta resulta morte:

- *§ 4º acrescido pela Lei nº 12.015/2009.*

Pena – reclusão, de 12 (doze) a 30 (trinta) anos.

- *Pena acrescida pela Lei nº 12.015/2009.*

Corrupção de menores

Art. 218. Induzir alguém menor de 14 (catorze) anos a satisfazer a lascívia de outrem:

- *Art. 218,* caput, *com redação dada pela Lei nº 12.015/2009.*

Pena – reclusão, de 2 (dois) a 5 (cinco) anos.

- *Pena com redação dada pela Lei nº 12.015/2009.*

Parágrafo único. (Vetado).

- *Parágrafo único acrescido pela Lei nº 12.015/2009.*

Satisfação de lascívia mediante presença de criança ou adolescente

- *Termo acrescido pela Lei nº 12.015/2009.*

Art. 218-A. Praticar, na presença de alguém menor de 14 (catorze) anos, ou induzi-lo a presenciar, conjunção carnal ou outro ato libidinoso, a fim de satisfazer lascívia própria ou de outrem:

- *Art. 218-A,* caput, *acrescido pela Lei nº 12.015/2009.*

Pena – reclusão, de 2 (dois) a 4 (quatro) anos.

- *Pena acrescida pela Lei nº 12.015/2009.*

Favorecimento da prostituição ou outra forma de exploração sexual de vulnerável

- *Termo acrescido pela Lei nº 12.015/2009.*

Art. 218-B. Submeter, induzir ou atrair à prostituição ou outra forma de exploração sexual alguém menor de 18 (dezoito) anos ou que, por enfermidade ou deficiência mental, não tem o necessário discernimento para a prática do ato, facilitá-la, impedir ou dificultar que a abandone:

- *Art. 218-B,* caput, *acrescido pela Lei nº 12.015/2009.*

Pena – reclusão, de 4 (quatro) a 10 (dez) anos.

- *Pena acrescida pela Lei nº 12.015/2009.*

§ 1º. Se o crime é praticado com o fim de obter vantagem econômica, aplica-se também multa.

- *§ 1º acrescido pela Lei nº 12.015/2009.*

§ 2º. Incorre nas mesmas penas:

- *§ 2º,* caput, *acrescido pela Lei nº 12.015/2009.*

I – quem pratica conjunção carnal ou outro ato libidinoso com alguém menor de 18 (dezoito) e maior de 14 (catorze) anos na situação descrita no *caput* deste artigo;

- *Inciso I acrescido pela Lei nº 12.015/2009.*

II – o proprietário, o gerente ou o responsável pelo local em que se verifiquem as práticas referidas no *caput* deste artigo.

- *Inciso II acrescido pela Lei nº 12.015/2009.*

§ 3º. Na hipótese do inciso II do § 2º, constitui efeito obrigatório da condenação a cassação da licença de localização e de funcionamento do estabelecimento.

- *§ 3º acrescido pela Lei nº 12.015/2009.*

....

Capítulo IV – Disposições Gerais

....

Ação penal

Art. 225. Nos crimes definidos nos Capítulos I e II deste Título, procede-se mediante ação penal pública condicionada à representação.

- *Art. 225,* caput, *com redação dada pela Lei nº 12.015/2009.*

Parágrafo único. Procede-se, entretanto, mediante ação penal pública incondicionada se a vítima é menor de 18 (dezoito) anos ou pessoa vulnerável.

- *Parágrafo único acrescido pela Lei nº 12.015/2009.*

Aumento de pena

Art. 226. A pena é aumentada:

- *Art. 226,* caput, *com redação dada pela Lei nº 11.106/2005.*

I – de quarta parte, se o crime é cometido com o concurso de 2 (duas) ou mais pessoas;

- *Inciso I com redação dada pela Lei nº 11.106/2005.*

II – de metade, se o agente é ascendente, padrasto ou madrasta, tio, irmão, cônjuge, companheiro, tutor, curador, preceptor ou empregador da vítima ou por qualquer outro título tem autoridade sobre ela;

- *Inciso II com redação dada pela Lei nº 11.106/2005.*

Capítulo V – Do Lenocínio e do Tráfico de Pessoa para fim de Prostituição ou Outra Forma de Exploração Sexual

- *Título do Capítulo V com redação dada pela Lei nº 12.015/2009.*

Mediação para servir a lascívia de outrem

Art. 227. Induzir alguém a satisfazer a lascívia de outrem:

Pena – reclusão, de um a três anos.

§ 1º. Se a vítima é maior de 14 (catorze) e menor de 18 (dezoito) anos, ou se o agente é seu ascendente, descendente, cônjuge ou companheiro, irmão, tutor ou curador ou pessoa a quem esteja confiada para fins de educação, de tratamento ou de guarda:

- *§ 1º com redação dada pela Lei nº 11.106/2005.*

Pena – reclusão, de dois a cinco anos.

§ 2º. Se o crime é cometido com emprego de violência, grave ameaça ou fraude:

Pena – reclusão, de dois a oito anos, além da pena correspondente à violência.

§ 3º. Se o crime é cometido com o fim de lucro, aplica-se também multa.

Favorecimento da prostituição ou outra forma de exploração sexual

- *Termo com redação dada pela Lei nº 12.015/2009.*

Art. 228. Induzir ou atrair alguém à prostituição ou outra forma de exploração sexual, facilitá-la, impedir ou dificultar que alguém a abandone:

- *Art. 228,* caput, *com redação dada pela Lei nº 12.015/2009.*

Pena – reclusão, de 2 (dois) a 5 (cinco) anos, e multa.

- *Pena com redação dada pela Lei nº 12.015/2009.*

§ 1º. Se o agente é ascendente, padrasto, madrasta, irmão, enteado, cônjuge, companheiro, tutor ou curador, preceptor ou empregador da vítima, ou se assumiu, por lei ou outra forma, obrigação de cuidado, proteção ou vigilância:

- *§ 1º com redação dada pela Lei nº 12.015/2009.*

Pena – reclusão, de 3 (três) a 8 (oito) anos.

- *Pena com redação dada pela Lei nº 12.015/2009.*

§ 2º. Se o crime, é cometido com emprego de violência, grave ameaça ou fraude:

Pena – reclusão, de quatro a dez anos, além da pena correspondente à violência.

§ 3º. Se o crime é cometido com o fim de lucro, aplica-se também multa.

Casa de prostituição

Art. 229. Manter, por conta própria ou de terceiro, estabelecimento em que ocorra exploração sexual, haja, ou não, intuito de lucro ou mediação direta do proprietário ou gerente:

- *Art. 229,* caput, *com redação dada pela Lei nº 12.015/2009.*

Pena – reclusão, de dois a cinco anos, e multa.

Rufianismo

Art. 230. Tirar proveito da prostituição alheia, participando diretamente de seus lucros ou fazendo-se sustentar, no todo ou em parte, por quem a exerça:

Pena – reclusão, de um a quatro anos, e multa.

§ 1º. Se a vítima é menor de 18 (dezoito) e maior de 14 (catorze) anos ou se o crime é cometido por ascendente, padrasto, madrasta, irmão, enteado, cônjuge, companheiro, tutor ou curador, preceptor ou empregador da vítima, ou por quem assumiu, por lei ou outra forma, obrigação de cuidado, proteção ou vigilância:

- *§ 1º com redação dada pela Lei nº 12.015/2009.*

Pena – reclusão, de 3 (três) a 6 (seis) anos, e multa.

- *Pena com redação dada pela Lei nº 12.015/2009.*

§ 2º. Se o crime é cometido mediante violência, grave ameaça, fraude ou outro meio que impeça ou dificulte a livre manifestação da vontade da vítima:

- *§ 2º com redação dada pela Lei nº 12.015/2009.*

Pena – reclusão, de 2 (dois) a 8 (oito) anos, sem prejuízo da pena correspondente à violência.

- *Pena com redação dada pela Lei nº 12.015/2009.*

Tráfico internacional de pessoa para fim de exploração sexual

- *Termo com redação dada pela Lei nº 12.015/2009.*

Art. 231. Promover ou facilitar a entrada, no território nacional, de alguém que nele venha a exercer a prostituição ou outra forma de exploração sexual, ou a saída de alguém que vá exercê-la no estrangeiro.

- *Art. 231,* caput, *com redação dada pela Lei nº 12.015/2009.*

Pena – reclusão, de 3 (três) a 8 (oito) anos.

- *Pena com redação dada pela Lei nº 12.015/2009.*

§ 1º. Incorre na mesma pena aquele que agenciar, aliciar ou comprar a pessoa traficada, assim como, tendo conhecimento dessa condição, transportá-la, transferi-la ou alojá-la.

- *§ 1º com redação dada pela Lei nº 12.015/2009.*

§ 2º. A pena é aumentada da metade se:

- *§ 2º com redação dada pela Lei nº 12.015/2009.*

I – a vítima é menor de 18 (dezoito) anos;

- *Inciso I acrescido pela Lei nº 12.015/2009.*

II – a vítima, por enfermidade ou deficiência mental, não tem o necessário discernimento para a prática do ato;

- *Inciso II acrescido pela Lei nº 12.015/2009.*

III – se o agente é ascendente, padrasto, madrasta, irmão, enteado, cônjuge, companheiro, tutor ou curador, preceptor ou empregador da vítima, ou se assumiu, por lei ou outra forma, obrigação de cuidado, proteção ou vigilância; ou

- *Inciso III acrescido pela Lei nº 12.015/2009.*

IV – há emprego de violência, grave ameaça ou fraude.

- *Inciso IV acrescido pela Lei nº 12.015/2009.*

§ 3º. Se o crime é cometido com o fim de obter vantagem econômica, aplica-se também multa.

- *§ 3º acrescido pela Lei nº 12.015/2009.*

Tráfico interno de pessoa para fim de exploração sexual

- *Termo com redação dada pela Lei nº 12.015/2009.*

Art. 231-A. Promover ou facilitar o deslocamento de alguém dentro do território nacional para o exercício da prostituição ou outra forma de exploração sexual:

- *Art. 231-A,* caput, *acrescido pela Lei nº 11.106/2005 e com redação dada pela Lei nº 12.015/2009.*

Pena – reclusão, de 2 (dois) a 6 (seis) anos.

- *Pena acrescida pela Lei nº 11.106/2005 e com redação dada pela Lei nº 12.015/2009.*

§ 1º. Incorre na mesma pena aquele que agenciar, aliciar, vender ou comprar a pessoa traficada, assim como, tendo conhecimento dessa condição, transportá-la, transferi-la ou alojá-la.

- *§ 1º acrescido pela Lei nº 12.015/2009.*

§ 2º. A pena é aumentada da metade se:

- *§ 2º,* caput, *acrescido pela Lei nº 12.015/2009.*

I – a vítima é menor de 18 (dezoito) anos;

- *Inciso I acrescido pela Lei nº 12.015/2009.*

II – a vítima, por enfermidade ou deficiência mental, não tem o necessário discernimento para a prática do ato;

- *Inciso II acrescido pela Lei nº 12.015/2009.*

III – se o agente é ascendente, padrasto, madrasta, irmão, enteado, cônjuge, companheiro, tutor ou curador, preceptor ou empregador da vítima, ou se assumiu, por lei ou outra forma, obrigação de cuidado, proteção ou vigilância; ou

- *Inciso III acrescido pela Lei nº 12.015/2009.*

IV – há emprego de violência, grave ameaça ou fraude.

- *Inciso IV acrescido pela Lei nº 12.015/2009.*

§ 3º. Se o crime é cometido com o fim de obter vantagem econômica, aplica-se também multa.

- *§ 3º acrescido pela Lei nº 12.015/2009.*

....

Capítulo VII – Disposições Gerais

- *Capítulo VII acrescido pela Lei nº 12.015/2009.*

Aumento de pena

- *Termo acrescido pela Lei nº 12.015/2009.*

Art. 234-A. Nos crimes previstos neste Título a pena é aumentada:

- *Art. 234-A,* caput, *acrescido pela Lei nº 12.015/2009.*

....

III – de metade, se do crime resultar gravidez; e

- *Inciso III acrescido pela Lei nº 12.015/2009.*

IV – de um sexto até a metade, se o agente transmite à vitima doença sexualmente transmissível de que sabe ou deveria saber ser portador.

- *Inciso IV acrescido pela Lei nº 12.015/2009.*

Art. 234-B. Os processos em que se apuram crimes definidos neste Título correrão em segredo de justiça.

- *Art. 234-B,* caput, *acrescido pela Lei nº 12.015/2009.*

....

TÍTULO VII – DOS CRIMES CONTRA A FAMÍLIA

....

Capítulo II – Dos Crimes Contra o Estado de Filiação

Registro de nascimento inexistente

Art. 241. Promover no registro civil a inscrição de nascimento inexistente:

Pena – reclusão, de dois a seis anos.

Parto suposto. Supressão ou alteração de direito inerente ao estado civil de recém-nascido

Art. 242. Dar parto alheio como próprio; registrar como seu o filho de outrem; ocultar recém-nascido ou substituí-lo, suprimindo ou alterando direito inerente ao estado civil:

- *Art. 242,* caput, *com redação dada pela Lei nº 6.898/1981.*

Pena – reclusão, de dois a seis anos.

- *Pena com redação dada pela Lei nº 6.898/1981.*

Parágrafo único. Se o crime é praticado por motivo de reconhecida nobreza:

- *Parágrafo único com redação dada pela Lei nº 6.898/1981.*

Pena – detenção, de um a dois anos, podendo o juiz deixar de aplicar a pena.

- *Pena com redação dada pela Lei nº 6.898/1981.*

Sonegação de estado de filiação

Art. 243. Deixar em asilo de expostos ou outra instituição de assistência filho próprio ou alheio, ocultando-lhe a filiação ou atribuindo-lhe outra, com o fim de prejudicar direito inerente ao estado civil:

Pena – reclusão, de um a cinco anos, e multa.

Capítulo III – Dos Crimes Contra a Assistência Familiar

Abandono material

Art. 244. Deixar, sem justa causa, de prover a subsistência do cônjuge, ou de filho menor de 18 (dezoito) anos ou inapto para o trabalho, ou de ascendente inválido ou maior de 60 (sessenta) anos, não lhes proporcionando os recursos necessários ou faltando ao pagamento de pensão alimentícia judicialmente acordada, fixada ou majorada; deixar, sem justa causa, de socorrer descendente ou ascendente, gravemente enfermo:

- *Art. 244,* caput, *com redação dada pela Lei nº 10.741/2003.*

Pena – detenção, de 1 (um) a 4 (quatro) anos e multa, de uma a dez vezes o maior salário mínimo vigente no País.

- *Pena com redação dada pela Lei nº 5.478/1968.*

Parágrafo único. Nas mesmas penas incide quem, sendo solvente, frustra ou ilide, de qualquer modo, inclusive por abandono injustificado de emprego ou função, o pagamento de pensão alimentícia judicialmente acordada, fixada ou majorada.

- *Parágrafo único acrescido pela Lei nº 5.478/1968.*

Entrega de filho menor a pessoa inidônea

Art. 245. Entregar filho menor de 18 (dezoito) anos a pessoa em cuja companhia saiba ou deva saber que o menor fica moral ou materialmente em perigo:

- *Art. 245,* caput, *com redação dada pela Lei nº 7.251/1984.*

Pena – detenção, de 1 (um) a 2 (dois) anos.

- *Pena com redação dada pela Lei nº 7.251/1984.*

§ 1º. A pena é de 1 (um) a 4 (quatro) anos de reclusão, se o agente pratica delito para obter lucro, ou se o menor é enviado para o exterior.

- *§ 1º acrescido pela Lei nº 7.251/1984.*

§ 2º. Incorre, também, na pena do parágrafo anterior quem, embora excluído o perigo moral ou material, auxilia a efetivação de ato destinado ao envio de menor para o exterior, com o fito de obter lucro.

- *§ 2º acrescido pela Lei nº 7.251/1984.*

Abandono intelectual

Art. 246. Deixar, sem justa causa, de prover à instrução primária de filho em idade escolar:

Pena – detenção, de quinze dias a um mês, ou multa.

Art. 247. Permitir alguém que menor de dezoito anos, sujeito a seu poder ou confiado à sua guarda ou vigilância:

I – frequente casa de jogo ou mal-afamada, ou conviva com pessoa viciosa ou de má vida;

II – frequente espetáculo capaz de pervertê-lo ou de ofender-lhe o pudor, ou participe de representação de igual natureza;

III – resida ou trabalhe em casa de prostituição;

IV – mendigue ou sirva a mendigo para excitar a comiseração pública:

Pena – detenção, de um a três meses, ou multa.

Capítulo IV – Dos Crimes Contra o Pátrio Poder, Tutela ou Curatela

- *A Lei nº 12.010/2009 (DOU de 4.8.2009) substituiu a expressão "pátrio poder" em toda a Lei nº 8.069/1990 (Estatuto da Criança e do Adolescente) pela expressão "poder familiar"; porém, não se referiu a esta norma, razão pela qual mantivemos a redação.*

Induzimento a fuga, entrega arbitrária ou sonegação de incapazes

Art. 248. Induzir menor de dezoito anos, ou interdito, a fugir do lugar em que se acha por determinação de quem sobre ele exerce autoridade, em virtude de lei ou de ordem judicial; confiar a outrem sem ordem do pai, do tutor ou do curador algum menor de dezoito anos ou interdito, ou deixar, sem justa causa, de entregá-lo a quem legitimamente o reclame:

Pena – detenção, de um mês a um ano, ou multa.

Subtração de incapazes

Art. 249. Subtrair menor de dezoito anos ou interdito ao poder de quem o tem sob sua guarda em virtude de lei ou de ordem judicial:

Pena – detenção, de dois meses a dois anos, se o fato não constitui elemento de outro crime.

§ 1º. O fato de ser o agente pai ou tutor do menor ou curador do interdito não o exime de pena, se destituído ou temporariamente privado do pátrio poder, tutela, curatela ou guarda.

§ 2º. No caso de restituição do menor ou do interdito, se este não sofreu maus-tratos ou privações, o juiz pode deixar de aplicar pena.

....

DISPOSIÇÕES FINAIS

....

Art. 361. Este Código entrará em vigor no dia 1º de janeiro de 1942.

Rio de Janeiro, 7 de dezembro de 1940; 119º da Independência e 52º da República.

Getúlio Vargas

DOU de 31.12.1940

CÓDIGO DE PROCESSO PENAL
DECRETO-LEI Nº 3.689, DE 3 DE OUTUBRO DE 1941

(Excertos)

Código de Processo Penal.

O Presidente da República, usando da atribuição que lhe confere o art. 180 da Constituição, decreta a seguinte Lei:

....

LIVRO I – DO PROCESSO EM GERAL

....

TÍTULO II – DO INQUÉRITO POLICIAL

....

Art. 15. Se o indiciado for menor, ser-lhe-á nomeado curador pela autoridade policial.

....

TÍTULO III – DA AÇÃO PENAL

....

Art. 33. Se o ofendido for menor de 18 (dezoito) anos, ou mentalmente enfermo, ou retardado mental, e não tiver representante legal, ou colidirem os interesses deste com os daquele, o direito de queixa poderá ser exercido por curador especial, nomeado, de ofício ou a requerimento do Ministério Público, pelo juiz competente para o processo penal.

Art. 34. Se o ofendido for menor de 21 (vinte e um) e maior de 18 (dezoito) anos, o direito de queixa poderá ser exercido por ele ou por seu representante legal.

....

Art. 50. A renúncia expressa constará de declaração assinada pelo ofendido, por seu representante legal ou procurador com poderes especiais.

Parágrafo único. A renúncia do representante legal do menor que houver completado 18 (dezoito) anos não privará este do direito de queixa, nem a renúncia do último excluirá o direito do primeiro.

....

Art. 52. Se o querelante for menor de 21 e maior de 18 anos, o direito de perdão poderá ser exercido por ele ou por seu representante legal, mas o perdão concedido por um, havendo oposição do outro, não produzirá efeito.

....

Art. 54. Se o querelado for menor de 21 anos, observar-se-á, quanto à aceitação do perdão, o disposto no art. 52.

....

TÍTULO V – DA COMPETÊNCIA

....

Capítulo V – Da Competência por Conexão ou Continência

....

Art. 79. A conexão e a continência importarão unidade de processo e julgamento, salvo:

I – no concurso entre a jurisdição comum e a militar;

II – no concurso entre a jurisdição comum e a do juízo de menores.

....

TÍTULO VII – DA PROVA

....

Capítulo VI – Das Testemunhas

....

Art. 208. Não se deferirá o compromisso a que alude o art. 203 aos doentes e deficientes mentais e aos menores de 14 (quatorze) anos, nem às pessoas a que se refere o art. 206.

....

TÍTULO VIII – DO JUIZ, DO MINISTÉRIO PÚBLICO, DO ACUSADO E DEFENSOR, DOS ASSISTENTES E AUXILIARES DA JUSTIÇA

....

Capítulo III – Do Acusado e seu Defensor

....

Art. 262. Ao acusado menor dar-se-á curador.

....

Capítulo VI – Dos Peritos e Intérpretes

....

Art. 279. Não poderão ser peritos:

....

III – os analfabetos e os menores de 21 anos.

....

TÍTULO IX – DA PRISÃO, DAS MEDIDAS CAUTELARES E DA LIBERDADE PROVISÓRIA

• *Título IX com redação dada pela Lei nº 12.403/2011.*

....

Capítulo IV – Da Prisão Domiciliar

• *Nome do Capítulo IV com redação dada pela Lei nº 12.403/2011.*

....

Art. 318. Poderá o juiz substituir a prisão preventiva pela domiciliar quando o agente for:

• *Art. 318,* caput, *com redação dada pela Lei nº 12.403/2011.*

I – maior de 80 (oitenta) anos;

• *Inciso I acrescido pela Lei nº 12.403/2011.*

II – extremamente debilitado por motivo de doença grave;

• *Inciso II acrescido pela Lei nº 12.403/2011.*

III – imprescindível aos cuidados especiais de pessoa menor de 6 (seis) anos de idade ou com deficiência;

• *Inciso III acrescido pela Lei nº 12.403/2011.*

IV – gestante a partir do 7º (sétimo) mês de gravidez ou sendo esta de alto risco.

• *Inciso IV acrescido pela Lei nº 12.403/2011.*

Parágrafo único. Para a substituição, o juiz exigirá prova idônea dos requisitos estabelecidos neste artigo.

• *Parágrafo único acrescido pela Lei nº 12.403/2011.*

....

LIVRO III – DAS NULIDADES E DOS RECURSOS EM GERAL

TÍTULO I – DAS NULIDADES

....

Art. 564. A nulidade ocorrerá nos seguintes casos:

....

III – por falta das fórmulas ou dos termos seguintes:

....

c) a nomeação de defensor ao réu presente, que o não tiver, ou ao ausente, e de curador ao menor de 21 anos;

....

LIVRO IV – DA EXECUÇÃO

....

TÍTULO II – DA EXECUÇÃO E DAS PENAS EM ESPÉCIE

....

Capítulo III – Das Penas Acessórias

Art. 692. No caso de incapacidade temporária ou permanente para o exercício do pátrio poder, da tutela ou da curatela, o juiz providenciará para que sejam acautelados, no juízo competente, a pessoa e os bens do menor ou do interdito.

• *A Lei nº 12.010/2009 (DOU de 4.8.2009) substituiu a expressão "pátrio poder" em alguns artigos da Lei nº 8.069/1990 (Estatuto da Criança e do Adolescente) pela expressão "poder familiar" porém, não se referiu a este artigo, razão pela qual mantivemos a redação.*

LIVRO VI – DISPOSIÇÕES GERAIS

....

Art. 810. Este Código entrará em vigor no dia 1º de janeiro de 1942.

Art. 811. Revogam-se as disposições em contrário.

Rio de Janeiro, em 3 de outubro de 1941; 120º da Independência e 53º da República.

Getúlio Vargas

DOU de 13.10.1941

CONSOLIDAÇÃO DAS LEIS DO TRABALHO DECRETO-LEI Nº 5.452, DE 1º DE MAIO DE 1943

(Excertos)

Aprova a Consolidação das Leis do Trabalho.

O Presidente da República, usando da atribuição que lhe confere o art. 180 da Constituição,

Decreta:

Art. 1º. Fica aprovada a Consolidação das Leis do Trabalho, que a este decreto-lei acompanha, com as alterações por ela introduzidas na legislação vigente.

Parágrafo único. Continuam em vigor as disposições legais transitórias ou de emergência, bem como as que não tenham aplicação em todo o território nacional.

Art. 2º. O presente Decreto-Lei entrará em vigor em 10 de novembro de 1943.

Rio de Janeiro, 1º de maio de 1943, 122º da Independência e 55º da República.

Getúlio Vargas

DOU de 9.8.1943

....

TÍTULO II – DAS NORMAS GERAIS DE TUTELA DO TRABALHO

Capítulo I – Da Identificação Profissional

....

Seção II – Da Emissão da Carteira

- *Título da Seção II com redação dada pelo Decreto-Lei nº 926/1969.*

Art. 17. Na impossibilidade de apresentação, pelo interessado, de documento idôneo que o qualifique, a Carteira de Trabalho e Previdência Social será fornecida com base em declarações verbais confirmadas por 2 (duas) testemunhas, lavrando-se, na primeira folha de anotações gerais da carteira, termo assinado pelas mesmas testemunhas.

- *Art. 17,* caput, *com redação dada pelo Decreto-Lei nº 926/1969.*

§ 1º. Tratando-se de menor de 18 (dezoito) anos, as declarações previstas neste artigo serão prestadas por seu responsável legal.

- *§ 1º com redação dada pelo Decreto-Lei nº 926/1969.*

....

Capítulo IV – Das Férias Anuais

- *Título do Capítulo IV com redação dada pelo Decreto-Lei nº 1.535/1977.*

....

Seção II – Da Concessão e da Época das Férias

- *Título da Seção II com redação dada pelo Decreto-Lei nº 1.535/1977.*

Art. 134. As férias serão concedidas por ato do empregador, em um só período, nos 12 (doze) meses subsequentes à data em que o empregado tiver adquirido o direito.

- *Art. 134,* caput, *com redação dada pelo Decreto-Lei nº 1.535/1977.*

....

§ 2º. Aos menores de 18 (dezoito) anos e aos maiores de 50 (cinquenta) anos de idade, as férias serão sempre concedidas de uma só vez.

- *§ 2º acrescido pelo Decreto-Lei nº 1.535/1977.*

....

Art. 136. A época da concessão das férias será a que melhor consulte os interesses do empregador.

- *Art. 136,* caput, *com redação dada pelo Decreto-Lei nº 1.535/1977.*

....

§ 2º. O empregado estudante, menor de 18 (dezoito) anos, terá direito a fazer coincidir suas férias com as férias escolares.

- *§ 2º com redação dada pelo Decreto-Lei nº 1.535/1977.*

....

Capítulo V – Da segurança e da Medicina do Trabalho

- *Título do Capítulo V com redação dada pela Lei nº 6.514/1977.*

....

Seção XIV – Da Prevenção da Fadiga

Art. 198. É de 60 kg (sessenta quilogramas) o peso máximo que um empregado pode remover individualmente, ressalvadas as disposições especiais relativas ao trabalho do menor e da mulher.

- *Art. 198,* caput, *com redação dada pela Lei nº 6.514/1977.*

....

TÍTULO III – DAS NORMAS ESPECIAIS DE TUTELA DO TRABALHO

....

Capítulo III – Da Proteção do Trabalho da Mulher

....

Seção V – Da Proteção à Maternidade

....

Art. 392. A empregada gestante tem direito à licença-maternidade de 120 (cento e vinte) dias, sem prejuízo do emprego e do salário.

- *Art. 392,* caput, *com redação dada pela Lei nº 10.421/2002.*

§ 1º. A empregada deve, mediante atestado médico, notificar o seu empregador da data do início do afastamento do emprego, que poderá ocorrer entre o 28º (vigésimo oitavo) dia antes do parto e ocorrência deste.

- *§ 1º com redação dada pela Lei nº 10.421/2002.*

§ 2º. Os períodos de repouso, antes e depois do parto, poderão ser aumentados de 2 (duas) semanas cada um, mediante atestado médico.

- *§ 2º com redação dada pela Lei nº 10.421/2002.*

§ 3º. Em caso de parto antecipado, a mulher terá direito aos 120 (cento e vinte) dias previstos neste artigo.

- *§ 3º com redação dada pela Lei nº 10.421/2002.*

§ 4º. É garantido à empregada, durante a gravidez, sem prejuízo do salário e demais direitos:

- *§ 4º,* caput, *com redação dada pela Lei nº 9.799/1999.*

I – transferência de função, quando as condições de saúde o exigirem, assegurada a retomada da função anteriormente exercida, logo após o retorno ao trabalho;

- *Inciso II acrescido pela Lei nº 9.799/1999.*

II – dispensa do horário de trabalho pelo tempo necessário para a realização de, no mínimo, seis consultas médicas e demais exames complementares.

- *Inciso I acrescido pela Lei nº 9.799/1999.*

§ 5º. (Vetado).

- *§ 5º acrescido pela Lei nº 10.421/2002.*

Art. 392-A. À empregada que adotar ou obtiver guarda judicial para fins de adoção de criança será concedida licença-maternidade nos termos do art. 392, observado o disposto no seu § 5º.

- *Art. 392-A,* caput, *acrescido pela Lei nº 10.421/2002.*

§§ 1º a 3º. (Revogados).

- *§§ 1º a 3º acrescidos pela Lei nº 10.421/2002 e revogados pela Lei nº 12.010/2009.*

§ 4º. A licença-maternidade só será concedida mediante apresentação do termo judicial de guarda à adotante ou guardiã.

- *§ 4º acrescido pela Lei nº 10.421/2002.*

....

Art. 399. O Ministro do Trabalho e Emprego conferirá diploma de benemerência aos empregadores que se distinguirem pela organização e manutenção de creches e de instituições de proteção aos menores em idade pré-escolar, desde que tais serviços se recomendem por sua generosidade e pela eficiência das respectivas instalações.

....

Capítulo IV – Da Proteção do Trabalho do Menor

Seção I – Disposições Gerais

Art. 402. Considera-se menor para os efeitos desta Consolidação o trabalhador de quatorze até dezoito anos.

- *Art. 402,* caput, *com redação dada pela Lei nº 10.097/2000.*

Parágrafo único. O trabalho do menor reger-se-á pelas disposições do presente Capítulo, exceto no serviço em oficinas em que trabalhem exclusivamente pessoas da família do menor e esteja este sob a direção do pai, mãe ou tutor, observado, entretanto, o disposto nos arts. 404, 405 e na Seção II.

- *Parágrafo único com redação dada pelo Decreto-Lei nº 229/1967.*

Art. 403. É proibido qualquer trabalho a menores de dezesseis anos de idade, salvo na condição de aprendiz, a partir dos quatorze anos.

- *Art. 403,* caput, *com redação dada pela Lei nº 10.097/2000.*

Parágrafo único. O trabalho do menor não poderá ser realizado em locais prejudiciais à sua formação, ao seu desenvolvimento físico, psíquico, moral e social e em horários e locais que não permitam a frequência à escola.

- *Parágrafo único com redação dada pela Lei nº 10.097/2000.*

Art. 404. Ao menor de 18 (dezoito) anos é vedado o trabalho noturno, considerado este o que for executado no período compreendido entre as 22 (vinte e duas) e as 5 (cinco) horas.

Art. 405. Ao menor não será permitido o trabalho:

- *Art. 405,* caput, *com redação dada pelo Decreto-Lei nº 229/1967.*

I – nos locais e serviços perigosos ou insalubres, constantes de quadro para esse fim aprovado pelo Diretor Geral do Departamento de Segurança e Higiene do Trabalho;

- *Inciso I acrescido pelo Decreto-Lei nº 229/1967.*
- *V. Decreto nº 6.481/2008. Nesta edição.*
- *V. Portaria MTE/SIT nº 88/2009, que remete ao que são considerados locais e serviços perigosos ou insalubres, proibidos ao trabalho do menor de 18 (dezoito) anos. Nesta edição.*

II – em locais ou serviços prejudiciais à sua moralidade.

- *Inciso II acrescido pelo Decreto-Lei nº 229/1967.*

§ 1º. (Revogado).

- *§ 1º revogado pela Lei nº 10.097/2000.*

§ 2º. O trabalho exercido nas ruas, praças e outros logradouros dependerá de prévia autorização do Juiz da Infância e da Juventude, ao qual cabe verificar se a ocupação é indispensável à sua própria subsistência ou à de seus pais, avós ou irmãos e se dessa ocupação não poderá advir prejuízo à sua formação moral.

- *§ 2º com redação dada pelo Decreto-Lei nº 229/1967.*

§ 3º. Considera-se prejudicial à moralidade do menor o trabalho:

- *§ 3º com redação dada pelo Decreto-Lei nº 229/1967.*

a) prestado de qualquer modo, em teatros de revista, cinemas, boates, cassinos, cabarés, *dancings* e estabelecimentos análogos;

- *Alínea "a" acrescida pelo Decreto-Lei nº 229/1967.*

b) em empresas circenses, em funções de acrobata, saltimbanco, ginasta e outras semelhantes;

- *Alínea "b" acrescida pelo Decreto-Lei nº 229/1967.*

c) de produção, composição, entrega ou venda de escritos, impressos, cartazes, desenhos, gravuras, pinturas, emblemas, imagens e quaisquer outros objetos que possam, a juízo da autoridade competente, prejudicar sua formação moral;

- *Alínea "c" acrescida pelo Decreto-Lei nº 229/1967.*

d) consistente na venda, a varejo, de bebidas alcoólicas.

- *Alínea "d" acrescida pelo Decreto-Lei nº 229/1967.*

§ 4º. Nas localidades em que existirem, oficialmente reconhecidas, instituições destinadas ao amparo dos menores jornaleiros, só aos que se encontrem sob o patrocínio dessas entidades será outorgada a autorização do trabalho a que alude o § 2º.

- *§ 4º acrescido pelo Decreto-Lei nº 229/1967.*

§ 5º. Aplica-se ao menor o disposto no art. 390 e seu parágrafo único.

- *§ 5º acrescido pelo Decreto-Lei nº 229/1967.*

Art. 406. O Juiz da Infância e da Juventude poderá autorizar ao menor o trabalho a que se referem as letras "a" e "b" do § 3º do art. 405:

- *Art. 406,* caput, *com redação dada pelo Decreto-Lei nº 229/1967.*

I – desde que a representação tenha fim educativo ou a peça de que participe não possa ser prejudicial à sua formação moral;

- *Inciso I com redação dada pelo Decreto-Lei nº 229/1967.*

II – desde que se certifique ser a ocupação do menor indispensável à própria subsistência ou à de seus pais, avós ou irmãos e não advir nenhum prejuízo à sua formação moral.

- *Inciso II com redação dada pelo Decreto-Lei nº 229/1967.*

Art. 407. Verificado pela autoridade competente que o trabalho executado pelo menor é prejudicial à sua saúde, ao seu desenvolvimento físico ou a sua moralidade, poderá ela obrigá-lo a abandonar o serviço, devendo a respectiva empresa, quando for o caso, proporcionar ao menor todas as facilidades para mudar de funções.

- *Art. 407,* caput, *com redação dada pelo Decreto-Lei nº 229/1967.*

Parágrafo único. Quando a empresa não tomar as medidas possíveis e recomendadas pela autoridade competente para que o menor mude de função, configurar-se-á a rescisão do contrato de trabalho, na forma do art. 483.

- *Parágrafo único acrescido pelo Decreto-Lei nº 229/1967.*

Art. 408. Ao responsável legal do menor é facultado pleitear a extinção do contrato de trabalho, desde que o serviço possa acarretar para ele prejuízos de ordem física ou moral.

- *Art. 408 com redação dada pelo Decreto-Lei nº 229/1967.*

Art. 409. Para maior segurança do trabalho e garantia da saúde dos menores, a autoridade fiscalizadora poderá proibir-lhes o gozo dos períodos de repouso nos locais de trabalho.

Art. 410. O Ministro do Trabalho e Emprego poderá derrogar qualquer proibição decorrente do quadro a que se refere a alínea “a” do art. 405 quando se certificar haver desaparecido, parcial ou totalmente, o caráter perigoso ou insalubre, que determinou a proibição.

Seção II – Da Duração do Trabalho

Art. 411. A duração do trabalho do menor regular-se-á pelas disposições legais relativas à duração do trabalho em geral, com as restrições estabelecidas neste Capítulo.

Art. 412. Após cada período de trabalho efetivo, quer contínuo, quer dividido em 2 (dois) turnos, haverá um intervalo de repouso, não inferior a 11(onze) horas.

Art. 413. É vedado prorrogar a duração normal diária do trabalho do menor, salvo:

- *Art. 413,* caput, *com redação dada pelo Decreto-Lei nº 229/1967.*

I – até mais 2 (duas) horas, independentemente de acréscimo salarial, mediante convenção ou acordo coletivo nos termos do Título VI desta Consolidação, desde que o excesso de horas em um dia seja compensado pela diminuição em outro, de modo a ser observado o limite máximo de 48 (quarenta e oito) horas semanais ou outro inferior legalmente fixada;

- *Inciso I acrescido pelo Decreto-Lei nº 229/1967.*

II – excepcionalmente, por motivo de força maior, até o máximo de 12 (doze) horas, com acréscimo salarial de, pelo menos, 25% (vinte e cinco por cento) sobre a hora normal e desde que o trabalho do menor seja imprescindível ao funcionamento do estabelecimento.

- *Inciso II acrescido pelo Decreto-Lei nº 229/1967.*

Parágrafo único. Aplica-se à prorrogação do trabalho do menor o disposto no art. 375, no parágrafo único do art. 376, no art. 378 e no art. 384 desta Consolidação.

- *Parágrafo único acrescido pelo Decreto-Lei nº 229/1967.*

Art. 414. Quando o menor de 18 (dezoito) anos for empregado em mais de um estabelecimento, as horas de trabalho em cada um serão totalizadas.

Seção III – Da Admissão em Emprego e da Carteira de Trabalho e Previdência Social

- *V. Decreto-Lei nº 926/1969, que institui a Carteira de Trabalho e Previdência Social, altera dispositivos da Consolidação das Leis do Trabalho e do Estatuto do Trabalhador Rural.*

Art. 415. Haverá a Carteira de Trabalho e Previdência Social para todos os menores de 18 anos, sem distinção do sexo, empregados em empresas ou estabelecimentos de fins econômicos e daqueles que lhes forem equiparados.

Parágrafo único. A carteira obedecerá ao modelo que o Ministério do Trabalho e Emprego adotar e será emitida no Distrito Federal, pelo Departamento Nacional, do Trabalho e, nos Estados, pelas Delegacias Regionais do referido Ministério.

Art. 416. Os menores de 18 anos só poderão ser admitidos, como empregados, nas empresas ou estabelecimentos de fins econômicos e naqueles que lhes forem equiparados, quando possuidores da carteira a que se refere o artigo anterior, salvo a hipótese do art. 422.

Art. 417. A emissão da carteira será feita a pedido do menor, mediante a exibição dos seguintes documentos:

- *Art. 417,* caput, *com redação dada pelo Decreto-Lei nº 229/1967.*

I – certidão de idade ou documento legal que a substitua;

- *Inciso I com redação dada pelo Decreto-Lei nº 229/1967.*

II – autorização do pai, mãe ou responsável legal;

- *Inciso II com redação dada pelo Decreto-Lei nº 229/1967.*

III – autorização do Juiz da Infância e da Juventude, nos casos dos artigos 405, § 2º, e 406;

- *Inciso III com redação dada pelo Decreto-Lei nº 229/1967.*

IV – atestado médico de capacidade física e mental;

- *Inciso IV com redação dada pelo Decreto-Lei nº 229/1967.*

V – atestado de vacinação;

- *Inciso V com redação dada pelo Decreto-Lei nº 229/1967.*

VI – prova de saber ler, escrever e contar;

- *Inciso VI com redação dada pelo Decreto-Lei nº 229/1967.*

VII – duas fotografias de frente, com as dimensões de 0,04m x 0,03m.

- *Inciso VII com redação dada pelo Decreto-Lei nº 229/1967.*

Parágrafo único. Os documentos exigidos por este artigo serão fornecidos gratuitamente.

- *Parágrafo único com redação dada pelo Decreto-Lei nº 229/1967.*

Art. 418. (Revogado).

- *Art. 418,* caput, *revogado pela Lei nº 7.855/1989.*

Parágrafo único. (Revogado).

- *Parágrafo único revogado pela Lei nº 7.855/1989.*

Art. 419. A prova de saber ler, escrever e contar, a que se refere a alínea "f" do art. 417 será feita mediante certificado de conclusão de curso primário. Na falta deste, a autoridade incumbida de verificar a validade dos documentos submeterá o menor ou mandará submetê-lo, por pessoa idônea, a exame elementar que constará de leitura de quinze linhas, com explicação do sentido, de ditado, nunca excedente de dez linhas, e cálculo sobre as quatro operações fundamentais de aritmética. Verificada a alfabetização do menor, será emitida a carteira.

§ 1º. Se o menor for analfabeto ou não estiver devidamente alfabetizado, a carteira só será emitida pelo prazo de um ano, mediante a apresentação de um certificado ou atestado de matrícula e frequência em escola primária.

§ 2º. A autoridade fiscalizadora, na hipótese do parágrafo anterior, poderá renovar o prazo nele fixado, cabendo-lhe, em caso de não renovar tal prazo, cassar a carteira expedida.

§ 3º. Dispensar-se-á a prova de saber ler, escrever e contar, se não houver escola primária dentro do raio de dois quilômetros da sede do estabelecimento em que trabalhe o menor e não ocorrer a hipótese prevista no parágrafo único do art. 427. Instalada que seja a escola, proceder-se-á como nos parágrafos anteriores.

Art. 420. A carteira, devidamente anotada, permanecerá em poder do menor, devendo, entretanto, constar do Registro de empregados os dados correspondentes.

- *Art. 420,* caput, *com redação dada pelo Decreto-Lei nº 229/1967.*

Parágrafo único. Ocorrendo falta de anotação por parte da empresa, independentemente do procedimento fiscal previsto no § 2º do art. 29, cabe ao representante legal do menor, ao agente da inspeção do trabalho, ao órgão do Ministério Público do Trabalho ou ao Sindicato, dar início ao processo de reclamação, de acordo com o estabelecido no Título II, Capítulo I, Seção V.

- *Parágrafo único acrescido pelo Decreto-Lei nº 229/1967.*

Art. 421. A carteira será emitida, gratuitamente, aplicando-se à emissão de novas vias o disposto nos artigos 21 e seus parágrafos e no artigo 22.

- *Art. 421 com redação dada pelo Decreto-Lei nº 229/1967.*

Art. 422. Nas localidades em que não houver serviço de emissão de carteiras poderão os empregados admitir menores como empregados, independentemente de apresentação de carteiras, desde que exibam os documentos referidos nas alíneas "a", "d" e "f" do art. 417. Esses documentos ficarão em poder do empregador e, instalado o serviço de emissão de carteiras, serão entregues à repartição emissora, para os efeitos do § 2º do referido artigo.

Art. 423. O empregador não poderá fazer outras anotações na carteira de trabalho e previdência social além das referentes ao salário, data da admissão, férias e saída.

Seção IV
Dos Deveres dos Responsáveis Legais de Menores e dos Empregadores da Aprendizagem

Art. 424. É dever dos responsáveis legais de menores, pais, mães, ou tutores, afastá-los de empregos que diminuam consideravelmente o seu tempo de estudo, reduzam o tempo de repouso necessário à sua saúde e constituição física, ou prejudiquem a sua educação moral.

Art. 425. Os empregadores de menores de 18 (dezoito) anos são obrigados a velar pela observância, nos seus estabelecimentos ou empresas, dos bons costumes e da decência pública, bem como das regras da segurança e da medicina do trabalho.

Art. 426. É dever do empregador, na hipótese do art. 407, proporcionar ao menor todas as facilidades para mudar de serviço.

Art. 427. O empregador, cuja empresa ou estabelecimento ocupar menores, será obrigado a conceder-lhes o tempo que for necessário para a frequência às aulas.

Parágrafo único. Os estabelecimentos situados em lugar onde a escola estiver a maior distância que 2 (dois) quilômetros, e que ocuparem, permanentemente, mais de 30 (trinta) menores analfabetos, de 14 (quatorze) a 18 (dezoito) anos, serão obrigados a manter local apropriado em que lhes seja ministrada a instrução primária.

Art. 428. Contrato de aprendizagem é o contrato de trabalho especial, ajustado por escrito e por prazo determinado, em que o empregador se compromete a assegurar ao maior de 14 (quatorze) e menor de 24 (vinte e quatro) anos inscrito em programa de aprendizagem formação técnico-profissional metódica, compatível com o seu desenvolvimento físico, moral e psicológico, e o aprendiz, a executar com zelo e diligência as tarefas necessárias a essa formação.

- *Art. 428,* caput, *com redação dada pela Lei nº 11.180/2005.*

§ 1º. A validade do contrato de aprendizagem pressupõe anotação na Carteira de Trabalho e Previdência Social, matrícula e frequência do aprendiz na escola, caso não haja concluído o ensino médio, e inscrição em programa de aprendizagem desenvolvido sob orientação de entidade qualificada em formação técnico-profissional metódica.

- *§ 1º acrescido pela Lei nº 10.097/2000 e com redação dada pela Lei nº 11.788/2008.*

§ 2º. Ao menor aprendiz, salvo condição mais favorável, será garantido o salário mínimo hora.

- *§ 2º acrescido pela Lei nº 10.097/2000.*

§ 3º. O contrato de aprendizagem não poderá ser estipulado por mais de 2 (dois) anos, exceto quando se tratar de aprendiz portador de deficiência.

- *§ 3º acrescido pela Lei nº 10.097/2000 e com redação dada pela Lei nº 11.788/2008.*

§ 4º. A formação técnico-profissional a que se refere o *caput* deste artigo caracteriza-se por atividades teóricas e práticas, metodicamente organizadas em tarefas de complexidade progressiva desenvolvidas no ambiente de trabalho.

- *§ 4º acrescido pela Lei nº 10.097/2000.*

§ 5º. A idade máxima prevista no *caput* deste artigo não se aplica a aprendizes portadores de deficiência.

- *§ 5º acrescido pela Lei nº 11.180/2005.*

§ 6º. Para os fins do contrato de aprendizagem, a comprovação da escolaridade de aprendiz portador de deficiência mental deve considerar, sobretudo, as habilidades e competências relacionadas com a profissionalização.

- *§ 6º acrescido pela Lei nº 11.180/2005.*

§ 7º. Nas localidades onde não houver oferta de ensino médio para o cumprimento do disposto no § 1º deste artigo, a contratação do aprendiz poderá ocorrer sem a frequência à escola, desde que ele já tenha concluído o ensino fundamental.

- *§ 7º acrescido pela Lei nº 11.788/2008.*

Art. 429. Os estabelecimentos de qualquer natureza são obrigados a empregar e matricular nos cursos dos Serviços Nacionais de Aprendizagem número de aprendizes equivalente a cinco por cento, no mínimo, e quinze por cento, no máximo, dos trabalhadores existentes em cada estabelecimento, cujas funções demandem formação profissional.

- *Art. 429,* caput, *com redação dada pela Lei nº 10.097/2000.*

a) (revogada);

- *Alínea "a" revogada pela Lei nº 10.097/2000.*

b) (revogada).

- *Alínea "b" revogada pela Lei nº 10.097/2000.*

§ 1º-A. O limite fixado neste artigo não se aplica quando o empregador for entidade sem fins lucrativos, que tenha por objetivo a educação profissional.

- *§ 1º-A acrescido pela Lei nº 10.097/2000.*

§ 1º. As frações de unidade, no cálculo da percentagem de que trata o *caput*, darão lugar à admissão de um aprendiz.

- *§ 1º acrescido pela Lei nº 10.097/2000.*

§ 2º. Os estabelecimentos de que trata o *caput* ofertarão vagas de aprendizes a adolescentes usuários do Sistema Nacional de Atendimento Socioeducativo (SINASE) nas condições a serem dispostas em instrumentos de cooperação celebrados entre os estabelecimentos e os gestores dos Sistemas de Atendimento Socioeducativo locais.

- *§ 2º acrescido pela Lei nº 12.594/2012 (DOU de 19.1.2012), com vigência 90 dias após a publicação.*

Art. 430. Na hipótese de os Serviços Nacionais de Aprendizagem não oferecerem cursos ou vagas suficientes para atender à demanda dos estabelecimentos, esta poderá ser suprida por outras entidades qualificadas em formação técnico-profissional metódica, a saber:

- *Art. 430,* caput, *com redação dada pela Lei nº 10.097/2000.*

I – Escolas Técnicas de Educação;

- *Inciso I acrescido pela Lei nº 10.097/2000.*

II – entidades sem fins lucrativos, que tenham por objetivo a assistência ao adolescente e à educação profissional, registradas no Conselho Municipal dos Direitos da Criança e do Adolescente.

- *Inciso II acrescido pela Lei nº 10.097/2000.*

§ 1º. As entidades mencionadas neste artigo deverão contar com estrutura adequada ao desenvolvimento dos programas de aprendizagem, de forma a manter a qualidade do processo de ensino, bem como acompanhar e avaliar os resultados.

- *§ 1º acrescido pela Lei nº 10.097/2000.*

§ 2º. Aos aprendizes que concluírem os cursos de aprendizagem, com aproveitamento, será concedido certificado de qualificação profissional.

- *§ 2º acrescido pela Lei nº 10.097/2000.*

§ 3º. O Ministério do Trabalho e Emprego fixará normas para avaliação da competência das entidades mencionadas no inciso II deste artigo.

- *§ 3º acrescido pela Lei nº 10.097/2000.*

Art. 431. A contratação do aprendiz poderá ser efetivada pela empresa onde se realizará a aprendizagem ou pelas entidades mencionadas no inciso II do art. 430, caso em que não gera vínculo de emprego com a empresa tomadora dos serviços.

- *Art. 431,* caput, *com redação dada pela Lei nº 10.097/2000.*

a) (revogada);

- *Alínea "a" revogada pela Lei nº 10.097/2000.*

b) (revogada);

- *Alínea "b" revogada pela Lei nº 10.097/2000.*

c) (revogada).

- *Alínea "c" revogada pela Lei nº 10.097/2000.*

Parágrafo único. (Vetado).

- *Parágrafo único com redação dada pela Lei nº 10.097/2000.*

Art. 432. A duração do trabalho do aprendiz não excederá de seis horas diárias, sendo vedadas a prorrogação e a compensação de jornada.

- *Art. 432,* caput, *com redação dada pela Lei nº 10.097/2000.*

§ 1º. O limite previsto neste artigo poderá ser de até oito horas diárias para os aprendizes que já tiverem completado o ensino fundamental, se nelas forem computadas as horas destinadas à aprendizagem teórica.

- *§ 1º com redação dada pela Lei nº 10.097/2000.*

§ 2º. (Revogado).

- *§ 2º revogado pela Lei nº 10.097/2000.*

Art. 433. O contrato de aprendizagem extinguir-se-á no seu termo ou quando o aprendiz completar 24 (vinte e quatro) anos, ressalvada a hipótese prevista no § 5º do art. 428 desta Consolidação, ou ainda antecipadamente nas seguintes hipóteses:

- *Art. 433,* caput, *com redação dada pela Lei nº 11.180/2005.*

a) (revogada);

- *Alínea "a" revogada pela Lei nº 10.097/2000.*

b) (revogada).

- *Alínea "b" revogada pela Lei nº 10.097/2000.*

I – desempenho insuficiente ou inadaptação do aprendiz;

- *Inciso I acrescido pela Lei nº 10.097/2000.*

II – falta disciplinar grave;

- *Inciso II acrescido pela Lei nº 10.097/2000.*

III – ausência injustificada à escola que implique perda do ano letivo; ou

- *Inciso III acrescido pela Lei nº 10.097/2000.*

IV – a pedido do aprendiz.

- *Inciso IV acrescido pela Lei nº 10.097/2000.*

Parágrafo único. (Revogado).

- *Parágrafo único revogado pela Lei nº 10.097/2000.*

§ 2º. Não se aplica o disposto nos arts. 479 e 480 desta Consolidação às hipóteses de extinção do contrato mencionadas neste artigo.

- *§ 2º com redação dada pela Lei nº 10.097/2000.*
- *Conforme redação oficial, não consta o § 1º (fonte: http://www.planalto.gov.br/ccivil_03/Decreto-Lei/Del5452.htm#art433...)*

Seção V – Das Penalidades

Art. 434. Os infratores das disposições deste Capítulo ficam sujeitos à multa de valor igual a 1 (um) salário mínimo regional, aplicada tantas vezes quantos forem os menores empregados em desacordo com a lei, não podendo, todavia, a soma das multas exceder a 5 (cinco) vezes o salário-mínimo, salvo no caso de reincidência em que esse total poderá ser elevado ao dobro.

- *Art. 434 com redação dada pelo Decreto-Lei nº 229/1967.*

Art. 435. Fica sujeita à multa de valor igual a 1 (um) salário-mínimo regional e ao pagamento da emissão de nova via a empresa que fizer na Carteira do menor anotação não prevista em lei.

- *Art. 435 com redação dada pelo Decreto-Lei nº 229/1967.*

Art. 436. (Revogado).

- *Art. 436 revogado pela Lei nº 10.097/2000.*

Art. 437. (Revogado).

- *Art. 437 revogado pela Lei nº 10.097/2000.*

Art. 438. São competentes para impor as penalidades previstas neste Capítulo:

a) no Distrito Federal, a autoridade de 1ª instância do Departamento Nacional do Trabalho;

b) nos Estados e Território do Acre, os delegados regionais do Ministério do Trabalho, Industria e Comercio ou os funcionários por eles designados para tal fim.

Parágrafo único. O processo, na verificação das infrações, bem como na aplicação e cobrança das multas, será o previsto no título "Do Processo de Multas Administrativas", observadas as disposições deste artigo.

Seção VI – Disposições Finais

Art. 439. É lícito ao menor firmar recibo pelo pagamento dos salários. Tratando-se, porém, de rescisão do contrato de trabalho, é vedado ao menor de 18 (dezoito) anos dar, sem assistência dos seus responsáveis legais, quitação ao empregador pelo recebimento da indenização que lhe for devida.

Art. 440. Contra os menores de 18 (dezoito) anos não corre nenhum prazo de prescrição.

Art. 441. O quadro a que se refere o item I do art. 405 será revisto bienalmente.

- *Art. 441 com redação dada pelo Decreto-Lei nº 229/1967.*
- *V. Decreto nº 6.481/2008. Nesta edição.*
- *V. Portaria MTE/SIT nº 88/2009, que remete ao que são considerados locais e serviços perigosos ou insalubres, proibidos ao trabalho do menor de 18 (dezoito) anos. Nesta edição.*

....

TÍTULO X – DO PROCESSO JUDICIÁRIO DO TRABALHO

....

Capítulo II – Do Processo em Geral

....

Seção IV – Das Partes e dos Procuradores

....

Art. 793. A reclamação trabalhista do menor de 18 anos será feita por seus representantes legais e, na falta destes, pela Procuradoria da Justiça do Trabalho, pelo sindicato, pelo Ministério Público estadual ou curador nomeado em juízo.

- *Art. 793 com redação dada pela Lei nº 10.288/2001.*

....

Legislação Complementar e Alteradora

LEIS

LEI Nº 6.015, DE 31 DE DEZEMBRO DE 1973
(Excertos)

Dispõe sobre os registros públicos, e dá outras providências.

O Presidente da República,

Faço saber que o Congresso Nacional decreta e eu sanciono a seguinte Lei:

....

TÍTULO II – DO REGISTRO DE PESSOAS NATURAIS

....

Capítulo IV – Do Nascimento

Art. 50. Todo nascimento que ocorrer no território nacional deverá ser dado a registro, no lugar em que tiver ocorrido o parto ou no lugar da residência dos pais, dentro do prazo de quinze dias, que será ampliado em até três meses para os lugares distantes mais de trinta quilômetros da sede do cartório.

- *Art. 50,* caput, *com redação dada pela Lei nº 9.053/1995.*

§ 1º. Quando for diverso o lugar da residência dos pais, observar-se-á a ordem contida nos itens 1º e 2º do art. 52.

- *§ 1º acrescido pela Lei nº 9.053/1995.*

§ 2º. Os índios, enquanto não integrados, não estão obrigados a inscrição do nascimento. Este poderá ser feito em livro próprio do órgão federal de assistência aos índios.

- *§ 2º, primitivo § 1º, renumerado pela Lei nº 9.053/1995.*

§ 3º. Os menores de vinte e um (21) anos e maiores de dezoito (18) anos poderão, pessoalmente e isentos de multa, requerer o registro de seu nascimento.

- *§ 3º, primitivo § 2º, renumerado pela Lei nº 9.053/1995.*

§ 4º. É facultado aos nascidos anteriormente à obrigatoriedade do registro civil requerer, isentos de multa, a inscrição de seu nascimento.

• *§ 4º, primitivo do § 3º, renumerado pela Lei nº 9.053/1995.*

§ 5º. Aos brasileiros nascidos no estrangeiro se aplicará o disposto neste artigo, ressalvadas as prescrições legais relativas aos consulados.

• *§ 5º, primitivo § 4º, renumerado pela Lei nº 9.053/1995.*

Art. 51. Os nascimentos ocorridos a bordo, quando não registrados nos termos do artigo 65, deverão ser declarados dentro de cinco (5) dias, a contar da chegada do navio ou aeronave ao local do destino, no respectivo cartório ou consulado.

• *Art. 51, primitivo art. 52, renumerado pela Lei nº 6.216/1975.*

Art. 52. São obrigados a fazer declaração de nascimento:

• *Art. 52, primitivo art. 53, renumerado pela Lei nº 6.216/1975.*

1º) o pai;

2º) em falta ou impedimento do pai, a mãe, sendo neste caso o prazo para declaração prorrogado por quarenta e cinco (45) dias;

3º) no impedimento de ambos, o parente mais próximo, sendo maior achando-se presente;

4º) em falta ou impedimento do parente referido no número anterior os administradores de hospitais ou os médicos e parteiras, que tiverem assistido o parto;

5º) pessoa idônea da casa em que ocorrer, sendo fora da residência da mãe;

6º) finalmente, as pessoas (VETADO) encarregadas da guarda do menor.

• *Item 6º com redação dada pela Lei nº 6.216/1975.*

§ 1º. Quando o oficial tiver motivo para duvidar da declaração, poderá ir à casa do recém-nascido verificar a sua existência, ou exigir a atestação do médico ou parteira que tiver assistido o parto, ou o testemunho de duas pessoas que não forem os pais e tiverem visto o recém-nascido.

§ 2º. Tratando-se de registro fora do prazo legal o oficial, em caso de dúvida, poderá requerer ao Juiz as providências que forem cabíveis para esclarecimento do fato.

Art. 53. No caso de ter a criança nascido morta ou no de ter morrido na ocasião do parto, será, não obstante, feito o assento com os elementos que couberem e com remissão ao do óbito.

• *Art. 53, primitivo art. 54, renumerado pela Lei nº 6.216/1975.*

§ 1º. No caso de ter a criança nascido morta, será o registro feito no livro "C Auxiliar", com os elementos que couberem.

• *§ 1º acrescido pela Lei nº 6.216/1975.*

§ 2º. No caso de a criança morrer na ocasião do parto, tendo, entretanto, respirado, serão feitos os dois assentos, o de nascimento e o de óbito, com os elementos cabíveis e com remissões recíprocas.

• *§ 2º acrescido pela Lei nº 6.216/1975.*

Art. 54. O assento do nascimento deverá conter:

• *Art. 54, primitivo art. 55, renumerado pela Lei nº 6.216/1975.*

1º) o dia, mês, ano e lugar do nascimento e a hora certa, sendo possível determiná-la, ou aproximada;

2º) o sexo do registrando;

• *Item 2º com redação dada pela Lei nº 6.216/1975.*

3º) o fato de ser gêmeo, quando assim tiver acontecido;

4º) o nome e o prenome, que forem postos à criança;

5º) a declaração de que nasceu morta, ou morreu no ato ou logo depois do parto;

6º) a ordem de filiação de outros irmãos do mesmo prenome que existirem ou tiverem existido;

7º) os nomes e prenomes, a naturalidade, a profissão dos pais, o lugar e cartório onde se casaram, a idade da genitora, do registrando em anos completos, na ocasião do parto, e o domicílio ou a residência do casal;

8º) os nomes e prenomes dos avós paternos e maternos;

9º) os nomes e prenomes, a profissão e a residência das duas testemunhas do assento, quando se tratar de parto ocorrido sem assistência médica em residência ou fora de unidade hospitalar ou casa de saúde.

- *Item 9º com redação dada pela Lei nº 9.997/2000.*

Art. 55. Quando o declarante não indicar o nome completo, o oficial lançará adiante do prenome escolhido o nome do pai, e na falta, o da mãe, se forem conhecidos e não o impedir a condição de ilegitimidade, salvo reconhecimento no ato.

- *Art. 55, primitivo art. 56, renumerado pela Lei nº 6.216/1975.*

Parágrafo único. Os oficiais do registro civil não registrarão prenomes suscetíveis de expor ao ridículo os seus portadores. Quando os pais não se conformarem com a recusa do oficial, este submeterá por escrito o caso, independente da cobrança de quaisquer emolumentos, à decisão do Juiz competente.

Art. 56. O interessado, no primeiro ano após ter atingido a maioridade civil, poderá, pessoalmente ou por procurador bastante, alterar o nome, desde que não prejudique os apelidos de família, averbando-se a alteração que será publicada pela imprensa.

- *Art. 56, primitivo art. 57, renumerado pela Lei nº 6.216/1975.*

Art. 57. A alteração posterior de nome, somente por exceção e motivadamente, após audiência do Ministério Público, será permitida por sentença do juiz a que estiver sujeito o registro, arquivando-se o mandado e publicando-se a alteração pela imprensa, ressalvada a hipótese do art. 110 desta Lei..

- *Art. 57, primitivo art. 58, renumerado pela Lei nº 6.216/1975.*
- *Art. 57,* caput, *com redação dada pela Lei nº 12.100/2009.*

§ 1º. Poderá, também, ser averbado, nos mesmos termos, o nome abreviado, usado como firma comercial registrada ou em qualquer atividade profissional.

- *§ 1º, primitivo parágrafo único, renumerado pela Lei nº 6.216/1975.*

§ 2º. A mulher solteira, desquitada ou viúva, que viva com homem solteiro, desquitado ou viúvo, excepcionalmente e havendo motivo ponderável, poderá requerer ao juiz competente que, no registro de nascimento, seja averbado o patronímico de seu companheiro, sem prejuízo dos apelidos próprios, de família, desde que haja impedimento legal para o casamento, decorrente do estado civil de qualquer das partes ou de ambas.

- *§ 2º acrescido pela Lei nº 6.216/1975.*

§ 3º. O juiz competente somente processará o pedido, se tiver expressa concordância do companheiro, e se da vida em comum houverem decorrido, no mínimo, 5 (cinco) anos ou existirem filhos da união.

- *§ 3º acrescido pela Lei nº 6.216/1975.*

§ 4º. O pedido de averbação só terá curso, quando desquitado o companheiro, se a ex-esposa houver sido condenada ou tiver renunciado ao uso dos apelidos do marido, ainda que dele receba pensão alimentícia.

- *§ 4º acrescido pela Lei nº 6.216/1975.*

§ 5º. O aditamento regulado nesta Lei será cancelado a requerimento de uma das partes, ouvida a outra.

- *§ 5º acrescido pela Lei nº 6.216/1975.*

§ 6º. Tanto o aditamento quanto o cancelamento da averbação previstos neste artigo serão processados em segredo de justiça.

- *§ 6º acrescido pela Lei nº 6.216/1975.*

§ 7º. Quando a alteração de nome for concedida em razão de fundada coação ou ameaça decorrente de colaboração com a apuração de crime, o juiz competente determinará que haja a averbação no registro de origem de menção da existência de sentença concessiva da alteração, sem a averbação do nome alterado, que somente poderá ser procedida mediante determinação posterior, que levará em consideração a cessação da coação ou ameaça que deu causa à alteração.

• *§ 7º acrescido pela Lei nº 9.807/1999.*

§ 8º. O enteado ou a enteada, havendo motivo ponderável e na forma dos §§ 2º e 7º deste artigo, poderá requerer ao juiz competente que, no registro de nascimento, seja averbado o nome de família de seu padrasto ou de sua madrasta, desde que haja expressa concordância destes, sem prejuízo de seus apelidos de família.

• *§ 8º acrescido pela Lei nº 11.924/2009.*

Art. 58. O prenome será definitivo, admitindo-se, todavia, a sua substituição por apelidos públicos notórios.

• *Art. 58, primitivo art. 59, renumerado pela Lei nº 6.216/1975.*

• *Art. 58,* caput, *com redação dada pela Lei nº 9.708/1998.*

Parágrafo único. A substituição do prenome será ainda admitida em razão de fundada coação ou ameaça decorrente da colaboração com a apuração de crime, por determinação, em sentença, de juiz competente, ouvido o Ministério Público.

• *Parágrafo único com redação dada pela Lei nº 9.807/1998.*

Art. 59. Quando se tratar de filho ilegítimo, não será declarado o nome do pai sem que este expressamente o autorize e compareça, por si ou por procurador especial, para, reconhecendo-o, assinar, ou não sabendo ou não podendo, mandar assinar a seu rogo o respectivo assento com duas testemunhas.

• *Art. 59, primitivo art. 60, renumerado pela Lei nº 6.216/1975.*

Art. 60. O registro conterá o nome do pai ou da mãe, ainda que ilegítimos, quando qualquer deles for o declarante.

• *Art. 60, primitivo art. 61, renumerado pela Lei nº 6.216/1975.*

Art. 61. Tratando-se de exposto, o registro será feito de acordo com as declarações que os estabelecimentos de caridade, as autoridades ou os particulares comunicarem ao oficial competente, nos prazos mencionados no artigo 51, a partir do achado ou entrega, sob a pena do artigo 46, apresentando ao oficial, salvo motivo de força maior comprovada, o exposto e os objetos a que se refere o parágrafo único deste artigo.

• *Art. 61, primitivo art. 62, renumerado pela Lei nº 6.216/1975.*

Parágrafo único. Declarar-se-á o dia, mês e ano, lugar em que foi exposto, a hora em que foi encontrado e a sua idade aparente. Nesse caso, o envoltório, roupas e quaisquer outros objetos e sinais que trouxer a criança e que possam a todo o tempo fazê-la reconhecer, serão numerados, alistados e fechados em caixa lacrada e selada, com o seguinte rótulo: "Pertence ao exposto tal, assento de fls. ... do livro ..." e remetidos imediatamente, com uma guia em duplicata, ao Juiz, para serem recolhidos a lugar seguro. Recebida e arquivada a duplicata com o competente recibo do depósito, far-se-á à margem do assento a correspondente anotação.

Art. 62. O registro do nascimento do menor abandonado, sob jurisdição do Juiz de Menores, poderá fazer-se por iniciativa deste, à vista dos elementos de que dispuser e com observância, no que for aplicável, do que preceitua o artigo anterior.

• *Art. 62, primitivo art. 63, renumerado pela Lei nº 6.216/1975.*

Art. 63. No caso de gêmeos, será declarada no assento especial de cada um a ordem de nascimento. Os gêmeos que tiverem o prenome igual deverão ser inscritos com duplo prenome ou nome completo diverso, de modo que possam distinguir-se.

• *Art. 63, primitivo art. 64, renumerado pela Lei nº 6.216/1975.*

Parágrafo único. Também serão obrigados a duplo prenome, ou a nome completo diverso, os irmãos a que se pretender dar o mesmo prenome.

Art. 64. Os assentos de nascimento em navio brasileiro mercante ou de guerra serão lavrados, logo que o fato se verificar, pelo modo estabelecido na legislação de marinha, devendo, porém, observar-se as disposições da presente Lei.

• *Art. 64, primitivo art. 65, renumerado pela Lei nº 6.216/1975.*

Art. 65. No primeiro porto a que se chegar, o comandante depositará imediatamente, na capitania do porto, ou em sua falta, na estação fiscal, ou ainda, no consulado, em se tratando de porto estrangeiro, duas cópias autenticadas dos assentos referidos no artigo anterior, uma das quais será remetida, por intermédio do Ministério da Justiça, ao oficial do registro, para o registro, no lugar de residência dos pais ou, se não for possível descobri-lo, no 1º Ofício do Distrito Federal. Uma terceira cópia será entregue pelo comandante ao interessado que, após conferência na capitania do porto, por ela poderá, também, promover o registro no cartório competente.

• *Art. 65, primitivo art. 65, renumerado pela Lei nº 6.216/1975.*

Parágrafo único. Os nascimentos ocorridos a bordo de quaisquer aeronaves, ou de navio estrangeiro, poderão ser dados a registro pelos pais brasileiros no cartório ou consulado do local do desembarque.

Art. 66. Pode ser tomado assento de nascimento de filho de militar ou assemelhado em livro criado pela administração militar mediante declaração feita pelo interessado ou remetido pelo comandante da unidade, quando em campanha. Esse assento será publicado em boletim da unidade e, logo que possível, trasladado por cópia autenticada, *ex officio* ou a requerimento do interessado, para o cartório de registro civil a que competir ou para o do 1º Ofício do Distrito Federal, quando não puder ser conhecida a residência do pai.

• *Art. 66, primitivo art. 67, renumerado pela Lei nº 6.216/1975.*

Parágrafo único. A providência de que trata este artigo será extensiva ao assento de nascimento de filho de civil, quando, em consequência de operações de guerra, não funcionarem os cartórios locais.

....

Capítulo X – Da Emancipação, Interdição e Ausência

Art. 89. No cartório do 1º Ofício ou da 1ª subdivisão judiciária de cada comarca serão registrados, em livro especial, as sentenças de emancipação, bem como os atos dos pais que a concederem, em relação aos menores nela domiciliados.

• *Art. 89, primitivo art. 90, renumerado pela Lei nº 6.216/1975.*

Art. 90. O registro será feito mediante trasladação da sentença oferecida em certidão ou do instrumento, limitando-se, se for de escritura pública, as referências da data, livro, folha e ofício em que for lavrada sem dependência, em qualquer dos casos, da presença de testemunhas, mas com a assinatura do apresentante. Dele sempre constarão:

• *Art. 90, primitivo art. 91, renumerado pela Lei nº 6.216/1975.*

1º) data do registro e da emancipação;

2º) nome, prenome, idade, filiação, profissão, naturalidade e residência do emancipado; data e cartório em que foi registrado o seu nascimento;

3º) nome, profissão, naturalidade e residência dos pais ou do tutor.

Art. 91. Quando o juiz conceder emancipação, deverá comunicá-la, de ofício, ao oficial de registro, se não constar dos autos haver sido efetuado este dentro de 8 (oito) dias.

• *Art. 91, primitivo art. 92, renumerado pela Lei nº 6.216/1975.*

Parágrafo único. Antes do registro, a emancipação, em qualquer caso, não produzirá efeito.

Art. 92. As interdições serão registradas no mesmo cartório e no mesmo livro de que trata o art. 89, salvo a hipótese prevista na parte final do parágrafo único do art. 33, declarando-se:

• *Art. 92, primitivo art. 93, renumerado pela Lei nº 6.216/1975.*

1º) data do registro;

2º) nome, prenome, idade, estado civil, profissão, naturalidade, domicílio e residência do interdito, data e cartório em que forem registrados o nascimento e o casamento, bem como o nome do cônjuge, se for casado;

3º) data da sentença, nome e vara do Juiz que a proferiu;

4º) nome, profissão, estado civil, domicílio e residência do curador;

5º) nome do requerente da interdição e causa desta;

6º) limites da curadoria, quando for parcial a interdição;

7º) lugar onde está internado o interdito.

Art. 93. A comunicação, com os dados necessários, acompanhados de certidão de sentença, será remetida pelo Juiz ao cartório para registro de ofício, se o curador ou promovente não o tiver feito dentro de oito (8) dias.

• *Art. 93, primitivo art. 94, renumerado pela Lei nº 6.216/1975.*

Parágrafo único. Antes de registrada a sentença, não poderá o curador assinar o respectivo termo.

Art. 94. O registro das sentenças declaratórias de ausência, que nomearem curador, será feita no cartório do domicílio anterior do ausente, com as mesmas cautelas e efeitos do registro de interdição, declarando-se:

• *Art. 94, primitivo art. 95, renumerado pela Lei nº 6.216/1975.*

1º) data do registro;

2º) nome, idade, estado civil, profissão e domicílio anterior do ausente, data e cartório em que foram registrados o nascimento e o casamento, bem como o nome do cônjuge, se for casado;

3º) tempo de ausência até a data da sentença;

4º) nome do promotor do processo;

5º) data da sentença, nome e vara do Juiz que a proferiu;

6º) nome, estado, profissão, domicílio e residência do curador e os limites da curatela.

Capítulo XI – Da Legitimação Adotiva

Art. 95. Serão registradas no registro de nascimentos as sentenças de legitimação adotiva, consignando-se nele os nomes dos pais adotivos como pais legítimos e os dos ascendentes dos mesmos se já falecidos, ou sendo vivos, se houverem, em qualquer tempo, manifestada por escrito sua adesão ao ato (Lei nº 4.655, de 2.6.1965, art. 6º).

• *Art. 95, primitivo art. 96, renumerado pela Lei nº 6.216/1975.*

Parágrafo único. O mandado será arquivado, dele não podendo o oficial fornecer certidão, a não ser por determinação judicial e em segredo de justiça, para salvaguarda de direitos (Lei nº 4.655, de 2.6.1965, art. 8º, parágrafo único).

Art. 96. Feito o registro, será cancelado o assento de nascimento original do menor.

• *Art. 96, primitivo art. 97, renumerado pela Lei nº 6.216/1975.*

Capítulo XII – Da Averbação

....

Art. 102. No livro de nascimento, serão averbados:

• *Art. 102, primitivo art. 103, renumerado pela Lei nº 6.216/1975.*

1º) as sentenças que julgarem ilegítimos os filhos concebidos nas constância do casamento;

2º) as sentenças que declararem legítima a filiação;

3º) as escrituras de adoção e os atos que a dissolverem;

4º) o reconhecimento judicial ou voluntário dos filhos ilegítimos;

5º) a perda de nacionalidade brasileira, quando comunicada pelo Ministério da Justiça.

6º) a perda e a suspensão do pátrio poder.

- *Item 6º acrescido pela Lei nº 8.069/1990.*
- *A Lei nº 12.010/2009 (DOU de 4.8.2009) substituiu a expressão "pátrio poder" em alguns artigos da Lei nº 8.069/1990 (Estatuto da Criança e do Adolescente) pela expressão "poder familiar" porém, não se referiu a este artigo, razão pela qual mantivemos a redação.*

TÍTULO VI – DAS DISPOSIÇÕES FINAIS E TRANSITÓRIAS

- *Título com redação dada pela Lei nº 6.216/1975.*

....

Art. 298. Esta Lei entrará em vigor no dia 1º de janeiro 1976.

....

Brasília, 31 de dezembro de 1973; 152º da Independência e 85º da República.

Emílio G. Médici

DOU de 31.12.1973 – Republicada no DOU de 16.9.1975 (Suplemento), de acordo com o art. 2º da Lei nº 6.216, de 1975, com as alterações advindas das Leis nºs 6.140, de 28.11.1974 e 6.216, de 30.6.1975

LEI Nº 8.072, DE 25 DE JULHO DE 1990

Dispõe sobre os crimes hediondos, nos termos do art. 5º, inciso XLIII, da Constituição Federal, e determina outras providências.

O Presidente da República,

Faço saber que o Congresso Nacional decreta e eu sanciono a seguinte lei:

Art. 1º. São considerados hediondos os seguintes crimes, todos tipificados no Decreto-Lei nº 2.848, de 7 de dezembro de 1940 – Código Penal, consumados ou tentados:

- *Art. 1º,* caput, *com redação dada pela Lei nº 8.930/1994.*

I – homicídio (art. 121), quando praticado em atividade típica de grupo de extermínio, ainda que cometido por um só agente, e homicídio qualificado (art. 121, § 2º, I, II, III, IV e V);

- *Inciso I acrescido pela Lei nº 8.930/1994.*

II – latrocínio (art. 157, § 3º, *in fine*);

- *Inciso II acrescido pela Lei nº 8.930/1994.*

III – extorsão qualificada pela morte (art. 158, § 2º);

- *Inciso III acrescido pela Lei nº 8.930/1994.*

IV – extorsão mediante sequestro e na forma qualificada (art. 159, *caput*, e §§ 1º, 2º e 3º);

- *Inciso IV acrescido pela Lei nº 8.930/1994.*

V – estupro (art. 213, *caput* e §§ 1º e 2º);

- *Inciso V acrescido pela Lei nº 8.930/1994 e com redação dada pela Lei nº 12.015/2009.*

VI – estupro de vulnerável (art. 217-A, *caput* e §§ 1º, 2º, 3º e 4º);

- *Inciso VI acrescido pela Lei nº 8.930/1994 e com redação dada pela Lei nº 12.015/2009.*

VII – epidemia com resultado morte (art. 267, § 1º).

• *Inciso VII acrescido pela Lei nº 8.930/1994.*

VII-A – (vetado);

• *Inciso VII-A acrescido pela Lei nº 9.695/1998.*

VII-B – falsificação, corrupção, adulteração ou alteração de produto destinado a fins terapêuticos ou medicinais (art. 273, *caput* e § 1º, § 1º-A e § 1º-B, com redação dada pela Lei nº 9.677, de 2 de julho de 1998).

• *Inciso VII-B acrescido pela Lei nº 9.695/1998.*

Parágrafo único. Considera-se também hediondo o crime de genocídio previsto nos arts. 1º, 2º e 3º da Lei nº 2.889, de 1º de outubro de 1956, tentado ou consumado.

• *Parágrafo único acrescido pela Lei nº 8.930/1994.*

Art. 2º. Os crimes hediondos, a prática da tortura, o tráfico ilícito de entorpecentes e drogas afins e o terrorismo são insuscetíveis de:

I – anistia, graça e indulto;

II – fiança.

• *Inciso II com redação dada pela Lei nº 11.464/2007.*

§ 1º. A pena por crime previsto neste artigo será cumprida inicialmente em regime fechado.

• *§ 1º com redação dada pela Lei nº 11.464/2007.*

§ 2º. A progressão de regime, no caso dos condenados aos crimes previstos neste artigo, dar-se-á após o cumprimento de 2/5 (dois quintos) da pena, se o apenado for primário, e de 3/5 (três quintos), se reincidente.

• *§ 2º com redação dada pela Lei nº 11.464;2007.*

§ 3º. Em caso de sentença condenatória, o juiz decidirá fundamentadamente se o réu poderá apelar em liberdade.

• *§ 3º com redação dada pela Lei nº 11.464/2007.*

§ 4º. A prisão temporária, sobre a qual dispõe a Lei nº 7.960, de 21 de dezembro de 1989, nos crimes previstos neste artigo, terá o prazo de 30 (trinta) dias, prorrogável por igual período em caso de extrema e comprovada necessidade.

• *§ 4º acrescido pela Lei nº 11.464/2007.*

Art. 3º. A União manterá estabelecimentos penais, de segurança máxima, destinados ao cumprimento de penas impostas a condenados de alta periculosidade, cuja permanência em presídios estaduais ponha em risco a ordem ou incolumidade pública.

Art. 4º. (Vetado).

Art. 5º. Ao art. 83 do Código Penal é acrescido o seguinte inciso:

• *Alteração já efetuada no corpo do Código. Nesta edição.*

Art. 6º. Os arts. 157, § 3º; 159, *caput* e seus §§ 1º, 2º e 3º; 213; 214; 223, *caput* e seu parágrafo único; 267, *caput* e 270; *caput*, todos do Código Penal, passam a vigorar com a seguinte redação:

• *Alterações já efetuadas no corpo do Código. Nesta edição.*

Art. 7º. Ao art. 159 do Código Penal fica acrescido o seguinte parágrafo:

• *Alteração já efetuada no corpo do Código. Nesta edição.*

Art. 8º. Será de três a seis anos de reclusão a pena prevista no art. 288 do Código Penal, quando se tratar de crimes hediondos, prática da tortura, tráfico ilícito de entorpecentes e drogas afins ou terrorismo.

Parágrafo único. O participante e o associado que denunciar à autoridade o bando ou quadrilha, possibilitando seu desmantelamento, terá a pena reduzida de um a dois terços.

Art. 9º. As penas fixadas no art. 6º para os crimes capitulados nos arts. 157, § 3º, 158, § 2º, 159, *caput* e seus §§ 1º, 2º e 3º, 213, *caput* e sua combinação com o art. 223, *caput* e parágrafo único, 214 e sua combinação com o art. 223, *caput* e parágrafo único, todos do Código Penal, são acrescidas de metade, respeitado o limite superior de trinta anos de reclusão, estando a vítima em qualquer das hipóteses referidas no art. 224 também do Código Penal.

Art. 10. O art. 35 da Lei nº 6.368, de 21 de outubro de 1976, passa a vigorar acrescido de parágrafo único, com a seguinte redação:

- *A Lei nº 6.368/1976 (Lei de Entorpecentes) foi revogada pela Lei nº 11.343, de 23.8.2006 – Institui o Sistema Nacional de Políticas Públicas sobre Drogas – Sisnad; prescreve medidas para prevenção do uso indevido, atenção e reinserção social de usuários e dependentes de drogas; estabelece normas para repressão à produção não autorizada e ao tráfico ilícito de drogas; define crimes e dá outras providências. Que, por sua vez, foi regulamentada pelo Decreto nº 5.912, de 27.9.2006 – Regulamenta a Lei nº 11.343, de 23 de agosto de 2006, que trata das políticas públicas sobre drogas e da instituição do Sistema Nacional de Políticas Públicas sobre Drogas – SISNAD, e dá outras providências.*

Art. 11. (Vetado).

Art. 12. Esta Lei entra em vigor na data de sua publicação.

Art. 13. Revogam-se as disposições em contrário.

Brasília, 25 de julho de 1990; 169º da Independência e 102º da República.

Fernando Collor

DOU de 26.7.1990

LEI Nº 8.242, DE 12 DE OUTUBRO DE 1991

Cria o Conselho Nacional dos Direitos da Criança e do Adolescente (CONANDA) e dá outras providências.

- *V. Decreto nº 5.089/2004, que dispõe sobre a composição, estruturação, competências e funcionamento do Conselho Nacional dos Direitos da Criança e do Adolescente – CONANDA, e dá outras providências.*

O Presidente da República,

Faço saber que o Congresso Nacional decreta e eu sanciono a seguinte lei:

Art. 1º. Fica criado o Conselho Nacional dos Direitos da Criança e do Adolescente (CONANDA).

§ 1º. Este conselho integra o conjunto de atribuições da Presidência da República.

§ 2º. O Presidente da República pode delegar a órgão executivo de sua escolha o suporte técnico-administrativo-financeiro necessário ao funcionamento do CONANDA.

Art. 2º. Compete ao CONANDA:

I – elaborar as normas gerais da política nacional de atendimento dos direitos da criança e do adolescente, fiscalizando as ações de execução, observadas as linhas de ação e as diretrizes estabelecidas nos arts. 87 e 88 da Lei nº 8.069, de 13 de julho de 1990 (Estatuto da Criança e do Adolescente);

II – zelar pela aplicação da política nacional de atendimento dos direitos da criança e do adolescente;

III – dar apoio aos Conselhos Estaduais e Municipais dos Direitos da Criança e do Adolescente, aos órgãos estaduais, municipais, e entidades não governamentais para tornar efetivos os princípios, as diretrizes e os direitos estabelecidos na Lei nº 8.069, de 13 de julho de 1990;

IV – avaliar a política estadual e municipal e a atuação dos Conselhos Estaduais e Municipais da Criança e do Adolescente;

V – (vetado);

VI – (vetado);

VII – acompanhar o reordenamento institucional propondo, sempre que necessário, modificações nas estruturas públicas e privadas destinadas ao atendimento da criança e do adolescente;

VIII – apoiar a promoção de campanhas educativas sobre os direitos da criança e do adolescente, com a indicação das medidas a serem adotadas nos casos de atentados ou violação dos mesmos;

IX – acompanhar a elaboração e a execução da proposta orçamentária da União, indicando modificações necessárias à consecução da política formulada para a promoção dos direitos da criança e do adolescente;

X – gerir o fundo de que trata o art. 6º desta Lei e fixar os critérios para sua utilização, nos termos do art. 260 da Lei nº 8.069, de 13 de julho de 1990;

XI – elaborar o seu regimento interno, aprovando-o pelo voto de, no mínimo, dois terços de seus membros, nele definindo a forma de indicação do seu Presidente.

Art. 3º. O CONANDA é integrado por representantes do Poder Executivo, assegurada a participação dos órgãos executores das políticas sociais básicas na área de ação social, justiça, educação, saúde, economia, trabalho e previdência social e, em igual número, por representantes de entidades não governamentais de âmbito nacional de atendimento dos direitos da criança e do adolescente.

§ 1º. (Vetado).

§ 2º. Na ausência de qualquer titular, a representação será feita por suplente.

Art. 4º. (vetado).

Parágrafo único. As funções dos membros do CONANDA não são remuneradas e seu exercício é considerado serviço público relevante.

Art. 5º. O Presidente da República nomeará e destituirá o Presidente do CONANDA dentre os seus respectivos membros.

Art. 6º. Fica instituído o Fundo Nacional para a criança e o adolescente.

Parágrafo único. O fundo de que trata este artigo tem como receita:

a) contribuições ao Fundo Nacional referidas no art. 260 da Lei nº 8.069, de 13 de julho de 1990;

b) recursos destinados ao Fundo Nacional, consignados no orçamento da União;

c) contribuições dos governos e organismos estrangeiros e internacionais;

d) o resultado de aplicações do governo e organismo estrangeiros e internacionais;

e) o resultado de aplicações no mercado financeiro, observada a legislação pertinente;

f) outros recursos que lhe forem destinados.

Art. 7º. (Vetado).

Art. 8º. A instalação do CONANDA dar-se-á no prazo de quarenta e cinco dias da publicação desta Lei.

Art. 9º. O CONANDA aprovará o seu regimento interno no prazo e trinta dias, a contar da sua instalação.

Art. 10. Os arts. 132, 139 e 260 da Lei nº 8.069, de 13 de julho de 1990, passam a vigorar com a seguinte redação:

- *Alterações já efetuadas no corpo da Lei. Nesta edição.*

Art. 11. Esta Lei entra em vigor na data de sua publicação.

Art. 12. Revogam-se as disposições em contrário.

Brasília, 12 de outubro de 1991; 170º da Independência e 103º da República.

Fernando Collor

DOU de 16.10.1991

LEI Nº 8.560, DE 29 DE DEZEMBRO DE 1992

Regula a investigação de paternidade dos filhos havidos fora do casamento e dá outras providências.

O Presidente da República,

Faço saber que o Congresso Nacional decreta e eu sanciono a seguinte lei:

Art. 1º. O reconhecimento dos filhos havidos fora do casamento é irrevogável e será feito:

I – no registro de nascimento;

II – por escritura pública ou escrito particular, a ser arquivado em cartório;

III – por testamento, ainda que incidentalmente manifestado;

IV – por manifestação expressa e direta perante o juiz, ainda que o reconhecimento não haja sido o objeto único e principal do ato que o contém.

Art. 2º. Em registro de nascimento de menor apenas com a maternidade estabelecida, o oficial remeterá ao juiz certidão integral do registro e o nome e prenome, profissão, identidade e residência do suposto pai, a fim de ser averiguada oficiosamente a procedência da alegação.

§ 1º. O juiz, sempre que possível, ouvirá a mãe sobre a paternidade alegada e mandará, em qualquer caso, notificar o suposto pai, independente de seu estado civil, para que se manifeste sobre a paternidade que lhe é atribuída.

§ 2º. O juiz, quando entender necessário, determinará que a diligência seja realizada em segredo de justiça.

§ 3º. No caso do suposto pai confirmar expressamente a paternidade, será lavrado termo de reconhecimento e remetida certidão ao oficial do registro, para a devida averbação.

§ 4º. Se o suposto pai não atender no prazo de trinta dias, a notificação judicial, ou negar a alegada paternidade, o juiz remeterá os autos ao representante do Ministério Público para que intente, havendo elementos suficientes, a ação de investigação de paternidade.

§ 5º. Nas hipóteses previstas no § 4º deste artigo, é dispensável o ajuizamento de ação de investigação de paternidade pelo Ministério Público se, após o não comparecimento ou a recusa do suposto pai em assumir a paternidade a ele atribuída, a criança for encaminhada para adoção.

- *§ 5º com redação dada pela Lei nº 12.010/2009 (DOU de 4.8.2009), com vigência 90 dias após a publicação.*

§ 6º. A iniciativa conferida ao Ministério Público não impede a quem tenha legítimo interesse de intentar investigação, visando a obter o pretendido reconhecimento da paternidade.

- *§ 6º acrescido pela Lei nº 12.010/2009 (DOU de 4.8.2009), com vigência 90 dias após a publicação.*

Art. 2º-A. Na ação de investigação de paternidade, todos os meios legais, bem como os moralmente legítimos, serão hábeis para provar a verdade dos fatos.

Parágrafo único. A recusa do réu em se submeter ao exame de código genético – DNA gerará a presunção da paternidade, a ser apreciada em conjunto com o contexto probatório.

- *Art. 2º-A acrescido pela Lei nº 12.004/2009.*

Art. 3º. E vedado legitimar e reconhecer filho na ata do casamento.

Parágrafo único. É ressalvado o direito de averbar alteração do patronímico materno, em decorrência do casamento, no termo de nascimento do filho.

Art. 4º. O filho maior não pode ser reconhecido sem o seu consentimento.

Art. 5º. No registro de nascimento não se fará qualquer referência à natureza da filiação, à sua ordem em relação a outros irmãos do mesmo prenome, exceto gêmeos, ao lugar e cartório do casamento dos pais e ao estado civil destes.

Art. 6º. Das certidões de nascimento não constarão indícios de a concepção haver sido decorrente de relação extraconjugal.

§ 1º. Não deverá constar, em qualquer caso, o estado civil dos pais e a natureza da filiação, bem como o lugar e cartório do casamento, proibida referência à presente lei.

§ 2º. São ressalvadas autorizações ou requisições judiciais de certidões de inteiro teor, mediante decisão fundamentada, assegurados os direitos, as garantias e interesses relevantes do registrado.

Art. 7º. Sempre que na sentença de primeiro grau se reconhecer a paternidade, nela se fixarão os alimentos provisionais ou definitivos do reconhecido que deles necessite.

Art. 8º. Os registros de nascimento, anteriores à data da presente lei, poderão ser retificados por decisão judicial, ouvido o Ministério Público.

Art. 9º. Esta Lei entra em vigor na data de sua publicação.

Art. 10. São revogados os arts. 332, 337 e 347 do Código Civil e demais disposições em contrário.

Brasília, 29 de dezembro de 1992; 171º da Independência e 104º da República.

Itamar Franco

DOU de 30.12.1992

LEI Nº 8.642, DE 31 DE MARÇO DE 1993

Dispõe sobre a instituição do Programa Nacional de Atenção Integral à Criança e ao Adolescente – PRONAICA e dá outras providências.

- *V. Decreto nº 1.056/1994, que regulamenta a Lei nº 8.642, de 31 de março de 1993, e estabelece a forma de atuação dos órgãos do Poder Executivo para execução do Programa Nacional de Atenção Integral à Criança e ao Adolescente, e dá outras providências. Nesta edição.*

O Presidente da República,

Faço saber que o Congresso Nacional decreta e eu sanciono a seguinte lei:

Art. 1º. É instituído o Programa Nacional de Atenção Integral à Criança e ao Adolescente – PRONAICA com a finalidade de integrar e articular ações de apoio à criança e ao adolescente.

Art. 2º. O PRONAICA terá as seguintes áreas prioritárias de atuação:

I – mobilização para a participação comunitária;

II – atenção integral à criança de 0 a 6 anos;

III – ensino fundamental;

IV – atenção ao adolescente e educação para o trabalho;

V – proteção à saúde e segurança à criança e ao adolescente;

VI – assistência a crianças portadoras de deficiência;

VII – cultura, desporto e lazer para crianças e adolescentes;

VIII – formação de profissionais especializados em atenção integral a crianças e adolescentes.

Parágrafo único. Para dar suporte às ações de que trata este artigo, subordinando-as ao enfoque da atenção integral à criança e ao adolescente, e de acordo com as necessidades sociais locais, serão adotados mecanismos e estratégias de: integração de serviços e experiências locais já existentes; adaptação e melhoria de equipamentos sociais já existentes; construção de novas unidades de serviço.

Art. 3º. As ações do PRONAICA serão desenvolvidas sob a coordenação geral do Ministro da Educação e do Desporto, com a integração dos demais órgãos setoriais envolvidos em ações de promoção e proteção dos direitos da criança e do adolescente.

§ 1º. O Poder Executivo regulamentará, no prazo de trinta dias da entrada em vigor da presente Lei, a forma de integração e planejamento das ações dos órgãos setoriais envolvidos.

§ 2º. O PRONAICA integrar-se-á, para a execução das suas ações, às esferas estadual e municipal, cabendo à esfera federal a formulação de normas gerais e o apoio técnico e financeiro.

§ 3º. O PRONAICA buscará a integração com organismos não governamentais e com agências internacionais com as quais o Brasil mantenha acordos de cooperação, com vistas à formação de um Sistema Nacional de Atenção Integral à Criança e ao Adolescente.

§ 4º. A Secretaria de Projetos Educacionais Especiais do Ministério da Educação e do Desporto, mantida a competência e a estrutura previstas na Lei nº 8.479, de 6 de novembro de 1992, terá atribuições de Secretaria Executiva do PRONAICA.

Art. 4º. A programação orçamentária e financeira estabelecida para o Projeto Minha Gente e ações inerentes à sua operacionalização são transferidas para a Secretaria de Projetos Educacionais Especiais, visando a execução do PRONAICA.

Art. 5º. São convalidados os atos orçamentários e os referentes aos Planos Plurianuais de Investimentos relativos ao Projeto Minha Gente praticados nos exercícios de 1991 e 1992.

Art. 6º. Esta Lei entra em vigor na data de sua publicação.

Art. 7º. Revogam-se as disposições em contrário.

Brasília, 31 de março de 1993, 172º da Independência e 105º da República.

Itamar Franco

DOU de 1º.4.1993

LEI Nº 9.975, DE 23 DE JUNHO DE 2000

Acrescenta artigo à Lei nº 8.069, de 13 de julho de 1990, que dispõe sobre o Estatuto da Criança e do Adolescente.

O Presidente da República,

Faço saber que o Congresso Nacional decreta e eu sanciono a seguinte Lei:

Art. 1º. A Seção II – Dos Crimes em Espécie – do Capítulo I do Título VII do Livro II da Lei nº 8.069, de 13 de julho de 1990, passa a vigorar acrescida do seguinte art. 244-A:

- *Alterações já efetuadas no corpo da Lei. Nesta edição.*

Art. 2º. Esta Lei entra em vigor na data de sua publicação.

Brasília, 23 de junho de 2000; 179º da Independência e 112º da República.

Fernando Henrique Cardoso

DOU de 26.6.2000

LEI Nº 10.421, DE 15 DE ABRIL DE 2002

Estende à mãe adotiva o direito à licença-maternidade e ao salário-maternidade, alterando a Consolidação das Leis do Trabalho, aprovada pelo Decreto-Lei nº 5.452, de 1º de maio de 1943, e a Lei nº 8.213, de 24 de julho de 1991.

O Presidente da República,

Faço saber que o congresso nacional decreta e eu sanciono a seguinte lei:

Art. 1º. O art. 392 da Consolidação das Leis do Trabalho, aprovada pelo Decreto-Lei nº 5.452, de 1º de maio de 1943, passa a vigorar com a seguinte redação:

- *Alteração já efetuada no corpo da CLT. Nesta edição.*

Art. 2º. A Consolidação das Leis do Trabalho, aprovada pelo Decreto-Lei nº 5.452, de 1º de maio de 1943, passa a vigorar acrescida do seguinte dispositivo:

- *Alteração já efetuada no corpo da CLT. Nesta edição.*

Art. 3º. A Lei nº 8.213, de 24 de julho de 1991, passa a vigorar acrescida do seguinte dispositivo:

*"**Art. 71-A.** À segurada da Previdência Social que adotar ou obtiver guarda judicial para fins de adoção de criança é devido salário-maternidade pelo período de 120 (cento e vinte) dias, se a criança tiver até 1(um) ano de idade, de 60 (sessenta) dias, se a criança tiver entre 1 (um) e 4 (quatro) anos de idade, e de 30 (trinta) dias, se a criança tiver de 4 (quatro) a 8 (oito) anos de idade."*

- *Lei nº 8.213/1991 – Dispõe sobre os Planos de Benefícios da Providência Social.*

Art. 4º. No caso das seguradas da previdência social adotantes, a alíquota para o custeio das despesas decorrentes desta Lei será a mesma que custeia as seguradas gestantes, disposta no inciso I do art. 22 da Lei nº 8.212, de 24 de julho de 1991.

- *Lei nº 8.212/1991 – Dispõe sobre a organização da Seguridade Social, institui Plano de Custeio.*

Art. 5º. As obrigações decorrentes desta Lei não se aplicam a fatos anteriores à sua publicação.

Art. 6º. Esta Lei entra em vigor na data de sua publicação.

Brasília, 15 de abril de 2002; 181º da Independência e 114º da República.

Fernando Henrique Cardoso

DOU de 16.4.2002 – Retificada em 17.4.2002

LEI Nº 10.764, DE 12 DE NOVEMBRO DE 2003

Altera a Lei nº 8.069, de 13 de julho de 1990, que dispõe sobre o Estatuto da Criança e do Adolescente e dá outras providências.

O Presidente da República,

Faço saber que o Congresso Nacional decreta e eu sanciono a seguinte Lei:

Art. 1º. O parágrafo único do art. 143 da Lei nº 8.069, de 13 julho de 1990, passa a vigorar com a seguinte redação:

- *Alteração já efetuada no corpo da Lei. Nesta edição.*

Art. 2º. O art. 239 da Lei nº 8.069, de 1990, passa a vigorar acrescido do seguinte parágrafo único:

- *Alterações já efetuadas no corpo da Lei. Nesta edição.*

Art. 3º. O art. 240 da Lei nº 8.069, de 1990, passa a vigorar com a seguinte redação:

- *Alterações já efetuadas no corpo da Lei. Nesta edição.*

Art. 4º. O art. 241 da Lei nº 8.069, de 1990, passa a vigorar com a seguinte redação:

- *Alterações já efetuadas no corpo da Lei. Nesta edição.*

Art. 5º. O art. 242 da Lei nº 8.069, de 1990, passa a vigorar com a seguinte redação:

- *Alterações já efetuadas no corpo da Lei. Nesta edição.*

Art. 6º. O art. 243 da Lei nº 8.069, de 1990, passa a vigorar com a seguinte redação:

- *Alterações já efetuadas no corpo da Lei. Nesta edição.*

Art. 7º. Esta Lei entra em vigor na data de sua publicação.

Brasília, 12 de novembro de 2003; 182º da Independência e 115º da República.

Luiz Inácio Lula da Silva

DOU de 13.11.2003

LEI Nº 11.185, DE 7 DE OUTUBRO DE 2005

Altera o caput *do art. 11 da Lei nº 8.069, de 13 de julho de 1990, que dispõe sobre o Estatuto da Criança e do Adolescente e dá outras providências.*

O Presidente da República,

Faço saber que o Congresso Nacional decreta e eu sanciono a seguinte Lei:

Art. 1º. Esta Lei explicita o direito ao atendimento integral à saúde de crianças e adolescentes.

Art. 2º. O *caput* do art. 11 da Lei nº 8.069, de 13 de julho de 1990, passa a vigorar com a seguinte redação:

- *Alteração já efetuada no corpo da Lei. Nesta edição.*

Art. 3º. Esta Lei entra em vigor na data de sua publicação.

Brasília, 7 de outubro de 2005; 184º da Independência e 117º da República.

Luiz Inácio Lula da Silva

DOU de 10.10.2005

LEI Nº 11.259, DE 30 DE DEZEMBRO DE 2005

Acrescenta dispositivo à Lei nº 8.069, de 13 de julho de 1990 – Estatuto da Criança e do Adolescente, para determinar investigação imediata em caso de desaparecimento de criança ou adolescente.

O Presidente da República,

Faço saber que o Congresso Nacional decreta e eu sanciono a seguinte Lei:

Art. 1º. O art. 208 da Lei nº 8.069, de 13 de julho de 1990 passa a vigorar acrescido do seguinte § 2º, convertendo-se o atual parágrafo único em § 1º:

- *Alterações já efetuadas no corpo da Lei. Nesta edição.*

Art. 2º. Esta Lei entra em vigor na data de sua publicação.

Brasília, 30 de dezembro de 2005; 184º da Independência e 117º da República.

Luiz Inácio Lula da Silva

DOU de 2.1.2006

LEI Nº 11.770, DE 9 DE SETEMBRO DE 2008

Cria o Programa Empresa Cidadã, destinado à prorrogação da licença-maternidade mediante concessão de incentivo fiscal, e altera a Lei nº 8.212, de 24 de julho de 1991.

- *V. Decreto nº 7.052/2009, que regulamenta a Lei nº 11.770, de 9 de setembro de 2008, que cria o Programa Empresa Cidadã, destinado à prorrogação da licença-maternidade, no tocante a empregadas de pessoas jurídicas. Nesta edição.*

O Presidente da República,

Faço saber que o Congresso Nacional decreta e eu sanciono a seguinte Lei:

Art. 1º. É instituído o Programa Empresa Cidadã, destinado a prorrogar por 60 (sessenta) dias a duração da licença-maternidade prevista no inciso XVIII do caput do art. 7º da Constituição Federal.

§ 1º. A prorrogação será garantida à empregada da pessoa jurídica que aderir ao Programa, desde que a empregada a requeira até o final do primeiro mês após o parto, e concedida imediatamente após a fruição da licença-maternidade de que trata o inciso XVIII do *caput* do art. 7º da Constituição Federal.

§ 2º. A prorrogação será garantida, na mesma proporção, também à empregada que adotar ou obtiver guarda judicial para fins de adoção de criança.

Art. 2º. É a administração pública, direta, indireta e fundacional, autorizada a instituir programa que garanta prorrogação da licença-maternidade para suas servidoras, nos termos do que prevê o art. 1º desta Lei.

Art. 3º. Durante o período de prorrogação da licença-maternidade, a empregada terá direito à sua remuneração integral, nos mesmos moldes devidos no período de percepção do salário-maternidade pago pelo regime geral de previdência social.

Art. 4º. No período de prorrogação da licença-maternidade de que trata esta Lei, a empregada não poderá exercer qualquer atividade remunerada e a criança não poderá ser mantida em creche ou organização similar.

Parágrafo único. Em caso de descumprimento do disposto no *caput* deste artigo, a empregada perderá o direito à prorrogação.

Art. 5º. A pessoa jurídica tributada com base no lucro real poderá deduzir do imposto devido, em cada período de apuração, o total da remuneração integral da empregada pago nos 60 (sessenta) dias de prorrogação de sua licença-maternidade, vedada a dedução como despesa operacional.

Parágrafo único. (Vetado).

Art. 6º. (Vetado).

Art. 7º. O Poder Executivo, com vistas no cumprimento do disposto no inciso II do *caput* do art. 5º e nos arts. 12 e 14 da Lei Complementar nº 101, de 4 de maio de 2000, estimará o montante da renúncia fiscal decorrente do disposto nesta Lei e o incluirá no demonstrativo a que se refere o § 6º do art. 165 da Constituição Federal, que acompanhará o projeto de lei orçamentária cuja apresentação se der após decorridos 60 (sessenta) dias da publicação desta Lei.

Art. 8º. Esta Lei entra em vigor na data de sua publicação, produzindo efeitos a partir do primeiro dia do exercício subsequente àquele em que for implementado o disposto no seu art. 7º.

Brasília, 9 de setembro de 2008; 187º da Independência e 120º da República.

Luiz Inácio Lula da Silva

DOU de 10.9.2008

LEI Nº 11.804, DE 5 DE NOVEMBRO DE 2008

Disciplina o direito a alimentos gravídicos e a forma como ele será exercido e dá outras providências.

O Presidente da República,

Faço saber que o Congresso Nacional decreta e eu sanciono a seguinte Lei:

Art. 1º. Esta Lei disciplina o direito de alimentos da mulher gestante e a forma como será exercido.

Art. 2º. Os alimentos de que trata esta Lei compreenderão os valores suficientes para cobrir as despesas adicionais do período de gravidez e que sejam dela decorrentes, da concepção ao parto, inclusive as referentes a alimentação especial, assistência médica e psicológica, exames complementares, internações, parto, medicamentos e demais prescrições preventivas e terapêuticas indispensáveis, a juízo do médico, além de outras que o juiz considere pertinentes.

Parágrafo único. Os alimentos de que trata este artigo referem-se à parte das despesas que deverá ser custeada pelo futuro pai, considerando-se a contribuição que também deverá ser dada pela mulher grávida, na proporção dos recursos de ambos.

Art. 3º. (Vetado).

Art. 4º. (Vetado).

Art. 5º. (Vetado).

Art. 6º. Convencido da existência de indícios da paternidade, o juiz fixará alimentos gravídicos que perdurarão até o nascimento da criança, sopesando as necessidades da parte autora e as possibilidades da parte ré.

Parágrafo único. Após o nascimento com vida, os alimentos gravídicos ficam convertidos em pensão alimentícia em favor do menor até que uma das partes solicite a sua revisão.

Art. 7º. O réu será citado para apresentar resposta em 5 (cinco) dias.

Art. 8º. (Vetado).

Art. 9º. (Vetado).

Art. 10. (Vetado).

Art. 11. Aplicam-se supletivamente nos processos regulados por esta Lei as disposições das Leis nºs 5.478, de 25 de julho de 1968, e 5.869, de 11 de janeiro de 1973 – Código de Processo Civil.

Art. 12. Esta Lei entra em vigor na data de sua publicação.

Brasília, 5 de novembro de 2008; 187º da Independência e 120º da República.

Luiz Inácio Lula da Silva

DOU de 6.11.2008

LEI Nº 11.829, DE 25 DE NOVEMBRO DE 2008

Altera a Lei nº 8.069, de 13 de julho de 1990 – Estatuto da Criança e do Adolescente, para aprimorar o combate à produção, venda e distribuição de pornografia infantil, bem como criminalizar a aquisição e a posse de tal material e outras condutas relacionadas à pedofilia na internet.

O Presidente da República,

Faço saber que o Congresso Nacional decreta e eu sanciono a seguinte Lei:

Art. 1º. Os arts. 240 e 241 da Lei nº 8.069, de 13 de julho de 1990, passam a vigorar com a seguinte redação:

- *Alterações já efetuadas no corpo da Lei. Nesta edição.*

Art. 2º. A Lei nº 8.069, de 13 de julho de 1990, passa a vigorar acrescida dos seguintes arts. 241-A, 241-B, 241-C, 241-D e 241-E:

- *Alterações já efetuadas no corpo da Lei. Nesta edição.*

Art. 3º. Esta Lei entra em vigor na data de sua publicação.

Brasília, 25 de novembro de 2008; 187º da Independência e 120º da República.

Luiz Inácio Lula da Silva

DOU de 26.11.2008

LEI Nº 11.924, DE 17 DE ABRIL DE 2009

Altera o art. 57 da Lei nº 6.015, de 31 de dezembro de 1973, para autorizar o enteado ou a enteada a adotar o nome da família do padrasto ou da madrasta.

O Presidente da República,

Faço saber que o Congresso Nacional decreta e eu sanciono a seguinte Lei:

Art. 1º. Esta Lei modifica a Lei nº 6.015, de 31 de dezembro de 1973 – Lei de Registros Públicos, para autorizar o enteado ou a enteada a adotar o nome de família do padrasto ou da madrasta, em todo o território nacional.

Art. 2º. O art 57 da Lei nº 6.015, de 31 de dezembro de 1973, passa a vigorar acrescido do seguinte § 8º:

- *Alterações já efetuadas no corpo da Lei (Lei de Registros Públicos). Nesta edição.*

Art. 3º. Esta Lei entra em vigor na data de sua publicação.

Brasília, 17 de abril de 2009; 188º da Independência e 121º da República.

Luiz Inácio Lula da Silva

DOU de 17.4.2009 (Edição Extra)

LEI Nº 12.010, DE 3 DE AGOSTO DE 2009

Dispõe sobre adoção; altera as Leis nºs 8.069, de 13 de julho de 1990 – Estatuto da Criança e do Adolescente, 8.560, de 29 de dezembro de 1992; revoga dispositivos da Lei nº 10.406, de 10 de janeiro de 2002 – Código Civil, e da Consolidação das Leis do Trabalho – CLT, aprovada pelo Decreto-Lei nº 5.452, de 1º de maio de 1943; e dá outras providências.

O Presidente da República,

Faço saber que o Congresso Nacional decreta e eu sanciono a seguinte Lei:

Art. 1º. Esta Lei dispõe sobre o aperfeiçoamento da sistemática prevista para garantia do direito à convivência familiar a todas as crianças e adolescentes, na forma prevista pela Lei nº 8.069, de 13 de julho de 1990, Estatuto da Criança e do Adolescente.

§ 1º. A intervenção estatal, em observância ao disposto no *caput* do art. 226 da Constituição Federal, será prioritariamente voltada à orientação, apoio e promoção social da família natural, junto à qual a criança e o adolescente devem permanecer, ressalvada absoluta impossibilidade, demonstrada por decisão judicial fundamentada.

§ 2º. Na impossibilidade de permanência na família natural, a criança e o adolescente serão colocados sob adoção, tutela ou guarda, observadas as regras e princípios contidos na Lei nº 8.069, de 13 de julho de 1990, e na Constituição Federal.

Art. 2º. A Lei nº 8.069, de 13 de julho de 1990, Estatuto da Criança e do Adolescente, passa a vigorar com as seguintes alterações:

- *Alterações já efetuadas no corpo da Lei. Nesta edição.*

Art. 3º. A expressão "pátrio poder" contida nos arts. 21, 23, 24, no parágrafo único do art. 36, no § 1º do art. 45, no art. 49, no inciso X do *caput* do art. 129, nas alíneas "b" e "d" do parágrafo único do art. 148, nos arts. 155, 157, 163, 166, 169, no inciso III do *caput* do art. 201 e no art. 249, todos da Lei nº 8.069, de 13 de julho de 1990, bem como na Seção II do Capítulo III do Título VI da Parte Especial do mesmo Diploma Legal, fica substituída pela expressão "poder familiar".

- *Alterações já efetuadas no corpo da Lei. Nesta edição.*

Art. 4º. Os arts. 1.618, 1.619 e 1.734 da Lei nº 10.406, de 10 de janeiro de 2002 – Código Civil, passam a vigorar com a seguinte redação:

• *Alterações já efetuadas no corpo da Lei. Nesta edição.*

Art. 5º. O art. 2º da Lei nº 8.560, de 29 de dezembro de 1992, fica acrescido do seguinte § 5º, renumerando-se o atual § 5º para § 6º, com a seguinte redação:

• *Alterações já efetuadas no corpo da Lei. Nesta edição.*

Art. 6º. As pessoas e casais já inscritos nos cadastros de adoção ficam obrigados a frequentar, no prazo máximo de 1 (um) ano, contado da entrada em vigor desta Lei, a preparação psicossocial e jurídica a que se referem os §§ 3º e 4º do art. 50 da Lei nº 8.069, de 13 de julho de 1990, acrescidos pelo art. 2º desta Lei, sob pena de cassação de sua inscrição no cadastro.

Art. 7º. Esta Lei entra em vigor 90 (noventa) dias após a sua publicação.

Art. 8º. Revogam-se o § 4º do art. 51 e os incisos IV, V e VI do *caput* do art. 198 da Lei nº 8.069, de 13 de julho de 1990, bem como o parágrafo único do art. 1.618, o inciso III do *caput* do art. 10 e os arts. 1.620 a 1.629 da Lei nº 10.406, de 10 de janeiro de 2002 – Código Civil, e os §§ 1º a 3º do art. 392-A da Consolidação das Leis do Trabalho, aprovada pelo Decreto-Lei nº 5.452, de 1º de maio de 1943.

• *Alterações já efetuadas no corpo das Leis. Nesta edição.*

Brasília, 3 de agosto de 2009; 188º da Independência e 121º da República.

Luiz Inácio Lula da Silva

DOU de 4.8.2009 – Retificada em 2.9.2009

LEI Nº 12.015, DE 7 DE AGOSTO DE 2009

Altera o Título VI da Parte Especial do Decreto-Lei nº 2.848, de 7 de dezembro de 1940 – Código Penal, e o art. 1º da Lei nº 8.072, de 25 de julho de 1990, que dispõe sobre os crimes hediondos, nos termos do inciso XLIII do art. 5º da Constituição Federal e revoga a Lei nº 2.252, de 1º de julho de 1954, que trata de corrupção de menores.

O Presidente da República,

Faço saber que o Congresso Nacional decreta e eu sanciono a seguinte Lei:

Art. 1º. Esta Lei altera o Título VI da Parte Especial do Decreto-Lei nº 2.848, de 7 de dezembro de 1940 – Código Penal, e o art. 1º da Lei nº 8.072, de 25 de julho de 1990, que dispõe sobre os crimes hediondos, nos termos do inciso XLIII do art. 5º da Constituição Federal.

Art. 2º. O Título VI da Parte Especial do Decreto-Lei nº 2.848, de 7 de dezembro de 1940 – Código Penal, passa a vigorar com as seguintes alterações:

• *Alterações já efetuadas no corpo do Código. Nesta edição.*

Art. 3º. O Decreto-Lei nº 2.848, de 1940, Código Penal, passa a vigorar acrescido dos seguintes arts. 217-A, 218-A, 218-B, 234-A, 234-B e 234-C:

• *Alterações já efetuadas no corpo do Código. Nesta edição.*

Art. 4º. O art. 1º da Lei nº 8.072, de 25 de julho de 1990, Lei de Crimes Hediondos, passa a vigorar com a seguinte redação:

• *Alterações já efetuadas no corpo da Lei. Nesta edição.*

Art. 5º. A Lei nº 8.069, de 13 de julho de 1990, passa a vigorar acrescida do seguinte artigo (244-B):

• *Alterações já efetuadas no corpo da Lei. Nesta edição.*

Art. 6º. Esta Lei entra em vigor na data de sua publicação.

Art. 7º. Revogam-se os arts. 214, 216, 223, 224 e 232 do Decreto-Lei nº 2.848, de 7 de dezembro de 1940 – Código Penal, e a Lei nº 2.252, de 1º de julho de 1954.

Brasília, 7 de agosto de 2009; 188º da Independência e 121º da República.

Luiz Inácio Lula da Silva

DOU de 10.8.2009

LEI Nº 12.038, DE 1º DE OUTUBRO DE 2009

Altera o art. 250 da Lei nº 8.069, de 13 de julho de 1990 – Estatuto da Criança e do Adolescente, para determinar o fechamento definitivo de hotel, pensão, motel ou congênere que reiteradamente hospede crianças e adolescentes desacompanhados dos pais ou responsáveis, ou sem autorização.

O Vice-Presidente da República, no exercício do cargo de Presidente da República,

Faço saber que o Congresso Nacional decreta e eu sanciono a seguinte Lei:

Art. 1º. O art. 250 da Lei nº 8.069, de 13 de julho de 1990 – Estatuto da Criança e do Adolescente, passa a vigorar com a seguinte redação:

- *Alteração já efetuada no corpo da Lei. Nesta edição.*

Art. 2º. Esta Lei entra em vigor na data de sua publicação.

Brasília, 1º de outubro de 2009; 188º da Independência e 121º da República.

José Alencar Gomes da Silva

DOU de 2.10.2009

LEI Nº 12.318, DE 26 DE AGOSTO DE 2010

Dispõe sobre a alienação parental e altera o art. 236 da Lei nº 8.069, de 13 de julho de 1990.

O Presidente da República,

Faço saber que o Congresso Nacional decreta e eu sanciono a seguinte Lei:

Art. 1º. Esta Lei dispõe sobre a alienação parental.

Art. 2º. Considera-se ato de alienação parental a interferência na formação psicológica da criança ou do adolescente promovida ou induzida por um dos genitores, pelos avós ou pelos que tenham a criança ou adolescente sob a sua autoridade, guarda ou vigilância para que repudie genitor ou que cause prejuízo ao estabelecimento ou à manutenção de vínculos com este.

Parágrafo único. São formas exemplificativas de alienação parental, além dos atos assim declarados pelo juiz ou constatados por perícia, praticados diretamente ou com auxílio de terceiros:

I – realizar campanha de desqualificação da conduta do genitor no exercício da paternidade ou maternidade;

II – dificultar o exercício da autoridade parental;

III – dificultar contato de criança ou adolescente com genitor;

IV – dificultar o exercício do direito regulamentado de convivência familiar;

V – omitir deliberadamente a genitor informações pessoais relevantes sobre a criança ou adolescente, inclusive escolares, médicas e alterações de endereço;

VI – apresentar falsa denúncia contra genitor, contra familiares deste ou contra avós, para obstar ou dificultar a convivência deles com a criança ou adolescente;

VII – mudar o domicílio para local distante, sem justificativa, visando a dificultar a convivência da criança ou adolescente com o outro genitor, com familiares deste ou com avós.

Art. 3º. A prática de ato de alienação parental fere direito fundamental da criança ou do adolescente de convivência familiar saudável, prejudica a realização de afeto nas relações com genitor e com o grupo familiar, constitui abuso moral contra a criança ou o adolescente e descumprimento dos deveres inerentes à autoridade parental ou decorrentes de tutela ou guarda.

Art. 4º. Declarado indício de ato de alienação parental, a requerimento ou de ofício, em qualquer momento processual, em ação autônoma ou incidentalmente, o processo terá tramitação prioritária, e o juiz determinará, com urgência, ouvido o Ministério Público, as medidas provisórias necessárias para preservação da integridade psicológica da criança ou do adolescente, inclusive para assegurar sua convivência com genitor ou viabilizar a efetiva reaproximação entre ambos, se for o caso.

Parágrafo único. Assegurar-se-á à criança ou adolescente e ao genitor garantia mínima de visitação assistida, ressalvados os casos em que há iminente risco de prejuízo à integridade física ou psicológica da criança ou do adolescente, atestado por profissional eventualmente designado pelo juiz para acompanhamento das visitas.

Art. 5º. Havendo indício da prática de ato de alienação parental, em ação autônoma ou incidental, o juiz, se necessário, determinará perícia psicológica ou biopsicossocial.

§ 1º. O laudo pericial terá base em ampla avaliação psicológica ou biopsicossocial, conforme o caso, compreendendo, inclusive, entrevista pessoal com as partes, exame de documentos dos autos, histórico do relacionamento do casal e da separação, cronologia de incidentes, avaliação da personalidade dos envolvidos e exame da forma como a criança ou adolescente se manifesta acerca de eventual acusação contra genitor.

§ 2º. A perícia será realizada por profissional ou equipe multidisciplinar habilitados, exigido, em qualquer caso, aptidão comprovada por histórico profissional ou acadêmico para diagnosticar atos de alienação parental.

§ 3º. O perito ou equipe multidisciplinar designada para verificar a ocorrência de alienação parental terá prazo de 90 (noventa) dias para apresentação do laudo, prorrogável exclusivamente por autorização judicial baseada em justificativa circunstanciada.

Art. 6º. Caracterizados atos típicos de alienação parental ou qualquer conduta que dificulte a convivência de criança ou adolescente com genitor, em ação autônoma ou incidental, o juiz poderá, cumulativamente ou não, sem prejuízo da decorrente responsabilidade civil ou criminal e da ampla utilização de instrumentos processuais aptos a inibir ou atenuar seus efeitos, segundo a gravidade do caso:

I – declarar a ocorrência de alienação parental e advertir o alienador;

II – ampliar o regime de convivência familiar em favor do genitor alienado;

III – estipular multa ao alienador;

IV – determinar acompanhamento psicológico e/ou biopsicossocial;

V – determinar a alteração da guarda para guarda compartilhada ou sua inversão;

VI – determinar a fixação cautelar do domicílio da criança ou adolescente;

VII – declarar a suspensão da autoridade parental.

Parágrafo único. Caracterizado mudança abusiva de endereço, inviabilização ou obstrução à convivência familiar, o juiz também poderá inverter a obrigação de levar para ou retirar a criança ou adolescente da residência do genitor, por ocasião das alternâncias dos períodos de convivência familiar.

Art. 7º. A atribuição ou alteração da guarda dar-se-á por preferência ao genitor que viabiliza a efetiva convivência da criança ou adolescente com o outro genitor nas hipóteses em que seja inviável a guarda compartilhada.

Art. 8º. A alteração de domicílio da criança ou adolescente é irrelevante para a determinação da competência relacionada às ações fundadas em direito de convivência familiar, salvo se decorrente de consenso entre os genitores ou de decisão judicial.

Art. 9º. (Vetado).

Art. 10. (Vetado)

- *[Art. 10. O art. 236 da Seção II do Capítulo I do Título VII da Lei nº 8.069, de 13 de julho de 1990 – Estatuto da Criança e do Adolescente, passa a vigorar acrescido do seguinte parágrafo único: 'Parágrafo único. Incorre na mesma pena quem apresenta relato falso ao agente indicado no* caput *ou à autoridade policial cujo teor possa ensejar restrição à convivência de criança ou adolescente com genitor.' (NR)"].*

Art. 11. Esta Lei entra em vigor na data de sua publicação.

Brasília, 26 de agosto de 2010; 189º da Independência e 122º da República.

Luiz Inácio Lula da Silva

DOU de 27.8.2010 – Retificada em 31.8.2010

LEI Nº 12.415, DE 9 DE JUNHO DE 2011

Acrescenta parágrafo único ao art. 130 da Lei nº 8.069, de 13 de julho de 1990 (Estatuto da Criança e do Adolescente), para determinar que alimentos provisórios sejam fixados cautelarmente em favor da criança ou adolescente cujo agressor seja afastado da moradia comum por determinação judicial.

A Presidenta da República,

Faço saber que o Congresso Nacional decreta e eu sanciono a seguinte Lei:

Art. 1º. Esta Lei visa a compelir aquele que for afastado cautelarmente da moradia comum, na hipótese de maus-tratos, opressão ou abuso sexual contra criança ou adolescente, a prestar os alimentos de que eles necessitem.

Art. 2º. O art. 130 da Lei nº 8.069, de 13 de julho de 1990 (Estatuto da Criança e do Adolescente), passa a vigorar acrescido do seguinte parágrafo único:

- *Alteração já efetuada no corpo da Lei. Nesta edição.*

Art. 3º. Esta Lei entra em vigor na data de sua publicação.

Brasília, 9 de junho de 2011; 190º da Independência e 123º da República.

Dilma Rousseff

DOU de 10.6.2011

LEI Nº 12.594, DE 18 DE JANEIRO DE 2012

Institui o Sistema Nacional de Atendimento Socioeducativo (SINASE), regulamenta a execução das medidas socioeducativas destinadas a adolescente que pratique ato infracional; e altera as Leis nºs 8.069, de 13 de julho de 1990 (Estatuto da Criança e do Adolescente); 7.560, de 19 de dezembro de 1986, 7.998, de 11 de janeiro de 1990, 5.537, de 21 de novembro de 1968, 8.315, de 23 de dezembro de 1991, 8.706, de 14 de setembro de 1993, os Decretos-Leis nºs 4.048, de 22 de janeiro de 1942, 8.621, de 10 de janeiro de 1946, e a Consolidação das Leis do Trabalho (CLT), aprovada pelo Decreto-Lei nº 5.452, de 1º de maio de 1943.

A Presidenta da República

Faço saber que o Congresso Nacional decreta e eu sanciono a seguinte Lei:

TÍTULO I – DO SISTEMA NACIONAL DE ATENDIMENTO SOCIOEDUCATIVO (SINASE)

Capítulo I – Disposições Gerais

Art. 1º. Esta Lei institui o Sistema Nacional de Atendimento Socioeducativo (SINASE) e regulamenta a execução das medidas destinadas a adolescente que pratique ato infracional.

§ 1º. Entende-se por SINASE o conjunto ordenado de princípios, regras e critérios que envolvem a execução de medidas socioeducativas, incluindo-se nele, por adesão, os sistemas estaduais, distrital e municipais, bem como todos os planos, políticas e programas específicos de atendimento a adolescente em conflito com a lei.

§ 2º. Entendem-se por medidas socioeducativas as previstas no art. 112 da Lei nº 8.069, de 13 de julho de 1990 (Estatuto da Criança e do Adolescente), as quais têm por objetivos:

I – a responsabilização do adolescente quanto às consequências lesivas do ato infracional, sempre que possível incentivando a sua reparação;

II – a integração social do adolescente e a garantia de seus direitos individuais e sociais, por meio do cumprimento de seu plano individual de atendimento; e

III – a desaprovação da conduta infracional, efetivando as disposições da sentença como parâmetro máximo de privação de liberdade ou restrição de direitos, observados os limites previstos em lei.

§ 3º. Entendem-se por programa de atendimento a organização e o funcionamento, por unidade, das condições necessárias para o cumprimento das medidas socioeducativas.

§ 4º. Entende-se por unidade a base física necessária para a organização e o funcionamento de programa de atendimento.

§ 5º. Entendem-se por entidade de atendimento a pessoa jurídica de direito público ou privado que instala e mantém a unidade e os recursos humanos e materiais necessários ao desenvolvimento de programas de atendimento.

Art. 2º. O SINASE será coordenado pela União e integrado pelos sistemas estaduais, distrital e municipais responsáveis pela implementação dos seus respectivos programas de atendimento a adolescente ao qual seja aplicada medida socioeducativa, com liberdade de organização e funcionamento, respeitados os termos desta Lei.

Capítulo II – Das Competências

Art. 3º. Compete à União:

I – formular e coordenar a execução da política nacional de atendimento socioeducativo;

II – elaborar o Plano Nacional de Atendimento Socioeducativo, em parceria com os Estados, o Distrito Federal e os Municípios;

III – prestar assistência técnica e suplementação financeira aos Estados, ao Distrito Federal e aos Municípios para o desenvolvimento de seus sistemas;

IV – instituir e manter o Sistema Nacional de Informações sobre o Atendimento Socioeducativo, seu funcionamento, entidades, programas, incluindo dados relativos a financiamento e população atendida;

V – contribuir para a qualificação e ação em rede dos Sistemas de Atendimento Socioeducativo;

VI – estabelecer diretrizes sobre a organização e funcionamento das unidades e programas de atendimento e as normas de referência destinadas ao cumprimento das medidas socioeducativas de internação e semiliberdade;

VII – instituir e manter processo de avaliação dos Sistemas de Atendimento Socioeducativo, seus planos, entidades e programas;

VIII – financiar, com os demais entes federados, a execução de programas e serviços do SINASE; e

IX – garantir a publicidade de informações sobre repasses de recursos aos gestores estaduais, distrital e municipais, para financiamento de programas de atendimento socioeducativo.

§ 1º. São vedados à União o desenvolvimento e a oferta de programas próprios de atendimento.

§ 2º. Ao Conselho Nacional dos Direitos da Criança e do Adolescente (CONANDA) competem as funções normativa, deliberativa, de avaliação e de fiscalização do SINASE, nos termos previstos na Lei nº 8.242, de 12 de outubro de 1991, que cria o referido Conselho.

§ 3º. O Plano de que trata o inciso II do *caput* deste artigo será submetido à deliberação do CONANDA.

§ 4º. À Secretaria de Direitos Humanos da Presidência da República (SDH/PR) competem as funções executiva e de gestão do SINASE.

Art. 4º. Compete aos Estados:

I – formular, instituir, coordenar e manter Sistema Estadual de Atendimento Socioeducativo, respeitadas as diretrizes fixadas pela União;

II – elaborar o Plano Estadual de Atendimento Socioeducativo em conformidade com o Plano Nacional;

III – criar, desenvolver e manter programas para a execução das medidas socioeducativas de semiliberdade e internação;

IV – editar normas complementares para a organização e funcionamento do seu sistema de atendimento e dos sistemas municipais;

V – estabelecer com os Municípios formas de colaboração para o atendimento socioeducativo em meio aberto;

VI – prestar assessoria técnica e suplementação financeira aos Municípios para a oferta regular de programas de meio aberto;

VII – garantir o pleno funcionamento do plantão interinstitucional, nos termos previstos no inciso V do art. 88 da Lei nº 8.069, de 13 de julho de 1990 (Estatuto da Criança e do Adolescente);

VIII – garantir defesa técnica do adolescente a quem se atribua prática de ato infracional;

IX – cadastrar-se no Sistema Nacional de Informações sobre o Atendimento Socioeducativo e fornecer regularmente os dados necessários ao povoamento e à atualização do Sistema; e

X – cofinanciar, com os demais entes federados, a execução de programas e ações destinados ao atendimento inicial de adolescente apreendido para apuração de ato infracional, bem como aqueles destinados a adolescente a quem foi aplicada medida socioeducativa privativa de liberdade.

§ 1º. Ao Conselho Estadual dos Direitos da Criança e do Adolescente competem as funções deliberativas e de controle do Sistema Estadual de Atendimento Socioeducativo, nos termos previstos no inciso II do art. 88 da Lei nº 8.069, de 13 de julho de 1990 (Estatuto da Criança e do Adolescente), bem como outras definidas na legislação estadual ou distrital.

§ 2º. O Plano de que trata o inciso II do *caput* deste artigo será submetido à deliberação do Conselho Estadual dos Direitos da Criança e do Adolescente.

§ 3º. Competem ao órgão a ser designado no Plano de que trata o inciso II do *caput* deste artigo as funções executiva e de gestão do Sistema Estadual de Atendimento Socioeducativo.

Art. 5º. Compete aos Municípios:

I – formular, instituir, coordenar e manter o Sistema Municipal de Atendimento Socioeducativo, respeitadas as diretrizes fixadas pela União e pelo respectivo Estado;

II – elaborar o Plano Municipal de Atendimento Socioeducativo, em conformidade com o Plano Nacional e o respectivo Plano Estadual;

III – criar e manter programas de atendimento para a execução das medidas socioeducativas em meio aberto;

IV – editar normas complementares para a organização e funcionamento dos programas do seu Sistema de Atendimento Socioeducativo;

V – cadastrar-se no Sistema Nacional de Informações sobre o Atendimento Socioeducativo e fornecer regularmente os dados necessários ao povoamento e à atualização do Sistema; e

VI – cofinanciar, conjuntamente com os demais entes federados, a execução de programas e ações destinados ao atendimento inicial de adolescente apreendido para apuração de ato infracional, bem como aqueles destinados a adolescente a quem foi aplicada medida socioeducativa em meio aberto.

§ 1º. Para garantir a oferta de programa de atendimento socioeducativo de meio aberto, os Municípios podem instituir os consórcios dos quais trata a Lei nº 11.107, de 6 de abril de 2005, que dispõe sobre normas gerais de contratação de consórcios públicos e dá outras providências, ou qualquer outro instrumento jurídico adequado, como forma de compartilhar responsabilidades.

§ 2º. Ao Conselho Municipal dos Direitos da Criança e do Adolescente competem as funções deliberativas e de controle do Sistema Municipal de Atendimento Socioeducativo, nos termos previstos no inciso II do art. 88 da Lei nº 8.069, de 13 de julho de 1990 (Estatuto da Criança e do Adolescente), bem como outras definidas na legislação municipal.

§ 3º. O Plano de que trata o inciso II do *caput* deste artigo será submetido à deliberação do Conselho Municipal dos Direitos da Criança e do Adolescente.

§ 4º. Competem ao órgão a ser designado no Plano de que trata o inciso II do *caput* deste artigo as funções executiva e de gestão do Sistema Municipal de Atendimento Socioeducativo.

Art. 6º. Ao Distrito Federal cabem, cumulativamente, as competências dos Estados e dos Municípios.

Capítulo III – Dos Planos de Atendimento Socioeducativo

Art. 7º. O Plano de que trata o inciso II do art. 3º desta Lei deverá incluir um diagnóstico da situação do SINASE, as diretrizes, os objetivos, as metas, as prioridades e as formas de financiamento e gestão das ações de atendimento para os 10 (dez) anos seguintes, em sintonia com os princípios elencados na Lei nº 8.069, de 13 de julho de 1990 (Estatuto da Criança e do Adolescente).

§ 1º. As normas nacionais de referência para o atendimento socioeducativo devem constituir anexo ao Plano de que trata o inciso II do art. 3º desta Lei.

§ 2º. Os Estados, o Distrito Federal e os Municípios deverão,com base no Plano Nacional de Atendimento Socioeducativo, elaborar seus planos decenais correspondentes, em até 360 (trezentos e sessenta) dias a partir da aprovação do Plano Nacional.

Art. 8º. Os Planos de Atendimento Socioeducativo deverão, obrigatoriamente, prever ações articuladas nas áreas de educação, saúde, assistência social, cultura, capacitação para o trabalho e esporte, para os adolescentes atendidos, em conformidade com os princípios elencados na Lei nº 8.069, de 13 de julho de 1990 (Estatuto da Criança e do Adolescente).

Parágrafo único. Os Poderes Legislativos federal, estaduais, distrital e municipais, por meio de suas comissões temáticas pertinentes, acompanharão a execução dos Planos de Atendimento Socioeducativo dos respectivos entes federados.

Capítulo IV – Dos Programas de Atendimento

Seção I – Disposições Gerais

Art. 9º. Os Estados e o Distrito Federal inscreverão seus programas de atendimento e alterações no Conselho Estadual ou Distrital dos Direitos da Criança e do Adolescente, conforme o caso.

Art. 10. Os Municípios inscreverão seus programas e alterações, bem como as entidades de atendimento executoras, no Conselho Municipal dos Direitos da Criança e do Adolescente.

Art. 11. Além da especificação do regime, são requisitos obrigatórios para a inscrição de programa de atendimento:

I – a exposição das linhas gerais dos métodos e técnicas pedagógicas, com a especificação das atividades de natureza coletiva;

II – a indicação da estrutura material, dos recursos humanos e das estratégias de segurança compatíveis com as necessidades da respectiva unidade;

III – regimento interno que regule o funcionamento da entidade, no qual deverá constar, no mínimo:

a) o detalhamento das atribuições e responsabilidades do dirigente, de seus prepostos, dos membros da equipe técnica e dos demais educadores;

b) a previsão das condições do exercício da disciplina e concessão de benefícios e o respectivo procedimento de aplicação; e

c) a previsão da concessão de benefícios extraordinários e enaltecimento, tendo em vista tornar público o reconhecimento ao adolescente pelo esforço realizado na consecução dos objetivos do plano individual;

IV – a política de formação dos recursos humanos;

V – a previsão das ações de acompanhamento do adolescente após o cumprimento de medida socioeducativa;

VI – a indicação da equipe técnica, cuja quantidade e formação devem estar em conformidade com as normas de referência do sistema e dos conselhos profissionais e com o atendimento socioeducativo a ser realizado; e

VII – a adesão ao Sistema de Informações sobre o Atendimento Socioeducativo, bem como sua operação efetiva.

Parágrafo único. O não cumprimento do previsto neste artigo sujeita as entidades de atendimento, os órgãos gestores, seus dirigentes ou prepostos à aplicação das medidas previstas no art. 97 da Lei nº 8.069, de 13 de julho de 1990 (Estatuto da Criança e do Adolescente).

Art. 12. A composição da equipe técnica do programa de atendimento deverá ser interdisciplinar, compreendendo, no mínimo, profissionais das áreas de saúde, educação e assistência social, de acordo com as normas de referência.

§ 1º. Outros profissionais podem ser acrescentados às equipes para atender necessidades específicas do programa.

§ 2º. Regimento interno deve discriminar as atribuições de cada profissional, sendo proibida a sobreposição dessas atribuições na entidade de atendimento.

§ 3º. O não cumprimento do previsto neste artigo sujeita as entidades de atendimento, seus dirigentes ou prepostos à aplicação das medidas previstas no art. 97 da Lei nº 8.069, de 13 de julho de 1990 (Estatuto da Criança e do Adolescente).

Seção II – Dos Programas de Meio Aberto

Art. 13. Compete à direção do programa de prestação de serviços à comunidade ou de liberdade assistida:

I – selecionar e credenciar orientadores, designando-os, caso a caso, para acompanhar e avaliar o cumprimento da medida;

II – receber o adolescente e seus pais ou responsável e orientá-los sobre a finalidade da medida e a organização e funcionamento do programa;

III – encaminhar o adolescente para o orientador credenciado;

IV – supervisionar o desenvolvimento da medida; e

V – avaliar, com o orientador, a evolução do cumprimento da medida e, se necessário, propor à autoridade judiciária sua substituição, suspensão ou extinção.

Parágrafo único. O rol de orientadores credenciados deverá ser comunicado, semestralmente, à autoridade judiciária e ao Ministério Público.

Art. 14. Incumbe ainda à direção do programa de medida de prestação de serviços à comunidade selecionar e credenciar entidades assistenciais, hospitais, escolas ou outros estabelecimentos congêneres, bem como os programas comunitários ou governamentais, de acordo com o perfil do socioeducando e o ambiente no qual a medida será cumprida.

Parágrafo único. Se o Ministério Público impugnar o credenciamento, ou a autoridade judiciária considerá-lo inadequado, instaurará incidente de impugnação, com a aplicação subsidiária do procedimento de apuração de irregularidade em entidade de atendimento regulamentado na Lei nº 8.069, de 13 de julho de 1990 (Estatuto da Criança e do Adolescente), devendo citar o dirigente do programa e a direção da entidade ou órgão credenciado.

Seção III – Dos Programas de Privação da Liberdade

Art. 15. São requisitos específicos para a inscrição de programas de regime de semiliberdade ou internação:

I – a comprovação da existência de estabelecimento educacional com instalações adequadas e em conformidade com as normas de referência;

II – a previsão do processo e dos requisitos para a escolha do dirigente;

III – a apresentação das atividades de natureza coletiva;

IV – a definição das estratégias para a gestão de conflitos, vedada a previsão de isolamento cautelar, exceto nos casos previstos no § 2º do art. 49 desta Lei; e

V – a previsão de regime disciplinar nos termos do art. 72 desta Lei.

Art. 16. A estrutura física da unidade deverá ser compatível com as normas de referência do SINASE.

§ 1º. É vedada a edificação de unidades socioeducacionais em espaços contíguos, anexos, ou de qualquer outra forma integrados a estabelecimentos penais.

§ 2º. A direção da unidade adotará, em caráter excepcional, medidas para proteção do interno em casos de risco à sua integridade física, à sua vida, ou à de outrem, comunicando, de imediato, seu defensor e o Ministério Público.

Art. 17. Para o exercício da função de dirigente de programa de atendimento em regime de semiliberdade ou de internação, além dos requisitos específicos previstos no respectivo programa de atendimento, é necessário:

I – formação de nível superior compatível com a natureza da função;

II – comprovada experiência no trabalho com adolescentes de, no mínimo, 2 (dois) anos; e

III – reputação ilibada.

Capítulo V – Da Avaliação e Acompanhamento da Gestão do Atendimento Socioeducativo

Art. 18. A União, em articulação com os Estados, o Distrito Federal e os Municípios, realizará avaliações periódicas da implementação dos Planos de Atendimento Socioeducativo em intervalos não superiores a 3 (três) anos.

§ 1º. O objetivo da avaliação é verificar o cumprimento das metas estabelecidas e elaborar recomendações aos gestores e operadores dos Sistemas.

§ 2º. O processo de avaliação deverá contar com a participação de representantes do Poder Judiciário, do Ministério Público, da Defensoria Pública e dos Conselhos Tutelares, na forma a ser definida em regulamento.

§ 3º. A primeira avaliação do Plano Nacional de Atendimento Socioeducativo realizar-se-á no terceiro ano de vigência desta Lei, cabendo ao Poder Legislativo federal acompanhar o trabalho por meio de suas comissões temáticas pertinentes.

Art. 19. É instituído o Sistema Nacional de Avaliação e Acompanhamento do Atendimento Socioeducativo, com os seguintes objetivos:

I – contribuir para a organização da rede de atendimento socioeducativo;

II – assegurar conhecimento rigoroso sobre as ações do atendimento socioeducativo e seus resultados;

III – promover a melhora da qualidade da gestão e do atendimento socioeducativo; e

IV – disponibilizar informações sobre o atendimento socioeducativo.

§ 1º. A avaliação abrangerá, no mínimo, a gestão, as entidades de atendimento, os programas e os resultados da execução das medidas socioeducativas.

§ 2º. Ao final da avaliação, será elaborado relatório contendo histórico e diagnóstico da situação, as recomendações e os prazos para que essas sejam cumpridas, além de outros elementos a serem definidos em regulamento.

§ 3º. O relatório da avaliação deverá ser encaminhado aos respectivos Conselhos de Direitos, Conselhos Tutelares e ao Ministério Público.

§ 4º. Os gestores e entidades têm o dever de colaborar com o processo de avaliação, facilitando o acesso às suas instalações, à documentação e a todos os elementos necessários ao seu efetivo cumprimento.

§ 5º. O acompanhamento tem por objetivo verificar o cumprimento das metas dos Planos de Atendimento Socioeducativo.

Art. 20. O Sistema Nacional de Avaliação e Acompanhamento da Gestão do Atendimento Socioeducativo assegurará, na metodologia a ser empregada:

I – a realização da autoavaliação dos gestores e das instituições de atendimento;

II – a avaliação institucional externa, contemplando a análise global e integrada das instalações físicas, relações institucionais, compromisso social, atividades e finalidades das instituições de atendimento e seus programas;

III – o respeito à identidade e à diversidade de entidades e programas;

IV – a participação do corpo de funcionários das entidades de atendimento e dos Conselhos Tutelares da área de atuação da entidade avaliada; e

V – o caráter público de todos os procedimentos, dados e resultados dos processos avaliativos.

Art. 21. A avaliação será coordenada por uma comissão permanente e realizada por comissões temporárias, essas compostas, no mínimo, por 3 (três) especialistas com reconhecida atuação na área temática e definidas na forma do regulamento.

Parágrafo único. É vedado à comissão permanente designar avaliadores:

I – que sejam titulares ou servidores dos órgãos gestores avaliados ou funcionários das entidades avaliadas;

II – que tenham relação de parentesco até o 3º grau com titulares ou servidores dos órgãos gestores avaliados e/ou funcionários das entidades avaliadas; e

III – que estejam respondendo a processos criminais.

Art. 22. A avaliação da gestão terá por objetivo:

I – verificar se o planejamento orçamentário e sua execução se processam de forma compatível com as necessidades do respectivo Sistema de Atendimento Socioeducativo;

II – verificar a manutenção do fluxo financeiro, considerando as necessidades operacionais do atendimento socioeducativo, as normas de referência e as condições previstas nos instrumentos jurídicos celebrados entre os órgãos gestores e as entidades de atendimento;

III – verificar a implementação de todos os demais compromissos assumidos por ocasião da celebração dos instrumentos jurídicos relativos ao atendimento socioeducativo; e

IV – a articulação interinstitucional e intersetorial das políticas.

Art. 23. A avaliação das entidades terá por objetivo identificar o perfil e o impacto de sua atuação, por meio de suas atividades, programas e projetos, considerando as diferentes dimensões institucionais e, entre elas, obrigatoriamente, as seguintes:

I – o plano de desenvolvimento institucional;

II – a responsabilidade social, considerada especialmente sua contribuição para a inclusão social e o desenvolvimento socioeconômico do adolescente e de sua família;

III – a comunicação e o intercâmbio com a sociedade;

IV – as políticas de pessoal quanto à qualificação, aperfeiçoamento, desenvolvimento profissional e condições de trabalho;

V – a adequação da infraestrutura física às normas de referência;

VI – o planejamento e a autoavaliação quanto aos processos, resultados, eficiência e eficácia do projeto pedagógico e da proposta socioeducativa;

VII – as políticas de atendimento para os adolescentes e suas famílias;

VIII – a atenção integral à saúde dos adolescentes em conformidade com as diretrizes do art. 60 desta Lei; e

IX – a sustentabilidade financeira.

Art. 24. A avaliação dos programas terá por objetivo verificar, no mínimo, o atendimento ao que determinam os arts. 94, 100, 117, 119, 120, 123 e 124 da Lei nº 8.069, de 13 de julho de 1990 (Estatuto da Criança e do Adolescente).

Art. 25. A avaliação dos resultados da execução de medida socioeducativa terá por objetivo, no mínimo:

I – verificar a situação do adolescente após cumprimento da medida socioeducativa, tomando por base suas perspectivas educacionais, sociais, profissionais e familiares; e

II – verificar reincidência de prática de ato infracional.

Art. 26. Os resultados da avaliação serão utilizados para:

I – planejamento de metas e eleição de prioridades do Sistema de Atendimento Socioeducativo e seu financiamento;

II – reestruturação e/ou ampliação da rede de atendimento socioeducativo, de acordo com as necessidades diagnosticadas;

III – adequação dos objetivos e da natureza do atendimento socioeducativo prestado pelas entidades avaliadas;

IV – celebração de instrumentos de cooperação com vistas à correção de problemas diagnosticados na avaliação;

V – reforço de financiamento para fortalecer a rede de atendimento socioeducativo;

VI melhorar e ampliar a capacitação dos operadores do Sistema de Atendimento Socioeducativo; e

VII – os efeitos do art. 95 da Lei nº 8.069, de 13 de julho de 1990 (Estatuto da Criança e do Adolescente).

Parágrafo único. As recomendações originadas da avaliação deverão indicar prazo para seu cumprimento por parte das entidades de atendimento e dos gestores avaliados, ao fim do qual estarão sujeitos às medidas previstas no art. 28 desta Lei.

Art. 27. As informações produzidas a partir do Sistema Nacional de Informações sobre Atendimento Socioeducativo serão utilizadas para subsidiar a avaliação, o acompanhamento, a gestão e o financiamento dos Sistemas Nacional, Distrital, Estaduais e Municipais de Atendimento Socioeducativo.

Capítulo VI – Da Responsabilização dos Gestores, Operadores e Entidades de Atendimento

Art. 28. No caso do desrespeito, mesmo que parcial, ou do não cumprimento integral às diretrizes e determinações desta Lei, em todas as esferas, são sujeitos:

I – gestores, operadores e seus prepostos e entidades governamentais às medidas previstas no inciso I e no § 1º do art. 97 da Lei nº 8.069, de 13 de julho de 1990 (Estatuto da Criança e do Adolescente); e

II – entidades não governamentais, seus gestores, operadores e prepostos às medidas previstas no inciso II e no § 1º do art. 97 da Lei nº 8.069, de 13 de julho de 1990 (Estatuto da Criança e do Adolescente).

Parágrafo único. A aplicação das medidas previstas nesteartigo dar-se-á a partir da análise de relatório circunstanciado elaborado após as avaliações, sem prejuízo do que determinam os arts. 191 a 197, 225 a 227, 230 a 236, 243 e 245 a 247 da Lei nº 8.069, de 13 de julho de 1990 (Estatuto da Criança e do Adolescente).

Art. 29. Àqueles que, mesmo não sendo agentes públicos, induzam ou concorram, sob qualquer forma, direta ou indireta, para o não cumprimento desta Lei, aplicam-se, no que couber, as penalidades dispostas na Lei nº 8.429, de 2 de junho de 1992, que dispõe sobre as sanções aplicáveis aos agentes públicos nos casos de enriquecimento ilícito no exercício de mandato, cargo, emprego ou função na administração pública direta, indireta ou fundacional e dá outras providências (Lei de Improbidade Administrativa).

Capítulo VII – Do Financiamento e das Prioridades

Art. 30. O SINASE será cofinanciado com recursos dos orçamentos fiscal e da seguridade social, além de outras fontes.

§ 1º. (Vetado).

§ 2º. Os entes federados que tenham instituído seus sistemas de atendimento socioeducativo terão acesso aos recursos na forma de transferência adotada pelos órgãos integrantes do SINASE.

§ 3º. Os entes federados beneficiados com recursos dos orçamentos dos órgãos responsáveis pelas políticas integrantes do SINASE, ou de outras fontes, estão sujeitos às normas e procedimentos de monitoramento estabelecidos pelas instâncias dos órgãos das políticas setoriais envolvidas, sem prejuízo do disposto nos incisos IX e X do art. 4º, nos incisos V e VI do art. 5º e no art. 6º desta Lei.

Art. 31. Os Conselhos de Direitos, nas 3 (três) esferas de governo, definirão, anualmente, o percentual de recursos dos Fundos dos Direitos da Criança e do Adolescente a serem aplicados no financiamento das ações previstas nesta Lei, em especial para capacitação, sistemas de informação e de avaliação.

Parágrafo único. Os entes federados beneficiados com recursos do Fundo dos Direitos da Criança e do Adolescente para ações de atendimento socioeducativo prestarão informações sobre o desempenho dessas ações por meio do Sistema de Informações sobre Atendimento Socioeducativo.

Art. 32. A Lei nº 7.560, de 19 de dezembro de 1986, passa a vigorar com as seguintes alterações:

*"**Art. 5º.** Os recursos do Funad serão destinados: (...)*

X – às entidades governamentais e não governamentais integrantes do Sistema Nacional de Atendimento Socioeducativo (SINASE). (...)." (NR)

*"**Art. 5º-A.** A Secretaria Nacional de Políticas sobre Drogas (SENAD), órgão gestor do Fundo Nacional Antidrogas (FUNAD), poderá financiar projetos das entidades do SINASE desde que:*

I – o ente federado de vinculação da entidade que solicita o recurso possua o respectivo Plano de Atendimento Socioeducativo aprovado;

II – as entidades governamentais e não governamentais integrantes do SINASE que solicitem recursos tenham participado da avaliação nacional do atendimento socioeducativo;

III – o projeto apresentado esteja de acordo com os pressupostos da Política Nacional sobre Drogas e legislação específica." (NR)

Art. 33. A Lei nº 7.998, de 11 de janeiro de 1990, passa a vigorar acrescida do seguinte art. 19-A:

*"**Art. 19-A.** O CODEFAT poderá priorizar projetos das entidades integrantes do Sistema Nacional de Atendimento Socioeducativo (SINASE) desde que:*

I – o ente federado de vinculação da entidade que solicita o recurso possua o respectivo Plano de Atendimento Socioeducativo aprovado;

II – as entidades governamentais e não governamentais integrantes do SINASE que solicitem recursos tenham se submetido à avaliação nacional do atendimento socioeducativo." (NR)

Art. 34. O art. 2º da Lei nº 5.537, de 21 de novembro de 1968, passa a vigorar acrescido do seguinte § 3º:

*"**Art. 2º.** (...)*

§ 3º. O fundo de que trata o art. 1º poderá financiar, na forma das resoluções de seu conselho deliberativo, programas e projetos de educação básica relativos ao Sistema Nacional de Atendimento Socioeducativo (SINASE) desde que:

I – o ente federado que solicitar o recurso possua o respectivo Plano de Atendimento Socioeducativo aprovado;

II – as entidades de atendimento vinculadas ao ente federado que solicitar o recurso tenham se submetido à avaliação nacional do atendimento socioeducativo; e

III – o ente federado tenha assinado o Plano de Metas Compromisso Todos pela Educação e elaborado o respectivo Plano de Ações Articuladas (PAR)." (NR)

TÍTULO II – DA EXECUÇÃO DAS MEDIDAS SOCIOEDUCATIVAS

Capítulo I – Disposições Gerais

Art. 35. A execução das medidas socioeducativas reger-se-á pelos seguintes princípios:

I – legalidade, não podendo o adolescente receber tratamento mais gravoso do que o conferido ao adulto;

II – excepcionalidade da intervenção judicial e da imposição de medidas, favorecendo-se meios de autocomposição de conflitos;

III – prioridade a práticas ou medidas que sejam restaurativas e, sempre que possível, atendam às necessidades das vítimas;

IV – proporcionalidade em relação à ofensa cometida;

V brevidade da medida em resposta ao ato cometido, em especial o respeito ao que dispõe o art. 122 da Lei nº 8.069, de 13 de julho de 1990 (Estatuto da Criança e do Adolescente);

VI – individualização, considerando-se a idade, capacidades e circunstâncias pessoais do adolescente;

VII – mínima intervenção, restrita ao necessário para a realização dos objetivos da medida;

VIII – não discriminação do adolescente, notadamente em razão de etnia, gênero, nacionalidade, classe social, orientação religiosa, política ou sexual, ou associação ou pertencimento a qualquer minoria ou *status*; e

IX – fortalecimento dos vínculos familiares e comunitários no processo socioeducativo.

Capítulo II – Dos Procedimentos

Art. 36. A competência para jurisdicionar a execução das medidas socioeducativas segue o determinado pelo art. 146 da Lei nº 8.069, de 13 de julho de 1990 (Estatuto da Criança e do Adolescente).

Art. 37. A defesa e o Ministério Público intervirão, sob pena de nulidade, no procedimento judicial de execução de medida socioeducativa, asseguradas aos seus membros as prerrogativas previstas na Lei nº 8.069, de 13 de julho de 1990 (Estatuto da Criança e do Adolescente), podendo requerer as providências necessárias para adequar a execução aos ditames legais e regulamentares.

Art. 38. As medidas de proteção, de advertência e de reparação do dano, quando aplicadas de forma isolada, serão executadas nos próprios autos do processo de conhecimento, respeitado o disposto nos arts. 143 e 144 da Lei nº 8.069, de 13 de julho de 1990 (Estatuto da Criança e do Adolescente).

Art. 39. Para aplicação das medidas socioeducativas de prestação de serviços à comunidade, liberdade assistida, semiliberdade ou internação, será constituído processo de execução para cada adolescente, respeitado o disposto nos arts. 143 e 144 da Lei nº 8.069, de 13 de julho de 1990 (Estatuto da Criança e do Adolescente), e com autuação das seguintes peças:

I – documentos de caráter pessoal do adolescente existentes no processo de conhecimento, especialmente os que comprovem sua idade; e

II – as indicadas pela autoridade judiciária, sempre que houver necessidade e, obrigatoriamente:

a) cópia da representação;

b) cópia da certidão de antecedentes;

c) cópia da sentença ou acórdão; e

d) cópia de estudos técnicos realizados durante a fase de conhecimento.

Parágrafo único. Procedimento idêntico será observado na hipótese de medida aplicada em sede de remissão, como forma de suspensão do processo.

Art. 40. Autuadas as peças, a autoridade judiciária encaminhará, imediatamente, cópia integral do expediente ao órgão gestor do atendimento socioeducativo, solicitando designação do programa ou da unidade de cumprimento da medida.

Art. 41. A autoridade judiciária dará vistas da proposta de plano individual de que trata o art. 53 desta Lei ao defensor e ao Ministério Público pelo prazo sucessivo de 3 (três) dias, contados do recebimento da proposta encaminhada pela direção do programa de atendimento.

§ 1º. O defensor e o Ministério Público poderão requerer, e o Juiz da Execução poderá determinar, de ofício, a realização de qualquer avaliação ou perícia que entenderem necessárias para complementação do plano individual.

§ 2º. A impugnação ou complementação do plano individual, requerida pelo defensor ou pelo Ministério Público, deverá ser fundamentada, podendo a autoridade judiciária indeferi-la, se entender insuficiente a motivação.

§ 3º. Admitida a impugnação, ou se entender que o plano é inadequado, a autoridade judiciária designará, se necessário, audiência da qual cientificará o defensor, o Ministério Público, a direção do programa de atendimento, o adolescente e seus pais ou responsável.

§ 4º. A impugnação não suspenderá a execução do plano individual, salvo determinação judicial em contrário.

§ 5º. Findo o prazo sem impugnação, considerar-se-á o plano individual homologado.

Art. 42. As medidas socioeducativas de liberdade assistida, de semiliberdade e de internação deverão ser reavaliadas no máximo a cada 6 (seis) meses, podendo a autoridade judiciária, se necessário, designar audiência, no prazo máximo de 10 (dez) dias, cientificando o defensor, o Ministério Público, a direção do programa de atendimento, o adolescente e seus pais ou responsável.

§ 1º. A audiência será instruída com o relatório da equipe técnica do programa de atendimento sobre a evolução do plano de que trata o art. 52 desta Lei e com qualquer outro parecer técnico requerido pelas partes e deferido pela autoridade judiciária.

§ 2º. A gravidade do ato infracional, os antecedentes e o tempo de duração da medida não são fatores que, por si, justifiquem a não substituição da medida por outra menos grave.

§ 3º. Considera-se mais grave a internação, em relação a todas as demais medidas, e mais grave a semiliberdade, em relação às medidas de meio aberto.

Art. 43. A reavaliação da manutenção, da substituição ou da suspensão das medidas de meio aberto ou de privação da liberdade e do respectivo plano individual pode ser solicitada a qualquer tempo, a pedido da direção do programa de atendimento, do defensor, do Ministério Público, do adolescente, de seus pais ou responsável.

§ 1º. Justifica o pedido de reavaliação, entre outros motivos:

I – o desempenho adequado do adolescente com base no seu plano de atendimento individual, antes do prazo da reavaliação obrigatória;

II – a inadaptação do adolescente ao programa e o reiterado descumprimento das atividades do plano individual; e

III – a necessidade de modificação das atividades do plano individual que importem em maior restrição da liberdade do adolescente.

§ 2º. A autoridade judiciária poderá indeferir o pedido, de pronto, se entender insuficiente a motivação.

§ 3º. Admitido o processamento do pedido, a autoridade judiciária, se necessário, designará audiência, observando o princípio do § 1º do art. 42 desta Lei.

§ 4º. A substituição por medida mais gravosa somente ocorrerá em situações excepcionais, após o devido processo legal, inclusive na hipótese do inciso III do art. 122 da Lei nº 8.069, de 13 de julho de 1990 (Estatuto da Criança e do Adolescente), e deve ser:

I – fundamentada em parecer técnico;

II – precedida de prévia audiência, e nos termos do § 1º do art. 42 desta Lei.

Art. 44. Na hipótese de substituição da medida ou modificação das atividades do plano individual, a autoridade judiciária remeterá o inteiro teor da decisão à direção do programa de atendimento, assim como as peças que entender relevantes à nova situação jurídica do adolescente.

Parágrafo único. No caso de a substituição da medida importar em vinculação do adolescente a outro programa de atendimento, o plano individual e o histórico do cumprimento da medida deverão acompanhar a transferência.

Art. 45. Se, no transcurso da execução, sobrevier sentença de aplicação de nova medida, a autoridade judiciária procederá à unificação, ouvidos, previamente, o Ministério Público e o defensor, no prazo de 3 (três) dias sucessivos, decidindo-se em igual prazo.

§ 1º. É vedado à autoridade judiciária determinar reinício de cumprimento de medida socioeducativa, ou deixar de considerar os prazos máximos, e de liberação compulsória previstos na Lei nº 8.069, de 13 de julho de 1990 (Estatuto da Criança e do Adolescente), excetuada a hipótese de medida aplicada por ato infracional praticado durante a execução.

§ 2º. É vedado à autoridade judiciária aplicar nova medida de internação, por atos infracionais praticados anteriormente, a adolescente que já tenha concluído cumprimento de medida socioeducativa dessa natureza, ou que tenha sido transferido para cumprimento de medida menos rigorosa, sendo tais atos absorvidos por aqueles aos quais se impôs a medida socioeducativa extrema.

Art. 46. A medida socioeducativa será declarada extinta:

I – pela morte do adolescente;

II – pela realização de sua finalidade;

III – pela aplicação de pena privativa de liberdade, a ser cumprida em regime fechado ou semiaberto, em execução provisória ou definitiva;

IV – pela condição de doença grave, que torne o adolescente incapaz de submeter-se ao cumprimento da medida; e

V – nas demais hipóteses previstas em lei.

§ 1º. No caso de o maior de 18 (dezoito) anos, em cumprimento de medida socioeducativa, responder a processo-crime, caberá à autoridade judiciária decidir sobre eventual extinção da execução, cientificando da decisão o juízo criminal competente.

§ 2º. Em qualquer caso, o tempo de prisão cautelar não convertida em pena privativa de liberdade deve ser descontado do prazo de cumprimento da medida socioeducativa.

Art. 47. O mandado de busca e apreensão do adolescente terá vigência máxima de 6 (seis) meses, a contar da data da expedição, podendo, se necessário, ser renovado, fundamentadamente.

Art. 48. O defensor, o Ministério Público, o adolescente e seus pais ou responsável poderão postular revisão judicial de qualquer sanção disciplinar aplicada, podendo a autoridade judiciária suspender a execução da sanção até decisão final do incidente.

§ 1º. Postulada a revisão após ouvida a autoridade colegiada que aplicou a sanção e havendo provas a produzir em audiência, procederá o magistrado na forma do § 1º do art. 42 desta Lei.

§ 2º. É vedada a aplicação de sanção disciplinar de isolamento a adolescente interno, exceto seja essa imprescindível para garantia da segurança de outros internos ou do próprio adolescente a quem seja imposta a sanção, sendo necessária ainda comunicação ao defensor, ao Ministério Público e à autoridade judiciária em até 24 (vinte e quatro) horas.

Capítulo III – Dos Direitos Individuais

Art. 49. São direitos do adolescente submetido ao cumprimento de medida socioeducativa, sem prejuízo de outros previstos em lei:

I – ser acompanhado por seus pais ou responsável e por seu defensor, em qualquer fase do procedimento administrativo ou judicial;

II – ser incluído em programa de meio aberto quando inexistir vaga para o cumprimento de medida de privação da liberdade, exceto nos casos de ato infracional cometido mediante grave ameaça ou violência à pessoa, quando o adolescente deverá ser internado em Unidade mais próxima de seu local de residência;

III – ser respeitado em sua personalidade, intimidade, liberdade de pensamento e religião e em todos os direitos não expressamente limitados na sentença;

IV – peticionar, por escrito ou verbalmente, diretamente a qualquer autoridade ou órgão público, devendo, obrigatoriamente, ser respondido em até 15 (quinze) dias;

V – ser informado, inclusive por escrito, das normas de organização e funcionamento do programa de atendimento e também das previsões de natureza disciplinar;

VI – receber, sempre que solicitar, informações sobre a evolução de seu plano individual, participando, obrigatoriamente, de sua elaboração e, se for o caso, reavaliação;

VII – receber assistência integral à sua saúde, conforme o disposto no art. 60 desta Lei; e

VIII – ter atendimento garantido em creche e pré-escola aos filhos de 0 (zero) a 5 (cinco) anos.

§ 1º. As garantias processuais destinadas a adolescente autor de ato infracional previstas na Lei nº 8.069, de 13 de julho de 1990 (Estatuto da Criança e do Adolescente), aplicam-se integralmente na execução das medidas socioeducativas, inclusive no âmbito administrativo.

§ 2º. A oferta irregular de programas de atendimento socioeducativo em meio aberto não poderá ser invocada como motivo para aplicação ou manutenção de medida de privação da liberdade.

Art. 50. Sem prejuízo do disposto no § 1º do art. 121 da Lei nº 8.069, de 13 de julho de 1990 (Estatuto da Criança e do Adolescente), a direção do programa de execução de medida de privação da liberdade poderá autorizar a saída, monitorada, do adolescente nos casos de tratamento médico, doença grave ou falecimento, devidamente comprovados, de pai, mãe, filho, cônjuge, companheiro ou irmão, com imediata comunicação ao juízo competente.

Art. 51. A decisão judicial relativa à execução de medida socioeducativa será proferida após manifestação do defensor e do Ministério Público.

Capítulo IV – Do Plano Individual de Atendimento (PIA)

Art. 52. O cumprimento das medidas socioeducativas, em regime de prestação de serviços à comunidade, liberdade assistida, semiliberdade ou internação, dependerá de Plano Individual de

Atendimento (PIA), instrumento de previsão, registro e gestão das atividades a serem desenvolvidas com o adolescente.

Parágrafo único. O PIA deverá contemplar a participação dos pais ou responsáveis, os quais têm o dever de contribuir com o processo ressocializador do adolescente, sendo esses passíveis de responsabilização administrativa, nos termos do art. 249 da Lei nº 8.069, de 13 de julho de 1990 (Estatuto da Criança e do Adolescente), civil e criminal.

Art. 53. O PIA será elaborado sob a responsabilidade da equipe técnica do respectivo programa de atendimento, com a participação efetiva do adolescente e de sua família, representada por seus pais ou responsável.

Art. 54. Constarão do plano individual, no mínimo:

I – os resultados da avaliação interdisciplinar;

II – os objetivos declarados pelo adolescente;

III – a previsão de suas atividades de integração social e/ou capacitação profissional;

IV – atividades de integração e apoio à família;

V – formas de participação da família para efetivo cumprimento do plano individual; e

VI – as medidas específicas de atenção à sua saúde.

Art. 55. Para o cumprimento das medidas de semiliberdade ou de internação, o plano individual conterá, ainda:

I – a designação do programa de atendimento mais adequado para o cumprimento da medida;

II – a definição das atividades internas e externas, individuais ou coletivas, das quais o adolescente poderá participar; e

III – a fixação das metas para o alcance de desenvolvimento de atividades externas.

Parágrafo único. O PIA será elaborado no prazo de até 45 (quarenta e cinco) dias da data do ingresso do adolescente no programa de atendimento.

Art. 56. Para o cumprimento das medidas de prestação de serviços à comunidade e de liberdade assistida, o PIA será elaborado no prazo de até 15 (quinze) dias do ingresso do adolescente no programa de atendimento.

Art. 57. Para a elaboração do PIA, a direção do respectivo programa de atendimento, pessoalmente ou por meio de membro da equipe técnica, terá acesso aos autos do procedimento de apuração do ato infracional e aos dos procedimentos de apuração de outros atos infracionais atribuídos ao mesmo adolescente.

§ 1º. O acesso aos documentos de que trata o *caput* deverá ser realizado por funcionário da entidade de atendimento, devidamente credenciado para tal atividade, ou por membro da direção, em conformidade com as normas a serem definidas pelo Poder Judiciário, de forma a preservar o que determinam os arts. 143 e 144 da Lei nº 8.069, de 13 de julho de 1990 (Estatuto da Criança e do Adolescente).

§ 2º. A direção poderá requisitar, ainda:

I – ao estabelecimento de ensino, o histórico escolar do adolescente e as anotações sobre o seu aproveitamento;

II – os dados sobre o resultado de medida anteriormente aplicada e cumprida em outro programa de atendimento; e

III – os resultados de acompanhamento especializado anterior.

Art. 58. Por ocasião da reavaliação da medida, é obrigatória a apresentação pela direção do programa de atendimento de relatório da equipe técnica sobre a evolução do adolescente no cumprimento do plano individual.

Art. 59. O acesso ao plano individual será restrito aos servidores do respectivo programa de atendimento, ao adolescente e a seus pais ou responsável, ao Ministério Público e ao defensor, exceto expressa autorização judicial.

Capítulo V
Da Atenção Integral à Saúde de Adolescente em Cumprimento de Medida Socioeducativa

Seção I – Disposições Gerais

Art. 60. A atenção integral à saúde do adolescente no Sistema de Atendimento Socioeducativo seguirá as seguintes diretrizes:

I – previsão, nos planos de atendimento socioeducativo, em todas as esferas, da implantação de ações de promoção da saúde, com o objetivo de integrar as ações socioeducativas, estimulando a autonomia, a melhoria das relações interpessoais e o fortalecimento de redes de apoio aos adolescentes e suas famílias;

II – inclusão de ações e serviços para a promoção, proteção, prevenção de agravos e doenças e recuperação da saúde;

III – cuidados especiais em saúde mental, incluindo os relacionados ao uso de álcool e outras substâncias psicoativas, e atenção aos adolescentes com deficiências;

IV – disponibilização de ações de atenção à saúde sexual e reprodutiva e à prevenção de doenças sexualmente transmissíveis;

V – garantia de acesso a todos os níveis de atenção à saúde, por meio de referência e contrarreferência, de acordo com as normas do Sistema Único de Saúde (SUS);

VI – capacitação das equipes de saúde e dos profissionais das entidades de atendimento, bem como daqueles que atuam nas unidades de saúde de referência voltadas às especificidades de saúde dessa população e de suas famílias;

VII – inclusão, nos Sistemas de Informação de Saúde do SUS, bem como no Sistema de Informações sobre Atendimento Socioeducativo, de dados e indicadores de saúde da população de adolescentes em atendimento socioeducativo; e

VIII – estruturação das unidades de internação conforme as normas de referência do SUS e do SINASE, visando ao atendimento das necessidades de Atenção Básica.

Art. 61. As entidades que ofereçam programas de atendimento socioeducativo em meio aberto e de semiliberdade deverão prestar orientações aos socioeducandos sobre o acesso aos serviços e às unidades do SUS.

Art. 62. As entidades que ofereçam programas de privação de liberdade deverão contar com uma equipe mínima de profissionais de saúde cuja composição esteja em conformidade com as normas de referência do SUS.

Art. 63. (Vetado).

§ 1º. O filho de adolescente nascido nos estabelecimentos referidos no *caput* deste artigo não terá tal informação lançada em seu registro de nascimento.

§ 2º. Serão asseguradas as condições necessárias para que a adolescente submetida à execução de medida socioeducativa de privação de liberdade permaneça com o seu filho durante o período de amamentação.

Seção II – Do Atendimento a Adolescente com Transtorno Mental e com Dependência de Álcool e de Substância Psicoativa

Art. 64. O adolescente em cumprimento de medida socioeducativa que apresente indícios de transtorno mental, de deficiência mental, ou associadas, deverá ser avaliado por equipe técnica multidisciplinar e multissetorial.

§ 1º. As competências, a composição e a atuação da equipe técnica de que trata o *caput* deverão seguir, conjuntamente, as normas de referência do SUS e do SINASE, na forma do regulamento.

§ 2º. A avaliação de que trata o *caput* subsidiará a elaboração e execução da terapêutica a ser adotada, a qual será incluída no PIA do adolescente, prevendo, se necessário, ações voltadas para a família.

§ 3º. As informações produzidas na avaliação de que trata o *caput* são consideradas sigilosas.

§ 4º. Excepcionalmente, o juiz poderá suspender a execução da medida socioeducativa, ouvidos o defensor e o Ministério Público, com vistas a incluir o adolescente em programa de atenção integral à saúde mental que melhor atenda aos objetivos terapêuticos estabelecidos para o seu caso específico.

§ 5º. Suspensa a execução da medida socioeducativa, o juiz designará o responsável por acompanhar e informar sobre a evolução do atendimento ao adolescente.

§ 6º. A suspensão da execução da medida socioeducativa será avaliada, no mínimo, a cada 6 (seis) meses.

§ 7º. O tratamento a que se submeterá o adolescente deverá observar o previsto na Lei nº 10.216, de 6 de abril de 2001, que dispõe sobre a proteção e os direitos das pessoas portadoras de transtornos mentais e redireciona o modelo assistencial em saúde mental.

§ 8º. (Vetado).

Art. 65. Enquanto não cessada a jurisdição da Infância e Juventude, a autoridade judiciária, nas hipóteses tratadas no art. 64, poderá remeter cópia dos autos ao Ministério Público para eventual propositura de interdição e outras providências pertinentes.

Art. 66. (Vetado).

Capítulo VI – Das Visitas a Adolescente em Cumprimento de Medida de Internação

Art. 67. A visita do cônjuge, companheiro, pais ou responsáveis, parentes e amigos a adolescente a quem foi aplicada medida socioeducativa de internação observará dias e horários próprios definidos pela direção do programa de atendimento.

Art. 68. É assegurado ao adolescente casado ou que viva, comprovadamente, em união estável o direito à visita íntima.

Parágrafo único. O visitante será identificado e registrado pela direção do programa de atendimento, que emitirá documento de identificação, pessoal e intransferível, específico para a realização da visita íntima.

Art. 69. É garantido aos adolescentes em cumprimento de medida socioeducativa de internação o direito de receber visita dos filhos, independentemente da idade desses.

Art. 70. O regulamento interno estabelecerá as hipóteses de proibição da entrada de objetos na unidade de internação, vedando o acesso aos seus portadores.

Capítulo VII – Dos Regimes Disciplinares

Art. 71. Todas as entidades de atendimento socioeducativo deverão, em seus respectivos regimentos, realizar a previsão de regime disciplinar que obedeça aos seguintes princípios:

I – tipificação explícita das infrações como leves, médias e graves e determinação das correspondentes sanções;

II – exigência da instauração formal de processo disciplinar para a aplicação de qualquer sanção, garantidos a ampla defesa e o contraditório;

III – obrigatoriedade de audiência do socioeducando nos casosem que seja necessária a instauração de processo disciplinar;

IV – sanção de duração determinada;

V – enumeração das causas ou circunstâncias que eximam, atenuem ou agravem a sanção a ser imposta ao socioeducando, bem como os requisitos para a extinção dessa;

VI – enumeração explícita das garantias de defesa;

VII – garantia de solicitação e rito de apreciação dos recursos cabíveis; e

VIII – apuração da falta disciplinar por comissão composta por, no mínimo, 3 (três) integrantes, sendo 1 (um), obrigatoriamente, oriundo da equipe técnica.

Art. 72. O regime disciplinar é independente da responsabilidade civil ou penal que advenha do ato cometido.

Art. 73. Nenhum socioeducando poderá desempenhar função ou tarefa de apuração disciplinar ou aplicação de sanção nas entidades de atendimento socioeducativo.

Art. 74. Não será aplicada sanção disciplinar sem expressa e anterior previsão legal ou regulamentar e o devido processo administrativo.

Art. 75. Não será aplicada sanção disciplinar ao socioeducando que tenha praticado a falta:

I – por coação irresistível ou por motivo de força maior;

II – em legítima defesa, própria ou de outrem.

Capítulo VIII – Da Capacitação para o Trabalho

Art. 76. O art. 2º do Decreto-Lei nº 4.048, de 22 de janeiro de 1942, passa a vigorar acrescido do seguinte § 1º, renumerando-se o atual parágrafo único para § 2º:

*"**Art. 2º.** (...)*

§ 1º. As escolas do Senai poderão ofertar vagas aos usuários do Sistema Nacional de Atendimento Socioeducativo (SINASE) nas condições a serem dispostas em instrumentos de cooperação celebrados entre os operadores do Senai e os gestores dos Sistemas de Atendimento Socioeducativo locais.

§ 2º. (...)." (NR)

Art. 77. O art. 3º do Decreto-Lei nº 8.621, de 10 de janeiro de 1946, passa a vigorar acrescido do seguinte § 1º, renumerando-se o atual parágrafo único para § 2º:

*"**Art. 3º.** (...)*

§ 1º. As escolas do Senac poderão ofertar vagas aos usuários do Sistema Nacional de Atendimento Socioeducativo (SINASE) nas condições a serem dispostas em instrumentos de cooperação celebrados entre os operadores do Senac e os gestores dos Sistemas de Atendimento Socioeducativo locais.

§ 2º. (...)." (NR)

Art. 78. O art. 1º da Lei nº 8.315, de 23 de dezembro de 1991, passa a vigorar acrescido do seguinte parágrafo único:

*"**Art. 1º.** (...)*

Parágrafo único. Os programas de formação profissional rural do Senar poderão ofertar vagas aos usuários do Sistema Nacional de Atendimento Socioeducativo (SINASE) nas condições a serem dispostas em instrumentos de cooperação celebrados entre os operadores do Senar e os gestores dos Sistemas de Atendimento Socioeducativo locais. " (NR)

Art. 79. O art. 3º da Lei nº 8.706, de 14 de setembro de 1993, passa a vigorar acrescido do seguinte parágrafo único:

*"**Art. 3º.** (...)*

Parágrafo único. Os programas de formação profissional do Senat poderão ofertar vagas aos usuários do Sistema Nacional de Atendimento Socioeducativo (SINASE) nas condições a serem dispostas em instrumentos de cooperação celebrados entre os operadores do SENAT e os gestores dos Sistemas de Atendimento Socioeducativo locais." (NR)

Art. 80. O art. 429 do Decreto-Lei nº 5.452, de 1º de maio de 1943, passa a vigorar acrescido do seguinte § 2º:

- *Alteração já efetuada no corpo da CLT. Nesta edição.*

TÍTULO III – DISPOSIÇÕES FINAIS E TRANSITÓRIAS

Art. 81. As entidades que mantenham programas de atendimento têm o prazo de até 6 (seis) meses após a publicação desta Lei para encaminhar ao respectivo Conselho Estadual ou Municipal dos Direitos da Criança e do Adolescente proposta de adequação da sua inscrição, sob pena de interdição.

Art. 82. Os Conselhos dos Direitos da Criança e do Adolescente, em todos os níveis federados, com os órgãos responsáveis pelo sistema de educação pública e as entidades de atendimento, deverão, no prazo de 1 (um) ano a partir da publicação desta Lei, garantir a inserção de adolescentes em cumprimento de medida socioeducativa na rede pública de educação, em qualquer fase do período letivo, contemplando as diversas faixas etárias e níveis de instrução.

Art. 83. Os programas de atendimento socioeducativo sob a responsabilidade do Poder Judiciário serão, obrigatoriamente, transferidos ao Poder Executivo no prazo máximo de 1 (um) ano a partir da publicação desta Lei e de acordo com a política de oferta dos programas aqui definidos.

Art. 84. Os programas de internação e semiliberdade sob a responsabilidade dos Municípios serão, obrigatoriamente, transferidos para o Poder Executivo do respectivo Estado no prazo máximo de 1 (um) ano a partir da publicação desta Lei e de acordo com a política de oferta dos programas aqui definidos.

Art. 85. A não transferência de programas de atendimento para os devidos entes responsáveis, no prazo determinado nesta Lei, importará na interdição do programa e caracterizará ato de improbidade administrativa do agente responsável, vedada, ademais, ao Poder Judiciário e ao Poder Executivo municipal, ao final do referido prazo, a realização de despesas para a sua manutenção.

Art. 86. Os arts. 90, 97, 121, 122, 198 e 208 da Lei nº 8.069, de 13 de julho de 1990 (Estatuto da Criança e do Adolescente), passam a vigorar com a seguinte redação:

- *Alterações já efetuadas no corpo da Lei. Nesta edição.*

Art. 87. A Lei nº 8.069, de 13 de julho de 1990 (Estatuto da Criança e do Adolescente), passa a vigorar com as seguintes alterações:

- *Alterações (arts. 260 e 260-A a 260-L) já efetuadas no corpo da Lei. Nesta edição.*

Art. 88. O parágrafo único do art. 3º da Lei nº 12.213, de 20 de janeiro de 2010, passa a vigorar com a seguinte redação:

*"**Art. 3º.** (...)*

Parágrafo único. A dedução a que se refere o caput *deste artigo não poderá ultrapassar 1% (um por cento) do imposto devido." (NR)*

Art. 89. (Vetado).

Art. 90. Esta Lei entra em vigor após decorridos 90 (noventa) dias de sua publicação oficial.

Brasília, 18 de janeiro de 2012; 191º da Independência e 124º da República.

Dilma Rousseff

DOU de 19.1.2012 – Retificado em 20.1.2012

LEI Nº 12.650, DE 17 DE MAIO DE 2012

Altera o Decreto-Lei nº 2.848, de 7 de dezembro de 1940 – Código Penal, com a finalidade de modificar as regras relativas à prescrição dos crimes praticados contra crianças e adolescen-tes.

A Presidenta da República,

Faço saber que o Congresso Nacional decreta e eu sanciono a seguinte Lei:

Art. 1º. O art. 111 do Decreto-Lei nº 2.848, de 7 de dezembro de 1940 - Código Penal, passa a vigorar acrescido do seguinte inciso V:

- *Alteração já efetuada no corpo do Código. Nesta edição.*

Art. 2º. Esta Lei entra em vigor na data de sua publicação.

Brasília, 17 de maio de 2012; 191º da Independência e 124º da República.

Dilma Rousseff

DOU de 18.5.2012

DECRETOS

DECRETO Nº 99.710, DE 21 DE NOVEMBRO DE 1990

Promulga a Convenção sobre os Direitos da Criança.

- *V. Convenção sobre os Direitos das Crianças. Nesta edição.*

O Presidente da República, usando da atribuição que lhe confere o art. 84, inciso IV, da Constituição, e

Considerando que o Congresso Nacional aprovou, pelo Decreto Legislativo nº 28, de 14 de setembro de 1990, a Convenção sobre os Direitos da Criança, a qual entrou em vigor internacional em 2 de setembro de 1990, na forma de seu art. 49, inciso 1;

Considerando que o Governo brasileiro ratificou a referida Convenção em 24 de setembro de 1990, tendo a mesma entrado em vigor para o Brasil em 23 de outubro de 1990, na forma do seu art. 49, inciso 2;

Decreta:

Art. 1º. A Convenção sobre os Direitos da Criança, apensa por cópia ao presente Decreto, será executada e cumprida tão inteiramente como nela se contém.

Art. 2º. Este Decreto entra em vigor na data de sua publicação.

Art. 3º. Revogam-se as disposições em contrário.

Brasília, em 21 de novembro de 1990; 169º da Independência e 102º da República.

Fernando Collor

DOU de 22.11.1990

DECRETO Nº 1.056, DE 11 DE FEVEREIRO DE 1994

Regulamenta a Lei nº 8.642, de 31 de março de 1993, e estabelece a forma de atuação dos órgãos do Poder Executivo para execução do Programa Nacional de Atenção Integral à Criança e ao Adolescente (PRONAICA), e dá outras providências.

O Presidente da República, no uso da atribuição que lhe confere o art. 84, inciso IV, da Constituição, e de acordo com o art. 3º da Lei nº 8.642, de 31 de março de 1993, o art. 1º da Lei nº 8.479, de 6 de novembro de 1992, a Lei nº 8.490, de 19 de novembro de 1992, e o art. 86 da Lei nº 8.069, de 13 de julho de 1990,

Decreta:

Art. 1º. O Programa Nacional de Atenção Integral à Criança e ao Adolescente (PRONAICA) promoverá e coordenará o desenvolvimento de ações de atenção integral a crianças e adolescentes, de forma descentralizada, articulada e integrada, por meio de órgãos federais, estaduais, municipais, organizações não governamentais e com a cooperação de organismos internacionais.

Art. 2º. O PRONAICA será implementado conforme as necessidades e disponibilidades locais, em obediência aos princípios da atenção integral à criança e ao adolescente e mediante adoção de uma ou mais das seguintes linhas estratégicas:

I – articulação e integração local de serviços e equipamentos sociais existentes;

II – utilização, adequação e melhoria dos equipamentos sociais disponíveis;

III – quando indispensável, construção de unidades específicas.

Art. 3º. A execução do PRONAICA será descentralizada, compartilhando-se as responsabilidades entre os Governos da União, das Unidades Federadas, dos Municípios e as comunidades locais.

Art. 4º. O Governo Federal, diretamente ou em cooperação com os Governos das Unidades Federadas, dos Municípios e com as comunidades, fornecerá apoio técnico, financeiro e material necessário à execução do PRONAICA, especialmente mediante atividades de análise e elaboração de projetos, adequação ou construção de unidades de serviços, aquisição e instalação de móveis e equipamentos, organização e capacitação de recursos humanos, apoio à pesquisa e ao desenvolvimento de novas tecnologias de atenção integral à criança e ao adolescente.

§ 1º. A criação e instalação de coordenações estaduais e municipais do PRONAICA, afetas às respectivas unidades administrativas, serão estimuladas e apoiadas pelo Governo Federal, de maneira a ensejar a descentralização de responsabilidades, mediante delegação de competência.

§ 2º. A implantação de unidades do PRONAICA será precedida da elaboração dos respectivos projetos, subordinando-se aos princípios de atenção integral, aos critérios técnicos fixados pelos órgãos de coordenação e atendendo às características e necessidades das comunidades locais.

Art. 5º. Fica constituída a Comissão Interministerial do Programa Nacional de Atenção Integral à Criança e ao Adolescente, incumbida do planejamento do Programa e da articulação das atividades dos órgãos federais que participam de suas ações, integrada pelo Ministro de Estado da Educação e do Desporto, que a coordenará, e pelos titulares dos Ministérios e Secretarias da Presidência da República responsáveis pela área social do Governo Federal.

Art. 6º. A Comissão Interministerial do PRONAICA incumbir-se-á do estabelecimento da estratégia de execução do Programa e do planejamento, acompanhamento e avaliação de suas ações, em âmbito nacional.

Art. 7º. A Comissão Interministerial do PRONAICA será assessorada por Comitê Executivo composto por um representante de cada um dos Ministérios e das Secretarias que a constituem, indicados pelos respectivos titulares e designados pelo Ministro de Estado da Educação e do Desporto, na qualidade de Coordenador da Comissão Interministerial.

§ 1º. O Comitê Executivo será dirigido pelo titular da Secretaria de Projetos Educacionais Especiais, do Ministério da Educação e do Desporto.

§ 2º. A critério do Comitê Executivo, poderão ser convidados e dele participar representantes de outros órgãos e entidades.

§ 3º. A Secretaria de Projetos Educacionais Especiais do Ministério da Educação e do Desporto dará o apoio necessário ao funcionamento do Comitê Executivo do PRONAICA.

§ 4º. Compete ao Comitê Executivo do PRONAICA:

a) compatibilizar os programas setoriais com os planos nacionais de atenção integral à criança e ao adolescente;

b) propor programação estratégica, planos anuais e plurianuais de trabalho e programação orçamentária;

c) avaliar, periodicamente, o desempenho das entidades governamentais voltadas para atenção integral à criança e ao adolescente e propor aperfeiçoamento dos sistemas de articulação, acompanhamento e divulgação das atividades e dos resultados do PRONAICA;

d) promover a interação dos órgãos governamentais e não governamentais, buscando mobilizar a participação comunitária e incentivar a descentralização do Programa;

e) constituir subcomitês e grupos de trabalho para coordenação e acompanhamento dos subprogramas específicos do PRONAICA;

f) expedir os atos necessários ao detalhamento, ao acompanhamento e à avaliação do Programa e seus planos anuais.

Art. 8º. Ao Ministro de Estado da Educação e do Desporto, na condição de Coordenador da Comissão Interministerial do PRONAICA, competirá aprovar políticas e normas gerais de operação do Programa e promover a realização de acordos e convênios com as esferas estadual e municipal de governo e com outras entidades públicas, comunitárias e privadas, visando à descentralização das ações do PRONAICA.

Art. 9º. Os planos anuais e plurianuais do PRONAICA fixar-lhe-ão objetivos, responsabilidades institucionais, metas físicas e financeiras.

§ 1º. Os planos anuais e plurianuais obedecerão ao conteúdo básico da pedagogia de atenção integral, consubstanciado nos seguintes componentes:

a) proteção especial à família;

b) promoção da saúde da criança e do adolescente;

c) creche e educação pré-escolar;

d) educação escolar de 1º grau;

e) esporte e lazer;

f) cultura;

g) educação para o trabalho;

h) alimentação.

§ 2º. Os planos anuais e plurianuais do PRONAICA conterão linhas instrumentais, destinadas a subsidiar e facilitar a execução de suas ações, entre as quais se incluirão:

a) participação comunitária;

b) suporte tecnológico;

c) modernização da gestão.

§ 3º. Nos níveis municipal e das Unidades Federadas, os planos serão elaborados pelos respectivos governos, em articulação com os Conselhos de Direitos da Criança e do Adolescente, cabendo ao Governo de cada Estado a consolidação dos planos elaborados por seus Municípios.

§ 4º. Os planos das Unidades Federadas serão consolidados, em nível nacional, pela Comissão Interministerial do PRONAICA, mediante proposta de seu Comitê Executivo, ouvido o Conselho Nacional dos Direitos da Criança e do Adolescente.

Art. 10. Serão transferidos, em definitivo, para a Secretaria de Projetos Educacionais Especiais do Ministério da Educação e do Desporto:

I – os bens adquiridos ou requisitados pelos extintos Projeto Minha Gente, Ministério Extraordinário da Criança e Secretaria de Projetos Especiais da Presidência da República, ou a eles cedidos em caráter definitivo por órgãos públicos federais;

II – os bens existentes nos Centros de Atenção Integral à Criança e ao Adolescente e nas fábricas de seus componentes, adquiridos pela União.

Art. 11. Revogam-se os Decretos nºs 99.683, de 8 de novembro de 1990, 99.957, de 28 de dezembro de 1990, 631, de 12 de agosto de 1992, e o Decreto de 13 de agosto de 1991, que dispõe sobre a execução orçamentária e financeira do Projeto Minha Gente.

Art. 12. Este Decreto entra em vigor na data de sua publicação.

Brasília, 11 de fevereiro de 1994; 173º da Independência e 106º da República.

Itamar Franco

DOU de 16.2.1994.

DECRETO Nº 1.196, DE 14 DE JULHO DE 1994

Dispõe sobre a gestão e administração do Fundo Nacional para a Criança e o Adolescente (FNCA), e dá outras providências.

O Presidente da República, no uso da atribuição que lhe confere o art. 84, inciso IV, da Constituição, e tendo em vista o disposto no art. 6º da Lei nº 8.242, de 12 de outubro de 1991,

Decreta:

Art. 1º. O Fundo Nacional para a Criança e o Adolescente (FNCA), instituído pelo art. 6º da Lei nº 8.242, de 12 de outubro de 1991, que "Cria o Conselho Nacional dos Direitos da Criança e do Adolescente (CONANDA), e dá outras providências" à implantação e implementação da Política Nacional de Atendimento aos Direitos da Criança e do Adolescente, nos termos da Lei nº 8.069, de 13 de julho de 1990 (Estatuto da Criança e do Adolescente).

Art. 2º. O FNCA tem como princípios:

I – a participação das entidades governamentais e não governamentais, desde o planejamento até o controle das políticas e programas voltados para a criança e o adolescente;

II – a descentralização político-administrativa das ações governamentais;

III – a coordenação com as ações obrigatórias e permanentes de responsabilidade do Poder Público;

IV – a flexibilidade e agilidade na movimentação dos recursos, sem prejuízo da plena visibilidade das respectivas ações.

Art. 3º. O FNCA tem como receita:

I – doações de pessoas físicas e jurídicas, dedutíveis do Imposto de Renda, nos termos do art. 260 da Lei nº 8.069, de 13 de julho de 1990, alterada pela Lei nº 8.242, de 12 de outubro de 1991;

II – recursos destinados ao Fundo Nacional consignados no Orçamento da União;

III – contribuições dos governos e organismos estrangeiros e internacionais;

IV – o resultado de aplicações do governo e organismos estrangeiros e internacionais;

V – o resultado de aplicações no mercado financeiro, observada a legislação pertinente;

VI – outros recursos que lhe forem destinados.

Art. 4º. Os recursos do FNCA serão primacialmente aplicados:

I – no apoio ao desenvolvimento das ações priorizadas na Política Nacional de Atendimento aos Direitos da Criança e do Adolescente;

II – no apoio aos programas e projetos de pesquisas, de estudos e de capacitação de recursos humanos necessários à execução das ações de promoção, defesa e atendimento à criança e ao adolescente;

III – no apoio aos programas e projetos de comunicação e divulgação das ações de defesa dos direitos da criança e do adolescente;

IV – no apoio ao desenvolvimento e à implementação de sistemas de controle e avaliação de políticas públicas, programas governamentais e não governamentais de caráter nacional, voltados para a criança e o adolescente;

V – na promoção do intercâmbio de informações tecnológicas e experiências entre o CONANDA e os Conselhos Estaduais e Municipais.

Parágrafo único. Fica expressamente vedada a utilização de recursos do FNCA para a manutenção de quaisquer outras atividades que não sejam as destinadas unicamente aos programas explicitados nos incisos acima, exceto os casos excepcionais aprovados pelo plenário do CONANDA.

Art. 5º. O FNCA será gerido pelo CONANDA, cabendo-lhe fixar as diretrizes, critérios e prioridades para a aplicação das disponibilidades financeiras existentes, conforme o disposto no art. 2º, inciso X, da Lei nº 8.242, de 1991.

Art. 6º. Os recursos do FNCA serão movimentados através de conta específica em instituições financeiras federais, permitindo-se sua aplicação no mercado financeiro, na forma da lei.

Art. 7º. Este Decreto entra em vigor na data de sua publicação.

Brasília, 14 de julho de 1994; 173º da Independência e 106º da República.

Itamar Franco

DOU de 15.7.1994

DECRETO Nº 2.429, DE 17 DE DEZEMBRO DE 1997

Promulga a Convenção Interamericana sobre Conflito de Leis em Matéria de Adoção de Menores, concluída em La Paz, em 24 de maio de 1984.

- *V. Convenção Interamericana sobre Conflito de Leis em Matéria de Adoção de Menores. Nesta edição.*

O Presidente da República, no uso das atribuições que lhe confere o art. 84, inciso VIII, da Constituição,

Considerando que a Convenção Interamericana sobre Conflito de Leis em Matéria de Adoção de Menores foi concluída em La Paz, em 24 de maio de 1984;

Considerando que o ato multilateral em epígrafe foi oportunamente aprovado por meio do Decreto Legislativo nº 60, de 19 de junho de 1996;

Considerando que a Convenção em tela entrou em vigor internacional em 26 de maio de 1988;

Considerando que o Governo brasileiro depositou o instrumento de ratificação da Convenção em 8 de julho de 1997, passando a mesma a vigorar, para o Brasil, em 7 de agosto de 1997, na forma de seu artigo 26,

Decreta:

Art. 1º. A Convenção Interamericana sobre Conflito de Leis em Matéria de Adoção de Menores, concluída em La Paz, em 24 de maio de 1984, apensa por cópia ao presente Decreto, deverá ser cumprida tão inteiramente como nela se contém.

Art. 2º. O presente Decreto entra em vigor na data de sua publicação.

Brasília, em 17 de dezembro de 1997; 176º da Independência e 109º da República.

Fernando Henrique Cardoso

DOU de 18.12.1997

DECRETO Nº 3.087, DE 21 DE JUNHO DE 1999

Promulga a Convenção Relativa à Proteção das Crianças e à Cooperação em Matéria de Adoção Internacional, concluída na Haia, em 29 de maio de 1993.

- *V. Convenção Relativa à Proteção das Crianças e à Cooperação em Matéria de Adoção Internacional. Nesta edição.*

O Presidente da República, no uso da atribuição que lhe confere o art. 84, inciso VIII, da Constituição,

Considerando que a Convenção Relativa à Proteção das crianças e à Cooperação em Matéria de Adoção Internacional foi concluída na Haia, em 29 de maio de 1993;

Considerando que o Congresso Nacional aprovou o Ato multilateral em epígrafe por meio do Decreto Legislativo nº 1, de 14 de janeiro de 1999;

Considerando que a Convenção em tela entrou em vigor internacional em 1º de maio de 1995;

Considerando que o Governo brasileiro depositou o Instrumento de Ratificação da referida Convenção em 10 de março de 1999, passará a mesma a vigorar para o Brasil em 1º de julho de 1999, nos termos do parágrafo 2 de seu Artigo 46;

Decreta:

Art. 1º. A Convenção Relativa à Proteção das Crianças e à cooperação em Matéria de Adoção Internacional concluída na Haia, em 29 de maio de 1993, apensa por cópia a este Decreto, deverá ser executada e cumprida tão inteiramente como nela se contém.

Art. 2º. Este Decreto entra em vigor na data de sua publicação.

Brasília, 21 de junho de 1999; 178º da Independência e 111º da República.

Fernando Henrique Cardoso

DOU de 22.6.1999

DECRETO Nº 3.413, DE 14 DE ABRIL DE 2000

Promulga a Convenção sobre os Aspectos Civis do Sequestro Internacional de Crianças, concluída na cidade de Haia, em 25 de outubro de 1980.

- *V. Convenção sobre os Aspectos Civis do Sequestro Internacional de Crianças. Nesta edição.*

O Presidente da República, no uso da atribuição que lhe confere o art. 84, inciso VIII, da Constituição,

Considerando que a Convenção sobre os Aspectos Civis do Sequestro Internacional de Crianças foi concluída na cidade de Haia, em 25 de outubro de 1980, com reserva ao art. 24 da Convenção, permitida pelo seu art. 42, para determinar que os documentos estrangeiros juntados aos autos judiciais sejam acompanhados de tradução para o português, feita por tradutor juramentado oficial;

Considerando que o Congresso Nacional aprovou o ato multilateral em epígrafe por meio do Decreto Legislativo nº 79, de 15 de setembro de 1999;

Considerando que o ato em tela entrou em vigor internacional em 1º de dezembro de 1983;

Considerando que o Governo brasileiro depositou o Instrumento de Adesão da referida Convenção em 19 de outubro de 1999, passando a mesma a vigorar, para o Brasil, em 1º de janeiro de 2000;

Decreta:

Art. 1º. A Convenção sobre os Aspectos Civis do Sequestro Internacional de Crianças, concluída na cidade de Haia, em 25 de outubro de 1980, com reserva ao art. 24 da Convenção, permitida pelo seu art. 42, para determinar que os documentos estrangeiros juntados aos autos judiciais sejam acompanhados de tradução para o português, feita por tradutor juramentado oficial, apensa por cópia a este Decreto, deverá ser executada e cumprida tão inteiramente como nela se contém.

Art. 2º. Este Decreto entra em vigor na data de sua publicação.

Brasília, 14 de abril de 2000; 179º da Independência e 112º da República.

Fernando Henrique Cardoso

DOU de 17.4.2000

DECRETO Nº 3.597, DE 12 DE SETEMBRO DE 2000

Promulga Convenção 182 e a Recomendação 190 da Organização Internacional do Trabalho (OIT) sobre a Proibição das Piores Formas de Trabalho Infantil e a Ação Imediata para sua Eliminação, concluídas em Genebra, em 17 de junho de 1999.

- *V. Convenção n º 182 – Convenção sobre a Proibição das Piores Formas de Trabalho Infantil e a Ação Imediata para sua Eliminação. Nesta edição.*

- *V. Recomendação nº 190 – Recomendação sobre a Proibição das Piores Formas de Trabalho Infantil e a Ação Imediata para a sua Eliminação. Nesta edição.*
- *V. Portaria MTE/SIT nº 88/2009 – Remete ao que são considerados locais e serviços perigosos ou insalubres, proibidos ao trabalho do menor de 18 (dezoito) anos. Nesta edição.*
- *V. Decreto nº 6.481/2008 – Regulamenta os artigos 3º, alínea "d", e 4º da Convenção nº 182 da Organização Internacional do Trabalho (OIT) que trata da proibição das piores formas de trabalho infantil e ação imediata para sua eliminação, aprovada pelo Decreto Legislativo nº 178, de 14 de dezembro de 1999, e promulgada pelo Decreto nº 3.597, de 12 de setembro de 2000, e dá outras providências. Nesta edição.*

O Presidente da República, no uso da atribuição que lhe confere o art. 84, inciso VIII, da Constituição,

Considerando que a Convenção nº 182 e a Recomendação 190 da Organização Internacional do Trabalho (OIT) sobre a Proibição das Piores Formas de Trabalho Infantil e a Ação Imediata para sua Eliminação foram concluídas em Genebra, em 17 de junho de 1999;

Considerando que o Congresso Nacional aprovou os atos multilaterais em epígrafe por meio do Decreto Legislativo nº 178, de 14 de dezembro de 1999;

Considerando que o Governo brasileiro depositou o Instrumento de Ratificação da referida Convenção em 2 de fevereiro de 2000, passando a mesma a vigorar, para o Brasil, em 2 de fevereiro de 2001, nos termos do parágrafo 3º de seu Artigo 10º;

Decreta:

Art. 1º. A Convenção nº 182 e a Recomendação 190 da Organização Internacional do Trabalho (OIT) sobre a Proibição das Piores Formas de Trabalho Infantil e a Ação Imediata para sua Eliminação, concluídas em Genebra, em 17 de junho de 1999, apensas por cópia a este Decreto, deverão ser executadas e cumpridas tão inteiramente como nelas se contém.

Parágrafo único. São sujeitos à aprovação do Congresso Nacional quaisquer atos que possam resultar em revisão da referida Convenção, assim como quaisquer ajustes complementares que, nos termos do art. 49, inciso I, da Constituição Federal, acarretem encargos ou compromissos gravosos ao patrimônio nacional.

Art. 2º. Este Decreto entra em vigor na data de sua publicação.

Brasília, 12 de setembro de 2000; 179º da Independência e 112º da República.

Fernando Henrique Cardoso

DOU de 13.9.2000

DECRETO Nº 3.951, DE 4 DE OUTUBRO DE 2001

Designa a Autoridade Central para dar cumprimento às obrigações impostas pela Convenção sobre os Aspectos Civis do Sequestro Internacional de Crianças, cria o Conselho da Autoridade Central Administrativa Federal contra o Sequestro Internacional de Crianças e institui o Programa Nacional para Cooperação no Regresso de Crianças e Adolescentes Brasileiros Sequestrados Internacionalmente.

O Presidente da República, no uso das atribuições que lhe confere o art. 84, incisos IV e VI, da Constituição, e em conformidade com o Decreto nº 3.413, de 14 de abril de 2000,

Decreta:

Art. 1º. Fica designada como Autoridade Central, a que se refere o art. 6º da Convenção sobre os Aspectos Civis do Sequestro Internacional de Crianças e Adolescentes, concluída em Haia, em

25 de outubro de 1980, aprovada pelo Decreto Legislativo nº 79, de 12 de junho de 1999, e promulgada pelo Decreto nº 3.413, de 14 de abril de 2000, a Secretaria de Estado dos Direitos Humanos do Ministério da Justiça.

Art. 2º. Compete à Autoridade Central:

I – representar os interesses do Estado brasileiro na proteção das crianças e dos adolescentes dos efeitos prejudiciais resultantes de mudança de domicílio ou de retenção ilícita;

II – estabelecer os procedimentos que garantam o regresso imediato das crianças e adolescentes ao estado de sua residência habitual;

III – receber todas as comunicações oriundas das Autoridades Centrais dos Estados contratantes;

IV – promover ações de cooperação técnica e colaboração com as Autoridades Centrais dos Estados contratantes e outras autoridades públicas, a fim de localizar a criança ou o adolescente deslocado ou retido ilicitamente e assegurar, no plano administrativo, se necessário e oportuno, o seu regresso;

V – tomar medidas apropriadas para:

a) fornecer informações relativas a legislação brasileira e dados estatísticos referentes ao sequestro de crianças e adolescentes;

b) informar-se mutuamente sobre o funcionamento da Convenção e, na medida do possível, eliminar os obstáculos que eventualmente se apresentem;

c) proceder à troca de informações relativas à situação social da criança ou do adolescente, em caso de necessidade;

d) padronizar os requerimentos para regresso de crianças ou adolescentes e para a organização e exercício efetivo do direito de visita, de acordo com a recomendação da Convenção sobre os Aspectos Civis do Sequestro Internacional de Crianças;

e) assegurar a restituição voluntária da criança ou do adolescente ou facilitar uma solução amigável;

f) assegurar a organização ou a proteção do efetivo exercício do direito de visita;

g) garantir junto ao Departamento de Polícia Federal do Ministério da Justiça, por meio da Divisão de Polícia Criminal Internacional – INTERPOL, a localização de crianças e adolescentes deslocados ou retidos ilicitamente; e

h) evitar novos danos à criança ou ao adolescente ou prejuízo às partes interessadas, tomando ou fazendo tomar as medidas preventivas previstas no Título III da Lei nº 8.069, de 13 de julho de 1990;

VI – utilizar dados armazenados no Sistema de Informação para a Infância e Adolescência – SIPIA, para análise e decisão quanto:

a) aos nomes dos interessados no processo de solicitação de prestação de assistência, de forma a assegurar o regresso da criança ou do adolescente que tenha sido deslocado ou retirado de sua residência habitual na violação do direito de custódia;

b) aos nomes de crianças e adolescentes desaparecidos ou que tenham sido deslocados ou retirados de sua residência habitual;

c) ao cruzamento dos dados sobre crianças desaparecidas com os de crianças dadas em adoção internacional, para possível identificação de adoções ilegais; e

d) as estatísticas relativas às informações sobre crianças e adolescentes desaparecidas ou que tenham sido deslocados ou retirados de sua residência habitual em violação de um direito de custódia;

VII – tomar medidas em conjunto com outras autoridades públicas para acordar ou facilitar, conforme as circunstâncias, a obtenção de assistência judiciária e jurídica;

VIII – fornecer ao Departamento de Polícia Federal os dados referentes às crianças e aos adolescentes desaparecidos ou que tenham sido deslocados ou retirados de sua residência habitual em violação do direito de custódia, para que sejam feitas diligências nacionais e internacionais; e

IX – adotar as providências, em conjunto com o Ministério das Relações Exteriores e com o Departamento de Polícia Federal, para assegurar o regresso das crianças e adolescentes brasileiros transferidos ilicitamente para o exterior.

Art. 3º. Fica criado o Conselho da Autoridade Central Administrativa Federal contra o Sequestro Internacional de Crianças, composto pelos seguintes membros:

I – Autoridade Central, que o presidirá;

II – Presidente do Conselho Nacional dos Direitos da Criança e do Adolescente;

III – um representante do Ministério das Relações Exteriores;

IV – um representante da Defensoria Pública Federal;

V – um representante da Secretaria Nacional Antidrogas;

VI – um representante da Secretaria Nacional de Justiça;

VII – um representante do Departamento da Criança e do Adolescente;

VIII – um representante do Departamento de Polícia Federal.

Parágrafo único. Poderão integrar, ainda, o Conselho de que trata o presente Decreto:

I – um representante da Procuradoria-Geral da República;

II – um representante da Ordem dos Advogados do Brasil;

III – um representante do Conselho Nacional dos Bispos do Brasil – Pastoral do Menor; e

IV – um representante da Sociedade Brasileira de Pediatria.

Art. 4º. Fica instituído, no âmbito do Departamento da Criança e do Adolescente, o Programa Nacional para Cooperação no Regresso de Crianças e Adolescentes Brasileiros Sequestrados Internacionalmente.

Art. 5º. Este Decreto entra em vigor em 7 de janeiro de 2002.

Brasília, 4 de outubro de 2001; 180º da Independência e 113º da República.

Fernando Henrique Cardoso

DOU de 5.10.2001

DECRETO Nº 5.006, DE 8 DE MARÇO DE 2004

Promulga o Protocolo Facultativo à Convenção sobre os Direitos da Criança relativo ao envolvimento de crianças em conflitos armados.

- *V. Protocolo Facultativo à Convenção sobre os Direitos da Criança relativo ao envolvimento de crianças em conflitos armados. Nesta edição.*

O Presidente da República, no uso da atribuição que lhe confere o art. 84, inciso IV, da Constituição, e

Considerando que o Congresso Nacional aprovou, por meio do Decreto Legislativo nº 230, de 29 de maio de 2003, o texto do Protocolo Facultativo à Convenção sobre os Direitos da Criança relativo ao envolvimento de crianças em conflitos armados, adotado em Nova York em 25 de maio de 2000;

Considerando que o Governo brasileiro depositou o instrumento de ratificação junto à Secretaria-Geral da ONU em 27 de janeiro de 2004;

Considerando que o Protocolo entrou em vigor internacional em 12 de fevereiro de 2002, e entrou em vigor para o Brasil em 27 de fevereiro de 2004;

Decreta:

Art. 1º. O Protocolo Facultativo à Convenção sobre os Direitos da Criança relativo ao envolvimento de crianças em conflitos armados, adotado em Nova York em 25 de maio de 2000, apenso por cópia ao presente Decreto, será executado e cumprido tão inteiramente como nele se contém.

Art. 2º. São sujeitos à aprovação do Congresso Nacional quaisquer atos que possam resultar em revisão do referido Protocolo ou que acarretem encargos ou compromissos gravosos ao patrimônio nacional, nos termos do art. 49, inciso I, da Constituição.

Art. 3º. Este Decreto entra em vigor na data de sua publicação.

Brasília, 8 de março de 2004; 183º da Independência e 116º da República.

Luiz Inácio Lula da Silva

DOU de 9.3.2004

DECRETO Nº 5.007, DE 8 DE MARÇO DE 2004

Promulga o Protocolo Facultativo à Convenção sobre os Direitos da Criança referente à venda de crianças, à prostituição infantil e à pornografia infantil.

- *V. Protocolo Facultativo à Convenção sobre os Direitos da Criança referente à venda de crianças, à prostituição infantil e à pornografia infantil. Nesta edição.*

O Presidente da República, no uso da atribuição que lhe confere o art. 84, inciso IV, da Constituição, e

Considerando que o Congresso Nacional aprovou, por meio do Decreto Legislativo nº 230, de 29 de maio de 2003, o texto do Protocolo Facultativo à Convenção sobre os Direitos da Criança referente à venda de crianças, à prostituição infantil e à pornografia infantil, adotado em Nova York em 25 de maio de 2000;

Considerando que o Governo brasileiro depositou o instrumento de ratificação junto à Secretaria-Geral da ONU em 27 de janeiro de 2004;

Considerando que o Protocolo entrou em vigor internacional em 18 de janeiro de 2002, e entrou em vigor para o Brasil em 27 de fevereiro de 2004;

Decreta:

Art. 1º. O Protocolo Facultativo à Convenção sobre os Direitos da Criança referente à venda de crianças, à prostituição infantil e à pornografia infantil, adotado em Nova York em 25 de maio de 2000, apenso por cópia ao presente Decreto, será executado e cumprido tão inteiramente como nele se contém.

Art. 2º. São sujeitos à aprovação do Congresso Nacional quaisquer atos que possam resultar em revisão do referido Protocolo ou que acarretem encargos ou compromissos gravosos ao patrimônio nacional, nos termos do art. 49, inciso I, da Constituição.

Art. 3º. Este Decreto entra em vigor na data de sua publicação.

Brasília, 8 de março de 2004; 183º da Independência e 116º da República.

Luiz Inácio Lula da Silva

DOU de 9.3.2004

DECRETO Nº 5.089, DE 20 DE MAIO DE 2004

Dispõe sobre a composição, estruturação, competências e funcionamento do Conselho Nacional dos Direitos da Criança e do Adolescente – CONANDA, e dá outras providências.

- *V. Lei nº 8.242/1991 – Cria o Conselho Nacional dos Direitos da Criança e do Adolescente (CONANDA) e dá outras providências. Nesta edição.*

O Presidente da República, no uso das atribuições que lhe confere o art. 84, incisos IV e VI, alínea "a", da Constituição, e tendo em vista o disposto na Lei nº 8.242, de 12 de outubro de 1991, e no art. 50 da Lei nº 10.683, de 28 de maio de 2003,

Decreta:

Art. 1º. O Conselho Nacional dos Direitos da Criança e do Adolescente – CONANDA, órgão colegiado de caráter deliberativo, integrante da estrutura básica da Secretaria Especial dos Direitos Humanos da Presidência da República, tem por finalidade elaborar normas gerais para a formulação e implementação da política nacional de atendimento dos direitos da criança e do adolescente, observadas as linhas de ação e as diretrizes conforme dispõe a Lei nº 8.069, de 13 de julho de 1990 – Estatuto da Criança e do Adolescente, bem como acompanhar e avaliar a sua execução.

Art. 2º. Ao CONANDA compete:

I – elaborar normas gerais da política nacional de atendimento dos direitos da criança e do adolescente, bem como controlar e fiscalizar as ações de execução em todos os níveis;

II – zelar pela aplicação da política nacional de atendimento dos direitos da criança e do adolescente;

III – dar apoio aos conselhos estaduais e municipais dos direitos da criança e do adolescente, aos órgãos estaduais, municipais e entidades não governamentais, para tornar efetivos os princípios, as diretrizes e os direitos estabelecidos pelo Estatuto da Criança e do Adolescente;

IV – avaliar a política estadual e municipal e a atuação dos conselhos estaduais e municipais da criança e do adolescente;

V – acompanhar o reordenamento institucional propondo, sempre que necessário, as modificações nas estruturas públicas e privadas destinadas ao atendimento da criança e do adolescente;

VI – apoiar a promoção de campanhas educativas sobre os direitos da criança e do adolescente, com a indicação das medidas a serem adotadas nos casos de atentados ou violação desses direitos;

VII – acompanhar a elaboração e a execução da proposta orçamentária da União, indicando modificações necessárias à consecução da política formulada para a promoção dos direitos da criança e do adolescente;

VIII – gerir o fundo de que trata o art. 6º da Lei nº 8.242, de 12 de outubro de 1991, e fixar os critérios para sua utilização, nos termos do art. 260 da Lei nº 8.069, de 1990; e

IX – elaborar o regimento interno, que será aprovado pelo voto de, no mínimo, dois terços de seus membros, nele definindo a forma de indicação do seu Presidente.

Parágrafo único. Ao CONANDA compete, ainda:

I – acompanhar e avaliar a expedição de orientações e recomendações sobre a aplicação da Lei nº 8.069, de 1990, e dos demais atos normativos relacionados ao atendimento da criança e do adolescente;

II – promover a cooperação entre os governos da União, dos Estados, do Distrito Federal e dos Municípios e a sociedade civil organizada, na formulação e execução da política nacional de atendimento dos direitos da criança e do adolescente;

III – promover, em parceria com organismos governamentais e não governamentais, nacionais e internacionais, a identificação de sistemas de indicadores, no sentido de estabelecer metas e procedimentos com base nesses índices para monitorar a aplicação das atividades relacionadas com o atendimento à criança e ao adolescente;

IV – promover a realização de estudos, debates e pesquisas sobre a aplicação e os resultados estratégicos alcançados pelos programas e projetos de atendimento à criança e ao adolescente, desenvolvidos pela Secretaria Especial dos Direitos Humanos da Presidência da República; e

V – estimular a ampliação e o aperfeiçoamento dos mecanismos de participação e controle social, por intermédio de rede nacional de órgãos colegiados estaduais, regionais e municipais, visando fortalecer o atendimento dos direitos da criança e do adolescente.

Art. 3º. O CONANDA, observada a paridade entre os representantes do Poder Executivo e da sociedade civil organizada, tem a seguinte composição:

I – um representante de cada órgão a seguir indicado:

a) Casa Civil da Presidência da República;

b) Ministério do Desenvolvimento Social e Combate à Fome;

c) Ministério da Cultura;

d) Ministério da Educação;

e) Ministério do Esporte;

f) Ministério da Fazenda;

g) Ministério da Previdência Social;

h) Ministério da Saúde;

i) Ministério das Relações Exteriores;

j) Ministério do Planejamento, Orçamento e Gestão;

l) Ministério do Trabalho e Emprego;

m) Ministério da Justiça;

n) Secretaria Especial dos Direitos Humanos da Presidência da República;

o) Secretaria Especial de Políticas de Promoção da Igualdade Racial da Presidência da República; e

II – quatorze representantes de entidades da sociedade civil organizada.

§ 1º. Os representantes de que trata o inciso I, e seus respectivos suplentes, em número de até dois por órgão, serão indicados pelos titulares dos órgãos representados.

§ 2º. Os representantes de que trata o inciso II, e seus respectivos suplentes, serão indicados pelas entidades representadas.

§ 3º. Os representantes de tratam os incisos I e II, e seus respectivos suplentes, serão designados pelo Secretário Especial dos Direitos Humanos da Presidência da República.

§ 4º. Poderão ser convidados a participar das reuniões do CONANDA personalidades e representantes de órgãos públicos, dos Poderes Executivo, Legislativo e Judiciário e de entidades privadas, sempre que da pauta constar tema de suas áreas de atuação.

Art 4º. As entidades da sociedade civil organizada de que trata o inciso II do art. 3º deste Decreto serão eleitas em assembleia específica, convocada especialmente para esta finalidade.

§ 1º. A eleição será convocada pelo CONANDA, por meio de edital, publicado no Diário Oficial da União, sessenta dias antes do término do mandato dos seus representantes.

§ 2º. O regimento interno do CONANDA disciplinará as normas e os procedimentos relativos à eleição das entidades da sociedade civil organizada que comporão sua estrutura.

§ 3º. Dentre as vinte e oito entidades mais votadas, as quatorze primeiras serão eleitas como titulares, das quais as quatorze restantes serão as suplentes, indicando, cada uma, o seu representante, que terá mandato de dois anos, podendo ser reconduzido mediante novo processo eleitoral.

§ 4º. O Ministério Público Federal poderá acompanhar o processo de escolha dos representantes das entidades da sociedade civil organizada.

Art. 5º. A estrutura de funcionamento do CONANDA compõe-se de:

I – Plenário;

II – Presidência;

III – Secretaria-Executiva; e

IV – Comissões Permanentes e Grupos Temáticos.

Art. 6º. A eleição do Presidente do CONANDA dar-se-á conforme o disposto no regimento interno e sua designação será feita pelo Presidente da República.

Art. 7º. São atribuições do Presidente do CONANDA:

I – convocar e presidir as reuniões do colegiado;

II – solicitar a elaboração de estudos, informações e posicionamento sobre temas de relevante interesse público; e

III – firmar as atas das reuniões e homologar as resoluções.

Art. 8º. Caberá à Secretaria Especial dos Direitos Humanos da Presidência da República prover o apoio administrativo e os meios necessários à execução dos trabalhos do CONANDA, das Comissões Permanentes e dos Grupos Temáticos, exercendo as atribuições de Secretaria-Executiva.

Art. 9º. As Comissões Permanentes e Grupos Temáticos serão instituídos pelo CONANDA, com o fim de promover estudos e elaborar propostas sobre temas específicos, a serem submetidos à composição plenária do Conselho, que definirá no ato da sua criação os objetivos específicos, a composição e o prazo para conclusão dos trabalhos, podendo ser convidados a integrá-los representantes de órgãos públicos dos Poderes Executivo, Legislativo e Judiciário e de entidades privadas.

Art. 10. As deliberações do CONANDA, inclusive seu regimento interno, serão aprovadas mediante resoluções.

Art. 11. As despesas com os deslocamentos dos membros integrantes do CONANDA, das Comissões Permanentes e dos Grupos Temáticos poderão ocorrer à conta de dotações orçamentárias da Secretaria Especial dos Direitos Humanos da Presidência da República.

Art. 12. Para cumprimento de suas funções, o CONANDA contará com recursos orçamentários e financeiros consignados no orçamento da Secretaria Especial dos Direitos Humanos da Presidência da República.

Art. 13. A participação no CONANDA, nas Comissões Permanentes e nos Grupos Temáticos será considerada função relevante, não remunerada.

Art. 14. As dúvidas e os casos omissos neste Decreto serão resolvidos pelo Presidente do CONANDA, *ad referendum* do Colegiado.

Art. 15. Este Decreto entra em vigor na data de sua publicação.

Art. 16. Ficam revogados os Decretos nºs 408, de 27 de dezembro de 1991, e 4.837, de 10 de setembro de 2003.

Brasília, 20 de maio de 2004; 183º da Independência e 116º da República.

Luiz Inácio Lula da Silva

DOU de 21.5.2004

DECRETO Nº 5.491, DE 18 DE JULHO DE 2005

Regulamenta a atuação de organismos estrangeiros e nacionais de adoção internacional.

O Presidente da República, no uso da atribuição que lhe confere o art. 84, inciso IV, da Constituição, e

Considerando a entrada em vigor, para o Brasil, da Convenção Relativa à Proteção das Crianças e à Cooperação em Matéria de Adoção Internacional, concluída na cidade de Haia, Holanda, em 29 de maio de 1993, aprovada pelo Decreto Legislativo nº 1, de 14 de janeiro de 1999, e promulgada pelo Decreto nº 3.087, de 21 de junho de 1999, e tendo em vista a designação da Secretaria Especial dos Direitos Humanos da Presidência da República, conforme determinação do inciso II do parágrafo único do art. 1º do Decreto nº 5.174, de 9 de agosto de 2004, como Autoridade Central Administrativa Federal encarregada de dar cumprimento às obrigações impostas por aquela Convenção;

Decreta:

Capítulo I – Do Credenciamento de Organismos Nacionais e Estrangeiros que atuam em Adoção Internacional

Art. 1º. Fica instituído o credenciamento de todos os organismos nacionais e estrangeiros que atuam em adoção internacional no Estado brasileiro, no âmbito da Autoridade Central Administrativa Federal.

Parágrafo único. O credenciamento de que trata este artigo é requisito obrigatório para posterior credenciamento junto a Autoridade Central do país de origem da criança, bem como para efetuar quaisquer procedimentos junto às Autoridades Centrais dos Estados Federados e do Distrito Federal, na forma do Decreto nº 3.174, de 16 de setembro de 1999.

Art. 2º. Entende-se como organismos nacionais associações brasileiras sem fins lucrativos, que atuem em outros países exclusivamente na adoção internacional de crianças e adolescentes estrangeiros por brasileiros.

Art. 3º. Entende-se como organismos estrangeiros associações estrangeiras sem fins lucrativos, que atuem em adoção internacional de crianças e adolescentes brasileiros, no Estado brasileiro.

Art. 4º. Os organismos nacionais e estrangeiros que atuam em adoção internacional deverão:

I – estar devidamente credenciado pela Autoridade Central Administrativa Federal, se organismo nacional;

II – estar devidamente credenciado pela Autoridade Central de seu país de origem e ter solicitado à Coordenação Geral de Justiça, Classificação, Títulos e Qualificação, da Secretaria Nacional de Justiça do Ministério da Justiça, autorização para funcionamento no Brasil, para fins de reconhecimento da personalidade jurídica às organizações estrangeiras, na forma do Decreto-Lei nº 4.657, de 4 de setembro de 1942, se organismo estrangeiro;

- *Decreto-Lei nº 4.657/1942 – Lei de Introdução às Normas do Direito Brasileiro.*

III – estar de posse do registro assecuratório, obtido junto ao Departamento de Polícia Federal, nos termos da Portaria nº 815/99 – DG/DPF, de 28 de julho de 1999;

- *Vide Portaria em* http://www.dpf.gov.br/web/servicos/adocoes.html.

IV – perseguir unicamente fins não lucrativos, nas condições e dentro dos limites fixados pela Autoridade Central Administrativa Federal; e

V – ser dirigido e administrado por pessoas qualificadas por sua integridade moral e por sua formação ou experiência para atuar na área de adoção internacional, cadastradas pelo Departamento de Polícia Federal e aprovadas pela Autoridade Central Administrativa Federal, mediante publicação de portaria do titular da Secretaria Especial dos Direitos Humanos da Presidência da República.

Art. 5º. O organismo nacional ou estrangeiro credenciado deverá:

I – prestar, a qualquer tempo, todas as informações que lhe forem solicitadas pela Autoridade Central Administrativa Federal;

II – apresentar, a cada ano, contado da data de publicação da portaria de credenciamento, à Autoridade Central Administrativa Federal relatório geral das atividades desenvolvidas, bem como relatório de acompanhamento das adoções internacionais efetuadas no período, cuja cópia será encaminhada ao Departamento de Polícia Federal; e

III – requerer renovação do credenciamento a cada dois anos de funcionamento, no período de trinta dias que antecede o vencimento do prazo, de acordo com a data de publicação da portaria de credenciamento.

§ 1º. A não prestação de informações solicitadas pela Autoridade Central Administrativa Federal poderá acarretar a suspensão do credenciamento do organismo pelo prazo de até seis meses.

§ 2º. A não apresentação do relatório anual pelo organismo credenciado poderá acarretar a suspensão de seu credenciamento pelo prazo de até um ano.

Art. 6º. O organismo nacional e o organismo estrangeiro credenciados estarão submetidos à supervisão da Autoridade Central Administrativa Federal e demais órgãos competentes, no que tange à sua composição, funcionamento, situação financeira e cumprimento das obrigações estipuladas no art. 5º deste Decreto.

Art. 7º. A Autoridade Central Administrativa Federal poderá, a qualquer momento que julgue conveniente, solicitar informes sobre a situação das crianças e adolescentes adotados.

Art. 8º. Na hipótese de o representante cadastrado substabelecer os poderes recebidos do organismo nacional ou estrangeiro representado, com ou sem reservas, o substabelecido somente poderá atuar nos procedimentos após efetuar o seu cadastro junto ao Departamento de Polícia Federal, que dará ciência à Autoridade Central Administrativa Federal.

- *Art. 8º com redação dada pelo Decreto nº 5.947/2006.*

Art. 9º. A cobrança de valores por parte dos organismos credenciados, que sejam considerados abusivos pela Autoridade Central Administrativa Federal e que não estejam devidamente comprovados, poderá acarretar o descredenciamento do organismo.

Art. 10. É proibida a representação de mais de uma entidade credenciada para atuar na cooperação em adoção internacional por uma mesma pessoa ou seu cônjuge, sócio, parente em linha reta, colateral até quarto grau ou por afinidade.

Art. 11. É proibido o contato direto de representantes de organismos de adoção, nacionais ou estrangeiros, com dirigentes de abrigos, ou crianças em situação de adotabilidade, sem a devida autorização judicial.

Art. 12. A Autoridade Central Administrativa Federal poderá limitar ou suspender a concessão de novos credenciamentos sempre que julgar necessário, mediante ato administrativo fundamentado.

Capítulo II
Dos Organismos Nacionais que atuam em Adoção Internacional em outros Países

Art. 13. O organismo nacional credenciado deverá comunicar à Autoridade Central Administrativa Federal em quais países estão atuando os seus representantes, assim como qualquer alteração de estatuto ou composição de seus dirigentes e representantes.

Art. 14. O requerimento de credenciamento dos organismos nacionais que atuam na cooperação em adoção internacional deverá ser dirigido ao titular da Secretaria Especial dos Direitos Humanos.

Art. 15. O credenciamento dos organismos nacionais que atuam em adoção internacional em outros países será expedido em portaria do titular da Secretaria Especial dos Direitos Humanos, após observado parecer da Coordenação-Geral do Departamento de Polícia Federal.

Art. 16. O certificado de cadastramento expedido pela Coordenação-Geral do Departamento de Polícia Federal não autoriza qualquer organismo nacional a atuar em adoção internacional em outros países, sendo necessário o credenciamento junto à Autoridade Central Administrativa Federal.

Capítulo III
Dos Organismos Estrangeiros que atuam em Adoção Internacional no Estado Brasileiro

Art. 17. O organismo estrangeiro credenciado terá como obrigações:

I – comunicar à Autoridade Central Administrativa Federal em quais Estados da Federação estão atuando os seus representantes, assim como qualquer alteração de estatuto ou composição de seus dirigentes e representantes;

II – tomar as medidas necessárias para garantir que a criança ou adolescente brasileiro saia do País com o passaporte brasileiro devidamente expedido e com visto de adoção emitido pelo consulado do país de acolhida;

III – tomar as medidas necessárias para garantir que os adotantes encaminhem cópia à Autoridade Central Administrativa Federal da certidão de registro de nascimento estrangeira e do certificado de nacionalidade tão logo lhes sejam concedidos;

IV – apresentar relatórios semestrais à Autoridade Central Administrativa Federal de acompanhamento do adotado, até que se conceda a nacionalidade no país de residência dos adotantes;

- *Inciso IV com redação dada pelo Decreto nº 5.947/2006.*

V – apresentar relatórios semestrais de acompanhamento do adotado às Comissões Estaduais Judiciárias de Adoção Internacional – CEJAIS pelo período mínimo de dois anos, independentemente da concessão da nacionalidade do adotado no país de residência dos adotantes.

- *Inciso V acrescido pelo Decreto nº 5.947/2006.*

Art. 18. O credenciamento dos organismos estrangeiros que atuam na cooperação em adoção internacional será expedido por meio de portaria do titular da Secretaria Especial dos Direitos Humanos, após observados os pareceres da Coordenação Geral de Justiça, Classificação, Títulos e Qualificação, da Secretaria Nacional de Justiça do Ministério da Justiça; da Divisão de Assistência Consular, do Ministério das Relações Exteriores e da Coordenação-Geral do Departamento de Polícia Federal.

Art. 19. O certificado de cadastramento expedido pela Coordenação-Geral do Departamento de Polícia Federal, por si só, não autoriza qualquer organização estrangeira a atuar em adoção internacional no Estado brasileiro, sendo necessário o credenciamento junto à Autoridade Central Administrativa Federal.

Art. 20. Somente será permitido o credenciamento de organismos estrangeiros de adoção internacional oriundos de países que ratificaram a Convenção de Haia e estejam devidamente credenciados pela Autoridade Central do país de origem para atuar em adoção internacional no Brasil.

Capítulo IV – Das Disposições Finais

Art. 21. O descumprimento do disposto neste Decreto implicará o descredenciamento do organismo nacional ou estrangeiro que atua em adoção internacional no Estado brasileiro.

§ 1º. Após o descredenciamento, respeitada a ampla defesa e o contraditório, o organismo nacional ou estrangeiro não poderá voltar a atuar em adoção internacional no Estado brasileiro pelo prazo de até dez anos, contados a partir da data da publicação da portaria de descredenciamento.

§ 2º. O descredenciamento será comunicado ao Departamento de Polícia Federal pela Autoridade Central Administrativa Federal.

Art. 22. Qualquer irregularidade detectada pelas Autoridades Centrais dos Estados Federados e do Distrito Federal deverá ser comunicada à Autoridade Central Administrativa Federal.

Art. 23. Fica a Autoridade Central Administrativa Federal encarregada de comunicar às Autoridades Centrais dos Estados Federados e do Distrito Federal e ao Bureau Permanente da Conferência de Haia de Direito Internacional Privado os nomes e endereços dos organismos nacionais e estrangeiros credenciados.

Art. 24. Este Decreto entra em vigor na data de sua publicação.

Brasília, 18 de julho de 2005; 184º da Independência e 117º da República.

Luiz Inácio Lula da Silva

DOU de 19.7.2005

DECRETO Nº 6.230, DE 11 DE OUTUBRO DE 2007

Estabelece o Compromisso pela Redução da Violência Contra Crianças e Adolescentes, com vistas à implementação de ações de promoção e defesa dos direitos da criança e do adolescente, por parte da União Federal, em regime de colaboração com Municípios, Estados e Distrito Federal, institui o Comitê Gestor de Políticas de Enfrentamento à Violência contra Criança e Adolescente, e dá outras providências.

O Presidente da República, no uso da atribuição que lhe confere o art. 84, inciso VI, alínea "a", da Constituição,

Decreta:

Art. 1º. Fica estabelecido o Compromisso pela Redução da Violência Contra Crianças e Adolescentes, com o objetivo de conjugar esforços da União, Estados, Distrito Federal e Municípios para a promoção e defesa dos direitos da criança e do adolescente.

Parágrafo único. Os entes participantes do Compromisso atuarão em regime de colaboração com as organizações dos movimentos sociais, com os organismos internacionais, a iniciativa privada, com a comunidade e famílias, buscando potencializar os esforços da sociedade brasileira na melhoria das condições para a proteção integral da criança e do adolescente.

Art. 2º. O Governo Federal, atuando diretamente ou em colaboração com os demais entes federados e entidades que se vincularem ao Compromisso, implementará os seguintes projetos:

I – Bem Me Quer, que contempla crianças e adolescentes em situação de risco, induzindo a articulação das políticas públicas em territórios de grave vulnerabilidade à violência, favorecendo a realização de ações que promovam o desenvolvimento integral de crianças e adolescentes e fortalecendo o Sistema de Garantia de Direitos;

II – Caminho pra Casa, que tem como foco o reordenamento físico e a qualificação da rede de acolhimento e o apoio às famílias para propiciar o retorno ao lar dos filhos abrigados;

III – Na Medida Certa, que contempla o desenvolvimento de ações para implementação do Sistema Nacional de Atendimento Socioeducativo e visa, prioritariamente, qualificar a execução das medidas socioeducativas, garantindo o pleno respeito aos direitos dos adolescentes em conflito com a lei; e

IV – Observatório Nacional de Direitos da Criança e do Adolescente, como instrumento de monitoramento e avaliação das ações do Compromisso, bem como de produção de informações para subsidiar o acompanhamento de violações de direitos.

Art. 3º. A vinculação do Município, Estado ou Distrito Federal ao Compromisso pela Redução da Violência Contra Crianças e Adolescentes dar-se-á por meio de termo de adesão voluntária, cujos objetivos retratarão as diretrizes estabelecidas neste Decreto.

Parágrafo único. A adesão voluntária de cada ente federativo ao Compromisso gera para si a responsabilidade de priorizar medidas visando à garantia dos direitos da criança e do adolescente em sua esfera de competência, observando as diretrizes estabelecidas no art. 2º.

Art. 4º. Podem colaborar com o Compromisso, em caráter voluntário, outros entes, públicos e privados, tais como organizações da sociedade civil, fundações, entidades de classe empresariais, igrejas e entidades confessionais, famílias, pessoas físicas e jurídicas.

Art. 5º. Fica instituído o Comitê Gestor de Políticas de Enfrentamento à Violência contra Criança e Adolescente, com o objetivo de promover a articulação dos órgãos e entidades envolvidos na implementação das ações relacionadas à promoção e defesa dos direitos da criança e do adolescente, resultantes do Compromisso, assim como de realizar o monitoramento e avaliação dessas ações.

Art. 6º. O Comitê Gestor será composto por representantes dos seguintes órgãos:

I – Secretaria Especial dos Direitos Humanos da Presidência da República, que o coordenará;

II – Secretaria Especial de Políticas de Promoção da Igualdade Racial da Presidência da República;

III – Secretaria Especial de Políticas para as Mulheres, da Presidência da República;

IV – Secretaria Nacional de Juventude da Secretaria-Geral da Presidência da República;

V – Ministério das Cidades;

VI – Ministério da Cultura;

VII – Ministério do Desenvolvimento Social e Combate à Fome;

VIII – Ministério da Educação;

IX – Ministério do Esporte;

X – Ministério da Justiça;

XI – Ministério do Planejamento, Orçamento e Gestão;

XII – Ministério da Saúde; e

XIII – Ministério do Trabalho e Emprego.

Parágrafo único. Os membros, titulares e suplentes, do Comitê Gestor serão indicados pelos titulares dos órgãos representados, no prazo máximo de sessenta dias, a contar da publicação deste Decreto, e designados pelo Secretário Especial dos Direitos Humanos.

Art. 7º. Caberá ao Comitê Gestor elaborar e aprovar o seu regimento interno.

Art. 8º. É facultado ao Comitê Gestor convidar representantes de outros órgãos governamentais ou de instituições da sociedade civil para colaborar com seus trabalhos.

Art. 9º. Caberá à Secretaria Especial dos Direitos Humanos prover o apoio administrativo e os meios necessários à execução das atividades do Comitê Gestor.

Art. 10. A participação no Comitê Gestor, considerada prestação de serviço público relevante, não será remunerada.

Art. 11. Este Decreto entra em vigor na data de sua publicação.

Brasília, 11 de outubro de 2007; 186º da Independência e 119º da República

Luiz Inácio Lula da Silva

DOU de 15.10.2007

DECRETO Nº 6.231, DE 11 DE OUTUBRO DE 2007

Institui o Programa de Proteção a Crianças e Adolescentes Ameaçados de Morte – PPCAAM.

O Presidente da República, no uso da atribuição que lhe confere o art. 84, inciso VI, alínea "a", da Constituição,

Decreta:

Art. 1º. Fica instituído o Programa de Proteção a Crianças e Adolescentes Ameaçados de Morte – PPCAAM, na forma deste Decreto.

Art. 2º. O PPCAAM será coordenado pela Secretaria Especial dos Direitos Humanos da Presidência da República.

Art. 3º. O PPCAAM tem por finalidade proteger, em conformidade com a Lei nº 8.069, de 13 de julho de 1990, crianças e adolescentes expostos a grave ameaça no território nacional.

§ 1º. As ações do PPCAAM podem ser estendidas a jovens com até vinte e um anos, se egressos do sistema socioeducativo.

§ 2º. A proteção poderá ser estendida aos pais ou responsáveis, ao cônjuge ou companheiro, ascendentes, descendentes, dependentes, colaterais e aos que tenham, comprovadamente, convivência habitual com o ameaçado, a fim de preservar a convivência familiar.

Art. 4º. A União poderá celebrar convênios com os Estados, Distrito Federal, Municípios e entidades não governamentais para a implementação do PPCAAM, de acordo com as regras a serem estabelecidas em ato do Secretário Especial dos Direitos Humanos.

Art. 5º. Para a implementação do PPCAAM, o Estado convenente constituirá conselho gestor integrado por representantes governamentais e da sociedade civil, composto por no máximo treze conselheiros.

§ 1º. Poderão compor o conselho gestor representantes da Defensoria Pública, dos Centros de Defesa dos Direitos da Criança e do Adolescente, dos Conselhos Estaduais dos Direitos da Criança e do Adolescente, Conselhos Tutelares e de entidades de promoção e defesa de direitos da criança e do adolescente.

§ 2º. Poderão ser convidados para participar das reuniões do conselho gestor representantes do Ministério Público e do Poder Judiciário.

§ 3º. Cada representante, titular e suplente, será indicado por seu respectivo órgão ou instituição e designado pelo Governador do Estado ou autoridade por ele indicada.

§ 4º. Os conselhos gestores elaborarão seu regimento interno e elegerão seu presidente.

Art. 6º. São atribuições do conselho gestor:

I – acompanhar, avaliar e zelar pela qualidade da execução do PPCAAM;

II – garantir a continuidade do PPCAAM;

III – propor ações de atendimento e de inclusão social aos protegidos, por intermédio da cooperação com instituições públicas e privadas responsáveis pela garantia dos direitos previstos na Lei nº 8.069, de 1990; e

IV – garantir o sigilo dos dados e informações sobre os protegidos.

Art. 7º. O PPCAAM compreende as seguintes ações, aplicáveis isolada ou cumulativamente, em benefício do protegido:

I – transferência de residência ou acomodação em ambiente compatível com a proteção;

II – inserção dos protegidos em programas sociais visando à proteção integral;

III – apoio e assistência social, jurídica, psicológica, pedagógica e financeira; e

IV – apoio ao protegido, quando necessário, para o cumprimento de obrigações civis e administrativas que exijam seu comparecimento.

§ 1º. No caso de adolescentes que estejam cumprindo medida socioeducativa aplicada com base na Lei nº 8.069, de 1990, poderá ser solicitado ao juiz competente as medidas adequadas para sua proteção integral, incluindo sua transferência para cumprimento da medida em outro local.

§ 2º. A proteção concedida pelo PPCAAM e as ações dela decorrentes serão proporcionais à gravidade da ameaça e à dificuldade de preveni-las ou reprimi-las por outros meios.

Art. 8º. Poderão solicitar a inclusão de ameaçados no PPCAAM:

I – o Conselho Tutelar;

II – o Ministério Público; e

III – a autoridade judicial competente.

Parágrafo único. Todas as solicitações para inclusão no PPCAAM deverão ser acompanhadas de qualificação do ameaçado e da ameaça, e comunicadas ao Conselho Gestor.

Art. 9º. A Secretaria Especial dos Direitos Humanos, ao identificar casos de ameaça em Estado que não tenha o PPCAAM implantado, ou cuja implantação não garanta o direito à vida de criança ou adolescente, determinará a transferência deles para outro Estado que proporcione essa garantia.

Art. 10. A inclusão no PPCAAM depende da voluntariedade do ameaçado, da anuência de seu representante legal e, na ausência ou impossibilidade dessa anuência, da autoridade judicial competente.

§ 1º. Havendo a incompatibilidade de interesses entre o ameaçado e seus pais ou responsáveis legais, a inclusão no PPCAAM será definida pela autoridade judicial competente.

§ 2º. O ingresso no PPCAAM do ameaçado desacompanhado de seus pais ou responsáveis legais dar-se-á mediante autorização judicial, expedida de ofício ou a requerimento dos órgãos e autoridades indicados no art. 8º, que designarão o responsável pela guarda provisória.

Art. 11. A inclusão no PPCAAM considerará:

I – a urgência e a gravidade da ameaça;

II – a situação de vulnerabilidade do ameaçado;

III – o interesse do ameaçado;

IV – outras formas de intervenção mais adequadas; e

V – a preservação e o fortalecimento do vínculo familiar.

Parágrafo único. O ingresso no PPCAAM não poderá ser condicionado à colaboração em processo judicial ou inquérito policial.

Art. 12. A proteção oferecida pelo PPCAAM terá a duração máxima de um ano, podendo ser prorrogada, em circunstâncias excepcionais, se perdurarem os motivos que autorizaram seu deferimento.

Art. 13. Após o ingresso no PPCAAM, os protegidos e seus familiares ficarão obrigados a cumprir as regras nele prescritas, sob pena de desligamento.

Parágrafo único. As ações e providências relacionadas ao PPCAAM deverão ser mantidas em sigilo pelos protegidos, sob pena de desligamento.

Art. 14. O desligamento do protegido poderá ocorrer, a qualquer tempo:

I – por solicitação do protegido;

II – por decisão do conselho gestor do PPCAAM em consequência de:

a) cessação dos motivos que ensejaram a proteção;

b) consolidação da inserção social segura do protegido;

c) descumprimento das regras de proteção; e

III – por ordem judicial.

Parágrafo único. O desligamento do protegido deverá ser comunicado às instituições notificadas do ingresso.

Art. 15. Caberá ao Secretário Especial dos Direitos Humanos disciplinar a execução dos convênios a que se refere o art. 4º e os procedimentos necessários à implementação do PPCAAM, observados os dispositivos legais aplicáveis.

Art. 16. Este Decreto entra em vigor na data de sua publicação.

Brasília, 11 de outubro de 2007; 186º da Independência e 119º da República.

Luiz Inácio Lula da Silva

DOU de 15.10.2007

DECRETO Nº 6.481, DE 12 DE JUNHO DE 2008

Regulamenta os artigos 3º, alínea "d", e 4º da Convenção 182 da Organização Internacional do Trabalho (OIT) que trata da proibição das piores formas de trabalho infantil e ação imediata para sua eliminação, aprovada pelo Decreto Legislativo nº 178, de 14 de dezembro de 1999, e promulgada pelo Decreto nº 3.597, de 12 de setembro de 2000, e dá outras providências.

- *V. Portaria MTE/SIT nº 88, de 28.4.2009 – Remete ao que são considerados locais e serviços perigosos ou insalubres, proibidos ao trabalho do menor de 18 (dezoito) anos. Nesta edição.*

O Presidente da República, no uso das atribuições que lhe confere o art. 84, inciso IV, da Constituição, e tendo em vista o disposto nos artigos 3º, alínea "d", e 4º da Convenção nº 182 da Organização Internacional do Trabalho (OIT),

Decreta:

Art. 1º. Fica aprovada a Lista das Piores Formas de Trabalho Infantil (Lista TIP), na forma do Anexo, de acordo com o disposto nos artigos 3º, "d", e 4º da Convenção nº 182 da Organização Internacional do Trabalho – OIT, aprovada pelo Decreto Legislativo nº 178, de 14 de dezembro de 1999 e promulgada pelo Decreto nº 3.597, de 12 de setembro de 2000.

Art. 2º. Fica proibido o trabalho do menor de dezoito anos nas atividades descritas na Lista TIP, salvo nas hipóteses previstas neste decreto.

§ 1º. A proibição prevista no *caput* poderá ser elidida:

I – na hipótese de ser o emprego ou trabalho, a partir da idade de dezesseis anos, autorizado pelo Ministério do Trabalho e Emprego, após consulta às organizações de empregadores e de trabalhadores interessadas, desde que fiquem plenamente garantidas a saúde, a segurança e a moral dos adolescentes; e

II – na hipótese de aceitação de parecer técnico circunstanciado, assinado por profissional legalmente habilitado em segurança e saúde no trabalho, que ateste a não exposição a riscos que possam comprometer a saúde, a segurança e a moral dos adolescentes, depositado na unidade descentralizada do Ministério do Trabalho e Emprego da circunscrição onde ocorrerem as referidas atividades.

§ 2º. As controvérsias sobre a efetiva proteção dos adolescentes envolvidos em atividades constantes do parecer técnico referido no § 1º, inciso II, serão objeto de análise por órgão competente do Ministério do Trabalho e Emprego, que tomará as providências legais cabíveis.

§ 3º. A classificação de atividades, locais e trabalhos prejudiciais à saúde, à segurança e à moral, nos termos da Lista TIP, não é extensiva aos trabalhadores maiores de dezoito anos.

Art. 3º. Os trabalhos técnicos ou administrativos serão permitidos, desde que fora das áreas de risco à saúde, à segurança e à moral, ao menor de dezoito e maior de dezesseis anos e ao maior de quatorze e menor de dezesseis, na condição de aprendiz.

Art. 4º. Para fins de aplicação das alíneas "a", "b" e "c" do artigo 3º da Convenção nº 182, da OIT, integram as piores formas de trabalho infantil:

I – todas as formas de escravidão ou práticas análogas, tais como venda ou tráfico, cativeiro ou sujeição por dívida, servidão, trabalho forçado ou obrigatório;

II – a utilização, demanda, oferta, tráfico ou aliciamento para fins de exploração sexual comercial, produção de pornografia ou atuações pornográficas;

III – a utilização, recrutamento e oferta de adolescente para outras atividades ilícitas, particularmente para a produção e tráfico de drogas; e

IV – o recrutamento forçado ou compulsório de adolescente para ser utilizado em conflitos armados.

Art. 5º. A Lista TIP será periodicamente examinada e, se necessário, revista em consulta com as organizações de empregadores e de trabalhadores interessadas.

Parágrafo único. Compete ao Ministério do Trabalho e Emprego organizar os processos de exame e consulta a que se refere o *caput*.

Art. 6º. Este Decreto entra em vigor noventa dias após a data de sua publicação.

Brasília, 12 de junho de 2008; 187º da Independência e 120º da República.

Luiz Inácio Lula da Silva

DOU de 13.6.2008 – Retificado em 23.10.2008

LISTA DAS PIORES FORMAS DE TRABALHO INFANTIL
(LISTA TIP)

I – TRABALHOS PREJUDICIAIS À SAÚDE E À SEGURANÇA

Atividade: AGRICULTURA, PECUÁRIA, SILVICULTURA E EXPLORAÇÃO FLORESTAL

Item	Descrição dos Trabalhos	Prováveis Riscos Ocupacionais	Prováveis Repercussões à Saúde
1.	Na direção e operação de tratores, máquinas agrícolas e esmeris, quando motorizados e em movimento	Acidentes com máquinas, instrumentos ou ferramentas perigosas	Afecções músculo-esqueléticas (bursites, tendinites, dorsalgias, sinovites, tenossinovites), mutilações, esmagamentos, fraturas
2.	No processo produtivo do fumo, algodão, sisal, cana-de-açúcar e abacaxi	Esforço físico e posturas viciosas; exposição a poeiras orgânicas e seus contaminantes, como fungos e agrotóxicos; contato com substâncias tóxicas da própria planta; acidentes com animais peçonhentos; exposição, sem proteção adequada, à radiação solar, calor, umidade, chuva e frio; acidentes com instrumentos perfurocortantes	Afecções músculo-esqueléticas (bursites, tendinites, dorsalgias, sinovites, tenossinovites); pneumoconioses; intoxicações exógenas; cânceres; bissinoses; hantaviroses; urticárias; envenenamentos; intermações; queimaduras na pele; envelhecimento precoce; câncer de pele; desidratação; doenças respiratórias; ceratoses actínicas; ferimentos e mutilações; apagamento de digitais
3.	Na colheita de cítricos, pimenta malagueta e semelhantes	Esforço físico, levantamento e transporte manual de peso; posturas viciosas; exposição, sem proteção adequada, à radiação solar, calor, umidade, chuva e frio; contato com ácido da casca; acidentes com instrumentos perfurocortantes	Afecções músculo-esqueléticas (bursites, tendinites, dorsalgias, sinovites, tenossinovites); intermações; queimaduras na pele; envelhecimento precoce; câncer de pele; desidratação; doenças respiratórias; ceratoses actínicas; apagamento de digitais; ferimentos; mutilações
4.	No beneficiamento do fumo, sisal, castanha de caju e cana-de-açúcar	Esforço físico, levantamento e transporte de peso; exposição a poeiras orgânicas, ácidos e substâncias tóxicas	Fadiga física; afecções músculo-esqueléticas, (bursites, tendinites, dorsalgias, sinovites, tenossinovites); intoxicações agudas e crônicas; rinite; bronquite; vômitos; dermatites ocupacionais; apagamento das digitais

5.	Na pulverização, manuseio e aplicação de agrotóxicos, adjuvantes, e produtos afins, incluindo limpeza de equipamentos, descontaminação, disposição e retorno de recipientes vazios	Exposição a substâncias químicas, tais como, pesticidas e fertilizantes, absorvidos por via oral, cutânea e respiratória	Intoxicações agudas e crônicas; polineuropatias; dermatites de contato; dermatites alérgicas; osteomalácias do adulto induzidas por drogas; cânceres; arritmias cardíacas; leucemias e episódios depressivos
6.	Em locais de armazenamento ou de beneficiamento em que haja livre desprendimento de poeiras de cereais e de vegetais	Exposição a poeiras e seus contaminantes	Bissinoses; asma; bronquite; rinite alérgica; enfizema; pneumonia e irritação das vias aéreas superiores
7.	Em estábulos, cavalariças, currais, estrebarias ou pocilgas, sem condições adequadas de higienização	Acidentes com animais e contato permanente com vírus, bactérias, parasitas, bacilos e fungos	Afecções músculo-esqueléticas (bursites, tendinites, dorsalgias, sinovites, tenossinovites); contusões; tuberculose; carbúnculo; brucelose; leptospirose; tétano; psitacose; dengue; hepatites virais; dermatofitoses; candidíases; leishmanioses cutâneas e cutaneomucosas e blastomicoses
8.	No interior ou junto a silos de estocagem de forragem ou grãos com atmosferas tóxicas, explosivas ou com deficiência de oxigênio	Exposição a poeiras e seus contaminantes; queda de nível; explosões; baixa pressão parcial de oxigênio	Asfixia; dificuldade respiratória; asma ocupacional; pneumonia; bronquite; rinite; traumatismos; contusões e queimaduras
9.	Com sinalizador na aplicação aérea de produtos ou defensivos agrícolas	Exposição a substâncias químicas, tais como pesticidas e fertilizantes, absorvidos por via oral, cutânea e respiratória	Intoxicações exógenas agudas e crônicas; polineuropatias; dermatites; rinite; bronquite; leucemias; arritmia cardíaca; cânceres; leucemias; neurastenia e episódios depressivos
10.	Na extração e corte de madeira	Acidentes com queda de árvores, serra de corte, máquinas e ofidismo	Afecções músculo-esqueléticas (bursites, tendinites, dorsalgias, sinovites, tenossinovites); esmagamentos; amputações; lacerações; mutilações; contusões; fraturas; envenenamento e blastomicose

11.	Em manguezais e lamaçais	Exposição à umidade; cortes; perfurações; ofidismo, e contato com excrementos	Rinite; resfriados; bronquite; envenenamentos; intoxicações exógenas; dermatites; leptospirose; hepatites virais; dermatofitoses e candidíases

Atividade: PESCA

Item	Descrição dos Trabalhos	Prováveis Riscos Ocupacionais	Prováveis Repercussões à Saúde
12.	Na cata de iscas aquáticas	Trabalho noturno; exposição à radiação solar, umidade, frio e a animais carnívoros ou peçonhentos; afogamento	Transtorno do ciclo vigília-sono; queimaduras na pele; envelhecimento precoce; hipotermia; lesões; envenenamentos; perfuração da membrana do tímpano; perda da consciência; labirintite e otite média não supurativa e apneia prolongada
13.	Na cata de mariscos	Exposição à radiação solar, chuva, frio; posturas inadequadas e movimentos repetitivos; acidentes com instrumentos perfurocortantes; horário flutuante, como as marés; águas profundas	Queimaduras na pele; envelhecimento precoce; câncer de pele; desidratação; doenças respiratórias; ceratoses actínicas; hipertemia; fadiga física; dores musculares nos membros e coluna vertebral; ferimentos; fadiga; distúrbios do sono; afogamento
14.	Que exijam mergulho, com ou sem equipamento	Apneia prolongada e aumento do nitrogênio circulante	Afogamento; perfuração da membrana do tímpano; perda de consciência; barotrauma; embolia gasosa; síndrome de Raynaud; acrocianose; otite barotraumática; sinusite barotraumática; labirintite e otite média não supurativa
15.	Em condições hiperbáricas	Exposição a condições hiperbáricas, sem periódicos de compressão e descompressão	Morte; perda da consciência; perfuração da membrana do tímpano; intoxicação por gases (oxigênio ou nitrogênio); barotrauma; embolia gasosa; síndrome de Raynaud; acrocianose; otite barotraumática; sinusite barotraumática; labirintite; otite média não supurativa; osteonecrose asséptica e mal dos caixões (doença descompressiva)

Atividade: INDÚSTRIA EXTRATIVA

Item	Descrição dos Trabalhos	Prováveis Riscos Ocupacionais	Prováveis Repercussões à Saúde
16.	Em cantarias e no preparo de cascalho	Esforço físico; posturas viciosas; acidentes com instrumentos perfurocortantes; exposição a poeiras minerais, inclusive sílica	Afecções músculo-esqueléticas (bursites, tendinites, dorsalgias, sinovites, tenossinovites); DORT/LER; ferimentos e mutilações; rinite; asma; pneumoconioses; tuberculose
17.	De extração de pedras, areia e argila (retirada, corte e separação de pedras; uso de instrumentos contuso-cortantes, transporte e arrumação de pedras)	Exposição à radiação solar, chuva; exposição à sílica; levantamento e transporte de peso excessivo; posturas inadequadas e movimentos repetitivos; acidentes com instrumentos perfurocortantes; condições sanitárias precárias; corpos estranhos	Queimaduras na pele; envelhecimento precoce; câncer de pele; desidratação; doenças respiratórias; hipertermia; fadiga física; dores musculares nos membros e coluna vertebral; lesões e deformidades osteomusculares; comprometimento do desenvolvimento psicomotor; ferimentos; mutilações; parasitores múltiplas e gastroenterites; ferimentos nos olhos (córnea e esclera)
18.	De extração de mármores, granitos, pedras preciosas, semipreciosas e outros minerais	Levantamento e transporte de peso excessivo; acidentes com instrumentos contundentes e perfurocortantes; exposição a poeiras inorgânicas; acidentes com eletricidade e explosivos; gases asfixiantes	Fadiga física; afecções músculo-esqueléticas (bursites, tendinites, dorsalgias, sinovites, tenossinovites); esmagamentos; traumatismos; ferimentos; mutilações; queimaduras; silicose; bronquite; bronquiolite; rinite; tuberculose; asma ocupacional; enfisema; fibrose pulmonar; choque elétrico; queimaduras e mutilações; asfixia
19.	Em escavações, subterrâneos, pedreiras, garimpos, minas em subsolo e a céu aberto	Esforços físicos intensos; soterramento; exposição a poeiras inorgânicas e a metais pesados	Afecções músculo-esquelé-ticas (bursites, tendinites, dorsalgias, sinovites, tenossinovites); asfixia; anóxia; hipóxia; esmagamentos; queimaduras; fraturas; silicoses; tuberculose; asma ocupacional; bronquites; enfisema pulmonar; cânceres; lesões oculares; contusões; ferimentos; alterações mentais; fadiga e estresse
20.	Em locais onde haja livre desprendimento de poeiras minerais	Exposição a poeiras inorgânicas	Pneumoconioses associadas com tuberculose; asma ocupacional; rinite; silicose; bronquite e bronquiolite

21.	Em salinas	Esforços físicos intensos; levantamento e transporte manual de peso; movimentos repetitivos; exposição, sem proteção adequada, à radiação solar, chuva e frio	Fadiga física; stress; afecções músculo-esqueléticas (bursites, tendinites, dorsalgias, sinovites, tenossinovites); DORT/LER; intermações; queimaduras na pele; envelhecimento precoce; câncer de pele; desidratação; doenças respiratórias; ceratoses actínicas

Atividade: INDÚSTRIA DE TRANSFORMAÇÃO

Item	Descrição dos Trabalhos	Prováveis Riscos Ocupacionais	Prováveis Repercussões à Saúde
22.	De lixa nas fábricas de chapéu ou feltro	Acidentes com máquinas e instrumentos perigosos; exposição à poeira	Ferimentos; lacerações; mutilações; asma e bronquite
23.	De jateamento em geral, exceto em processos enclausurados	Exposição à poeira mineral	Silicose; asma; bronquite; bronquiolite; stress e alterações mentais
24.	De douração, prateação, niquelação, galvanoplastia, anodização de alumínio, banhos metálicos ou com desprendimento de fumos metálicos	Exposição a fumos metálicos (cádmio, alumínio, níquel, cromo etc.), névoas, vapores e soluções ácidas e cáusticas; exposição a altas temperaturas; umidade	Intoxicações agudas e crônicas; asma ocupacional; rinite; faringite; sinusite; bronquite; pneumonia; edema pulmonar; estomatite ulcerativa crônica; dermatite de contato; neoplasia maligna dos brônquios e pulmões; ulceração ou necrose do septo nasal; queimaduras
25.	Na operação industrial de reciclagem de papel, plástico e metal	Exposição a riscos biológicos (bactérias, vírus, fungos e parasitas), como contaminantes do material a ser reciclado, geralmente advindo de coleta de lixo	Dermatoses ocupacionais; dermatites de contato; asma; bronquite; viroses; parasitoses; cânceres
26.	No preparo de plumas e crinas	Exposição ao mercúrio e querosene, além de poeira orgânica	Transtornos da personalidade e de comportamento; episódios depressivos; neurastenia; ataxia cerebelosa; encefalopatia; transtorno extrapiramidal do movimento; gengivite crônica; estomatite ulcerativa e arritmias cardíacas
27.	Na industrialização do fumo	Exposição à nicotina	Intoxicações exógenas; tonturas e vômitos

28.	Na industrialização de cana-de-açúcar	Exposição a poeiras orgânicas	Bagaçose; asma; bronquite e pneumonite
29.	Em fundições em geral	Exposição a poeiras inorgânicas, a fumos metálicos (ferro, bronze, alumínio, chumbo, manganês e outros); exposição a altas temperaturas; esforços físicos intensos	Intoxicações; siderose; saturnismo; beriliose; estanhose; bronquite crônica; bronquite asmática; bronquite obstrutiva; sinusite; cânceres; ulceração ou necrose do septo nasal; desidratação e intermação; afecções músculo-esqueléticas (bursites, tendinites, dorsalgias, sinovites, tenossinovites)
30.	Em tecelagem	Exposição à poeira de fios e fibras mistas e sintéticas; exposição a corantes; posturas inadequadas e esforços repetitivos	Bissinose; bronquite crônica; bronquite asmática; bronquite obstrutiva; sinusite; fadiga física; DORT/LER
31.	No beneficiamento de mármores, granitos, pedras preciosas, semipreciosas e outros bens minerais	Esforços físicos intensos; acidentes com máquinas perigosas e instrumentos perfurocortantes; exposição a poeiras inorgânicas; acidentes com eletricidade	Afecções músculo-esquelé-ticas (bursites, tendinites, dorsalgias, sinovites, tenossinovites); traumatismos; ferimentos; mutilações; silicose; bronquite; bronquiolite; rinite; tuberculose; asma ocupacional; enfisema; fibrose pulmonar; choque elétrico
32.	Na produção de carvão vegetal	Exposição à radiação solar, chuva; contato com amianto; picadas de insetos e animais peçonhentos; levantamento e transporte de peso excessivo; posturas inadequadas e movimentos repetitivos; acidentes com instrumentos perfurocortantes; queda de toras; exposição à vibração, explosões e desabamentos; combustão espontânea do carvão; monotonia; estresse da tensão da vigília do forno; fumaça contendo subprodutos da pirólise e combustão incompleta: ácido pirolenhoso, alcatrão, metanol, acetona, acetato, monóxido de carbono, dióxido de carbono e metano	Queimaduras na pele; envelhecimento precoce; câncer de pele; desidratação; doenças respiratórias; hipertemia; reações na pele ou generalizadas; fadiga física; dores musculares nos membros e coluna vertebral; lesões e deformidades osteomusculares; comprometimento do desenvolvimento psicomotor; DORT/LER; ferimentos; mutilações; traumatismos; lesões osteomusculares; síndromes vasculares; queimaduras; sofrimento psíquico; intoxicações agudas e crônicas

33.	Em contato com resíduos de animais deteriorados, glândulas, vísceras, sangue, ossos, couros, pelos ou dejetos de animais	Exposição a vírus, bactérias, bacilos, fungos e parasitas	Tuberculose; carbúnculo; brucelose; hepatites virais; tétano; psitacose; ornitose; dermatoses ocupacionais e dermatites de contato
34.	Na produção, processamento e manuseio de explosivos, inflamáveis líquidos, gasosos ou liquefeitos	Exposição a vapores e gases tóxicos; risco de incêndios e explosões	Queimaduras; intoxicações; rinite; asma ocupacional; dermatoses ocupacionais e dermatites de contato
35.	Na fabricação de fogos de artifícios	Exposição a incêndios, explosões, corantes de chamas (cloreto de potássio, antimônio trisulfito) e poeiras	Queimaduras; intoxicações; enfisema crônico e difuso; bronquite e asma ocupacional
36.	De direção e operação de máquinas e equipamentos elétricos de grande porte	Esforços físicos intensos e acidentes com sistemas; circuitos e condutores de energia elétrica	Afecções músculo-esqueléticas (bursites, tendinites, dorsalgias, sinovites, tenossinovites); mutilações; esmagamentos; fraturas; queimaduras; perda temporária da consciência; carbonização; parada cardiorrespiratória
37.	Em curtumes, industrialização de couros e fabricação de peles e peliças	Esforços físicos intensos; exposição a corantes, alvejantes, álcalis, desengordurantes, ácidos, alumínio, branqueadores, vírus, bactérias, bacilos, fungos e calor	Afecções músculo-esqueléticas (bursites, tendinites, dorsalgias, sinovites, tenossinovites); tuberculose; carbúnculo; brucelose; antrax; cânceres; rinite crônica; conjuntivite; pneumonite; dermatites de contato; dermatose ocupacional e queimaduras
38.	Em matadouros ou abatedouros em geral	Esforços físicos intensos; riscos de acidentes com animais e ferramentas perfurocortantes e exposição a agentes biológicos	Afecções músculo-esqueléticas (bursites, tendinites, dorsalgias, sinovites, tenossinovites); contusões; ferimentos; tuberculose; carbúnculo; brucelose e psitacose; antrax
39.	Em processamento ou empacotamento mecanizado de carnes	Acidentes com máquinas, ferramentas e instrumentos perfurocortantes; esforços repetitivos e riscos biológicos	Afecções músculo-esqueléticas (bursites, tendinites, dorsalgias, sinovites, tenossinovites); contusão; amputação; corte; DORT/LER; tuberculose; carbúnculo; brucelose; psitacose

40.	Na fabricação de farinha de mandioca	Esforços físicos intensos; acidentes com instrumentos perfurocortantes; posições inadequadas; movimentos repetitivos; altas temperaturas e poeiras	Afecções músculo-esquelé-ticas (bursites, tendinites, dorsalgias, sinovites, tenossinovites); contusão; amputações; cortes; queimaduras; DORT/LER; cifose; escoliose; afecções respiratórias e dermatoses ocupacionais
41.	Em indústrias cerâmicas	Levantamento e transporte de peso; posturas inadequadas e movimentos repetitivos; exposição ao calor e à umidade; exposição à poeira; acidentes com máquinas e quedas	Fadiga física; dores musculares nos membros e coluna vertebral; lesões e deformidades osteomusculares; comprometimento do desenvolvimento psicomotor; desidratação; intermação; doenças respiratórias, com risco de silicose; fraturas; mutilações; choques elétricos
42.	Em olarias nas áreas de fornos ou com exposição à umidade excessiva	Levantamento e transporte de peso; posturas inadequadas e movimentos repetitivos; exposição ao calor e à umidade; exposição à poeira; acidentes com máquinas e quedas	Fadiga física; dores musculares nos membros e coluna vertebral; lesões e deformidades osteomusculares; comprometimento do desenvolvimento psicomotor; desidratação; intermação; doenças respiratórias, com risco de silicose; fraturas; mutilações; choques elétricos
43.	Na fabricação de botões e outros artefatos de nácar, chifre ou osso	Acidentes com máquinas e ferramentas perfurocortantes; esforços repetitivos e vibrações, poeiras e ruídos	Contusões; perfurações; cortes; dorsalgia; cervicalgia; síndrome cervicobraquial; tendinites; bursites; DORT/LER; alterações temporária do limiar auditivo; hipoacusia e perda da audição
44.	Na fabricação de cimento ou cal	Esforços físicos intensos; exposição a poeiras (sílica); altas temperaturas; efeitos abrasivos sobre a pele	Afecções músculo-esqueléticas (bursites, tendinites, dorsalgias, sinovites, tenossinovites); silicose; asma ocupacional; bronquite; dermatites; dermatoses ocupacionais; intermação; ferimentos; mutilações; fadiga e estresse
45.	Na fabricação de colchões	Exposição a solventes orgânicos, pigmentos de chumbo, cádmio e manganês e poeiras	Encefalopatias tóxicas agudas e crônicas; hipertensão arterial; arritmias cardíacas; insuficiência renal; hipotireoidismo; anemias; dermatoses ocupacionais e irritação da pele e mucosas

46.	Na fabricação de cortiças, cristais, esmaltes, estopas, gesso, louças, vidros ou vernizes	Esforços físicos intensos; exposição a poeiras (sílica), metais pesados, altas temperaturas, corantes e pigmentos metálicos (chumbo, cromo e outros) e calor	Afecções músculo-esqueléticas (bursites, tendinites, dorsalgias, sinovites, tenossinovites); queimaduras; catarata; silicose; asma ocupacional; bronquite; enfisema; intoxicação; dermatoses ocupacionais; intermação
47.	Na fabricação de porcelanas	Exposição a poeiras minerais e ao calor; posições inadequadas	Pneumoconioses e dermatites; fadiga física e intermação; afecções músculo-esqueléticas (bursites, tendinites, dorsalgias, sinovites, tenossinovites); DORT/LER
48.	Na fabricação de artefatos de borracha	Esforços físicos intensos; exposição a produtos químicos, antioxidantes, plastificantes, dentre outros, e ao calor	Afecções músculo-esqueléticas (bursites, tendinites, dorsalgias, sinovites, tenossinovites); câncer de bexiga e pulmão; asma ocupacional; bronquite; enfisema; intoxicação; dermatoses ocupacionais; intermação e intoxicações; queimaduras
49.	Em destilarias de álcool	Exposição a vapores de etanol, metanol e outros riscos químicos; risco de incêndios e explosões	Cânceres; dermatoses ocupacionais; dermatites de contato; intermação; asma ocupacional; bronquites; queimaduras
50.	Na fabricação de bebidas alcoólicas	Exposição a vapores de etanol e a poeira de cereais; exposição a bebidas alcoólicas, ao calor, à formação de atmosferas explosivas; incêndios e outros acidentes	Queimaduras; asfixia; tonturas; intoxicação; irritação das vias aéreas superiores; irritação da pele e mucosas; cefaleia e embriaguez
51.	No interior de resfriadores, casas de máquinas, ou junto de aquecedores, fornos ou altos-fornos	Exposição a temperaturas extremas, frio e calor	Frio; hipotermia com diminuição da capacidade física e mental; calor, hipertermia; fadiga; desidratação; desequilíbrio hidroeletrolítico e estresse
52.	Em serralherias	Exposição a poeiras metálicas tóxicas, (chumbo, arsênico cádmio), monóxido de carbono, estilhaços de metal, calor, e acidentes com máquinas e equipamentos	Neoplasia maligna dos brônquios e pulmões; bronquite; pneumonite; edema pulmonar agudo; enfisema intersticial; queimaduras; cortes; amputações; traumatismos; conjuntivite; catarata e intoxicações

53.	Em indústrias de móveis	Esforços físicos intensos; exposição à poeira de madeiras, solventes orgânicos, tintas e vernizes; riscos de acidentes com máquinas, serras e ferramentas perigosas	Afecções músculo-esqueléticas (bursites, tendinites, dorsalgias, sinovites, tenossinovites); neoplasia maligna dos brônquios e pulmões; bronquite; pneumonite; edema pulmonar agudo; enfisema intersticial; asma ocupacional; cortes; amputações; traumatismos; dermatose ocupacional; anemias; conjuntivite
54.	No beneficiamento de madeira	Esforços físicos intensos; exposição à poeira de madeiras; risco de acidentes com máquinas, serras, equipamentos e ferramentas perigosas	Afecções músculo-esqueléticas (bursites, tendinites, dorsalgias, sinovites, tenossinovites); asma ocupacional; bronquite; pneumonite; edema pulmonar agudo; enfizema intersticial; asma ocupacional; dermatose ocupacional; esmagamentos; ferimentos; amputações; mutilações; fadiga; stress e DORT/LER
55.	Com exposição a vibrações localizadas ou de corpo inteiro	Vibrações localizadas ou generalizadas	Síndrome cervicobraquial; dor articular; moléstia de Dupuytren; capsulite adesiva do ombro; bursites; epicondilite lateral; osteocondrose do adulto; doença de Kohler; hérnia de disco; artroses e aumento da pressão arterial
56.	De desmonte ou demolição de navios e embarcações em geral	Esforços físicos intensos; exposição a fumos metálicos (ferro, bronze, alumínio, chumbo e outros); uso de ferramentas pesadas; altas temperaturas	Afecções músculo-esqueléticas (bursites, tendinites, dorsalgias, sinovites, tenossinovites); asfixia; perda da consciência; fibrilação ventricular; queimaduras; fraturas; contusões; intermação; perfuração da membrana do tímpano

Atividade: PRODUÇÃO E DISTRIBUIÇÃO DE ELETRICIDADE, GÁS E ÁGUA

Item	Descrição dos Trabalhos	Prováveis Riscos Ocupacionais	Prováveis Repercussões à Saúde
57.	Em sistemas de geração, transmissão e distribuição de energia elétrica	Exposição à energia de alta tensão; choque elétrico e queda de nível.	Eletrochoque; fibrilação ventricular; parada cardiorrespiratória; traumatismos; escoriações; fraturas

Atividade: CONSTRUÇÃO

Item	Descrição dos Trabalhos	Prováveis Riscos Ocupacionais	Prováveis Repercussões à Saúde
58.	Construção civil e pesada, incluindo construção, restauração, reforma e demolição	Esforços físicos intensos; risco de acidentes por queda de nível, com máquinas, equipamentos e ferramentas; exposição à poeira de tintas, cimento, pigmentos metálicos e solventes; posições inadequadas; calor; vibrações e movimentos repetitivos	Afecções músculo-esqueléticas (bursites, tendinites, dorsalgias, sinovites, tenossinovites); mutilações; fraturas; esmagamentos; traumatismos; afecções respiratórias; dermatites de contato; intermação; síndrome cervicobraquial; dores articulares; intoxicações; polineuropatia periférica; doenças do sistema hematopoiético; leucocitose; episódios depressivos; neurastenia; dermatoses ocupacionais; DORT/LER; cortes; contusões; traumatismos

Atividade: COMÉRCIO (REPARAÇÃO DE VEÍCULOS AUTOMOTORES, OBJETOS PESSOAIS E DOMÉSTICOS)

Item	Descrição dos Trabalhos	Prováveis Riscos Ocupacionais	Prováveis Repercussões à Saúde
59.	Em borracharias ou locais onde sejam feitos recapeamento ou recauchutagem de pneus	Esforços físicos intensos; exposição a produtos químicos, antioxidantes, plastificantes, entre outros, e calor	Afecções músculo-esqueléticas (bursites, tendinites, dorsalgias, sinovites, tenossinovites); queimaduras; câncer de bexiga e pulmão; asma ocupacional; bronquite; enfisema; intoxicação; dermatoses ocupacionais; intermação e intoxicações

Atividade: TRANSPORTE E ARMAZENAGEM

Item	Descrição dos Trabalhos	Prováveis Riscos Ocupacionais	Prováveis Repercussões à Saúde
60.	No transporte e armazenagem de álcool, explosivos, inflamáveis líquidos, gasosos e liquefeitos	Exposição a vapores tóxicos; risco de incêndio e explosões	Intoxicações; queimaduras; rinite e dermatites de contato
61.	Em porão ou convés de navio	Esforços físicos intensos; risco de queda de nível; isolamento, calor e outros riscos inerentes às cargas transportadas	Afecções músculo-esqueléticas (bursites, tendinites, dorsalgias, sinovites, tenossinovites); lesões; fraturas; contusões; traumatismos; fobia e transtorno do ciclo vigília-sono

62.	Em transporte de pessoas ou animais de pequeno porte	Acidentes de trânsito	Ferimentos; contusões; fraturas; traumatismos e mutilações

Atividade: SAÚDE E SERVIÇOS SOCIAIS

Item	Descrição dos Trabalhos	Prováveis Riscos Ocupacionais	Prováveis Repercussões à Saúde
63.	No manuseio ou aplicação de produtos químicos, incluindo limpeza de equipamentos, descontaminação, disposição e retorno de recipientes vazios	Exposição a quimioterápicos e outras substâncias químicas de uso terapêutico	Intoxicações agudas e crônicas; polineuropatia; dermatites de contato; dermatite alérgica; osteomalácia do adulto induzida por drogas; cânceres; arritmia cardíaca; leucemias; neurastenia e episódios depressivos
64.	Em contato com animais portadores de doenças infectocontagiosas e em postos de vacinação de animais	Exposição a vírus, bactérias, parasitas e bacilos	Tuberculose; carbúnculo; brucelose; psitacose; raiva; asma; rinite; conjuntivite; pneumonia; dermatite de contato e dermatose ocupacional
65.	Em hospitais, serviços de emergência, enfermarias, ambulatórios, postos de vacinação e outros estabelecimentos destinados ao cuidado da saúde humana, em que se tenha contato direto com os pacientes ou se manuseie objetos de uso dos pacientes não previamente esterilizados	Exposição a vírus, bactérias, parasitas e bacilos; stress psíquico e sofrimento; acidentes com material biológico	Tuberculose; AIDS; hepatite; meningite; carbúnculo; toxaplasmose; viroses, parasitoses; zoonose; pneumonias; candidíases; dermatoses; episódios depressivos e sofrimento mental
66.	Em laboratórios destinados ao preparo de soro, de vacinas e de outros produtos similares	Exposição a vírus, bactérias, parasitas, bacilos e contato com animais de laboratório	Envenenamentos; cortes; lacerações; hepatite; AIDS; tuberculose; carbúnculo; brucelose; psitacose; raiva; asma; rinite crônica; conjuntivite; zoonoses; ansiedade e sofrimento mental

Atividade: SERVIÇOS COLETIVOS, SOCIAIS, PESSOAIS E OUTROS

Item	Descrição dos Trabalhos	Prováveis Riscos Ocupacionais	Prováveis Repercussões à Saúde
67.	Em lavanderias industriais	Exposição a solventes, cloro, sabões, detergentes, calor e movimentos repetitivos	Polineurites; dermatoses ocupacionais; blefarites; conjuntivites; intermação; fadiga e queimaduras

68.	Em tinturarias e estamparias	Exposição a solventes, corantes, pigmentos metálicos, calor e umidade	Hipotireoidismo; anemias; polineuropatias; encefalopatias; hipertensão arterial; arritmia cardíaca; insuficiência renal; infertilidade masculina; queimaduras; intermação e depressão do Sistema Nervoso Central
69.	Em esgotos	Esforços físicos intensos; exposição a produtos químicos utilizados nos processos de tratamento de esgoto, tais como cloro, ozônio, sulfeto de hidrogênio e outros; riscos biológicos; espaços confinados e riscos de explosões	Afecções músculo-esqueléticas (bursites, tendinites, dorsalgias, sinovites, tenossinovites); escolioses; disfunção olfativa; alcoolismo; asma; bronquite; lesões oculares; dermatites; dermatoses; asfixia; salmoneloses; leptospirose e disfunções olfativas
70.	Na coleta, seleção e beneficiamento de lixo	Esforços físicos intensos; exposição aos riscos físicos, químicos e biológicos; exposição a poeiras tóxicas, calor; movimentos repetitivos; posições antiergonômicas	Afecções músculo-esqueléticas (bursites, tendinites, dorsalgias, sinovites, tenossinovites); ferimentos; lacerações; intermações; resfriados; DORT/LER; deformidades da coluna vertebral; infecções respiratórias; piodermites; desidratação; dermatoses ocupacionais; dermatites de contato; alcoolismo e disfunções olfativas
71.	Em cemitérios	Esforços físicos intensos; calor; riscos biológicos (bactérias, fungos, ratos e outros animais, inclusive peçonhentos); risco de acidentes e estresse psíquico	Afecções músculo-esqueléticas (bursites, tendinites, dorsalgias, sinovites, tenossinovites); ferimentos; contusões; dermatoses ocupacionais; ansiedade; alcoolismo; desidratação; câncer de pele; neurose profissional e ansiedade
72.	Em serviços externos, que impliquem em manuseio e porte de valores que coloquem em risco a sua segurança (Office-boys, mensageiros, contínuos)	Acidentes de trânsito e exposição à violência	Traumatismos; ferimentos; ansiedade e estresse

73.	Em ruas e outros logradouros públicos (comércio ambulante, guardador de carros, guardas mirins, guias turísticos, transporte de pessoas ou animais, entre outros)	Exposição à violência, drogas, assédio sexual e tráfico de pessoas; exposição à radiação solar, chuva e frio; acidentes de trânsito; atropelamento	Ferimentos e comprometimento do desenvolvimento afetivo; dependência química; doenças sexualmente transmissíveis; atividade sexual precoce; gravidez indesejada; queimaduras na pele; envelhecimento precoce; câncer de pele; desidratação; doenças respiratórias; hipertemia; traumatismos; ferimentos
74.	Em artesanato	Levantamento e transporte de peso; manutenção de posturas inadequadas; movimentos repetitivos; acidentes com instrumentos perfurocortantes; corpos estranhos; jornadas excessivas	Fadiga física; dores musculares nos membros e coluna vertebral; lesões e deformidades ostemusculares; comprometimento do desenvolvimento psicomotor; DORT/LER; ferimentos; mutilações; ferimentos nos olhos; fadiga; estresse; distúrbios do sono
75.	De cuidado e vigilância de crianças, de pessoas idosas ou doentes	Esforços físicos intensos; violência física, psicológica e abuso sexual; longas jornadas; trabalho noturno; isolamento; posições antiergonômicas; exposição a riscos biológicos	Afecções músculo-esqueléticas (bursites, tendinites, dorsalgias, sinovites, tenossinovites); DORT/LER; ansiedade; alterações na vida familiar; síndrome do esgotamento profissional; neurose profissional; fadiga física; transtornos do ciclo vigília-sono; depressão e doenças transmissíveis

Atividade: SERVIÇO DOMÉSTICO

Item	Descrição dos Trabalhos	Prováveis Riscos Ocupacionais	Prováveis Repercussões à Saúde
76.	Domésticos	Esforços físicos intensos; isolamento; abuso físico, psicológico e sexual; longas jornadas de trabalho; trabalho noturno; calor; exposição ao fogo, posições antiergonômicas e movimentos repetitivos; tracionamento da coluna vertebral; sobrecarga muscular e queda de nível	Afecções músculo-esqueléticas (bursites, tendinites, dorsalgias, sinovites, tenossinovites); contusões; fraturas; ferimentos; queimaduras; ansiedade; alterações na vida familiar; transtornos do ciclo vigília-sono; DORT/LER; deformidades da coluna vertebral (lombalgias, lombociatalgias, escolioses, cifoses, lordoses); síndrome do esgotamento profissional e neurose profissional; traumatismos; tonturas e fobias

Atividade: TODAS

Item	Descrição dos Trabalhos	Prováveis Riscos Ocupacionais	Prováveis Repercussões à Saúde
77.	De manutenção, limpeza, lavagem ou lubrificação de veículos, tratores, motores, componentes, máquinas ou equipamentos, em que se utilizem solventes orgânicos ou inorgânicos, óleo diesel, desengraxantes ácidos ou básicos ou outros produtos derivados de óleos minerais	Exposição a solventes orgânicos, neurotóxicos, desengraxantes, névoas ácidas e alcalinas	Dermatoses ocupacionais; encefalopatias; queimaduras; leucocitoses; elaiconiose; episódios depressivos; tremores; transtornos da personalidade e neurastenia
78.	Com utilização de instrumentos ou ferramentas perfurocontantes, sem proteção adequada capaz de controlar o risco	Perfurações e cortes	Ferimentos e mutilações
79.	Em câmaras frigoríficas	Exposição a baixas temperaturas e a variações súbitas	Hipotermia; eritema pérnio; geladura (Frostbite) com necrose de tecidos; bronquite; rinite; pneumonias
80.	Com levantamento, transporte, carga ou descarga manual de pesos, quando realizados raramente, superiores a 20 quilos, para o gênero masculino e superiores a 15 quilos para o gênero feminino; e superiores a 11 quilos para o gênero masculino e superiores a 7 quilos para o gênero feminino, quando realizados frequentemente	Esforço físico intenso; tracionamento da coluna vertebral; sobrecarga muscular	Afecções músculo-esqueléticas (bursites, tendinites, dorsalgias, sinovites, tenossinovites); lombalgias; lombociatalgias; escolioses; cifoses; lordoses; maturação precoce das epífises
81.	Ao ar livre, sem proteção adequada contra exposição à radiação solar, chuva, frio	Exposição, sem proteção adequada, à radiação solar, chuva e frio	Intermações; queimaduras na pele; envelhecimento precoce; câncer de pele; desidratação; doenças respiratórias; ceratoses actínicas; hipertemia; dermatoses; dermatites; conjuntivite; queratite; pneumonite; fadiga; intermação

82.	Em alturas superiores a 2,0 (dois) metros	Queda de nível	Fraturas; contusões; traumatismos; tonturas; fobias
83.	Com exposição a ruído contínuo ou intermitente acima do nível previsto na legislação pertinente em vigor, ou a ruído de impacto	Exposição a níveis elevados de pressão sonora	Alteração temporária do limiar auditivo; hipoacusia; perda da audição; hipertensão arterial; ruptura traumática do tímpano; alterações emocionais; alterações mentais e estresse
84.	Com exposição ou manuseio de arsênico e seus compostos, asbestos, benzeno, carvão mineral, fósforo e seus compostos, hidrocarbonetos, outros compostos de carbono, metais pesados (cádmio, chumbo, cromo e mercúrio) e seus compostos, silicatos, ácido oxálico, nítrico, sulfúrico, bromídrico, fosfórico, pícrico, álcalis cáusticos ou substâncias nocivas à saúde conforme classificação da Organização Mundial da Saúde (OMS)	Exposição aos compostos químicos acima dos limites de tolerância	Neoplasia maligna dos brônquios e pulmões; angiosarcoma do fígado; polineuropatias; encefalopatias; neoplasia maligna do estômago, laringe e pleura; mesoteliomas; asbestoses; arritmia cardíaca; leucemias; síndromes mielodisplásicas; transtornos mentais; cor pulmonale; silicose e síndrome de Caplan
85.	Em espaços confinados	Isolamento; contato com poeiras, gases tóxicos e outros contaminantes	Transtorno do ciclo vigília-sono; rinite; bronquite; irritabilidade e estresse
86.	De afiação de ferramentas e instrumentos metálicos em afiadora, rebolo ou esmeril, sem proteção coletiva contra partículas volantes	Acidentes com material cortante e com exposição a partículas metálicas cortantes desprendidas da afiadora	Ferimentos e mutilações
87.	De direção, operação, de veículos, máquinas ou equipamentos, quando motorizados e em movimento (máquinas de laminação, forja e de corte de metais, máquinas de padaria, como misturadores e cilindros de massa, máquinas de fatiar, máquinas em trabalhos com madeira, serras circulares, serras de fita e guilhotinas, esmeris, moinhos, cortadores e misturadores, equipamentos em fábricas de papel, guindastes ou outros similares)	Esforços físicos; acidentes com ferramentas e com sistemas condutores de energia elétrica	Afecções músculo-esqueléticas (bursites, tendinites, dorsalgias, sinovites, tenossinovites); mutilações; esmagamentos; fraturas; queimaduras e parada cardiorrespiratória

88.	Com exposição a radiações ionizante e não ionizantes (microondas, ultravioleta ou laser)	Exposição a radiações não ionizante e ionizante (raios X, gama, alfa e beta) em processos industriais, terapêuticos ou propedêuticos (em saúde humana ou animal) ou em prospecção; processamento, estocagem e transporte de materiais radioativos	Carcinomas basocelular e espino celular; neoplasia maligna da cavidade nasal, brônquios, pulmões, ossos e cartilagens articulares; sarcomas ósseos; leucemias; síndrome mielodisplásicas; anemia aplástica; hemorragias; agranulocitose; polineuropatia; blefarite; conjuntivite; catarata; gastroenterite; afecções da pele e do tecido conjuntivo relacionadas com a radiação, osteonecrose e infertilidade masculina
89.	De manutenção e reparo de máquinas e equipamentos elétricos, quando energizados	Esforços físicos intensos; exposição a acidentes com sistemas, circuitos e condutores de energia elétrica e acidentes com equipamentos e ferramentas contuso-cortantes	Afecções músculo-esqueléticas (bursites, tendinites, dorsalgias, sinovites, tenossinovites); mutilações; esmagamentos; fraturas; queimaduras; perda temporária da consciência; carbonização; parada cardiorrespiratória

II – TRABALHOS PREJUDICIAIS À MORALIDADE

Item	Descrição dos Trabalhos
1.	Aqueles prestados de qualquer modo em prostíbulos, boates, bares, cabarés, danceterias, casas de massagem, saunas, motéis, salas ou lugares de espetáculos obscenos, salas de jogos de azar e estabelecimentos análogos
2.	De produção, composição, distribuição, impressão ou comércio de objetos sexuais, livros, revistas, fitas de vídeo ou cinema e cds pornográficos, de escritos, cartazes, desenhos, gravuras, pinturas, emblemas, imagens e quaisquer outros objetos pornográficos que possam prejudicar a formação moral
3.	De venda, a varejo, de bebidas alcoólicas
4.	Com exposição a abusos físicos, psicológicos ou sexuais

DECRETO Nº 7.052 DE 23 DE DEZEMBRO DE 2009

Regulamenta a Lei nº 11.770, de 9 de setembro de 2008, que cria o Programa Empresa Cidadã, destinado à prorrogação da licença-maternidade, no tocante a empregadas de pessoas jurídicas.

O Presidente da República, no uso da atribuição que lhe confere o art. 84, inciso IV, da Constituição, e tendo em vista o disposto na Lei nº 11.770, de 9 de setembro de 2008,

Decreta:

Art. 1º. Fica instituído o Programa Empresa Cidadã, destinado a prorrogar por sessenta dias a duração da licença-maternidade prevista no inciso XVIII do *caput* do art. 7º da Constituição e o correspondente período do salário-maternidade de que trata os arts. 71 e 71-A da Lei nº 8.213, de 24 de julho de 1991.

§ 1º. Será beneficiada pelo Programa Empresa Cidadã a empregada da pessoa jurídica que aderir ao Programa, desde que a empregada requeira a prorrogação do salário-maternidade até o final do primeiro mês após o parto.

§ 2º. A prorrogação a que se refere o § 1º iniciar-se-á no dia subsequente ao término da vigência do benefício de que tratam os arts. 71 e 71-A da Lei nº 8.213, de 1991.

§ 3º. A prorrogação de que trata este artigo será devida, inclusive, no caso de parto antecipado.

Art. 2º. O disposto no art. 1º aplica-se à empregada de pessoa jurídica que adotar ou obtiver guarda judicial para fins de adoção de criança, pelos seguintes períodos:

I – por sessenta dias, quando se tratar de criança de até um ano de idade;

II – por trinta dias, quando se tratar de criança a partir de um ano até quatro anos de idade completos; e

III – por quinze dias, quando se tratar de criança a partir de quatro anos até completar oito anos de idade.

Art. 3º. As pessoas jurídicas poderão aderir ao Programa Empresa Cidadã, mediante requerimento dirigido à Secretaria da Receita Federal do Brasil.

Art. 4º. Observadas as normas complementares a serem editadas pela Secretaria da Receita Federal do Brasil, a pessoa jurídica tributada com base no lucro real poderá deduzir do imposto devido, em cada período de apuração, o total da remuneração da empregada pago no período de prorrogação de sua licença-maternidade, vedada a dedução como despesa operacional.

Parágrafo único. A dedução de que trata o caput fica limitada ao valor do imposto devido em cada período de apuração.

Art. 5º. No período de licença-maternidade e licença à adotante de que trata este Decreto, a empregada não poderá exercer qualquer atividade remunerada, salvo nos casos de contrato de trabalho simultâneo firmado previamente, e a criança não poderá ser mantida em creche ou organização similar.

Parágrafo único. Em caso de ocorrência de quaisquer das situações previstas no caput, a beneficiária perderá o direito à prorrogação.

Art. 6º. A empregada em gozo de salário-maternidade na data de publicação deste Decreto poderá solicitar a prorrogação da licença, desde que requeira no prazo de até trinta dias.

Art. 7º. A Secretaria da Receita Federal do Brasil e o Instituto Nacional do Seguro Social – INSS poderão expedir, no âmbito de suas competências, normas complementares para execução deste Decreto.

Art. 8º. Este Decreto entra em vigor na data de sua publicação, produzindo efeitos a partir de 1º de janeiro de 2010.

Brasília, 23 de dezembro de 2009; 189º da Independência e 121º da República.

Luiz Inácio Lula da Silva

DOU de 24.12.2009

RESOLUÇÕES E PORTARIAS

RESOLUÇÃO CONANDA Nº 28, DE 9 DE AGOSTO DE 1994

Dispõe sobre o estimulo à instalação de comissões estaduais judiciárias de adoção.

O Conselho Nacional dos Direitos da Criança e do Adolescente – CONANDA, reunido em Brasília nos dias 9 e 10 de agosto de 1994, em sua Décima Sétima Assembleia Ordinária, no exercício das atribuições estabelecidas na Lei nº 8.242/1991, no termos do seu Regimento Interno e considerando as denúncias de adoções irregulares procedidas em vários Estados, resolve:

Aprovar moção ao Excelentíssimo Senhor Presidente do Supremo Tribunal Federal, solicitando que os Tribunais de Justiça dos Estados sejam estimulados a instalar as comissões estaduais judiciárias de adoção, previstas no art. 52 da Lei nº 8.069/1990 – Estatuto da Criança e do Adolescente, como mecanismos de controle dos processos de adoção internacional.

Alexandre De Paula Dupeyrat Martins – Presidente do Conselho

DOU de 25.8.1994

RESOLUÇÃO CONANDA Nº 44, DE 6 DE DEZEMBRO DE 1996

Regulamenta a execução das diretrizes do art. 88, V, do Estatuto da Criança e do Adolescente e dá outras providências.

O Conselho Nacional dos Direitos da Criança e do Adolescente – CONANDA, no uso de suas atribuições legais e considerando,

— as diretrizes contidas no art. 88, V, do Estatuto da Criança e do Adolescente (Lei nº 8.069, de 13 de julho de 1990) e no art. 2º da Lei nº 8.242, de 12 de outubro de 1991;

— o preceito constitucional da essencialidade da Defensoria Pública e da indispensabilidade do Advogado para a administração da justiça (arts. 133 e 134, parágrafo único);

— as garantias processuais contidas nos art. 110 e 111, combinados com o art. 207 e parágrafos, do Estatuto da Criança e do Adolescente, resolve:

Art. 1º. Nos centros urbanos que sejam capitais dos Estados da Federação e no Distrito Federal deverá, no prazo de doze meses, ser providenciada a integração operacional dos órgãos do Poder Judiciário, do Ministério Público, da Defensoria Pública ou serviço congênere, da Segurança Pública e da Assistência Social, preferencialmente no mesmo espaço físico, com vistas à agilização do atendimento inicial ao adolescente a quem se atribua autoria de infração.

Art. 2º. Os dirigentes dos órgãos envolvidos no atendimento referido no artigo anterior deverão firmar Pacto de Ação Articulada, com a interveniência dos Conselhos Estaduais e publicado no Diário Oficial do Estado, visando à melhor operacionalização do atendimento integrado.

Art. 3º. A defesa técnica do adolescente deverá ser feita desde o atendimento inicial (apreensão em flagrante ou oitiva nos atos investigatórios), por Defensor Público, Advogado dativo ou constituído, devidamente inscrito na Ordem dos Advogados do Brasil.

Art. 4º. Os Estados e o Distrito Federal deverão criar núcleo especializado nos direitos das crianças e dos adolescentes nas respectivas Defensorias Públicas, devendo cada um dos Conselhos estaduais e do Distrito Federal enviar ao CONANDA, no prazo de doze meses, relato da situação do atendimento em nível do Estado ou do Distrito Federal.

Art. 5º. A não obediência ao prazo demarcado no art. 1º desta Resolução implicará encaminhamento de representação ao Ministério Público, para os procedimentos legais cabíveis, por descumprimento ao art. 88, inciso V, da Lei nº 8.069/1990.

Art. 6º. Esta Resolução entra em vigor na data de sua publicação.

Nelson A. Jobim – Presidente do Conselho

DOU de 8.1.1997

PORTARIA INTERMINISTERIAL MS/SEDH/SEPM Nº 1.426, DE 14 DE JULHO DE 2004

Aprova as diretrizes para a implantação e implementação da atenção à saúde dos adolescentes em conflito com a lei, em regime de internação e internação provisória, e dá outras providências.

O Ministro de Estado da Saúde, o Secretário Especial dos Direitos Humanos e a Secretária Especial de Políticas para as Mulheres, no uso de suas atribuições, e

Considerando o art. 196 da Constituição Federal, que reconhece a saúde como direito de todos e dever do Estado, garantindo o acesso universal e igualitário às ações e serviços para sua promoção, proteção e recuperação;

Considerando o art. 227 da Constituição Federal, que estabelece o dever da família, da sociedade e do Estado em assegurar à criança e ao adolescente, com absoluta prioridade, o direito à vida, à saúde, à alimentação, à educação, ao lazer, à profissionalização, à cultura, à dignidade, ao respeito, à liberdade e à convivência familiar e comunitária, a salvo de toda a forma de negligência, discriminação, exploração, violência, crueldade e opressão;

Considerando os arts. 1º e 3º do Estatuto da Criança e do Adolescente, que reconhecem que crianças e adolescentes gozam de todos os direitos fundamentais inerentes à pessoa humana, sem prejuízo da proteção integral, assegurando-lhes, por lei ou por outros meios, todas as oportunidades e facilidades, a fim de lhes facultar o desenvolvimento físico, mental, moral, espiritual e social, em condições de liberdade e dignidade;

Considerando o art. 6º do Estatuto da Criança e do Adolescente, que dispõe sobre a condição peculiar da criança e do adolescente como pessoas em desenvolvimento;

Considerando o art. 94 do Estatuto da Criança e do Adolescente, que estabelece as obrigações das entidades governamentais e não governamentais que desenvolvam programas de internação;

Considerando a importância de garantir aos adolescentes em regime de internação e internação provisória a atenção integral à saúde, tendo em vista suas necessidades sociais e singularidades; e

Considerando as recomendações da Comissão Interministerial, criada por meio do Protocolo de Intenções, de 9 de julho de 2003, com a atribuição de formular propostas destinadas a viabilizar a atenção integral à saúde dessa população, resolvem:

Art. 1º. Aprovar as diretrizes para a implantação e implementação da atenção à saúde dos adolescentes em conflito com a lei com medida socioeducativa a ser cumprida, em regime de internação e internação provisória, em unidades masculinas e femininas.

§ 1º. As ações e serviços decorrentes destas diretrizes terão por finalidade promover a saúde dos adolescentes, a que se refere o *caput* oferecendo uma abordagem educativa, integral, humanizada e de qualidade.

§ 2º. Para o alcance dessa finalidade são estabelecidas as seguintes prioridades:

I – a implantação de estratégias de promoção da saúde, com o objetivo de promover ambiência saudável, estimular a autonomia, e desenvolver ações socioeducativas, atividades corporais e de melhoria das relações interpessoais, bem como o fortalecimento de redes de apoio aos adolescentes e suas famílias;

II – a implantação de ações de prevenção e cuidados específicos, com prioridade para o desenvolvimento integral da adolescência, em particular, a saúde mental; a atenção aos agravos psicossociais, a atenção aos agravos associados ao uso de álcool e outras drogas, sob a perspectiva da redução de danos, a saúde sexual e saúde reprodutiva, a atenção às DST/HIV/Aids e às hepatites e a atenção aos adolescentes com deficiências;

III – a implementação de medidas de proteção específica, como a distribuição de preservativos e a vacinação contra hepatite, influenza, tétano, rubéola e outras doenças, de acordo com as padronizações da Secretaria de Vigilância em Saúde;

IV – a garantia de acesso dos adolescentes a que se refere o *caput* deste artigo em todos os níveis de atenção à saúde, por meio de referência e contrarreferência, que deverão estar incluídas na Programação Pactuada Integrada (PPI) estadual, mediante negociação nas Comissões Intergestores Bipartites (CIB);

V – a educação permanente, tanto das equipes de saúde e dos profissionais das unidades de internação e internação provisória, quanto dos profissionais que atuam nas unidades de saúde de referência voltadas às especificidades de saúde dessa população;

VI – garantir a inclusão, nos Sistemas de Informação de Saúde do SUS, de dados e indicadores de saúde da população de adolescentes em regime de internação e internação provisória; e

VII – a reforma e a aquisição de equipamentos para as unidades de internação e internação provisória, visando ao estabelecimento de unidade de saúde que atenda às necessidades da Atenção Básica, assim como a adequação do espaço físico de todas as unidades às exigências do Estatuto da Criança e do Adolescente e às Resoluções do Conselho Nacional dos Direitos da Criança e do Adolescente, garantindo condições de salubridade e área de lazer.

Art. 2º. Em cada unidade da federação, as Secretarias de Saúde do Estado, do Distrito Federal, e dos municípios-sede das unidades de internação e internação provisória, em conjunto com a secretaria gestora do sistema socioeducativo, deverão formular um Plano Operativo Estadual, conforme as Normas a serem estabelecidas por meio de portaria do Ministério da Saúde.

§ 1º. A gestão e a gerência das ações e serviços de saúde constantes do Plano Operativo Estadual serão pactuadas, no âmbito de cada unidade federada, entre o gestor estadual de saúde, o gestor do sistema socioeducativo e os gestores municipais de saúde, respeitadas as condições de gestão.

§ 2º. O fórum de pactuação entre as Secretarias de Saúde do Estado e dos municípios-sede será a Comissão Intergestores Bipartite.

§ 3º. Os Planos Operativos Estaduais deverão ser submetidos à aprovação do respectivo Conselho Estadual de Saúde e Conselho dos Direitos da Criança e do Adolescente.

§ 4º. Nos casos em que as Secretarias Municipais de Saúde assumirem a gestão e, ou gerência das ações e serviços de saúde, deverá constar do Plano Operativo Estadual a aprovação dos Conselhos Municipais de Saúde e Conselhos Municipais dos Direitos da Criança e do Adolescente.

Art. 3º. Para a implementação das ações, o Ministério da Saúde, a Secretaria Especial dos Direitos Humanos, a Secretaria Especial de Políticas para as Mulheres, as Secretarias Estaduais de Saúde, as secretarias gestoras do sistema socioeducativo, e as Secretarias Municipais de Saúde poderão estabelecer, parcerias, acordos, convênios com entidades privadas sem fins lucrativos, bem como com organizações não governamentais, regularmente constituídas e registradas no Conselho Municipal dos Direitos da Criança e do Adolescente, respeitados os critérios definidos no art. 91 do ECA, e que detenham experiência de trabalho com adolescentes, em conflito com a lei.

Parágrafo único. Essas parcerias, acordos, convênios ou outros mecanismos de cooperação deverão ter um caráter de complementaridade.

Art. 4º. Fica criado o Incentivo para a Atenção à Saúde de adolescentes em regime de internação e internação provisória, a ser financiado pelo Ministério da Saúde, com o objetivo de complementar o financiamento das ações de atenção integral à saúde dessa população.

Parágrafo único. Os recursos do Ministério da Saúde serão repassados do Fundo Nacional de Saúde aos Fundos Estaduais e, ou Municipais de Saúde, de acordo com a pactuação estabelecida no âmbito de cada unidade federada.

Art. 5º. Compete à Secretaria Especial dos Direitos Humanos alocar recursos para o financiamento da adequação do espaço físico referida no artigo 1º, § 2º, inciso VII desta Portaria, da reforma e, ou construção de unidades de saúde e aquisição de equipamentos, nas unidades de internação e internação provisória do sistema socioeducativo.

Art. 6º. Compete à Secretaria Especial de Políticas para as Mulheres alocar recursos para o financiamento da capacitação, em gênero, dos adolescentes e dos profissionais envolvidos no atendimento aos adolescentes em regime de internação e internação provisória.

Art. 7º. O processo de educação permanente das equipes de saúde e dos profissionais das unidades de internação e internação provisória será cofinanciado pela Secretaria Especial dos Direitos Humanos, a Secretaria Especial de Políticas para as Mulheres e o Ministério da Saúde.

Art. 8º. Estabelecer que a adesão e a habilitação das unidades federadas às diretrizes de implantação e implementação da atenção à saúde dos adolescentes, a que se refere o artigo 1º, se dará mediante a apresentação do Plano Operativo Estadual, conjuntamente pela Secretaria Estadual de Saúde, Secretaria Municipal de Saúde e secretaria gestora do sistema socioeducativo.

§ 1º. No Plano Operativo Estadual deverão estar contemplados os Planos Municipais de Atenção à Saúde dos adolescentes em regime de internação e internação provisória, conforme estabelece o artigo 2º desta Portaria, exceto nos casos em que a Secretaria Estadual de Saúde assumir a execução das ações e serviços nele pactuados.

§ 2º. A liberação das verbas oriundas do Ministério da Saúde, da Secretaria Especial dos Direitos Humanos e da Secretaria Especial de Políticas para as Mulheres, para a implantação e implementação das ações e serviços previstos nesta Portaria, dar-se-á mediante a prévia aprovação do Plano Operativo Estadual.

§ 3º. O Plano Operativo Estadual deverá incluir a definição das respectivas contrapartidas de todos os órgãos estaduais e municipais envolvidos, no financiamento e, ou no desenvolvimento das ações de atenção à saúde delineadas nesta Portaria, na adequação das condições de infraestrutura e funcionamento das unidades, na composição e pagamento das equipes de saúde e na referência para a média e a alta complexidade, conforme Limite Financeiro de Assistência do Estado.

Art. 9º. Determinar que o acompanhamento da implantação e implementação da atenção à saúde de adolescentes em regime de internação e internação provisória será realizado, em âmbito nacional, por uma Comissão de Acompanhamento, formalmente indicada e integrada por representantes das seguintes unidades:

I – Ministério da Saúde;

a) Secretaria-Executiva;

b) Secretaria de Atenção à Saúde;

c) Secretaria de Vigilância em Saúde; e

d) Secretaria de Gestão do Trabalho e da Educação na Saúde;

II – Secretaria Especial dos Direitos Humanos da Presidência da República;

a) Subsecretaria de Promoção dos Direitos da Criança e do Adolescente;

III – Secretaria Especial de Políticas para as Mulheres;

a) Subsecretaria de Monitoramento e Ações Temáticas;

IV – Conselho Nacional dos Direitos da Criança e do Adolescente – CONANDA;

V – Conselho Nacional dos Secretários de Saúde – CONASS;

VI – Fórum Nacional de Dirigentes Governamentais de Entidades Executoras da Política de Promoção e Defesa dos Direitos da Criança e do Adolescente – FONACRIAD;

VII – Conselho Nacional de Secretários Municipais de Saúde – CONASEMS;

VIII – Conselho Nacional de Saúde; e

IX – Conselho Nacional dos Direitos da Mulher.

§ 1º. Os instrumentos essenciais de trabalho dessa Comissão serão as diretrizes para a implantação e implementação da atenção à saúde dos adolescentes em regime de internação e internação provisória e os Planos Operativos Estaduais.

§ 2º. A Comissão reunir-se-á quadrimestralmente para acompanhar a implementação dos Planos Operativos Estaduais e avaliar o cumprimento dos compromissos assumidos, podendo propor ao Ministério da Saúde, à Secretaria Especial dos Direitos Humanos, à Secretaria Especial de Políticas para as Mulheres, às Secretarias Estaduais de Saúde, às secretarias gestoras do sistema socioeducativo, ou às Secretarias Municipais de Saúde, os ajustes que se fizerem necessários.

§ 3º. A convocação e coordenação das reuniões da Comissão caberão ao Ministério da Saúde, à Secretaria Especial dos Direitos Humanos e à Secretaria Especial de Políticas para as Mulheres.

Art. 10. Definir que o Ministério da Saúde, por intermédio da Secretaria de Atenção à Saúde, regulamentará as diretrizes, fixadas na presente Portaria, visando à implantação e implementação da atenção à saúde dos adolescentes, a que se refere o artigo 1º, no âmbito do Sistema Único de Saúde – SUS.

Parágrafo único. As normas para a implantação e implementação das diretrizes só entrarão em vigor após a aprovação e homologação nos fóruns de pactuação da Saúde e pelo Conselho Nacional de Saúde, o Conselho de Direitos da Criança e do Adolescente e o Conselho de Direitos da Mulher.

Art. 11. Esta Portaria entra em vigor na data de sua publicação.

Humberto Costa – Ministro de Estado da Saúde

Nilmário Miranda – Secretário Especial dos Direitos Humanos

Nilcéa Freire – Secretária Especial de Políticas para as Mulheres

DOU de 15.7.2004 – Republicada em 16.7.2004

RESOLUÇÃO CONANDA Nº 112, DE 27 DE MARÇO DE 2006

Dispõe sobre os parâmetros para a formação continuada dos operadores do sistema de garantia dos direitos da criança e do adolescente.

O Presidente do Conselho Nacional dos Direitos da Criança e do Adolescente – CONANDA, no uso das atribuições legais estabelecidas na Lei nº 8.242, de 12 de outubro de 1991 e no Decreto nº 5.089, de 20 de maio de 2004, em cumprimento ao que estabelecem o art. 227, *caput,* e § 7º da Constituição Federal e os arts. 88, incisos II e III, 90, parágrafo único, 91, 139, 260, § 2º e 261, parágrafo único, do Estatuto da Criança e do Adolescente – Lei Federal nº 8.069/1990, e a deliberação do CONANDA, na Assembleia Ordinária nº 137, realizada no dia 08 e 09 de março de 2006, resolve:

Art. 1º. Aprovar os parâmetros para a formação continuada dos operadores do sistema de garantia dos direitos da criança e do adolescente.

Art. 2º. Esta Resolução entra em vigor na data da sua publicação.

José Fernando da Silva
DOU de 30.3.2006

ANEXO
PARÂMETROS PARA A FORMAÇÃO CONTINUADA DE ATORES DO SISTEMA DE GARANTIA DOS DIREITOS DA CRIANÇA E DO ADOLESCENTE CONANDA – SEDH – UNICEF

Introdução

No período de 2004 e 2005 o Conselho Nacional dos Direitos da Criança e do Adolescente – CONANDA promoveu diversos debates com a finalidade de impulsionar a implementação do Estatuto da Criança e do Adolescente, preenchendo lacunas e conteúdos até então não deliberados, tais como os *Parâmetros de criação e funcionamento dos Conselhos dos Direitos; as Diretrizes do plano nacional de fortalecimento do Sistema de Garantia dos Direitos; e as Diretrizes para o Sistema Nacional de Atendimento Socioeducativo – SINASE.* No âmbito dessas discussões veio à tona com muita força a necessidade de fortalecer a organização da política nacional para a criança e o adolescente, o que motivou a aprovação do tema central da VI Conferência Nacional dos Direitos da Criança e do Adolescente *Controle Social, Participação e Garantia de Direitos – Por uma Política para a Criança e o Adolescente.* Como temas transversais definiu-se a inclusão da diversidade de gênero, raça/etnia, orientação sexual, deficiência e procedência regional.

Nesse contexto os parâmetros e diretrizes nacionais para capacitação continuada dos diversos atores do Sistema de Garantia de Direitos foram elaborados como subsídio e consultoria à Comissão de Comunicação e Articulação do CONANDA e à Subsecretaria de Promoção dos Direitos da Criança e do Adolescente da Secretaria Especial de Direitos Humanos, em parceria com UNICEF.

No início de novembro de 2004 a primeira versão do texto foi entregue e submetida à avaliação, críticas e sugestões individuais e coletivas de participantes da Comissão de Comunicação e Articulação, do CONANDA e da Subsecretaria, que foram incorporadas, resultando na sétima versão do texto preliminar, que ora se apresenta.

Como ponto de partida foram tomados por base registros de debates, resultados de trabalhos de grupos e recomendações produzidas em encontros específicos: *I Encontro Nacional de Aprimoramento do Sistema de Garantia de Direitos* (Brasília, 5 e 6 de dezembro de 2002), *Oficina Sistema de Garantia de Direitos – Articulando o Sistema e Aprimorando suas Estratégias de Capacitação* (Brasília, 18 e 19 de março de 2003), *V Conferência Nacional dos Direitos da Criança e do Adolescente* (Brasília, 1 a 5 de dezembro de 2003) e *VII Encontro do CONANDA com os Conselhos Estaduais, Distrital, Municipais das Capitais dos Direitos da Criança e do Adolescente e Conselho Tutelares* (Brasília, 11 a 13 de agosto de 2004).

Os parâmetros, que se constituem em base e matriz orientadoras dos processos de formação continuada dos diversos atores que compõem o Sistema de Garantia de Direitos nos níveis municipais, distritais, estaduais e nacionais, sublinham a importância do respeito às diversidades e especificidades culturais e regionais.

Vale lembrar que nas observações finais do Comitê dos Direitos da Criança (1º de outubro de 2004) a respeito das principais preocupações e recomendações para o Brasil implementar a Convenção sobre os Direitos da Criança (ratificada pelo país em 1990), reforça-se a importância e urgência de um plano sistemático para formação e conscientização de profissionais que trabalham com e para crianças. Apoiando-se no artigo 42 da Convenção, o Comitê reafirma que o Brasil deve estruturar e fortalecer um programa para difusão de informações sobre a Convenção e sua implementação entre crianças, pais, sociedade civil e setores governamentais em todos os níveis, através de sensibilizações e formações sistemáticas, privilegiando o princípio do *interesse maior da criança*, assegurando e levando em conta as opiniões das crianças e adolescentes, fazendo campanhas de combate às várias formas de violências.

Incorporando essas recomendações, o presente documento começa por definir a importância da formação continuada, traz os eixos norteadores e os objetivos dos processos de formação, apresenta princípios metodológicos e métodos formativos, circunscreve o público alvo, sugere conteúdos e estratégias, propõe bancos de informações e critérios definidores de boas práticas e por fim introduz um pequeno glossário que elucida conceitos centrais.

1. Formação como necessária e estratégica

Na consolidação do Sistema de Garantias dos Direitos das Crianças e dos Adolescentes e na efetivação do novo paradigma estabelecido pela Constituição Federal (art. 227), pela Convenção sobre os Direitos da Criança e pelo Estatuto da Criança e do Adolescente – ECA, algumas dificuldades são apontadas por atores do Sistema e por crianças, adolescentes e familiares, outras se evidenciam no monitoramento e avaliações de fluxos dos processos de promoção, defesa e controle dos direitos, o que comprova a existência de inúmeros desafios na transição do padrão histórico, cultural, de percepção e atitude, ainda muito contaminado pelo antigo modelo do Código de Menores.

Há incompreensões, dificuldades e inadequações quanto a papéis e funções dos atores, superposições e competições de instâncias do Sistema, heranças históricas, políticas, administrativas e de mentalidade, concepções equivocadas de infância e adolescência, cultura de violências, fraca mobilização e articulação e falta de redes horizontais que respondam às necessidades e garantam direitos, problemas que se aprofundam com a falta de informações e de integração das diversas políticas públicas referentes a crianças e adolescentes.

A sociedade brasileira avançou na construção da Lei nº 8.069/1990 – Estatuto da Criança e do Adolescente. Entretanto, ainda é um desafio para o Estado, a família e a sociedade a implementação de políticas que garantam a concretização dos direitos enunciados nesta lei.

Nesse contexto os processos de formação são absolutamente estratégicos e aparecem como uma das demandas prioritárias nas discussões sobre a concretização e fortalecimento do Sistema de Garantias, especialmente na estruturação e aprimoramento dos Conselhos Municipais de Direitos da Criança e do Adolescente e Conselhos Tutelares.

Ainda que políticas para crianças e adolescentes estejam presentes na agenda política e social dos vários níveis de gestão governamental, elas ainda são insuficientes para as mais de sessenta e um milhões de pessoas que compõem as infâncias e adolescências brasileiras, com disparidades nacionais enormes, com crianças e adolescentes vivendo em situações de alta e altíssima vulnerabilidade, expostos pela sociedade de classes a vários tipos de violências decorrentes de posições econômicas precárias, desigualdades regionais, negação de direitos educacionais e de saúde física e mental entre outros, situações agravadas por condições de gênero, raça/etnia, orientação sexual, deficiência, situação geográfica e de moradia.

Despertar o interesse pelo conhecimento, compreender os fluxos e funções do Sistema, contribuir para o desenvolvimento e acompanhamento das políticas públicas para a infância e adolescência, aprimorar habilidades, capacidades e competências, adequar perfis, desenvolver recursos humanos, perceber e enxergar o outro com suas peculiaridades, romper preconceitos, investir em relacionamentos, conhecer a história das crianças e adolescentes no desenvolvimento do Brasil, atualizar-se sobre a situação da infância e adolescência nos dias de hoje, entender as mudanças de perspectiva e de paradigma introduzidos pelo marco legal, são possibilidades aportadas pelos processos de formação.

O desafio é provocar o compromisso de toda a sociedade brasileira em reconhecer suas crianças e adolescentes como sujeitos de direitos, garantindo uma vida digna com oportunidades de desenvolvimento e de participação.

Frente à necessidade de fortalecer o Sistema de Garantias de Direitos, os processos de formação de atores são fundamentais e estratégicos.

2. O papel dos Conselhos dos Direitos nos processos de formação

Os Conselhos dos Direitos da Criança e do Adolescente, órgãos estatais paritários, instituídos pela Lei nº 8.069/1990, tem como principal função deliberar e controlar as ações públicas governamentais e da sociedade civil, com a finalidade de garantir a promoção dos direitos humanos da criança e do adolescente. São portanto articuladores centrais, mas não hierárquicos, do sistema de garantia dos direitos.

Destaca-se na Resolução nº 106 do CONANDA no planejamento estratégico dos Conselhos dos Direitos, a importância da previsão e articulação de atividades e processos de formação dos atores do Sistema de Garantia dos Direitos, abordando temas relevantes para efetivar e tornar eficazes a promoção, a defesa e o controle dos direitos humanos de crianças e adolescentes em todos os níveis de responsabilidade.

Faz-se necessária a compreensão do novo paradigma inerente à Doutrina de Proteção Integral, base da Convenção Internacional dos Direitos da Criança e diretriz do Estatuto da Criança e do Adolescente que traz em si um novo projeto de sociedade, onde o direito à vida, à saúde, à alimentação, à educação, ao lazer, à profissionalização, à cultura, à dignidade, ao respeito, à liberdade e à convivência familiar e comunitária estão incorporados como direitos humanos. Este novo paradigma aliado ao artigo terceiro da Constituição Federal de 1988, que define como objetivos fundamentais da República *construir uma sociedade livre, justa e solidária; garantir o desenvolvimento nacional; erradicar a pobreza e a marginalização e reduzir as desigualdades sociais e regionais; promover o bem de todos, sem preconceitos de origem, raça, sexo, cor, idade e quaisquer outras formas de discriminação*, coloca no centro do debate a construção de uma nova sociedade.

A nova sociedade dos direitos que respeita o interesse maior da criança e do adolescente deve ser a impulsionadora dos processos de formação de operadores do direito, profissionais em geral, gestores, juízes e promotores, dirigentes e trabalhadores de organizações sociais, policiais, parlamentares, defensores, enfim da sociedade em geral. Os Conselhos dos Direitos precisam perseguir esta meta, considerando a formação continuada dos atores como estratégica para mudanças na realidade, onde crianças e adolescentes sejam, efetivamente, sujeitos de direitos.

Os Conselhos dos Direitos, articuladores desta nova perspectiva, contribuem para superar as contradições expressas no antigo Código de Menores, que tratava crianças e adolescentes como meros objetos de políticas compensatórias e repressivas. Ao introduzir a nova visão de *sociedade de direitos*, iluminada pelo marco legal internacional, representado no Brasil pela Constituição Federal de 1988 e pelo Estatuto da Criança e do Adolescente, os Conselhos podem ampliar a abrangência dos processos de formação, transitando pela Lei de Diretrizes Básicas para a Educação que em seu primeiro artigo afirma que *a educação abrange os processos formativos que se desenvolvem na vida familiar, na convivência humana, no trabalho, nas instituições de ensino e pesquisa, nos movimentos sociais e organizações da sociedade civil e nas manifestações culturais.*

3. Eixos norteadores e princípios gerais

Para a efetividade do Sistema de Garantias, recomenda-se que as formações se estruturem a partir de uma profunda reflexão de seus atores, tendo como pressupostos os seguintes eixos norteadores e princípios gerais:

- O processo de formação deve estar ancorado à discussão de um projeto de sociedade onde as relações sejam pautadas pela ética, como possibilidade de escolhas e livre realização de todas as pessoas e onde sejam garantidos os direitos das crianças e adolescentes.
- A afirmação dos princípios dos direitos humanos de universalidade, indivisibilidade, interdependência, exigibilidade e participação, o combate à discriminação e a promoção da igualdade entre as pessoas, constituem a ética e a base estratégica para o conhecimento e implementação da Constituição Federal, da Convenção sobre os Direitos da Criança, do Estatuto da Criança e do Adolescente e para o fortalecimento do Sistema de Garantias dos Direitos das Crianças e dos Adolescentes.
- A formação deve fomentar "processos de educação formal e não formal, de modo a contribuir para a construção da cidadania, o conhecimento dos direitos fundamentais, o respeito à pluralidade e à diversidade sexual, étnica, racial, cultural, de gênero e de crenças religiosas", conforme previsto no Plano Nacional de Educação em Direitos Humanos de 2004.
- A formação deve estar direcionada ao pleno desenvolvimento humano e às potencialidades e elevação da autoestima dos grupos socialmente excluídos, efetivando a cidadania plena na construção de conhecimentos, no desenvolvimento de valores, crenças e atitudes em favor dos direitos humanos, como sugere o Plano Nacional de Educação em Direitos Humanos.
- As formações devem:
  - ser continuadas, progressivas e em rede;
  - respeitar e incorporar as realidades, especificidades e diversidades regionais;
  - fortalecer as experiências locais;
  - considerar a variedade de metodologias, materiais e tecnologias sociais;
  - incluir as questões geracionais, de gênero, étnico/raciais e de diversidade sexual;
  - articular os atores e os conselhos horizontal e verticalmente nas três esferas municipal, estadual e federal;

- incorporar as áreas da saúde, educação, assistência, justiça e as demais que trabalham direta e indiretamente com crianças e adolescentes, conscientizando que estes são responsabilidade da família, sociedade e governo.

4. Objetivos dos Processos de Formação

Os processos de formação continuada devem ter como objetivos:

- Promover ampla formação articulada e conjunta, para membros de organizações da sociedade civil e do governo, priorizando os atores do Sistema de Garantias dos Direitos das Crianças e dos Adolescentes.
- Facilitar a articulação entre os Conselhos (Direitos, Tutelares, Assistência Social, Educação e Saúde).
- Possibilitar a visão crítica da realidade, do contexto político-socioeconômico ao desempenho profissional, afim de qualificar as intervenções dos operadores.
- Empoderar, integrar e articular os atores do Sistema de Garantias que atuam nos mesmos territórios, viabilizando e agilizando o trabalho em rede.
- Criar e fortalecer relações democráticas, éticas e horizontais.
- Aprimorar os instrumentais para agilizar o fluxo e a eficiência dos processos de promoção, defesa e controle dos direitos das crianças e dos adolescentes.
- Conhecer, promover e/ou construir conjuntamente metodologias e procedimentos para implementar e multiplicar processos de formação.
- Consolidar e disseminar o paradigma e a cultura do marco legal, sensibilizando para o interesse da criança e do adolescente, como prioridade absoluta nas políticas públicas, orçamentos e atendimentos, envolvendo todos os atores do Sistema de Garantias, a sociedade civil e o governo.
- Estimular o controle social e o monitoramento de políticas públicas.

5. Princípios Metodológicos e Métodos

Considerando as pedagogias formativas, as diferenças regionais, as experiências acumuladas, os materiais produzidos e os caminhos percorridos, recomenda-se como fundamental assegurar os seguintes princípios metodológicos e métodos:

- Garantir que a formação seja um processo vivo e impactante, com metodologias criativas, problematizadoras e participativas. Da escolha dos conteúdos e materiais, às dinâmicas de grupos, considerar as experiências dos atores, criar condições de participação, vivências democráticas e trabalhos em rede. Construir, transmitir e articular saberes dos vários níveis de atores envolvidos.
- Promover formações ora em rede, pela oportunidade de aprimorar contatos e fluxos, trabalhar relações e integrações horizontais e verticais, ora em grupos, moduladas para os vários níveis, do inicial ao contínuo.
- Organizar formações por temas e/ou por públicos específicos, subsidiando a prática cotidiana, com metodologias e métodos adequados ao perfil dos participantes, baseados nos seus conhecimentos, percepções, demandas e questões.
- Oferecer formações continuadas em exercício, disponibilizando tempo e espaço no ambiente de trabalho, para que a prática profissional possa ser ampliada e aprimorada.
- Favorecer a heterogeneidade de formadores e formandos garantindo interdisciplinaridade e diversidade de opiniões, percepções e olhares da realidade, que facilitem novas práticas, reflexões e contatos.
- Criar oportunidades de desconstrução, reconstrução e agregação de conteúdos, posturas, atitudes, formas de enxergar, analisar, agir e avaliar situações.

- Estimular trocas de experiências e vivências, trabalhando conteúdos teóricos, discutindo práticas a partir do cotidiano, com estudos de casos e "resolução de dilemas", estabelecendo dinâmicas contínuas entre teoria, legislação e prática e vice-versa. Observar e registrar fluxos, fluências e erros de encaminhamentos, reconhecendo as causas de problemas. Comprometer os atores com intervenções positivas na direção de solucionar problemas.
- Considerar a importância dos sistemas, discutindo os papéis e perfis gerais e específicos dos atores, com seus limites e possibilidades, com as competências, atitudes, qualidades e valores necessários, relevantes e desejáveis para cada pessoa em sua respectiva função. Desenvolver habilidades de negociação, diálogo, escuta e controle social.
- Afiançar o repasse de informações e formações dos participantes a seus pares e a outros grupos, em situações formais e informais do cotidiano.
- Estimular formações presenciais e não presenciais, utilizando tele e vídeo aulas, internet, teleconferências, rádio.
- Incentivar os atores para ampliarem e buscarem formações e informações, facilitando o acesso a publicações, livros, textos, jogos, vídeos, sites.
- Assegurar mecanismos de participação e escuta de crianças e adolescentes nas formações, fortalecendo o protagonismo infantojuvenil.
- Envolver e trabalhar com as famílias.
- Construir conjuntamente com os formadores, participantes, crianças, adolescentes, familiares e comunidade, alguns indicadores qualitativos e quantitativos que avaliem a efetividade das formações. Estimular a elaboração de diagnósticos, acompanhamento dos processos formativos, avaliações de resultados e impactos. Reafirmar que as avaliações são fundamentais na continuidade e/ou redesenho de novas formações.

6. Bancos de informações

Recomenda-se a construção de bancos de informações a partir de diagnósticos, levantamentos e reconhecimentos locais de materiais, de formadores e profissionais, de metodologias e métodos de formação e de atendimento na área da criança e do adolescente.

Sugere-se que sejam feitos levantamentos da produção dos Estados, através dos Conselhos Estaduais, Secretarias e Ministérios especialmente os de áreas sociais, Universidades e outros parceiros.

As informações podem se constituir em referências de contato e de orientações para alimentar meios e profissionais de comunicação, campanhas, portais e telefones (0800) de consulta.

Os bancos contribuem para:

- organizar as dúvidas mais frequentes, através de perguntas e respostas;
- possibilitar consultas virtuais;
- nortear formações e produções de materiais de apoio às demandas e dificuldades;
- incentivar a produção, reprodução e divulgação de materiais específicos para escolas, unidades de saúde, serviços de assistência social, segurança, cultura, adaptados para profissionais, familiares, jovens e crianças, que circulam nesses espaços;
- desenvolver instrumentos operacionais tais como protocolos, orientações para organização de arquivos, fichas e procedimentos de encaminhamento;
- sugerir visitas e intercâmbios de experiências como parte dos processos de formação.

7. Público Alvo

O público alvo das formações continuadas é composto pelos membros de organizações da sociedade civil e do governo, priorizando os atores do Sistema de Garantias dos Direitos das Crianças e dos Adolescentes: defensorias públicas, delegacias especiais da criança e do adolescente, juízes e promotores da área da infância e adolescência, conselheiros tutelares e de direitos da criança e do adolescente, polícias civis, militares e comunitárias, equipes interdisciplinares, parlamentares, profissionais de programas protetivos e socioeducativos, lideranças comunitárias, gestores, formadores e trabalhadores das áreas da assistência, educação, cultura, comunicação, saúde e segurança, e organizações que trabalham direta e indiretamente com crianças e adolescentes e são parceiras fundamentais na concretização do Sistema. Crianças, adolescentes e seus familiares também são prioridades como participantes nas capacitações, em espaços escolares, comunitários entre outros.

8. Sugestão de conteúdos formativos

Na sequência estão sugeridos alguns eixos temáticos a serem desenvolvidos no processo formativo.

Recomenda-se que as formações sejam desenhadas, mesclando temas dos vários eixos temáticos, garantindo diversidade de conteúdos e possibilidades de aprimoramento e/ou transformação de práticas. O Estatuto da Criança e do Adolescente deverá ser o conteúdo básico presente em todas as capacitações.

Recuperação Histórica e Contexto Atual

- Estado brasileiro e sua relação com a sociedade brasileira e suas classes sociais. A democracia social e participativa e as formas de participação popular.
- História social e concepções de infância e adolescência. Recuperação histórica do Estatuto da Criança e do Adolescente – ECA.
- Exercício e reforço da consciência crítica através da percepção de contradições da realidade, fundamental na busca de alternativas e respostas aos problemas e desafios do cotidiano.

Direitos e Legislações

- Fundamentos da Declaração Universal dos Direitos Humanos – ONU/OEA. Desmanche de direitos mínimos, violações de direitos, conquistas recentes.
- Constituição Federal, notadamente as partes que tratam dos princípios gerais, direitos fundamentais, administração pública, direitos sociais, assistência social, educação, saúde, cultura, lazer, família, criança e adolescente.
- Conhecimentos sobre o ciclo orçamentário (PPA – Plano Plurianual, LDO – Lei de Diretrizes Orçamentárias e LOA – Lei Orçamentária Anual).
- Estatuto da Criança e do Adolescente – ECA. Princípios, estrutura e principais pontos. Resoluções do CONANDA, dos Conselhos Estaduais, Distrital e Municipais dos Direitos da Criança e do Adolescente.
- Noções básicas da Lei de Diretrizes e Bases da Educação – LDB, do Sistema Único de Saúde – SUS, da Lei de Assistência Social – LOAS, SUAS (Sistema Único da Assistência Social), SNDH (Sistema Nacional de Direitos Humanos) e respectivas articulações com o ECA.
- Convenções e Conferências Nacionais e Internacionais referentes às crianças e adolescentes.
- Instrumentos legais – Ação Popular, Mandato de Segurança Individual e Coletivo, *Habeas Corpus, Habeas Data*, Mandado de Injunção e outros.

Políticas Públicas e Garantia de Direitos

- Direitos Humanos e relações de igualdade e diversidade: gênero, raça-etnia, geração, orientação sexual, deficiências.
- Políticas públicas federais, estaduais e municipais para crianças e adolescentes, seguridade social e políticas redistributivas.

Infâncias e Adolescências: Cenários e Especificidades

- Noções dos aspectos psicossociais da infância, da adolescência e da família, ciclo de vida, teoria dos vínculos e outros.
- Diagnósticos e avaliações sobre a atual situação das crianças e adolescentes brasileiros, com destaque para as desigualdades de classe social, localização geográfica, raça e gênero.
- A sexualidade como direito da criança e do adolescente em suas várias dimensões: saúde reprodutiva, orientação e diversidade sexual, proteção e desenvolvimento da sexualidade, DSTs/AIDS, drogas.
- Violências: estrutural, sexual, intrafamiliar, institucional, moral, negligência, trabalho infantil, negação de direitos.

Competências e Habilidades

- Sistema de Garantias de Direitos: conceitos, categorias de promoção, defesa e controle social. Atores, competências, habilidades de relacionamento, fluxos e procedimentos.
- Papel, regimento, compreensão ampliada dos Conselhos de Direitos e Tutelares. Capacidade de comunicação e divulgação dos Conselhos e suas ações para os diversos públicos. Mediação de conflito, medidas e programas socioeducativos e de proteção e sua aplicação, paridade, participação popular, representação da comunidade.
- Elaboração de diagnósticos participativos, com levantamento e interpretação das demandas, expectativas e prioridades. Formulação de planos de ação. Seleção de projetos. Conhecimento de ferramentas de monitoramento e avaliação de políticas públicas e do Sistema de Garantias e de instrumentos de mobilização social pelos direitos das crianças e dos adolescentes.
- Gestão e fortalecimento de Fundos da Infância e da Adolescência, diversidade dos municípios, orçamento, financiamento, projetos e mecanismos de captação de pessoas físicas e jurídicas, aplicação de recursos. Responsabilidade social. Orçamento municipal: proposta, aprovação, execução e controle.
- Trabalho e articulação de redes locais, parcerias e pactos. Papel da mídia.
- Utilização do computador e acesso ao SIPIA.

9. Estratégias para fortalecimento das formações

O desenvolvimento de algumas estratégias e táticas podem facilitar e adensar os processos formativos, tais como:

- Investimento no positivo, divulgando as boas práticas e as formações bem avaliadas.
- Sistema de comunicação permanente e ágil entre os diferentes níveis do Sistema de Garantias.
- Participação das crianças e adolescentes nos vários processos e dimensões da efetivação dos direitos da infância e adolescência.
- Estímulo à política de comunicação no âmbito nacional, divulgando o marco legal e o universo das crianças e dos adolescentes, contribuindo para melhorar o monitoramento, a avaliação das políticas e dos gestores públicos. Campanhas para públicos específicos: pais, professores, alunos, policiais, empresários entre outros. Envolvimento das áreas de publicidade e marketing.
- Divulgação e visibilidade do papel e função dos Conselhos de Direitos e Tutelares, pouco compreendidos pela sociedade civil e por algumas áreas governamentais.
- Investimentos nas relações dos Conselhos Tutelares e dos Conselhos de Direitos com as escolas e equipamentos de saúde, que podem e devem ser aperfeiçoadas.
- Inserção da legislação de proteção da criança e do adolescente no currículo dos cursos superiores, de educação básica e na formação de profissionais de educação, saúde, as-

sistência, comunicação e segurança. Envolvimento das escolas, serviços de saúde e de assistência com a ética de direitos humanos e o paradigma do marco legal.

- Elaboração de instrumentos para realização de diagnósticos, planos, monitoramento e avaliação das políticas públicas referentes às crianças e adolescentes.
- Consolidação do SIPIA incluindo variáveis necessárias ao aprofundamento de diagnósticos.

10. Critérios para destacar boas práticas e experiências

Para considerar práticas e experiências como exemplares, sugere-se o destaque daquelas que proponham mudanças de mentalidades, atitudes e intervenções, dando ênfase:

- à discussão de políticas que garantam os direitos fundamentais;
- ao processo de mobilização, prevenção, defesa e responsabilização social;
- às ações estratégicas que possam e devam ser implementadas em cada área;
- ao questionamento e análise dos cenários mais difíceis que são encontrados no cotidiano da defesa dos direitos das crianças e dos adolescentes, dos possíveis encaminhamentos, das omissões e dos temas de maior vulnerabilidade;
- ao trabalho integrado e articulado entre os vários formadores;
- ao desenvolvimento de indicadores de vulnerabilidade e risco a que estão sujeitos crianças e adolescentes.

11. Glossário

Parâmetros – Estão definidos nesse texto como diretrizes, eixos gerais e metodológicos, orientações para todos os atores do Sistema de Garantias de Direitos das Crianças e dos Adolescentes. Pretendem ser balizas nacionais, para os estados e os municípios potencializando capacidades, oportunidades e qualificações. *Não são grades, nem gaiolas, mas asas* (Wanderlino Nogueira).

Formação continuada – Reafirma o processo de formação como permanente, como oportunidade ininterrupta de conhecer novas formas, rever e ampliar conteúdos, olhares e atitudes.

Ética – Está definida como capacidade humana e expressão posta pela atividade vital do *ser social*. Capacidade de escolha consciente dirigida a uma finalidade e capacidade prática de criar condições para a realização objetiva das escolhas. Não há liberdade de escolha para todos na sociedade de classes e *ninguém pode ser livre se, em volta dele, há outros que não o são* (Agnes Heller). No processo de formação continuada, a abordagem da ética, como possibilidade de atuação autônoma e crítica, deve garantir a discussão do respeito à diversidade, da busca de igualdade de direitos e oportunidades, da solidariedade a questões coletivas e da construção de espaços de participação e diálogos entre diferentes.

RESOLUÇÃO CONANDA Nº 113, DE 19 DE ABRIL DE 2006

Dispõe sobre os parâmetros para a institucionalização e fortalecimento do Sistema de Garantia dos Direitos da Criança e do Adolescente.

O Presidente do Conselho Nacional dos Direitos da Criança e do Adolescente – CONANDA, no uso das atribuições legais estabelecidas na Lei nº 8.242, de 12 de outubro de 1991 e no Decreto nº 5.089 de 20 de maio de 2004, em cumprimento ao que estabelecem o art. 227, *caput,* e § 7º da Constituição Federal e os arts. 88, incisos II e III, 90, parágrafo único, 91, 139, 260, § 2º e 261, parágrafo único, do Estatuto da Criança e do Adolescente – Lei Federal nº 8.069/1990, e a deliberação do CONANDA, na Assembleia Ordinária nº 137, realizada nos dias 08 e 09 de março de 2006, resolve aprovar os seguintes parâmetros para a institucionalização e fortalecimento do Sistema de Garantia dos Direitos da Criança e do Adolescente:

Capítulo I
Da Configuração do Sistema de Garantia dos Direitos da Criança e do Adolescente

Art. 1º. O Sistema de Garantia dos Direitos da Criança e do Adolescente constitui-se na articulação e integração das instâncias públicas governamentais e da sociedade civil, na aplicação de instrumentos normativos e no funcionamento dos mecanismos de promoção, defesa e controle para a efetivação dos direitos humanos da criança e do adolescente, nos níveis Federal, Estadual, Distrital e Municipal.

§ 1º. Esse Sistema articular-se-á com todos os sistemas nacionais de operacionalização de políticas públicas, especialmente nas áreas da saúde, educação, assistência social, trabalho, segurança pública, planejamento, orçamentária, relações exteriores e promoção da igualdade e valorização da diversidade.

§ 2º. Igualmente, articular-se-á, na forma das normas nacionais e internacionais, com os sistemas congêneres de promoção, defesa e controle da efetivação dos direitos humanos, de nível interamericano e internacional, buscando assistência técnico-financeira e respaldo político, junto às agências e organismos que desenvolvem seus programas no país.

Art. 2º. Compete ao Sistema de Garantia dos Direitos da Criança e do Adolescente promover, defender e controlar a efetivação dos direitos civis, políticos, econômicos, sociais, culturais, coletivos e difusos, em sua integralidade, em favor de todas as crianças e adolescentes, de modo que sejam reconhecidos e respeitados como sujeitos de direitos e pessoas em condição peculiar de desenvolvimento; colocando-os a salvo de ameaças e violações a quaisquer de seus direitos, além de garantir a apuração e reparação dessas ameaças e violações.

§ 1º. O Sistema procurará enfrentar os atuais níveis de desigualdades e iniquidades, que se manifestam nas discriminações, explorações e violências, baseadas em razões de classe social, gênero, raça/etnia, orientação sexual, deficiência e localidade geográfica, que dificultam significativamente a realização plena dos direitos humanos de crianças e adolescentes, consagrados nos instrumentos normativos nacionais e internacionais, próprios.

§ 2º. Este Sistema fomentará a integração do princípio do interesse superior da criança e do adolescente nos processos de elaboração e execução de atos legislativos, políticas, programas e ações públicas, bem como nas decisões judiciais e administrativas que afetem crianças e adolescentes.

§ 3º. Este Sistema promoverá estudos e pesquisas, processos de formação de recursos humanos dirigidos aos operadores dele próprio, assim como a mobilização do público em geral sobre a efetivação do princípio da prevalência do melhor interesse da criança e do adolescente.

§ 4º. O Sistema procurará assegurar que as opiniões das crianças e dos adolescentes sejam levadas em devida consideração, em todos os processos que lhes digam respeito.

Art. 3º. A garantia dos direitos de crianças e adolescentes se fará através das seguintes linhas estratégicas:

I – efetivação dos instrumentos normativos próprios, especialmente da Constituição Federal, da Convenção sobre os Direitos da Criança e do Estatuto da Criança e do Adolescente;

II – implementação e fortalecimento das instâncias públicas responsáveis por esse fim; e

III – facilitação do acesso aos mecanismos de garantia de direitos, definidos em lei.

Capítulo II
Dos Instrumentos Normativos de Garantia dos Direitos da Criança e do Adolescente

Art. 4º. Consideram-se instrumentos normativos de promoção, defesa e controle da efetivação dos direitos humanos da criança e do adolescente, para os efeitos desta Resolução:

I – Constituição Federal, com destaque para os arts. 5º, 6º, 7º, 24 – XV, 226, 204, 227 e 228;

II – Tratados internacionais e interamericanos, referentes à promoção e proteção de direitos humanos, ratificados pelo Brasil, enquanto normas constitucionais, nos termos da Emenda nº 45 da Constituição Federal, com especial atenção para a Convenção sobre os Direitos da Criança.

- *Inciso II com redação dada pela Resolução CONANDA nº 117/2006.*

III – Normas internacionais não convencionais, aprovadas como Resoluções da Assembleia Geral das Nações Unidas, a respeito da matéria;

IV – Lei Federal nº 8.069 (Estatuto da Criança e do Adolescente), de 13 de julho de 1990;

- *Inciso IV com redação dada pela Resolução CONANDA nº 117/2006.*

V – Leis federais, estaduais e municipais de proteção da infância e da adolescência;

VI – Leis orgânicas referentes a determinadas políticas sociais, especialmente as da assistência social, da educação e da saúde;

VII – Decretos que regulamentem as leis indicadas;

VIII – Instruções normativas dos Tribunais de Contas e de outros órgãos de controle e fiscalização (Receita Federal, por exemplo);

IX – Resoluções e outros atos normativos dos conselhos dos direitos da criança e do adolescente, nos três níveis de governo, que estabeleçam principalmente parâmetros, como normas operacionais básicas, para regular o funcionamento do Sistema e para especificamente formular a política de promoção dos direitos humanos da criança e do adolescente, controlando as ações públicas decorrentes; e

X – Resoluções e outros atos normativos dos conselhos setoriais nos três níveis de governo, que estabeleçam, principalmente, parâmetros, como normas operacionais básicas, para regular o funcionamento dos seus respectivos sistemas.

- *Inciso X com redação dada pela Resolução CONANDA nº 117/2006.*

Capítulo III
Das Instâncias Públicas de Garantia dos Direitos Humanos da Criança e do Adolescente

Art. 5º. Os órgãos públicos e as organizações da sociedade civil, que integram esse Sistema deverão exercer suas funções, em rede, a partir de três eixos estratégicos de ação:

- *Art. 5º,* caput, *com redação dada pela Resolução CONANDA nº 117/2006.*

I – defesa dos direitos humanos;

II – promoção dos direitos humanos; e

III – controle da efetivação dos direitos humanos.

Parágrafo único. Os órgãos públicos e as organizações da sociedade civil que integram o Sistema podem exercer funções em mais de um eixo.

Capítulo IV – Da Defesa dos Direitos Humanos

Art. 6º. O eixo da defesa dos direitos humanos de crianças e adolescentes caracteriza-se pela garantia do acesso à justiça, ou seja, pelo recurso às instâncias públicas e mecanismos jurídicos de proteção legal dos direitos humanos, gerais e especiais, da infância e da adolescência, para assegurar a impositividade deles e sua exigibilidade, em concreto.

Art. 7º. Neste eixo situa-se a atuação dos seguintes órgãos públicos:

- *Art. 7º,* caput, *com redação dada pela Resolução CONANDA nº 117/2006.*

I – judiciais, especialmente as Varas da Infância e da Juventude e suas equipes multiprofissionais, as Varas Criminais especializadas, os Tribunais do Júri, as comissões judiciais de adoção, os Tribunais de Justiça, as Corregedorias Gerais de Justiça;

- *Inciso I com redação dada pela Resolução CONANDA nº 117/2006.*

II – público-ministeriais, especialmente as Promotorias de Justiça, os centros de apoio operacional, as Procuradorias de Justiça, as Procuradorias Gerais de Justiça, as Corregedorias Gerais do Ministério Publico;

- *Inciso II com redação dada pela Resolução CONANDA nº 117/2006.*

III – Defensorias Públicas, serviços de assessoramento jurídico e assistência judiciária;

- *Inciso III com redação dada pela Resolução CONANDA nº 117/2006.*

IV – Advocacia Geral da União e as Procuradorias Gerais dos Estados;

- *Inciso IV com redação dada pela Resolução CONANDA nº 117/2006.*

V – Polícia Civil Judiciária, inclusive a Polícia Técnica;

- *Inciso V com redação dada pela Resolução CONANDA nº 117/2006.*

VI – Polícia Militar;

- *Inciso VI com redação dada pela Resolução CONANDA nº 117/2006.*

VII – Conselhos Tutelares; e

- *Inciso VII com redação dada pela Resolução CONANDA nº 117/2006.*

VIII – Ouvidorias.

- *Inciso VIII com redação dada pela Resolução CONANDA nº 117/2006.*

Parágrafo único. Igualmente, situa-se neste eixo, a atuação das entidades sociais de defesa de direitos humanos, incumbidas de prestar proteção jurídico-social, nos termos do art. 87, V, do Estatuto da Criança e do Adolescente.

- *Parágrafo único com redação dada pela Resolução CONANDA nº 117/2006.*

Art. 8º. Para os fins previstos no art. 7º, é assegurado o acesso à justiça de toda criança ou adolescente, na forma das normas processuais, através de qualquer dos órgãos do Poder Judiciário, do Ministério Público e da Defensoria Pública.

- *Art. 8º,* caput, *com redação dada pela Resolução CONANDA nº 117/2006.*

§ 1º. Serão prestadas assessoria jurídica e assistência judiciária gratuita a todas as crianças ou adolescentes e suas famílias, que necessitarem, preferencialmente através de defensores públicos, na forma da Lei Complementar de Organização da Defensoria Pública.

- *§ 1º com redação dada pela Resolução CONANDA nº 117/2006.*

§ 2º. A não garantia de acesso à Defensoria Pública deverá implicar em sanções judiciais e administrativas cabíveis, a serem aplicadas quando da constatação dessa situação de violação de direitos humanos.

Art. 9º. O Poder Judiciário, o Ministério Público, as Defensorias Públicas e a Segurança Pública deverão ser instados no sentido da exclusividade, especialização e regionalização dos seus órgãos e de suas ações, garantindo a criação, implementação e fortalecimento de:

I – Varas da Infância e da Juventude específicas, em todas as comarcas que correspondam a municípios de grande e médio porte ou outra proporcionalidade por número de habitantes, dotando-as de infraestruturas e prevendo para elas regime de plantão;

- *Inciso I com redação dada pela Resolução CONANDA nº 117/2006.*

II – Equipes Interprofissionais, vinculadas a essas Varas e mantidas com recursos do Poder Judiciário, nos termos do Estatuto citado;

III – Varas Criminais especializadas no processamento e julgamento de crimes praticados contra crianças e adolescentes, em todas as comarcas da Capital e nas cidades de grande porte e em outras cidades onde indicadores apontem essa necessidade, priorizando o processamento e julgamento nos Tribunais do Júri dos processos que tenham crianças e adolescentes como vítimas de crimes contra a vida;

- *Inciso III com redação dada pela Resolução CONANDA nº 117/2006.*

IV – Promotorias da Infância e Juventude especializadas, em todas as comarcas, na forma do inciso III;

- *Inciso IV com redação dada pela Resolução CONANDA nº 117/2006.*

V – Centros de Apoio Operacional às Promotorias da Infância e Juventude;

VI – Núcleos Especializados de Defensores Públicos, para a imprescindível defesa técnico-jurídica de crianças e adolescentes que dela necessitem; e

VII – Delegacias de Polícia Especializadas tanto na apuração de ato infracional atribuído a adolescente quanto na apuração de delitos praticados contra crianças e adolescentes, em todos os municípios de grande e médio porte.

- *Inciso VII com redação dada pela Resolução CONANDA nº 117/2006.*

Art. 10. Os conselhos tutelares são órgãos contenciosos não jurisdicionais, encarregados de "zelar pelo cumprimento dos direitos da criança e do adolescente", particularmente através da aplicação de medidas especiais de proteção a crianças e adolescentes com direitos ameaçados ou violados e através da aplicação de medidas especiais a pais ou responsáveis (art. 136, I e II, da Lei nº 8.069/1990).

- *Art. 10,* caput, *com redação dada pela Resolução CONANDA nº 117/2006.*

Parágrafo único. Os conselhos tutelares não são entidades, programas ou serviços de proteção, previstos nos arts. 87, incisos III a V, 90 e 118, § 1º, do Estatuto da Criança e do Adolescente.

- *Parágrafo único com redação dada pela Resolução CONANDA nº 117/2006.*

Art. 11. As atribuições dos conselhos tutelares estão previstas no Estatuto da Criança e do Adolescente, não podendo ser instituídas novas atribuições em Regimento Interno ou em atos administrativos semelhante de quaisquer outras autoridades.

Parágrafo único. É vedado ao Conselho Tutelar aplicar e ou executar as medidas socioeducativas, previstas no art. 112 do Estatuto da Criança e do Adolescente.

- *Parágrafo único com redação dada pela Resolução CONANDA nº 117/2006.*

Art. 12. Somente os conselhos tutelares têm competência para apurar os atos infracionais praticados por crianças, aplicando lhes medidas especificas de proteção, previstas em lei, a serem cumpridas mediante requisições do conselho (arts. 98, 101, 105 e 136, III, "b" da Lei nº 8.069/1990).

- *Art. 12 com redação dada pela Resolução CONANDA nº 117/2006.*

Art. 13. Os conselhos tutelares deverão acompanhar os atos de apuração de ato infracional praticado por adolescente, quando houver fundada suspeita da ocorrência de algum abuso de poder ou violação de direitos do adolescente, no sentido de providenciar as medidas específicas de proteção de direitos humanos, previstas e cabíveis em lei.

- *Art. 13 com redação dada pela Resolução CONANDA nº 117/2006.*

Capítulo V – Da Promoção dos Direitos Humanos

Art. 14. O eixo estratégico da promoção dos direitos humanos de crianças e adolescentes operacionaliza-se através do desenvolvimento da "política de atendimento dos direitos da criança e do adolescente", prevista no artigo 86 do Estatuto da Criança e do Adolescente, que integra o âmbito maior da política de promoção e proteção dos direitos humanos.

§ 1º. Essa política especializada de promoção da efetivação dos direitos humanos de crianças e adolescentes desenvolve-se, estrategicamente, de maneira transversal e intersetorial, articulando todas as políticas públicas (infraestruturantes, institucionais, econômicas e sociais) e integrando suas ações, em favor da garantia integral dos direitos de crianças e adolescentes.

§ 2º. No desenvolvimento dessa política deverão ser considerados e respeitados os princípios fundamentais enumerados no art. 2º e seus parágrafos desta Resolução.

§ 3º. O desenvolvimento dessa política implica:

I – na satisfação das necessidades básicas de crianças e adolescentes pelas políticas públicas, como garantia de direitos humanos e ao mesmo tempo como um dever do Estado, da família e da sociedade;

II – na participação da população, através suas organizações representativas, na formulação e no controle das políticas públicas;

- *Inciso II com redação dada pela Resolução CONANDA nº 117/2006.*

III – na descentralização política e administrativa, cabendo a coordenação das políticas e edição das normas gerais à esfera federal e a coordenação e a execução dessas políticas e dos respectivos programas às esferas estadual, distrital e municipal, bem como às entidades sociais; e

- *Inciso III com redação dada pela Resolução CONANDA nº 117/2006.*

IV – no controle social e institucional (interno e externo) da sua implementação e operacionalização.

Art. 15. A política de atendimento dos direitos humanos de crianças e adolescentes operacionaliza-se através de três tipos de programas, serviços e ações públicas:

I – serviços e programas das políticas públicas, especialmente das políticas sociais, afetos aos fins da política de atendimento dos direitos humanos de crianças e adolescentes;

II – serviços e programas de execução de medidas de proteção de direitos humanos; e

III – serviços e programas de execução de medidas socioeducativas e assemelhadas.

Seção I – Dos Serviços e Programas da Política de Atendimento dos Direitos Humanos de Crianças e Adolescentes

Subseção I – Dos Programas em Geral das Políticas Públicas

Art. 16. As políticas públicas, especialmente as políticas sociais, assegurarão o acesso de todas as crianças e todos os adolescentes a seus serviços, especialmente as crianças e os adolescentes com seus direitos violados ou em conflito com a lei, quando afetos às finalidades da política de atendimento dos direitos humanos da criança e do adolescente, obedecidos os princípios fundamentais elencados nos parágrafos do art. 2º desta Resolução.

- *Art. 16 com redação dada pela Resolução CONANDA nº 117/2006.*

Subseção II – Dos Serviços e Programas de Execução de Medidas de Proteção de Direitos Humanos

Art. 17. Os serviços e programas de execução de medidas específicas de proteção de direitos humanos têm caráter de atendimento inicial, integrado e emergencial, desenvolvendo ações que visem prevenir a ocorrência de ameaças e violações dos direitos humanos de crianças e adolescentes e atender às vítimas imediatamente após a ocorrência dessas ameaças e violações.

§ 1º. Esses programas e serviços ficam à disposição dos órgãos competentes do Poder Judiciário e dos conselhos tutelares, para a execução de medidas específicas de proteção, previstas no Estatuto da Criança e do Adolescente; podendo, todavia receber diretamente crianças e adolescentes, em caráter excepcional e de urgência, sem prévia determinação da autoridade competente, fazendo, porém, a devida comunicação do fato a essa autoridade, até o segundo dia útil imediato, na forma da lei citada.

- *§ 1º com redação dada pela Resolução CONANDA nº 117/2006.*

§ 2º. Os programas e serviços de execução de medidas específicas de proteção de direitos humanos obedecerão aos parâmetros e recomendações estabelecidos pelo Conselho Nacional dos Direitos da Criança e do Adolescente – CONANDA e, complementarmente, pelos demais conselhos dos direitos, em nível estadual, distrital e municipal e pelos conselhos setoriais competentes.

- *§ 2º com redação dada pela Resolução CONANDA nº 117/2006.*

§ 3º. Estes programas se estruturam e organizam sob a forma de um Sistema Nacional de Proteção de Direitos Humanos de Crianças e Adolescentes, regulado por normas operacionais básicas específicas, a serem editadas pelo Conselho Nacional dos Direitos da Criança e do Adolescente – CONANDA.

- *§ 3º com redação dada pela Resolução CONANDA nº 117/2006.*

Art. 18. Consideram-se como programas e serviços de execução de medidas de proteção de direitos humanos aqueles previstos na legislação vigente a respeito da matéria.

Subseção III
Dos Programas de Execução de Medidas Socioeducativas e Assemelhadas

Art. 19. Os programas de execução de medidas socioeducativas são destinados ao atendimento dos adolescentes autores de ato infracional, em cumprimento de medida judicial socioeducativa, aplicada na forma da lei, em decorrência de procedimento apuratório, onde se assegure o respeito estrito ao princípio constitucional do devido processo legal.

§ 1º. Os programas de execução de medidas socioeducativas para adolescentes autores de ato infracional obedecerão aos parâmetros e recomendações estabelecidos pelo Conselho Nacional dos Direitos da Criança e do Adolescente – CONANDA e, complementarmente, pelos demais conselhos dos direitos, em nível Estadual, Distrital e Municipal.

§ 2º. Estes programas se estruturam e organizam, sob forma de um Sistema Nacional de Atendimento Socioeducativo – SINASE em cumprimento dos seguintes princípios norteadores:

I – prevalência do conteúdo educativo sobre os sancionatórios e meramente de contenção, no atendimento socioeducativo;

II – ordenação do atendimento socioeducativo e da sua gestão, a partir do projeto político-pedagógico;

III – construção, monitoramento e avaliação do atendimento socioeducativo, com a participação proativa dos adolescentes socioeducandos;

IV – exemplaridade, presença educativa e respeito à singularidade do adolescente socioeducando, como condições necessárias no atendimento socioeducativo;

V – disciplina como meio para a realização do processo socioeducativo;

VI – exigência e compreensão enquanto elementos primordiais de reconhecimento e respeito ao adolescente durante o processo socioeducativo;

VII – dinâmica institucional favorecendo a horizontalidade na socialização das informações e dos saberes entre a equipe multiprofissional (técnicos e educadores);

- *Inciso VII com redação dada pela Resolução CONANDA nº 117/2006.*

VIII – organização espacial e funcional dos programas de atendimento socioeducativo como sinônimo de condições de vida e de possibilidades de desenvolvimento pessoal e social para o adolescente;

- *Inciso VIII com redação dada pela Resolução CONANDA nº 117/2006.*

IX – respeito à diversidade étnica/racial, de gênero, orientação sexual e localização geográfica, como eixo do processo socioeducativo; e

- *Inciso IX com redação dada pela Resolução CONANDA nº 117/2006.*

X – participação proativa da família e da comunidade no processo socioeducativo.

§ 3º. Os programas de execução de medidas socioeducativas devem oferecer condições que garantam o acesso dos adolescentes socioeducandos às oportunidades de superação de sua situação de conflito com a lei.

Art. 20. Consideram-se como programas socioeducativos, na forma do Estatuto da Criança e do Adolescente, os seguintes programas, taxativamente:

I – programas socioeducativos em meio aberto:

a) prestação de serviço à comunidade; e

b) liberdade assistida.

II – programas socioeducativos com privação de liberdade:

a) semiliberdade; e

b) internação.

Parágrafo único. Integram também o Sistema Nacional Socioeducativo – SINASE, como auxiliares dos programas socioeducativos, os programas acautelatórios de atendimento inicial (arts. 175 e 185 da Lei federal nº 8.069/1990), os programas de internação provisória (arts. 108 e 183 da Lei citada) e os programas de apoio e assistência aos egressos.

- *Parágrafo único com redação dada pela Resolução CONANDA nº 117/2006.*

Capítulo VI – Do Controle da Efetivação dos Direitos Humanos

Art. 21. O controle das ações públicas de promoção e defesa dos direitos humanos da criança e do adolescente se fará através das instâncias públicas colegiadas próprias, onde se assegure a paridade da participação de órgãos governamentais e de entidades sociais, tais como:

- *Art. 21,* caput, *com redação dada pela Resolução CONANDA nº 117/2006.*

I – conselhos dos direitos de crianças e adolescentes;

II – conselhos setoriais de formulação e controle de políticas públicas; e

III – os órgãos e os poderes de controle interno e externo definidos nos arts. 70, 71, 72, 73, 74 e 75 da Constituição Federal.

Parágrafo único. O controle social é exercido soberanamente pela sociedade civil, através das suas organizações e articulações representativas.

- *Parágrafo único com redação dada pela Resolução CONANDA nº 117/2006.*

Art. 22. Na União, nos Estados, no Distrito Federal e nos Municípios haverá um Conselho dos Direitos da Criança e do Adolescente, respectivamente, composto por igual número de representantes do governo e da sociedade civil organizada, garantindo a ampla participação da população, por suas organizações representativas, no processo de formulação e controle da política de atendimento aos direitos da criança e ao adolescente, dos seus programas, serviços e ações.

Parágrafo único. A composição desses conselhos e a nomeação de seus membros devem ser estabelecidas de acordo com as Resoluções 105 e 106 do CONANDA, inclusive as recomendações, contendo procedimentos que ofereçam todas as garantias necessárias para assegurar a representação pluralista de todos os segmentos da sociedade, envolvidos de alguma forma na promoção e proteção de direitos humanos, particularmente através de representações de organizações da sociedade civil, sindicatos, entidades sociais de atendimento a crianças e adolescentes, organizações profissionais interessadas, entidades representativas do pensamento científico, religioso e filosófico e outros nessa linha.

- *Parágrafo único com redação dada pela Resolução CONANDA nº 117/2006.*

Art. 23. Os conselhos dos direitos da criança e do adolescente deverão acompanhar, avaliar e monitorar as ações públicas de promoção e defesa de direitos de crianças e adolescentes, deliberando previamente a respeito, através de normas, recomendações, orientações.

§ 1º. As deliberações dos conselhos dos direitos da criança e do adolescente, no âmbito de suas atribuições e competências, vinculam as ações governamentais e da sociedade civil organizada, em respeito aos princípios constitucionais da participação popular, da prioridade absoluta do atendimento à criança e ao adolescente e da prevalência do interesse superior da criança e do adolescente, conforme já decidido pelo Supremo Tribunal Federal.

§ 2º. Constatado, através dos mecanismos de controle, o descumprimento de suas deliberações, os conselhos dos direitos da criança e do adolescente representarão ao Ministério Público para as providencias cabíveis e aos demais órgãos e entidades legitimados no art. 210 da Lei nº 8.069/1990 para demandar em Juízo por meio do ingresso de ação mandamental ou ação civil pública.

Capítulo VII – Dos Mecanismos Estratégicos de Promoção, Defesa e Controle da Efetivação de Direitos Humanos

Art. 24. Para promover e defender os direitos de crianças e adolescentes, quando ameaçados e violados e controlar as ações públicas decorrentes, o Sistema de Garantia dos Direitos da Criança e do Adolescente deverá priorizar alguns determinados mecanismos estratégicos de garantia de direitos:

I – mecanismos judiciais extrajudiciais de exigibilidade de direitos;

- *Inciso I com redação dada pela Resolução CONANDA nº 117/2006.*

II – financiamento público de atividades de órgãos públicos e entidades sociais de atendimento de direitos;

III – formação de operadores do Sistema;

IV – gerenciamento de dados e informações;

V – monitoramento e avaliação das ações públicas de garantia de direitos; e

VI – mobilização social em favor da garantia de direitos.

Capítulo VIII – Da Gestão do Sistema de Garantia dos Direitos da Criança e do Adolescente

Art. 25. A estrutura governamental, em nível federal, contará com um órgão específico e autônomo, responsável pela política de atendimento dos direitos humanos de crianças e adolescentes, com as seguintes atribuições mínimas:

- *Art. 25,* caput, *com redação dada pela Resolução CONANDA nº 117/2006.*

I – articular e fortalecer o Sistema de Garantia dos Direitos da Criança e do Adolescente;

II – funcionar prioritariamente como núcleo estratégico-conceitual, para a promoção dos direitos humanos da infância e adolescência, no âmbito nacional;

III – manter sistema de informação para infância e adolescência, em articulação com as esferas estadual e municipal;

IV – apoiar técnica e financeiramente o funcionamento das entidades e unidades de execução de medidas de proteção de direitos e de medidas socioeducativas;

V – Coordenar o Sistema Nacional de Atendimento socioeducativo, especialmente os programas de execução de medidas socioeducativas; e

VI – Co-coordenar o Sistema Nacional de Proteção de Direitos Humanos, especialmente os programas de enfrentamento da violência, proteção de crianças e adolescentes ameaçados de morte, os programas e serviços de promoção, defesa e garantia da convivência familiar e comunitária, dentre outros programas de promoção e proteção dos direitos humanos de criança e adolescente.

Art. 26. Nos níveis estadual, distrital e municipal, as entidades públicas responsáveis pela política de atendimento dos direitos de crianças e adolescentes e por esses serviços, programas e ações especiais deverão funcionar nessa linha, em seu respectivo nível de competência e deverão ter estrutura e organização próprias, respeitada a autonomia da política de atendimento de direitos da criança e do adolescente, na forma do Estatuto da Criança e do Adolescente, ficando, além do mais, responsáveis pela execução dos seus programas, serviços e ações e a manutenção das unidades respectivas.

§ 1º. Cada Estado, Município e o Distrito Federal vincularão essas suas entidades públicas responsáveis pela política de atendimento de direitos da criança e do adolescente à Secretaria ou órgão congênere que julgar conveniente, estabelecendo-se porém expressamente que elas se incorporam ao Sistema de Garantia dos Direitos da Criança e do Adolescente e que deverão ser considerados interlocutora do Conselho Nacional dos Direitos da Criança e do Adolescente – CONANDA e do órgão federal responsável, previsto no artigo anterior, principalmente para efeito de apoio técnico e financeiro.

- *§ 1º com redação dada pela Resolução CONANDA nº 117/2006.*

§ 2º. O órgão federal previsto no artigo anterior deverá assegurar que os estados, o Distrito Federal e os municípios estejam conscientes de suas obrigações em relação à efetivação das normas de proteção à criança e à juventude, especialmente do Estatuto da Criança e do Adolescente e da Convenção sobre os Direitos da Criança, da Constituição Federal e de que os direitos previstos nessas normas legais têm que ser implementados em todos os níveis, em regime de prioridade absoluta, por meio de legislações, políticas e demais medidas apropriadas.

- *§ 2º com redação dada pela Resolução CONANDA nº 117/2006.*

Art. 27. A União, os Estados, o Distrito Federal e os Municípios organizarão, em regime de colaboração, os sistemas estaduais, distrital e municipais, tanto de defesa de direitos, quanto de atendimento socioeducativo.

- *Art. 27,* caput, *com redação dada pela Resolução CONANDA nº 117/2006.*

§ 1º. Caberá à União a coordenação desses programas e serviços de execução das medidas específicas de proteção de direitos e de execução das medidas socioeducativas, integrando-os no campo maior da política de atendimento de direitos da criança e do adolescente e exercendo função normativa de caráter geral e supletiva dos recursos necessários ao desenvolvimento dos sistemas estaduais, distrital e municipais.

§ 2º. Os sistemas nacionais de proteção de direitos humanos e de socioeducação têm legitimidade normativa complementar e liberdade de organização e funcionamento, nos termos desta Resolução.

§ 3º. Aplicam-se ao Distrito Federal, cumulativamente, as regras de competência dos estados e municípios.

- *§ 3º com redação dada pela Resolução CONANDA nº 117/2006.*

Art. 28. Incumbe à União:

I – elaborar os Planos Nacionais de Proteção de Direitos Humanos e de Socioeducação, em colaboração com os estados, o Distrito Federal e os municípios;

II – prestar assistência técnica e financeira aos estados, ao Distrito Federal e aos municípios para o desenvolvimento de seus sistemas de proteção especial de direitos e de atendimento socioeducativo, no exercício de sua função supletiva;

III – colher informações sobre a organização e funcionamento dos sistemas, entidades e programas de atendimento e oferecer subsídios técnicos para a qualificação da oferta;

IV – estabelecer diretrizes gerais sobre as condições mínimas das estruturas físicas e dos recursos humanos das unidades de execução; e

V – instituir e manter processo nacional de avaliação dos sistemas, entidades e programas de atendimento.

§ 1º. Para o cumprimento do disposto nos incisos III e V, a União terá livre acesso às informações necessárias em todos os sistemas, entidades e programas de atendimento.

§ 2º. As funções de natureza normativa e deliberativa da competência da União serão exercidas pelo Conselho Nacional dos Direitos da Criança e do Adolescente – CONANDA, e as funções de natureza executiva, pela Presidência da República, através da Secretaria Especial dos Direitos Humanos.

Art. 29. Incumbe aos Estados:

I – elaborar os planos estaduais de defesa de direitos e de atendimento socioeducativo, em colaboração com os municípios;

II – instituir, regular e manter seus sistemas de defesa de direitos e de atendimento socioeducativo, respeitadas as diretrizes gerais dos respectivos Planos Nacionais;

III – criar e manter os programas de defesa de direitos e de atendimento socioeducativo, para a execução das medidas próprias;

IV – baixar normas complementares para a organização e funcionamento dos seus sistemas de defesa de direitos e de atendimento e dos sistemas municipais;

V – estabelecer, com os municípios, as formas de colaboração para a oferta dos programas de defesa de direitos e de atendimento socioeducativo em meio aberto; e

VI – apoiar tecnicamente os municípios e as entidades sociais para a regular oferta de programas de defesa de direitos e de atendimento socioeducativo em meio aberto.

Parágrafo único. As funções de natureza normativa e deliberativa relacionadas à organização e funcionamento dos sistemas referidos, em nível estadual, serão exercidas pelo Conselho Estadual dos Direitos da Criança e do Adolescente.

- *Parágrafo único com redação dada pela Resolução CONANDA nº 117/2006.*

Art. 30. Incumbe aos Municípios:

- *Art. 30,* caput*, com redação dada pela Resolução CONANDA nº 117/2006.*

I – instituir, regular e manter os seus sistemas de defesa de direitos e de atendimento socioeducativo, respeitadas as diretrizes gerais dos Planos Nacionais e Estaduais, respectivos;

II – criar e manter os programas de defesa de direitos e de atendimento socioeducativo para a execução das medidas de meio aberto; e

III – baixar normas complementares para a organização e funcionamento dos programas de seus sistemas de defesa de direitos e de atendimento socioeducativo.

§ 1º. Para a criação e manutenção de programas de defesa de direitos e de atendimento socioeducativo em meio aberto, os municípios integrantes de uma mesma organização judiciária poderão instituir consórcios regionais como modalidade de compartilhar responsabilidades.

§ 2º. As funções de natureza normativa e deliberativa relacionadas à organização e funcionamento dos sistemas municipais serão exercidas pelo Conselho Municipal dos Direitos da Criança e do Adolescente.

Capítulo IX – Parâmetros, Planos, Programas e Projetos de Institucionalização e Fortalecimento do Sistema de Garantia dos Direitos da Criança e do Adolescente pelos Conselhos dos Direitos

Art. 31. O Conselho Nacional dos Direitos da Criança e do Adolescente – CONANDA e os conselhos congêneres, nos níveis estaduais, distrital e municipais, em caráter complementar, aprovarão parâmetros específicos, como normas operacionais básicas para a institucionalização e fortalecimento do Sistema de Garantia dos Direitos da Criança e do Adolescente.

- *Art. 31 com redação dada pela Resolução CONANDA nº 117/2006.*

Art. 32. Igualmente, no limite de suas atribuições, o Conselho Nacional dos Direitos da Criança e do Adolescente – CONANDA e os conselhos congêneres, nos níveis estadual, distrital e municipal, em caráter complementar, aprovarão planos que visem planejar estrategicamente as ações de instâncias públicas e os mecanismos de garantia de direitos do Sistema de Garantia dos Direitos de Crianças e Adolescentes.

Parágrafo único. Esses planos serão elaborados por iniciativa dos próprios conselhos ou por propostas das entidades de atendimento de direito ou de fóruns e frentes de articulação de órgãos governamentais e/ou entidades sociais.

- *Parágrafo único com redação dada pela Resolução CONANDA nº 117/2006.*

Art. 33. Os programas e projetos de responsabilidade de órgãos governamentais e entidades sociais que devam ser financiados com recursos públicos dos fundos para os direitos da criança e do adolescente deverão ser obrigatoriamente analisados e aprovados, previamente, pelos conselhos respectivos.

Art. 34. Esta Resolução entra em vigor na data da sua publicação.

- *Art. 34 com redação dada pela Resolução CONANDA nº 117/2006.*

José Fernando da Silva

DOU de 20.4.2006

RESOLUÇÃO CONANDA Nº 119, DE 11 DE DEZEMBRO DE 2006

Dispõe sobre o Sistema Nacional de Atendimento Socioeducativo e dá outras providências.

O Presidente do Conselho Nacional dos Direitos da Criança e do Adolescente – CONANDA, no uso das atribuições legais estabelecidas na Lei nº 8.242, de 12 .10.1991 e no Decreto nº 5.089 de 20 de maio de 2004, em cumprimento ao que estabelecem o art. 227, *caput,* e § 7º da Constituição Federal e os arts. 88, incisos II e III, 90, parágrafo único, 91, 139, 260, § 2º e 261, parágrafo único, do Estatuto da Criança e do Adolescente – Lei Federal nº 8.069/1990, e a deliberação do CONANDA, na Assembleia Ordinária nº 140, realizada nos dias 7 e 8 de junho de 2006, resolve:

Art. 1º. Aprovar o Sistema de Atendimento Socioeducativo – SINASE.

Art. 2º. O SINASE constitui-se de uma política pública destinada à inclusão do adolescente em conflito com a lei que se correlaciona e demanda iniciativas dos diferentes campos das políticas públicas e sociais.

Art. 3º. O SINASE é um conjunto ordenado de princípios, regras e critérios, de caráter jurídico, político, pedagógico, financeiro e administrativo, que envolve desde o processo de apuração de ato infracional até a execução de medidas socioeducativas.

Art. 4º. O SINASE inclui os sistemas nacional, estaduais, distrital e municipais, bem como todas as políticas, planos e programas específicos de atenção ao adolescente em conflito com a lei.

Art. 5º. O SINASE encontra-se protocolado na Secretaria Especial dos Direitos Humanos da Presidência da República/Subsecretaria de Promoção dos Direitos da Criança e do Adolescente – Processo nº 0000.001308/2006-36, folhas 01 a 122, e a sua versão completa está disponível no site *www.planalto.gov.br/sedh/conanda.*

Art. 6º. Esta Resolução entra em vigor na data de sua publicação.

José Fernando da Silva – Presidente

DOU de 13.12.2006

PORTARIA MTE/SIT Nº 88, DE 28 DE ABRIL DE 2009

Remete ao que são considerados locais e serviços perigosos ou insalubres, proibidos ao trabalho do menor de 18 (dezoito) anos.

- *V. Decreto nº 6.481/2008 – Regulamenta os arts. 3º, alínea "d", e 4º da Convenção nº 182 da Organização Internacional do Trabalho (OIT) que trata da proibição das piores formas de trabalho infantil e ação imediata para sua eliminação, aprovada pelo Decreto Legislativo nº 178, de 14 de dezembro de 1999, e promulgada pelo Decreto nº 3.597, de 12 de setembro de 2000, e dá outras providências. Nesta edição.*

A Secretária de Inspeção do Trabalho, no uso das atribuições que lhes são conferidas pelo inciso I do artigo 405 da Consolidação das Leis do Trabalho – CLT, resolve:

Art. 1º. Para efeitos do art. 405, inciso I, da CLT, são considerados locais e serviços perigosos ou insalubres, proibidos ao trabalho do menor de 18 (dezoito) anos, os descritos no item I – Trabalhos Prejudiciais à Saúde e à Segurança, do Decreto nº 6.481, de 12 de junho de 2008, que publicou a Lista das Piores Formas do Trabalho Infantil.

Art. 2º. Fica revogada a Portaria nº 20, de 13 de setembro de 2001, publicada no Diário Oficial da União nº 177, de 14 de setembro de 2001, Seção I, pág. 46.

Art. 3º. Esta Portaria entra em vigor na data de sua publicação.

Ruth Beatriz Vasconcelos Vilela

DOU de 29.4.2009

RESOLUÇÃO CONANDA Nº 137, DE 21 DE JANEIRO DE 2010

Dispõe sobre os parâmetros para a criação e o funcionamento dos Fundos Nacional, Estaduais e Municipais dos Direitos da Criança e do Adolescente e dá outras providências.

O Conselho Nacional dos Direitos da Criança e do Adolescente – CONANDA, no uso de suas atribuições, estabelecidas na Lei nº 8.242, de 12 de outubro de 1991 e no Decreto nº 5.089, de 20 de maio de 2004, cumprindo o estabelecido nos arts. 227, *caput* e § 7º, e 204 da Constituição Federal e nos arts. 4º, alínea "d"; 88, incisos II e IV; 260, *caput* e § 2º, 3º e 4º e 261, parágrafo único, do Estatuto da Criança e do Adolescente, instituído pela Lei Federal nº 8.069, de 13 de julho de 1990, e art. 2º, parágrafo único, I, do Decreto nº 5.089 de 2004, Resolve:

Capítulo I

Seção I – Das Regras e Princípios Gerais

Art. 1º. Ficam estabelecidos os *parâmetros* para a criação e o funcionamento dos Fundos dos Direitos da Criança e do Adolescente em todo o território nacional.

Parágrafo único. Para efeitos desta Resolução, entende-se por *parâmetros* os referenciais que devem nortear a criação e o funcionamento dos Fundos dos Direitos da Criança e do Adolescente, em obediência às regras e princípios estabelecidos pela Constituição Federal, Lei nº 8.069, de 1990 e legislação pertinente.

Art. 2º. Os Fundos dos Direitos da Criança e do Adolescente devem ser vinculados aos Conselhos dos Direitos da Criança e do Adolescente do respectivo ente federado, órgãos formuladores, deliberativos e controladores das ações de implementação da política dos direitos da criança e do adolescente, responsáveis por gerir os fundos, fixar critérios de utilização e o plano de aplicação dos seus recursos, conforme o disposto no § 2º do art. 260 da Lei nº 8.069, de 1990.

Art. 3º. Na União, nos Estados, no Distrito Federal e nos Municípios deve haver um único e respectivo Fundo dos Direitos da Criança e do Adolescente, conforme estabelece o art. 88, IV, da Lei nº 8.069, de 1990.

Art. 4º. A manutenção dos Fundos Nacional, Estaduais, Distrital e Municipais vinculados aos respectivos Conselhos dos Direitos da Criança e do Adolescente é diretriz da política de atendimento, prevista no inciso IV do art. 88, da Lei nº 8.069, de 1990.

Parágrafo único. Os Fundos Nacional, Estaduais, Distrital e Municipais dos Direitos da Criança e do Adolescente devem ser constituídos em fundos especiais, criados e mantidos por lei, com recursos do Poder Público e de outras fontes.

Art. 5º. Conforme estabelecem a Constituição Federal e legislação específica, os Fundos dos Direitos da Criança e do Adolescente deverão ser criados por leis propostas pelo Poder Executivo e aprovadas pelo Poder Legislativo das respectivas esferas de governo federal, estadual, distrital e municipal.

§ 1º. O Fundo dos Direitos da Criança e do Adolescente deverá ser instituído pela mesma Lei que criar o Conselho dos Direitos da Criança e do Adolescente, ressalvados os casos em que, criado o Conselho, ainda não tenha sido instituído o Fundo.

§ 2º. A Lei que instituir o Fundo deverá explicitar suas fontes de receitas, seus objetivos e finalidades, e determinar sua vinculação ao Conselho dos Direitos da Criança e do Adolescente, fixando prazo limite para a sua regulamentação pelo respectivo Poder Executivo local.

Art. 6º. Caberá ao Poder Executivo, em acordo com o respectivo Conselho dos Direitos da Criança e do Adolescente, providenciar a regulamentação do Fundo dos Direitos da Criança e do Adolescente, observando-se o disposto no § 2º do art. 4º, detalhando o seu funcionamento por meio de Decreto ou meio legal equivalente, em conformidade com a legislação vigente e em atenção aos parâmetros propostos por esta Resolução.

Art. 7º. O Fundo dos Direitos da Criança e do Adolescente não deve possuir personalidade jurídica própria e deve utilizar o mesmo número base de inscrição no Cadastro Nacional da Pessoa Jurídica (CNPJ) do Órgão ou da Secretaria à qual for vinculado por lei, conforme dispõe o art. 2º da presente Resolução.

§ 1º. Para garantir seu *status* orçamentário, administrativo e contábil diferenciado do Órgão ao qual se encontrar vinculado, o CNPJ do Fundo deverá possuir um número de controle próprio.

§ 2º. O Fundo dos Direitos da Criança e do Adolescente deve constituir unidade orçamentária própria e ser parte integrante do orçamento público.

§ 3º. Devem ser aplicadas à execução orçamentária do Fundo as mesmas normas gerais que regem a execução orçamentária da União, dos Estados, do Distrito Federal e dos Municípios.

§ 4º. Os Conselhos dos Direitos da Criança e do Adolescente, em seus respectivos níveis federados, deverão assegurar que estejam contempladas no ciclo orçamentário as demais condições e exigências para alocação dos recursos do Fundo dos Direitos da Criança e do Adolescente, para o financiamento ou co-financiamento dos programas de atendimento, executados por entidades públicas e privadas.

Art. 8º. O Poder Executivo deve designar os servidores públicos que atuarão como gestor e/ou ordenador de despesas do Fundo dos Direitos da Criança e do Adolescente, autoridade de cujos atos resultará emissão de empenho, autorização de pagamento, suprimento ou dispêndio de recursos do Fundo.

§ 1º. O órgão responsável pela política de promoção, de proteção, de defesa e de atendimento dos direitos das crianças e dos adolescentes ao qual o Fundo dos Direitos da Criança e do Adolescente for vinculado deve ficar responsável pela abertura, em estabelecimento oficial de crédito, de contas específicas destinadas à movimentação das receitas e despesas do Fundo.

§ 2º. Os recursos do Fundo dos Direitos da Criança e do Adolescente devem ter um registro próprio, de modo que a disponibilidade de caixa, receita e despesa, fique identificada de forma individualizada e transparente.

§ 3º. A destinação dos recursos do Fundo dos Direitos da Criança e do Adolescente, em qualquer caso, dependerá de prévia deliberação plenária do Conselho dos Direitos da Criança e do Adolescente, devendo a resolução ou ato administrativo equivalente que a materializar ser anexada à documentação respectiva, para fins de controle de legalidade e prestação de contas.

§ 4º. As providências administrativas necessárias à liberação dos recursos, após a deliberação do Conselho, deverão observar o princípio constitucional da prioridade absoluta à criança e ao adolescente, sem prejuízo do efetivo e integral respeito às normas e princípios relativos à administração dos recursos públicos.

Seção II – Das Atribuições dos Conselhos de Direitos em Relação aos Fundos da Criança e do Adolescente

Art. 9º. Cabe ao Conselho dos Direitos da Criança e do Adolescente, em relação aos Fundos dos Direitos da Criança e do Adolescente, sem prejuízo das demais atribuições:

I – elaborar e deliberar sobre a política de promoção, proteção, defesa e atendimento dos direitos da criança e do adolescente no seu âmbito de ação;

II – promover a realização periódica de diagnósticos relativos à situação da infância e da adolescência bem como do Sistema de Garantia dos Direitos da Criança e do Adolescente no âmbito de sua competência;

III – elaborar planos de ação anuais ou plurianuais, contendo os programas a serem implementados no âmbito da política de promoção, proteção, defesa e atendimento dos direitos da criança e do adolescente, e as respectivas metas, considerando os resultados dos diagnósticos realizados e observando os prazos legais do ciclo orçamentário;

IV – elaborar anualmente o plano de aplicação dos recursos do Fundo, considerando as metas estabelecidas para o período, em conformidade com o plano de ação;

V – elaborar editais fixando os procedimentos e critérios para a aprovação de projetos a serem financiados com recursos do Fundo dos Direitos da Criança e do Adolescente, em consonância com o estabelecido no plano de aplicação e obediência aos princípios de legalidade, impessoalidade, moralidade e publicidade;

VI – publicizar os projetos selecionados com base nos editais a serem financiados pelo Fundo dos Direitos da Criança e do Adolescente;

VII – monitorar e avaliar a aplicação dos recursos do Fundo dos Direitos da Criança e do Adolescente, por intermédio de balancetes trimestrais, relatório financeiro e o balanço anual do fundo dos Direitos da Criança e do Adolescente, sem prejuízo de outras formas, garantindo a devida publicização dessas informações, em sintonia com o disposto em legislação específica;

VIII – monitorar e fiscalizar os programas, projetos e ações financiadas com os recursos do Fundo, segundo critérios e meios definidos pelos próprios Conselhos, bem como solicitar aos responsáveis, a qualquer tempo, as informações necessárias ao acompanhamento e à avaliação das atividades apoiadas pelo Fundo dos Direitos da Criança e do Adolescente;

IX – desenvolver atividades relacionadas à ampliação da captação de recursos para o Fundo; e

X – mobilizar a sociedade para participar no processo de elaboração e implementação da política de promoção, proteção, defesa e atendimento dos direitos da criança e do adolescente, bem como na fiscalização da aplicação dos recursos do Fundo dos Direitos da Criança e do Adolescente.

Parágrafo único. Para o desempenho de suas atribuições, o Poder Executivo deverá garantir ao Conselho dos Direitos da Criança e do Adolescente o suficiente e necessário suporte organizacional, estrutura física, recursos humanos e financeiros.

Seção III – Das Fontes de Receitas e Normas para as Contribuições aos Fundos dos Direitos da Criança e do Adolescente

Art. 10. Os Fundos dos Direitos da Criança e do Adolescente devem ter como receitas:

I – recursos públicos que lhes forem destinados, consignados no Orçamento da União, dos Estados, do Distrito Federal e dos Municípios, inclusive mediante transferências do tipo "fundo a fundo" entre essas esferas de governo, desde que previsto na legislação específica;

II – doações de pessoas físicas e jurídicas, sejam elas de bens materiais, imóveis ou recursos financeiros;

III – destinações de receitas dedutíveis do Imposto de Renda, com incentivos fiscais, nos termos do Estatuto da Criança e do Adolescente e demais legislações pertinentes.

IV – contribuições de governos estrangeiros e de organismos internacionais multilaterais;

V – o resultado de aplicações no mercado financeiro, observada a legislação pertinente; e

VI – recursos provenientes de multas, concursos de prognósticos, dentre outros que lhe forem destinados.

Art. 11. Os recursos consignados no orçamento da União, do Distrito Federal, dos Estados e dos Municípios devem compor o orçamento dos respectivos Fundos dos Direitos da Criança e do Adolescente, de forma a garantir a execução dos planos de ação elaborados pelos Conselhos dos Direitos.

Art. 12. A definição quanto à utilização dos recursos dos Fundos dos Direitos da Criança e do Adolescente, em conformidade com o disposto no artigo 7º, deve competir única e exclusivamente aos Conselhos dos Direitos.

§ 1º. Dentre as prioridades do plano de ação aprovado pelo Conselho de Direitos, deve ser facultado ao doador/destinador indicar, aquela ou aquelas de sua preferência para a aplicação dos recursos doados/destinados.

§ 2º. As indicações previstas acima poderão ser objeto de termo de compromisso elaborado pelo Conselho dos Direitos para formalização entre o destinador e o Conselho de Direitos.

Art. 13. Deve ser facultado ao Conselho dos Direitos da Criança e do Adolescente chancelar projetos mediante edital específico.

§ 1º. Chancela deve ser entendida como a autorização para captação de recursos aos Fundos dos Direitos da Criança e do Adolescente destinados a projetos aprovados pelos Conselhos dos Direitos da Criança e do Adolescente, segundo as condições dispostas no art. 9º desta Resolução.

§ 2º. A captação de recursos ao Fundo dos Direitos da Criança e do Adolescente, referida no parágrafo anterior, deverá ser realizada pela instituição proponente para o financiamento do respectivo projeto.

§ 3º. Os Conselhos dos Direitos da Criança e do Adolescente deverão fixar percentual de retenção dos recursos captados, em cada chancela, de no mínimo 20% ao Fundo dos Direitos da Criança e do Adolescente.

§ 4º. O tempo de duração entre a aprovação do projeto e a captação dos recursos não deverá ser superior a 2 (dois) anos.

§ 5º. Decorrido o tempo estabelecido no parágrafo anterior, havendo interesse da instituição proponente, o projeto poderá ser submetido a um novo processo de chancela.

§ 6º. A chancela do projeto não deve obrigar seu financiamento pelo Fundo dos Direitos da Criança e do Adolescente, caso não tenha sido captado valor suficiente.

Art. 14. O nome do doador ao Fundo dos Direitos da Criança e do Adolescente só poderá ser divulgado mediante sua autorização expressa, respeitado o que dispõe o Código Tributário Nacional.

Seção IV – Das Condições de Aplicação dos Recursos do Fundo

Art. 15. A aplicação dos recursos do Fundo dos Direitos da Criança e do Adolescente, deliberada pelo Conselho de Direitos, deverá ser destinada para o financiamento de ações governamentais e não governamentais relativas a:

I – desenvolvimento de programas e serviços complementares ou inovadores, por tempo determinado, não excedendo a 3 (três) anos, da política de promoção, proteção, defesa e atendimento dos direitos da criança e do adolescente;

II – acolhimento, sob a forma de guarda, de criança e de adolescente, órfão ou abandonado, na forma do disposto no art. 227, § 3º, VI, da Constituição Federal e do art. 260, § 2º, da Lei nº 8.069, de 1990, observadas as diretrizes do Plano Nacional de Promoção, Proteção e Defesa do Direito de Crianças e Adolescentes à Convivência Familiar e Comunitária;

III – programas e projetos de pesquisa, de estudos, elaboração de diagnósticos, sistemas de informações, monitoramento e avaliação das políticas públicas de promoção, proteção, defesa e atendimento dos direitos da criança e do adolescente;

IV – programas e projetos de capacitação e formação profissional continuada dos operadores do Sistema de Garantia dos Direitos da Criança e do Adolescente;

V – desenvolvimento de programas e projetos de comunicação, campanhas educativas, publicações, divulgação das ações de promoção, proteção, defesa e atendimento dos direitos da criança e do adolescente; e

VI – ações de fortalecimento do Sistema de Garantia dos Direitos da Criança e do Adolescente, com ênfase na mobilização social e na articulação para a defesa dos direitos da criança e do adolescente.

Art. 16. Deve ser vedada à utilização dos recursos do Fundo dos Direitos da Criança e do Adolescente para despesas que não se identifiquem diretamente com a realização de seus objetivos ou serviços determinados pela lei que o instituiu, exceto em situações emergenciais ou de calamidade pública previstas em lei. Esses casos excepcionais devem ser aprovados pelo plenário do Conselho dos Direitos da Criança e do Adolescente.

Parágrafo único. Além das condições estabelecidas no *caput*, deve ser vedada ainda a utilização dos recursos do Fundo dos Direitos da Criança e do Adolescente para:

I – a transferência sem a deliberação do respectivo Conselho dos Direitos da Criança e do Adolescente;

II – pagamento, manutenção e funcionamento do Conselho Tutelar;

III – manutenção e funcionamento dos Conselhos dos Direitos da Criança e do Adolescente;

IV – o financiamento das políticas públicas sociais básicas, em caráter continuado, e que disponham de fundo específico, nos termos definidos pela legislação pertinente; e

V – investimentos em aquisição, construção, reforma, manutenção e/ou aluguel de imóveis públicos e/ou privados, ainda que de uso exclusivo da política da infância e da adolescência.

Art. 17. Nos processos de seleção de projetos nos quais as entidades e os órgãos públicos ou privados representados nos Conselhos dos Direitos da Criança e do Adolescente figurem como beneficiários dos recursos do Fundo dos Direitos da Criança e do Adolescente, os mesmos não devem participar da comissão de avaliação e deverão abster-se do direito de voto.

Art. 18. O financiamento de projetos pelos Fundos dos Direitos da Criança e do Adolescente deve estar condicionado à previsão orçamentária e à disponibilidade financeira dos recursos.

Art. 19. Desde que amparada em legislação específica e condicionado à existência e ao funcionamento efetivo do Conselho dos Direitos da Criança e do Adolescente, em conformidade com o disposto na Lei nº 8.069 de 1990, art. 261, parágrafo único, poderá ser admitida a transferência de recursos entre os Fundos dos Direitos da Criança e do Adolescente dos entes federados de que trata esta Resolução.

Art. 20. O saldo financeiro positivo apurado no balanço do Fundo dos Direitos da Criança e do Adolescente deve ser transferido para o exercício subsequente, a crédito do mesmo fundo, conforme determina o art. 73 da Lei nº 4.320 de 1964.

Seção V – Das Atribuições do Gestor do Fundo dos Direitos da Criança e do Adolescente

Art. 21. O Gestor do Fundo dos Direitos da Criança e do Adolescente, nomeado pelo Poder Executivo conforme dispõe o art. 6º, *caput*, desta Resolução, deve ser responsável pelos seguintes procedimentos, dentre outros inerentes ao cargo:

I – coordenar a execução do Plano Anual de Aplicação dos recursos do Fundo dos Direitos da Criança e do Adolescente, elaborado e aprovado pelo Conselho dos Direitos da Criança e do Adolescente;

II – executar e acompanhar o ingresso de receitas e o pagamento das despesas do Fundo dos Direitos da Criança e do Adolescente;

III – emitir empenhos, cheques e ordens de pagamento das despesas do Fundo dos Direitos da Criança e do Adolescente;

IV – fornecer o comprovante de doação/destinação ao contribuinte, contendo a identificação do órgão do Poder Executivo, endereço e número de inscrição no CNPJ no cabeçalho e, no corpo, o nº de ordem, nome completo do doador/destinador, CPF/CNPJ, endereço, identidade, valor efetivamente recebido, local e data, devidamente firmado em conjunto com o Presidente do Conselho, para dar a quitação da operação;

V – encaminhar à Secretaria da Receita Federal a Declaração de Benefícios Fiscais (DBF), por intermédio da Internet, até o último dia útil do mês de março, em relação ao ano calendário anterior;

VI – comunicar obrigatoriamente aos contribuintes, até o último dia útil do mês de março a efetiva apresentação da Declaração de Benefícios Fiscais (DBF), da qual conste, obrigatoriamente o nome ou razão social, CPF do contribuinte ou CNPJ, data e valor destinado;

VII – apresentar, trimestralmente ou quando solicitada pelo Conselho dos Direitos da Criança e do Adolescente, a análise e avaliação da situação econômico-financeira do Fundo dos Direitos da Criança e do Adolescente, através de balancetes e relatórios de gestão;

VIII – manter arquivados, pelo prazo previsto em lei, os documentos comprobatórios da movimentação das receitas e despesas do Fundo, para fins de acompanhamento e fiscalização; e

IX – observar, quando do desempenho de suas atribuições, o princípio da prioridade absoluta à criança e ao adolescente, conforme disposto no art. 4º, *caput* e parágrafo único, alínea b, da Lei nº 8.069 de 1990 e art. 227, *caput*, da Constituição Federal.

Parágrafo único. Deverá ser emitido um comprovante para cada doador, mediante a apresentação de documento que comprove o depósito bancário em favor do Fundo, ou de documentação de propriedade, hábil e idônea, em se tratando de doação de bens.

Capítulo II – Do Controle e da Fiscalização

Art. 22. Os recursos do Fundo dos Direitos da Criança e do Adolescente utilizados para o financiamento, total ou parcial, de projetos desenvolvidos por entidades governamentais ou não governamentais devem estar sujeitos à prestação de contas de gestão aos órgãos de controle interno do Poder Executivo e aos Conselhos de Direitos, bem como ao controle externo por parte do Poder Legislativo, do Tribunal de Contas e do Ministério Público.

Parágrafo único. O Conselho dos Direitos da Criança e do Adolescente, diante de indícios de irregularidades, ilegalidades ou improbidades em relação ao Fundo ou suas dotações nas leis orçamentárias, dos quais tenha ciência, deve apresentar representação junto ao Ministério Público para as medidas cabíveis.

Art. 23. Os Conselhos Nacional, Estaduais, Distrital e Municipais dos Direitos da Criança e do Adolescente devem utilizar os meios ao seu alcance para divulgar amplamente:

I – as ações prioritárias das políticas de promoção, proteção, defesa e atendimento dos direitos da criança e do adolescente;

II – os prazos e os requisitos para a apresentação de projetos a serem beneficiados com recursos dos Fundos Nacional, Estaduais, Distrital e Municipais dos Direitos da Criança e do Adolescente;

III – a relação dos projetos aprovados em cada edital, o valor dos recursos previstos e a execução orçamentária efetivada para implementação dos mesmos;

IV – o total das receitas previstas no orçamento do Fundo para cada exercício; e

V – os mecanismos de monitoramento, de avaliação e de fiscalização dos resultados dos projetos beneficiados com recursos dos Fundos Nacional, Estaduais, Distrital e Municipais dos Direitos da Criança e do Adolescente.

Art. 24. Nos materiais de divulgação das ações, projetos e programas que tenham recebido financiamento do Fundo dos Direitos da Criança e do Adolescente deve ser obrigatória a referência ao Conselho e ao Fundo como fonte pública de financiamento.

Das Disposições Finais

Art. 25. A celebração de convênios com os recursos do Fundo para a execução de projetos ou a realização de eventos deve se sujeitar às exigências da Lei nº 8.666, de 21 de junho de 1993 e legislação que regulamenta a formalização de convênios no âmbito da União, dos Estados, do Distrito Federal e dos Municípios.

Art. 26. Esta Resolução entrará em vigor na data de sua publicação, revogadas as disposições em contrário.

Carmen Silveira de Oliveira – Presidente

DOU de 4.3.2010

PORTARIA MTE Nº 656, DE 26 DE MARÇO DE 2010

Cria o Selo "Parceiros da Aprendizagem", bem como disciplina a concessão do documento às entidades merecedoras.

O Ministro de Estado do Trabalho e Emprego, no uso das atribuições que lhe confere o art. 87, parágrafo único, inciso II, da Constituição Federal, e tendo em conta o disposto no Decreto nº 5.598, de 1º de dezembro de 2005, resolve:

Art. 1º. Criar o Selo denominado "Parceiros da Aprendizagem" que será concedido às empresas, entidades qualificadas em formação técnico-profissional metódica, entidades governamentais e outras instituições que, nos termos desta portaria, atuem em consonância com o Ministério do Trabalho e Emprego – MTE no desenvolvimento de ações que envolvam a formação, qualificação, preparação e inserção de adolescentes, jovens e pessoas com deficiência no mundo do trabalho.

Art. 2º. A análise do processo para concessão do Selo "Parceiros da Aprendizagem" será garantida ao candidato que atenda a pelo menos um dos seguintes requisitos:

I – contratação, para cumprimento da cota de aprendizes, de pessoas com deficiência ou adolescentes e jovens pertencentes a grupos mais vulneráveis do ponto de vista da inclusão no mercado de trabalho;

II – contratação, para cumprimento da cota de aprendizes, de beneficiários ou egressos de ações ou programas sociais custeados pelo poder público;

III – desenvolvimento ou apoio à capacitação de entidades sociais para atuação na aprendizagem profissional;

IV – desenvolvimento ou apoio à capacitação e formação de formadores em metodologias aprovadas pelo MTE aplicáveis à aprendizagem profissional;

V – desenvolvimento de ações destinadas à aprendizagem de adolescentes e jovens egressos de medidas socioeducativas;

VI – desenvolvimento ou apoio de pesquisa ou instrumentos de avaliação de programas de aprendizagem com vistas ao aperfeiçoamento dos mesmos;

VII – desenvolvimento ou apoio às ações de divulgação da aprendizagem profissional com impacto e resultados reconhecidos; ou

VIII – demonstração de resultados efetivos de contratação de egressos de programas de aprendizagem.

Art. 3º. Para concessão do Selo "Parceiros da Aprendizagem", na categoria de empregadores, os candidatos deverão atender cumulativamente às seguintes condições:

I – manutenção de contratos com no mínimo 20% (vinte por cento) de aprendizes que:

a) pertençam às famílias cuja renda familiar per capita seja de até meio salário mínimo; ou

b) sejam egressos de programas sociais.

II – cumprimento da cota de pessoas com deficiência, nos termos da Lei nº. 8.213, 27 de julho 1991;

III – inclusão, em todos os contratos celebrados com prestadores de serviços, de previsão da observância das Cotas de Aprendizes e de Pessoas com Deficiência, a partir do ano em que foi solicitado;

IV – inclusão de Programa de Aprendizagem no projeto educacional do empregador;

V – aplicação de mecanismos de avaliação durante todo o desenvolvimento dos Programas de Aprendizagem;

VI – controle rigoroso das condições de saúde e segurança do trabalhador;

VII – matrícula dos aprendizes em cursos validados no Cadastro Nacional da Aprendizagem Profissional mantido pelo MTE;

VIII – manutenção de registro, atualizado, de aprendizes no Cadastro Nacional da Aprendizagem Profissional; e

IX – concessão aos aprendizes dos direitos reconhecidos em convenção coletiva pelo sindicato da categoria correspondente à ocupação exercida pelo aprendiz, nos termos do art. 26, do Decreto nº 5.598/2005.

Art. 4º. Para concessão do Selo "Parceiros da Aprendizagem", na categoria das entidades qualificadas em formação técnico-profissional metódica, os candidatos deverão atender cumulativamente às seguintes condições:

I – obter a validação dos cursos ofertados e sua divulgação no Cadastro Nacional da Aprendizagem Profissional;

II – manutenção de registro atualizado de aprendizes no Cadastro Geral de Empregados e Desempregados – CAGED;

III – manutenção de registro atualizado de aprendizes no Cadastro Nacional da Aprendizagem Profissional;

IV – apresentação do registro no Conselho Municipal dos Direitos da Criança e do Adolescente – CMDCA local, quando atender o público menor de dezoito anos;

V – desenvolvimento de processos seletivos não discriminatórios, de acordo com os princípios constitucionais;

VI – manutenção de instalações adequadas para o atendimento dos aprendizes, de acordo com a regulamentação das condições de saúde e segurança do trabalhador;

VII – comprovação de investimentos na capacitação continuada de formadores;

VIII – acompanhamento das atividades do aprendiz desenvolvidas no ambiente da contratante;

IX – atendimento da demanda do mercado de trabalho local no que diz respeito à oferta de seus cursos; e

X – desenvolvimento de ações para a inserção de egressos dos Programas de Aprendizagem, de acordo com as informações declaradas no campo "Indicadores de potencialidade do mercado local e de permanência dos aprendizes no mercado após o término do programa" do Cadastro Nacional de Aprendizagem.

Art. 5º. Para concessão do Selo "Parceiros da Aprendizagem" às demais entidades interessadas serão aferidos os requisitos previstos nos incisos III, IV, VI, VII e VIII, do Artigo 2º.

Art. 6º. Os candidatos deverão solicitar o Selo "Parceiros da Aprendizagem" por meio de preenchimento de formulário eletrônico disponível na página do MTE *(www.mte.gov.br).*

§ 1º. O período para solicitação do Selo "Parceiros da Aprendizagem" para o ano corrente é do primeiro dia útil do mês de maio ao último dia útil do mês de julho.

§ 2º. A entrega do Selo "Parceiros da Aprendizagem" aos candidatos aprovados será realizada até o último dia útil do mês de novembro do ano corrente.

Art. 7º. No Selo será registrado o ano em que foi estabelecida a parceria com o MTE.

Art. 8º. O Selo será encaminhado por meio eletrônico, acompanhado de ofício e certificado assinado pela autoridade competente do MTE.

Art. 9º. Caberá ao MTE avaliar a possibilidade de rever a concessão do Selo nos casos em que tenha conhecimento de fatos que contrariem a proposta de certificação por Responsabilidade Social.

Art. 10. A instituição que não atender ao disposto nesta Portaria perderá o direito ao uso do Selo e deverá retirá-lo de qualquer material de divulgação no prazo máximo de seis meses, contados a partir da data em que for comunicada pelo MTE, mediante correspondência com Aviso de Recebimento – AR, do cancelamento da parceria.

Art. 11. O MTE disciplinará os procedimentos para a concessão do Selo.

Art. 12. Fica revogada a Portaria nº 990, de 27 de novembro de 2008.

Carlos Roberto Lupi

DOU 29.03.2010

ACORDOS E CONVENÇÕES INTERNACIONAIS

CONVENÇÃO SOBRE OS DIREITOS DA CRIANÇA

- *Promulgada pelo Decreto nº 99.710, de 21.11.1990.*

Preâmbulo

Os Estados Partes da presente Convenção,

Considerando que, de acordo com os princípios proclamados na Carta das Nações Unidas, a liberdade, a justiça e a paz no mundo se fundamentam no reconhecimento da dignidade inerente e dos direitos iguais e inalienáveis de todos os membros da família humana;

Tendo em conta que os povos das Nações Unidas reafirmaram na carta sua fé nos direitos fundamentais do homem e na dignidade e no valor da pessoa humana e que decidiram promover o progresso social e a elevação do nível de vida com mais liberdade;

Reconhecendo que as Nações Unidas proclamaram e acordaram na Declaração Universal dos Direitos Humanos e nos Pactos Internacionais de Direitos Humanos que toda pessoa possui todos os direitos e liberdades neles enunciados, sem distinção de qualquer natureza, seja de raça, cor, sexo, idioma, crença, opinião política ou de outra índole, origem nacional ou social, posição econômica, nascimento ou qualquer outra condição;

Recordando que na Declaração Universal dos Direitos Humanos as Nações Unidas proclamaram que a infância tem direito a cuidados e assistência especiais;

Convencidos de que a família, como grupo fundamental da sociedade e ambiente natural para o crescimento e bem-estar de todos os seus membros, e em particular das crianças, deve receber a proteção e assistência necessárias a fim de poder assumir plenamente suas responsabilidades dentro da comunidade;

Reconhecendo que a criança, para o pleno e harmonioso desenvolvimento de sua personalidade, deve crescer no seio da família, em um ambiente de felicidade, amor e compreensão;

Considerando que a criança deve estar plenamente preparada para uma vida independente na sociedade e deve ser educada de acordo com os ideais proclamados na Carta das Nações Unidas, especialmente com espírito de paz, dignidade, tolerância, liberdade, igualdade e solidariedade;

Tendo em conta que a necessidade de proporcionar à criança uma proteção especial foi enunciada na Declaração de Genebra de 1924 sobre os Direitos da Criança e na Declaração dos Direitos da Criança adotada pela Assembleia Geral em 20 de novembro de 1959, e reconhecida na Declaração Universal dos Direitos Humanos, no Pacto Internacional de Direitos Civis e Políticos (em particular nos Artigos 23 e 24), no Pacto Internacional de Direitos Econômicos, Sociais e Culturais (em particular no Artigo 10) e nos estatutos e instrumentos pertinentes das Agências Especializadas e das organizações internacionais que se interessam pelo bem-estar da criança;

Tendo em conta que, conforme assinalado na Declaração dos Direitos da Criança, "a criança, em virtude de sua falta de maturidade física e mental, necessita de proteção e cuidados especiais, inclusive a devida proteção legal, tanto antes quanto após seu nascimento";

Lembrado o estabelecido na Declaração sobre os Princípios Sociais e Jurídicos Relativos à Proteção e ao Bem-Estar das Crianças, especialmente com Referência à Adoção e à Colocação em Lares de Adoção, nos Planos Nacional e Internacional; as Regras Mínimas das Nações Unidas para a Administração da Justiça Juvenil (Regras de Beijing); e a Declaração sobre a Proteção da Mulher e da Criança em Situações de Emergência ou de Conflito Armado;

Reconhecendo que em todos os países do mundo existem crianças vivendo sob condições excepcionalmente difíceis e que essas crianças necessitam consideração especial;

Tomando em devida conta a importância das tradições e dos valores culturais de cada povo para a proteção e o desenvolvimento harmonioso da criança;

Reconhecendo a importância da cooperação internacional para a melhoria das condições de vida das crianças em todos os países, especialmente nos países em desenvolvimento;

Acordam o seguinte:

Parte I

Artigo 1

Para efeitos da presente Convenção considera-se como criança todo ser humano com menos de dezoito anos de idade, a não ser que, em conformidade com a lei aplicável à criança, a maioridade seja alcançada antes.

Artigo 2

1. Os Estados Partes respeitarão os direitos enunciados na presente Convenção e assegurarão sua aplicação a cada criança sujeita à sua jurisdição, sem distinção alguma, independentemente de raça, cor, sexo, idioma, crença, opinião política ou de outra índole, origem nacional, étnica ou social, posição econômica, deficiências físicas, nascimento ou qualquer outra condição da criança, de seus pais ou de seus representantes legais.

2. Os Estados Partes tomarão todas as medidas apropriadas para assegurar a proteção da criança contra toda forma de discriminação ou castigo por causa da condição, das atividades, das opiniões manifestadas ou das crenças de seus pais, representantes legais ou familiares.

Artigo 3

1. Todas as ações relativas às crianças, levadas a efeito por autoridades administrativas ou órgãos legislativos, devem considerar, primordialmente, o interesse maior da criança.

2. Os Estados Partes se comprometem a assegurar à criança a proteção e o cuidado que sejam necessários para seu bem-estar, levando em consideração os direitos e deveres de seus pais, tutores ou outras pessoas responsáveis por ela perante a lei e, com essa finalidade, tomarão todas as medidas legislativas e administrativas adequadas.

3. Os Estados Partes se certificarão de que as instituições, os serviços e os estabelecimentos encarregados do cuidado ou da proteção das crianças cumpram com os padrões estabelecidos pelas autoridades competentes, especialmente no que diz respeito à segurança e à saúde das crianças, ao número e à competência de seu pessoal e à existência de supervisão adequada.

Artigo 4

Os Estados Partes adotarão todas as medidas administrativas, legislativas e de outra índole com vistas à implementação dos direitos reconhecidos na presente Convenção. Com relação aos direitos econômicos, sociais e culturais, os Estados Partes adotarão essas medidas utilizando ao máximo os recursos disponíveis e, quando necessário, dentro de um quadro de cooperação internacional.

Artigo 5

Os Estados Partes respeitarão as responsabilidades, os direitos e os deveres dos pais ou, onde for o caso, dos membros da família ampliada ou da comunidade, conforme determinem os costumes locais, dos tutores ou de outras pessoas legalmente responsáveis, de proporcionar à criança instrução e orientação adequadas e acordes com a evolução de sua capacidade no exercício dos direitos reconhecidos na presente Convenção.

Artigo 6

1. Os Estados Partes reconhecem que toda criança tem o direito inerente à vida.

2. Os Estados Partes assegurarão ao máximo a sobrevivência e o desenvolvimento da criança.

Artigo 7

1. A criança será registrada imediatamente após seu nascimento e terá direito, desde o momento em que nasce, a um nome, a uma nacionalidade e, na medida do possível, a conhecer seus pais e a ser cuidada por eles.

2. Os Estados Partes zelarão pela aplicação desses direitos de acordo com sua legislação nacional e com as obrigações que tenham assumido em virtude dos instrumentos internacionais pertinentes, sobretudo se, de outro modo, a criança se tornaria apátrida.

Artigo 8

1. Os Estados Partes se comprometem a respeitar o direito da criança de preservar sua identidade, inclusive a nacionalidade, o nome e as relações familiares, de acordo com a lei, sem interferências ilícitas.

2. Quando uma criança se vir privada ilegalmente de algum ou de todos os elementos que configuram sua identidade, os Estados Partes deverão prestar assistência e proteção adequadas com vistas a restabelecer rapidamente sua identidade.

Artigo 9

1. Os Estados Partes deverão zelar para que a criança não seja separada dos pais contra a vontade dos mesmos, exceto quando, sujeita à revisão judicial, as autoridades competentes determinarem, em conformidade com a lei e os procedimentos legais cabíveis, que tal separação é necessária ao interesse maior da criança. Tal determinação pode ser necessária em casos específicos, por exemplo, nos casos em que a criança sofre maus tratos ou descuido por parte de seus pais ou quando estes vivem separados e uma decisão deve ser tomada a respeito do local da residência da criança.

2. Caso seja adotado qualquer procedimento em conformidade com o estipulado no parágrafo 1 do presente Artigo, todas as Partes interessadas terão a oportunidade de participar e de manifestar suas opiniões.

3. Os Estados Partes respeitarão o direito da criança que esteja separada de um ou de ambos os pais de manter regularmente relações pessoais e contato direto com ambos, a menos que isso seja contrário ao interesse maior da criança.

4. Quando essa separação ocorrer em virtude de uma medida adotada por um Estado Parte, tal como detenção, prisão, exílio, deportação ou morte (inclusive falecimento decorrente de qualquer causa enquanto a pessoa estiver sob a custódia do Estado) de um dos pais da criança, ou de ambos, ou da própria criança, o Estado Parte, quando solicitado, proporcionará aos pais, à criança ou, se for o caso, a outro familiar, informações básicas a respeito do paradeiro do familiar ou familiares ausentes, a não ser que tal procedimento seja prejudicial ao bem-estar da criança. Os Estados Partes se certificarão, além disso, de que a apresentação de tal petição não acarrete, por si só, consequências adversas para a pessoa ou pessoas interessadas.

Artigo 10

1. De acordo com a obrigação dos Estados Partes estipulada no parágrafo 1 do Artigo 9, toda solicitação apresentada por uma criança, ou por seus pais, para ingressar ou sair de um Estado

Parte com vistas à reunião da família, deverá ser atendida pelos Estados Partes de forma positiva, humanitária e rápida. Os Estados Partes assegurarão, ainda, que a apresentação de tal solicitação não acarretará consequências adversas para os solicitantes ou para seus familiares.

2. A criança cujos pais residam em Estados diferentes terá o direito de manter, periodicamente, relações pessoais e contato direto com ambos, exceto em circunstâncias especiais. Para tanto, e de acordo com a obrigação assumida pelos Estados Partes em virtude do parágrafo 2 do Artigo 9, os Estados Partes respeitarão o direito da criança e de seus pais de sair de qualquer país, inclusive do próprio, e de ingressar no seu próprio país. O direito de sair de qualquer país estará sujeito, apenas, às restrições determinadas pela lei que sejam necessárias para proteger a segurança nacional, a ordem pública, a saúde ou a moral públicas ou os direitos e as liberdades de outras pessoas e que estejam acordes com os demais direitos reconhecidos pela presente Convenção.

Artigo 11

1. Os Estados Partes adotarão medidas a fim de lutar contra a transferência ilegal de crianças para o exterior e a retenção ilícita das mesmas fora do país.

2. Para tanto, aos Estados Partes promoverão a conclusão de acordos bilaterais ou multilaterais ou a adesão a acordos já existentes.

Artigo 12

1. Os Estados Partes assegurarão à criança que estiver capacitada a formular seus próprios juízos o direito de expressar suas opiniões livremente sobre todos os assuntos relacionados com a criança, levando-se devidamente em consideração essas opiniões, em função da idade e maturidade da criança.

2. Com tal propósito, se proporcionará à criança, em particular, a oportunidade de ser ouvida em todo processo judicial ou administrativo que afete a mesma, quer diretamente quer por intermédio de um representante ou órgão apropriado, em conformidade com as regras processuais da legislação nacional.

Artigo 13

1. A criança terá direito à liberdade de expressão. Esse direito incluirá a liberdade de procurar, receber e divulgar informações e ideias de todo tipo, independentemente de fronteiras, de forma oral, escrita ou impressa, por meio das artes ou por qualquer outro meio escolhido pela criança.

2. O exercício de tal direito poderá estar sujeito a determinadas restrições, que serão unicamente as previstas pela lei e consideradas necessárias:

a) para o respeito dos direitos ou da reputação dos demais, ou

b) para a proteção da segurança nacional ou da ordem pública, ou para proteger a saúde e a moral públicas.

Artigo 14

1. Os Estados Partes respeitarão o direito da criança de associação, à liberdade de pensamento, de consciência e de crença.

2. Os Estados Partes respeitarão os direitos e deveres dos pais e, se for o caso, dos representantes legais, de orientar a criança com relação ao exercício de seus direitos de maneira acorde com a evolução de sua capacidade.

3. A liberdade de professar a própria religião ou as próprias crenças estará sujeita, unicamente, às limitações prescritas pela lei e necessárias para proteger a segurança, a ordem, a moral, a saúde pública ou os direitos e liberdades fundamentais dos demais.

Artigo 15

1. Os Estados Partes reconhecem os direitos da criança à liberdade de associação e à liberdade de realizar reuniões pacíficas.

2. Não serão impostas restrições ao exercício desses direitos, a não ser as estabelecidas em conformidade com a lei e que sejam necessárias numa sociedade democrática, no interesse da segurança nacional ou pública, da ordem pública, da proteção à saúde e à moral públicas ou da proteção aos direitos e liberdades dos demais.

Artigo 16

1. Nenhuma criança será objeto de interferências arbitrárias ou ilegais em sua vida particular, sua família, seu domicílio ou sua correspondência, nem de atentados ilegais a sua honra e a sua reputação.

2. A criança tem direito à proteção da lei contra essas interferências ou atentados.

Artigo 17

Os Estados Partes reconhecem a função importante desempenhada pelos meios de comunicação e zelarão para que a criança tenha acesso a informações e materiais procedentes de diversas fontes nacionais e internacionais, especialmente informações e materiais que visem a promover seu bem-estar social, espiritual e moral e sua saúde física e mental. Para tanto, os Estados Partes:

a) incentivarão os meios de comunicação a difundir informações e materiais de interesse social e cultural para a criança, de acordo com o espírito do Artigo 29;

b) promoverão a cooperação internacional na produção, no intercâmbio e na divulgação dessas informações e desses materiais procedentes de diversas fontes culturais, nacionais e internacionais;

c) incentivarão a produção e difusão de livros para crianças;

d) incentivarão os meios de comunicação no sentido de, particularmente, considerar as necessidades linguísticas da criança que pertença a um grupo minoritário ou que seja indígena;

e) promoverão a elaboração de diretrizes apropriadas a fim de proteger a criança contra toda informação e material prejudiciais ao seu bem-estar, tendo em conta as disposições dos Artigos 13 e 18.

Artigo 18

1. Os Estados Partes envidarão os seus melhores esforços a fim de assegurar o reconhecimento do princípio de que ambos os pais tem obrigações comuns com relação à educação e ao desenvolvimento da criança. Caberá aos pais ou, quando for o caso, aos representantes legais, a responsabilidade primordial pela educação e pelo desenvolvimento da criança. Sua preocupação fundamental visará ao interesse maior da criança.

2. A fim de garantir e promover os direitos enunciados na presente Convenção, os Estados Partes prestarão assistência adequada aos pais e aos representantes legais para o desempenho de suas funções no que tange à educação da criança e assegurarão a criação de instituições, instalações e serviços para o cuidado das crianças.

3. Os Estados Partes adotarao todas as medidas apropriadas a fim de que as crianças cujos pais trabalhem tenham direito a beneficiar-se dos serviços de assistência social e creches a que fazem jus.

Artigo 19

1. Os Estados Partes adotarão todas as medidas legislativas, administrativas, sociais e educacionais apropriadas para proteger a criança contra todas as formas de violência física ou mental, abuso ou tratamento negligente, maus tratos ou exploração, inclusive abuso sexual, enquanto a criança estiver sob a custódia dos pais, do representante legal ou de qualquer outra pessoa responsável por ela.

2. Essas medidas de proteção deveriam incluir, conforme apropriado, procedimentos eficazes para a elaboração de programas sociais capazes de proporcionar uma assistência adequada à criança e às pessoas encarregadas de seu cuidado, bem como para outras formas de prevenção, para a identificação, notificação, transferência a uma instituição, investigação, tratamento e acompanhamento posterior dos casos acima mencionados de maus tratos à criança e, conforme o caso, para a intervenção judiciária.

Artigo 20

1. As crianças privadas temporária ou permanentemente do seu meio familiar, ou cujo interesse maior exija que não permaneçam nesse meio, terão direito à proteção e assistência especiais do Estado.

2. Os Estados Partes garantirão, de acordo com suas leis nacionais, cuidados alternativos para essas crianças.

3. Esses cuidados poderiam incluir, *inter alia,* a colocação em lares de adoção, a *kafalah* do direito islâmico, a adoção ou, caso necessário, a colocação em instituições adequadas de proteção para as crianças. Ao serem consideradas as soluções, deve-se dar especial atenção à origem étnica, religiosa, cultural e linguística da criança, bem como à conveniência da continuidade de sua educação.

Artigo 21

Os Estados Partes que reconhecem ou permitem o sistema de adoção atentarão para o fato de que a consideração primordial seja o interesse maior da criança. Dessa forma, atentarão para que:

a) a adoção da criança seja autorizada apenas pelas autoridades competentes, as quais determinarão, consoante as leis e os procedimentos cabíveis e com base em todas as informações pertinentes e fidedignas, que a adoção é admissível em vista da situação jurídica da criança com relação a seus pais, parentes e representantes legais e que, caso solicitado, as pessoas interessadas tenham dado, com conhecimento de causa, seu consentimento à adoção, com base no assessoramento que possa ser necessário;

b) a adoção efetuada em outro país possa ser considerada como outro meio de cuidar da criança, no caso em que a mesma não possa ser colocada em um lar de adoção ou entregue a uma família adotiva ou não logre atendimento adequado em seu país de origem;

c) a criança adotada em outro país goze de salvaguardas e normas equivalentes às existentes em seu país de origem com relação à adoção;

d) todas as medidas apropriadas sejam adotadas, a fim de garantir que, em caso de adoção em outro país, a colocação não permita benefícios financeiros indevidos aos que dela participarem;

e) quando necessário, promover os objetivos do presente Artigo mediante ajustes ou acordos bilaterais ou multilaterais, e envidarão esforços, nesse contexto, com vistas a assegurar que a colocação da criança em outro país seja levada a cabo por intermédio das autoridades ou organismos competentes.

Artigo 22

1. Os Estados Partes adotarão medidas pertinentes para assegurar que a criança que tente obter a condição de refugiada, ou que seja considerada como refugiada de acordo com o direito e os procedimentos internacionais ou internos aplicáveis, receba, tanto no caso de estar sozinha como acompanhada por seus pais ou por qualquer outra pessoa, a proteção e a assistência humanitária adequadas a fim de que possa usufruir dos direitos enunciados na presente Convenção e em outros instrumentos internacionais de direitos humanos ou de caráter humanitário dos quais os citados Estados sejam parte.

2. Para tanto, os Estados Partes cooperarão, da maneira como julgarem apropriada, com todos os esforços das Nações Unidas e demais organizações intergovernamentais competentes, ou organizações não governamentais que cooperem com as Nações Unidas, no sentido de proteger e ajudar a criança refugiada, e de localizar seus pais ou outros membros de sua família a fim de obter informações necessárias que permitam sua reunião com a família. Quando não for possível localizar nenhum dos pais ou membros da família, será concedida à criança a mesma proteção outorgada a qualquer outra criança privada permanente ou temporariamente de seu ambiente familiar, seja qual for o motivo, conforme o estabelecido na presente Convenção.

Artigo 23

1. Os Estados Partes reconhecem que a criança portadora de deficiências físicas ou mentais deverá desfrutar de uma vida plena e decente em condições que garantam sua dignidade, favoreçam sua autonomia e facilitem sua participação ativa na comunidade.

2. Os Estados Partes reconhecem o direito da criança deficiente de receber cuidados especiais e, de acordo com os recursos disponíveis e sempre que a criança ou seus responsáveis reúnam as condições requeridas, estimularão e assegurarão a prestação da assistência solicitada, que seja adequada ao estado da criança e às circunstâncias de seus pais ou das pessoas encarregadas de seus cuidados.

3. Atendendo às necessidades especiais da criança deficiente, a assistência prestada, conforme disposto no parágrafo 2 do presente Artigo, será gratuita sempre que possível, levando-se em consideração a situação econômica dos pais ou das pessoas que cuidem da criança, e visará a assegurar à criança deficiente o acesso efetivo à educação, à capacitação, aos serviços de saúde, aos serviços de reabilitação, à preparação para o emprego e às oportunidades de lazer, de maneira que a criança atinja a mais completa integração social possível e o maior desenvolvimento individual factível, inclusive seu desenvolvimento cultural e espiritual.

4. Os Estados Partes promoverão, com espírito de cooperação internacional, um intercâmbio adequado de informações nos campos da assistência médica preventiva e do tratamento médico, psicológico e funcional das crianças deficientes, inclusive a divulgação de informações a respeito dos métodos de reabilitação e dos serviços de ensino e formação profissional, bem como o acesso a essa informação, a fim de que os Estados Partes possam aprimorar sua capacidade e seus conhecimentos e ampliar sua experiência nesses campos. Nesse sentido, serão levadas especialmente em conta as necessidades dos países em desenvolvimento.

Artigo 24

1. Os Estados Partes reconhecem o direito da criança de gozar do melhor padrão possível de saúde e dos serviços destinados ao tratamento das doenças e à recuperação da saúde. Os Estados Partes envidarão esforços no sentido de assegurar que nenhuma criança se veja privada de seu direito de usufruir desses serviços sanitários.

2. Os Estados Partes garantirão a plena aplicação desse direito e, em especial, adotarão as medidas apropriadas com vistas a:

a) reduzir a mortalidade infantil;

b) assegurar a prestação de assistência médica e cuidados sanitários necessários a todas as crianças, dando ênfase aos cuidados básicos de saúde;

c) combater as doenças e a desnutrição dentro do contexto dos cuidados básicos de saúde mediante, *inter alia*, a aplicação de tecnologia disponível e o fornecimento de alimentos nutritivos e de água potável, tendo em vista os perigos e riscos da poluição ambiental;

d) assegurar às mães adequada assistência pré-natal e pós-natal;

e) assegurar que todos os setores da sociedade, e em especial os pais e as crianças, conheçam os princípios básicos de saúde e nutrição das crianças, as vantagens da amamentação, da higiene e do saneamento ambiental e das medidas de prevenção de acidentes, e tenham acesso à educação pertinente e recebam apoio para a aplicação desses conhecimentos;

f) desenvolver a assistência médica preventiva, a orientação aos pais e a educação e serviços de planejamento familiar.

3. Os Estados Partes adotarão todas as medidas eficazes e adequadas para abolir práticas tradicionais que sejam prejudicais à saúde da criança.

4. Os Estados Partes se comprometem a promover e incentivar a cooperação internacional com vistas a lograr, progressivamente, a plena efetivação do direito reconhecido no presente Artigo. Nesse sentido, será dada atenção especial às necessidades dos países em desenvolvimento.

Artigo 25

Os Estados Partes reconhecem o direito de uma criança que tenha sido internada em um estabelecimento pelas autoridades competentes para fins de atendimento, proteção ou tratamento de saúde física ou mental a um exame periódico de avaliação do tratamento ao qual está sendo submetida e de todos os demais aspectos relativos à sua internação.

Artigo 26

1. Os Estados Partes reconhecerão a todas as crianças o direito de usufruir da previdência social, inclusive do seguro social, e adotarão as medidas necessárias para lograr a plena consecução desse direito, em conformidade com sua legislação nacional.

2. Os benefícios deverão ser concedidos, quando pertinentes, levando-se em consideração os recursos e a situação da criança e das pessoas responsáveis pelo seu sustento, bem como

qualquer outra consideração cabível no caso de uma solicitação de benefícios feita pela criança ou em seu nome.

Artigo 27

1. Os Estados Partes reconhecem o direito de toda criança a um nível de vida adequado ao seu desenvolvimento físico, mental, espiritual, moral e social.

2. Cabe aos pais, ou a outras pessoas encarregadas, a responsabilidade primordial de propiciar, de acordo com suas possibilidades e meios financeiros, as condições de vida necessárias ao desenvolvimento da criança.

3. Os Estados Partes, de acordo com as condições nacionais e dentro de suas possibilidades, adotarão medidas apropriadas a fim de ajudar os pais e outras pessoas responsáveis pela criança a tornar efetivo esse direito e, caso necessário, proporcionarão assistência material e programas de apoio, especialmente no que diz respeito à nutrição, ao vestuário e à habitação.

4. Os Estados Partes tomarão todas as medidas adequadas para assegurar o pagamento da pensão alimentícia por parte dos pais ou de outras pessoas financeiramente responsáveis pela criança, quer residam no Estado Parte quer no exterior. Nesse sentido, quando a pessoa que detém a responsabilidade financeira pela criança residir em Estado diferente daquele onde mora a criança, os Estados Partes promoverão a adesão a acordos internacionais ou a conclusão de tais acordos, bem como a adoção de outras medidas apropriadas.

Artigo 28

1. Os Estados Partes reconhecem o direito da criança à educação e, a fim de que ela possa exercer progressivamente e em igualdade de condições esse direito, deverão especialmente:

a) tornar o ensino primário obrigatório e disponível gratuitamente para todos;

b) estimular o desenvolvimento do ensino secundário em suas diferentes formas, inclusive o ensino geral e profissionalizante, tornando-o disponível e acessível a todas as crianças, e adotar medidas apropriadas tais como a implantação do ensino gratuito e a concessão de assistência financeira em caso de necessidade;

c) tornar o ensino superior acessível a todos com base na capacidade e por todos os meios adequados;

d) tornar a informação e a orientação educacionais e profissionais disponíveis e accessíveis a todas as crianças;

e) adotar medidas para estimular a frequência regular às escolas e a redução do índice de evasão escolar.

2. Os Estados Partes adotarão todas as medidas necessárias para assegurar que a disciplina escolar seja ministrada de maneira compatível com a dignidade humana da criança e em conformidade com a presente Convenção.

3. Os Estados Partes promoverão e estimularão a cooperação internacional em questões relativas à educação, especialmente visando a contribuir para a eliminação da ignorância e do analfabetismo no mundo e facilitar o acesso aos conhecimentos científicos e técnicos e aos métodos modernos de ensino. A esse respeito, será dada atenção especial às necessidades dos países em desenvolvimento.

Artigo 29

1. Os Estados Partes reconhecem que a educação da criança deverá estar orientada no sentido de:

a) desenvolver a personalidade, as aptidões e a capacidade mental e física da criança em todo o seu potencial;

b) imbuir na criança o respeito aos direitos humanos e às liberdades fundamentais, bem como aos princípios consagrados na Carta das Nações Unidas;

c) imbuir na criança o respeito aos seus pais, à sua própria identidade cultural, ao seu idioma e seus valores, aos valores nacionais do país em que reside, aos do eventual país de origem, e aos das civilizações diferentes da sua;

d) preparar a criança para assumir uma vida responsável numa sociedade livre, com espírito de compreensão, paz, tolerância, igualdade de sexos e amizade entre todos os povos, grupos étnicos, nacionais e religiosos e pessoas de origem indígena;

e) imbuir na criança o respeito ao meio ambiente.

2. Nada do disposto no presente Artigo ou no Artigo 28 será interpretado de modo a restringir a liberdade dos indivíduos ou das entidades de criar e dirigir instituições de ensino, desde que sejam respeitados os princípios enunciados no parágrafo 1 do presente Artigo e que a educação ministrada em tais instituições esteja acorde com os padrões mínimos estabelecidos pelo Estado.

Artigo 30

Nos Estados Partes onde existam minorias étnicas, religiosas ou linguísticas, ou pessoas de origem indígena, não será negado a uma criança que pertença a tais minorias ou que seja indígena o direito de, em comunidade com os demais membros de seu grupo, ter sua própria cultura, professar e praticar sua própria religião ou utilizar seu próprio idioma.

Artigo 31

1. Os Estados Partes reconhecem o direito da criança ao descanso e ao lazer, ao divertimento e às atividades recreativas próprias da idade, bem como à livre participação na vida cultural e artística.

2. Os Estados Partes respeitarão e promoverão o direito da criança de participar plenamente da vida cultural e artística e encorajarão a criação de oportunidades adequadas, em condições de igualdade, para que participem da vida cultural, artística, recreativa e de lazer.

Artigo 32

1. Os Estados Partes reconhecem o direito da criança de estar protegida contra a exploração econômica e contra o desempenho de qualquer trabalho que possa ser perigoso ou interferir em sua educação, ou que seja nocivo para sua saúde ou para seu desenvolvimento físico, mental, espiritual, moral ou social.

2. Os Estados Partes adotarão medidas legislativas, administrativas, sociais e educacionais com vistas a assegurar a aplicação do presente Artigo. Com tal propósito, e levando em consideração as disposições pertinentes de outros instrumentos internacionais, os Estados Partes, deverão, em particular:

a) estabelecer uma idade ou idades mínimas para a admissão em empregos;

b) estabelecer regulamentação apropriada relativa a horários e condições de emprego;

c) estabelecer penalidades ou outras sanções apropriadas a fim de assegurar o cumprimento efetivo do presente Artigo.

Artigo 33

Os Estados Partes adotarão todas as medidas apropriadas, inclusive medidas legislativas, administrativas, sociais e educacionais, para proteger a criança contra o uso ilícito de drogas e substâncias psicotrópicas descritas nos tratados internacionais pertinentes e para impedir que crianças sejam utilizadas na produção e no tráfico ilícito dessas substâncias.

Artigo 34

Os Estados Partes se comprometem a proteger a criança contra todas as formas de exploração e abuso sexual. Nesse sentido, os Estados Partes tomarão, em especial, todas as medidas de caráter nacional, bilateral e multilateral que sejam necessárias para impedir:

a) o incentivo ou a coação para que uma criança se dedique a qualquer atividade sexual ilegal;

b) a exploração da criança na prostituição ou outras práticas sexuais ilegais;

c) a exploração da criança em espetáculos ou materiais pornográficos.

Artigo 35

Os Estados Partes tomarão todas as medidas de caráter nacional, bilateral e multilateral que sejam necessárias para impedir o sequestro, a venda ou o tráfico de crianças para qualquer fim ou sob qualquer forma.

Artigo 36

Os Estados Partes protegerão a criança contra todas as demais formas de exploração que sejam prejudiciais para qualquer aspecto de seu bem-estar.

Artigo 37

Os Estados Partes zelarão para que:

a) nenhuma criança seja submetida a tortura nem a outros tratamentos ou penas cruéis, desumanos ou degradantes. Não será imposta a pena de morte nem a prisão perpétua sem possibilidade de livramento por delitos cometidos por menores de dezoito anos de idade;

b) nenhuma criança seja privada de sua liberdade de forma ilegal ou arbitrária. A detenção, a reclusão ou a prisão de uma criança será efetuada em conformidade com a lei e apenas como último recurso, e durante o mais breve período de tempo que for apropriado;

c) toda criança privada da liberdade seja tratada com a humanidade e o respeito que merece a dignidade inerente à pessoa humana, e levando-se em consideração as necessidades de uma pessoa de sua idade. Em especial, toda criança privada de sua liberdade ficará separada dos adultos, a não ser que tal fato seja considerado contrário aos melhores interesses da criança, e terá direito a manter contato com sua família por meio de correspondência ou de visitas, salvo em circunstâncias excepcionais;

d) toda criança privada de sua liberdade tenha direito a rápido acesso a assistência jurídica e a qualquer outra assistência adequada, bem como direito a impugnar a legalidade da privação de sua liberdade perante um tribunal ou outra autoridade competente, independente e imparcial e a uma rápida decisão a respeito de tal ação.

Artigo 38

1. Os Estados Partes se comprometem a respeitar e a fazer com que sejam respeitadas as normas do direito humanitário internacional aplicáveis em casos de conflito armado no que digam respeito às crianças.

2. Os Estados Partes adotarão todas as medidas possíveis a fim de assegurar que todas as pessoas que ainda não tenham completado quinze anos de idade não participem diretamente de hostilidades.

3. Os Estados Partes abster-se-ão de recrutar pessoas que não tenham completado quinze anos de idade para servir em suas forças armadas. Caso recrutem pessoas que tenham completado quinze anos mas que tenham menos de dezoito anos, deverão procurar dar prioridade aos de mais idade.

4. Em conformidade com suas obrigações de acordo com o direito humanitário internacional para proteção da população civil durante os conflitos armados, os Estados Partes adotarão todas as medidas necessárias a fim de assegurar a proteção e o cuidado das crianças afetadas por um conflito armado.

Artigo 39

Os Estados Partes adotarão todas as medidas apropriadas para estimular a recuperação física e psicológica e a reintegração social de toda criança vítima de qualquer forma de abandono, exploração ou abuso; tortura ou outros tratamentos ou penas cruéis, desumanos ou degradantes; ou conflitos armados. Essa recuperação e reintegração serão efetuadas em ambiente que estimule a saúde, o respeito próprio e a dignidade da criança.

Artigo 40

1. Os Estados Partes reconhecem o direito de toda criança a quem se alegue ter infringido as leis penais ou a quem se acuse ou declare culpada de ter infringido as leis penais de ser tratada de modo a promover e estimular seu sentido de dignidade e de valor e a fortalecer o respeito da criança pelos direitos humanos e pelas liberdades fundamentais de terceiros, levando em consideração a idade da criança e a importância de se estimular sua reintegração e seu desempenho construtivo na sociedade.

2. Nesse sentido, e de acordo com as disposições pertinentes dos instrumentos internacionais, os Estados Partes assegurarão, em particular:

a) que não se alegue que nenhuma criança tenha infringido as leis penais, nem se acuse ou declare culpada nenhuma criança de ter infringido essas leis, por atos ou omissões que não eram proibidos pela legislação nacional ou pelo direito internacional no momento em que foram cometidos;

b) que toda criança de quem se alegue ter infringido as leis penais ou a quem se acuse de ter infringido essas leis goze, pelo menos, das seguintes garantias:

i) ser considerada inocente enquanto não for comprovada sua culpabilidade conforme a lei;

ii) ser informada sem demora e diretamente ou, quando for o caso, por intermédio de seus pais ou de seus representantes legais, das acusações que pesam contra ela, e dispor de assistência jurídica ou outro tipo de assistência apropriada para a preparação e apresentação de sua defesa;

iii) ter a causa decidida sem demora por autoridade ou órgão judicial competente, independente e imparcial, em audiência justa conforme a lei, com assistência jurídica ou outra assistência e, a não ser que seja considerado contrário aos melhores interesses da criança, levando em consideração especialmente sua idade ou situação e a de seus pais ou representantes legais;

iv) não ser obrigada a testemunhar ou a se declarar culpada, e poder interrogar ou fazer com que sejam interrogadas as testemunhas de acusação bem como poder obter a participação e o interrogatório de testemunhas em sua defesa, em igualdade de condições;

v) se for decidido que infringiu as leis penais, ter essa decisão e qualquer medida imposta em decorrência da mesma submetidas a revisão por autoridade ou órgão judicial superior competente, independente e imparcial, de acordo com a lei;

vi) contar com a assistência gratuita de um intérprete caso a criança não compreenda ou fale o idioma utilizado;

vii) ter plenamente respeitada sua vida privada durante todas as fases do processo.

3. Os Estados Partes buscarão promover o estabelecimento de leis, procedimentos, autoridades e instituições específicas para as crianças de quem se alegue ter infringido as leis penais ou que sejam acusadas ou declaradas culpadas de tê-las infringido, e em particular:

a) o estabelecimento de uma idade mínima antes da qual se presumirá que a criança não tem capacidade para infringir as leis penais;

b) a adoção sempre que conveniente e desejável, de medidas para tratar dessas crianças sem recorrer a procedimentos judiciais, contando que sejam respeitados plenamente os direitos humanos e as garantias legais.

4. Diversas medidas, tais como ordens de guarda, orientação e supervisão, aconselhamento, liberdade vigiada, colocação em lares de adoção, programas de educação e formação profissional, bem como outras alternativas à internação em instituições, deverão estar disponíveis para garantir que as crianças sejam tratadas de modo apropriado ao seu bem-estar e de forma proporcional às circunstâncias e ao tipo do delito.

Artigo 41

Nada do estipulado na presente Convenção afetará disposições que sejam mais convenientes para a realização dos direitos da criança e que podem constar:

a) das leis de um Estado Parte;

b) das normas de direito internacional vigentes para esse Estado.

Parte II

Artigo 42

Os Estados Partes se comprometem a dar aos adultos e às crianças amplo conhecimento dos princípios e disposições da Convenção, mediante a utilização de meios apropriados e eficazes.

Artigo 43

1. A fim de examinar os progressos realizados no cumprimento das obrigações contraídas pelos Estados Partes na presente Convenção, deverá ser estabelecido um Comitê para os Direitos da Criança que desempenhará as funções a seguir determinadas.

2. O comitê estará integrado por dez especialistas de reconhecida integridade moral e competência nas áreas cobertas pela presente Convenção. Os membros do comitê serão eleitos pelos Estados Partes dentre seus nacionais e exercerão suas funções a título pessoal, tomando-se em devida conta a distribuição geográfica equitativa bem como os principais sistemas jurídicos.

3. Os membros do Comitê serão escolhidos, em votação secreta, de uma lista de pessoas indicadas pelos Estados Partes. Cada Estado Parte poderá indicar uma pessoa dentre os cidadãos de seu país.

4. A eleição inicial para o Comitê será realizada, no mais tardar, seis meses após a entrada em vigor da presente Convenção e, posteriormente, a cada dois anos. No mínimo quatro meses antes da data marcada para cada eleição, o Secretário-Geral das Nações Unidas enviará uma carta aos Estados Partes convidando-os a apresentar suas candidaturas num prazo de dois meses. O Secretário-Geral elaborará posteriormente uma lista da qual farão parte, em ordem alfabética, todos os candidatos indicados e os Estados Partes que os designaram, e submeterá a mesma aos Estados Partes presentes à Convenção.

5. As eleições serão realizadas em reuniões dos Estados Partes convocadas pelo Secretário-Geral na Sede das Nações Unidas. Nessas reuniões, para as quais o quórum será de dois terços dos Estados Partes, os candidatos eleitos para o Comitê serão aqueles que obtiverem o maior número de votos e a maioria absoluta de votos dos representantes dos Estados Partes presentes e votantes.

6. Os membros do Comitê serão eleitos para um mandato de quatro anos. Poderão ser reeleitos caso sejam apresentadas novamente suas candidaturas. O mandato de cinco dos membros eleitos na primeira eleição expirará ao término de dois anos; imediatamente após ter sido realizada a primeira eleição, o Presidente da reunião na qual a mesma se efetuou escolherá por sorteio os nomes desses cinco membros.

7. Caso um membro do Comitê venha a falecer ou renuncie ou declare que por qualquer outro motivo não poderá continuar desempenhando suas funções, o Estado Parte que indicou esse membro designará outro especialista, dentre seus cidadãos, para que exerça o mandato até seu término, sujeito à aprovação do Comitê.

8. O Comitê estabelecerá suas próprias regras de procedimento.

9. O Comitê elegerá a Mesa para um período de dois anos.

10. As reuniões do Comitê serão celebradas normalmente na Sede das Nações Unidas ou em qualquer outro lugar que o Comitê julgar conveniente. O Comitê se reunirá normalmente todos os anos. A duração das reuniões do Comitê será determinada e revista, se for o caso, em uma reunião dos Estados Partes da presente Convenção, sujeita à aprovação da Assembleia Geral.

11. O Secretário-Geral das Nações Unidas fornecerá o pessoal e os serviços necessários para o desempenho eficaz das funções do Comitê de acordo com a presente Convenção.

12. Com prévia aprovação da Assembleia Geral, os membros do Comitê estabelecido de acordo com a presente Convenção receberão emolumentos provenientes dos recursos das Nações Unidas, segundo os termos e condições determinados pela assembleia.

Artigo 44

1. Os Estados Partes se comprometem a apresentar ao Comitê, por intermédio do Secretário-Geral das Nações Unidas, relatórios sobre as medidas que tenham adotado com vistas a tornar efetivos os direitos reconhecidos na Convenção e sobre os progressos alcançados no desempenho desses direitos:

a) num prazo de dois anos a partir da data em que entrou em vigor para cada Estado Parte a presente Convenção;

b) a partir de então, a cada cinco anos.

2. Os relatórios preparados em função do presente Artigo deverão indicar as circunstâncias e as dificuldades, caso existam, que afetam o grau de cumprimento das obrigações derivadas da presente Convenção. Deverão, também, conter informações suficientes para que o Comitê compreenda, com exatidão, a implementação da Convenção no país em questão.

3. Um Estado Parte que tenha apresentado um relatório inicial ao Comitê não precisará repetir, nos relatórios posteriores a serem apresentados conforme o estipulado no subitem b) do parágrafo 1 do presente Artigo, a informação básica fornecida anteriormente.

4. O Comitê poderá solicitar aos Estados Partes maiores informações sobre a implementação da Convenção.

5. A cada dois anos, o Comitê submeterá relatórios sobre suas atividades à Assembleia Geral das Nações Unidas, por intermédio do Conselho Econômico e Social.

6. Os Estados Partes tornarão seus relatórios amplamente disponíveis ao público em seus respectivos países.

Artigo 45

A fim de incentivar a efetiva implementação da Convenção e estimular a cooperação internacional nas esferas regulamentadas pela Convenção:

a) os organismos especializados, o Fundo das Nações Unidas para a Infância e outros órgãos das Nações Unidas terão o direito de estar representados quando for analisada a implementação das disposições da presente Convenção que estejam compreendidas no âmbito de seus mandatos. O Comitê poderá convidar as agências especializadas, o Fundo das Nações Unidas para a Infância e outros órgãos competentes que considere apropriados a fornecer assessoramento especializado sobre a implementação da Convenção em matérias correspondentes a seus respectivos mandatos. O Comitê poderá convidar as agências especializadas, o Fundo das Nações Unidas para Infância e outros órgãos das Nações Unidas a apresentarem relatórios sobre a implementação das disposições da presente Convenção compreendidas no âmbito de suas atividades;

b) conforme julgar conveniente, o Comitê transmitirá às agências especializadas, ao Fundo das Nações Unidas para a Infância e a outros órgãos competentes quaisquer relatórios dos Estados Partes que contenham um pedido de assessoramento ou de assistência técnica, ou nos quais se indique essa necessidade, juntamente com as observações e sugestões do Comitê, se as houver, sobre esses pedidos ou indicações;

c) o Comitê poderá recomendar à Assembleia Geral que solicite ao Secretário-Geral que efetue, em seu nome, estudos sobre questões concretas relativas aos direitos da criança;

d) o Comitê poderá formular sugestões e recomendações gerais com base nas informações recebidas nos termos dos Artigos 44 e 45 da presente Convenção. Essas sugestões e recomendações gerais deverão ser transmitidas aos Estados Partes e encaminhadas à Assembleia geral, juntamente com os comentários eventualmente apresentados pelos Estados Partes.

Parte III

Artigo 46

A presente Convenção está aberta à assinatura de todos os Estados.

Artigo 47

A presente Convenção está sujeita à ratificação. Os instrumentos de ratificação serão depositados junto ao Secretário-Geral das Nações Unidas.

Artigo 48

A presente convenção permanecerá aberta à adesão de qualquer Estado. Os instrumentos de adesão serão depositados junto ao Secretário-Geral das Nações Unidas.

Artigo 49

1. A presente Convenção entrará em vigor no trigésimo dia após a data em que tenha sido depositado o vigésimo instrumento de ratificação ou de adesão junto ao Secretário-Geral das Nações Unidas.

2. Para cada Estado que venha a ratificar a Convenção ou a aderir a ela após ter sido depositado o vigésimo instrumento de ratificação ou de adesão, a Convenção entrará em vigor no trigésimo dia após o depósito, por parte do Estado, de seu instrumento de ratificação ou de adesão.

Artigo 50

1. Qualquer Estado Parte poderá propor uma emenda e registrá-la com o Secretário-Geral das Nações Unidas. O Secretário-Geral comunicará a emenda proposta aos Estados Partes, com a solicitação de que estes o notifiquem caso apoiem a convocação de uma Conferência de Estados Partes com o propósito de analisar as propostas e submetê-las à votação. Se, num prazo de quatro meses a partir da data dessa notificação, pelo menos um terço dos Estados Partes se declarar favorável a tal Conferência, o Secretário-Geral convocará Conferência, sob os auspícios das Nações Unidas. Qualquer emenda adotada pela maioria de Estados Partes presentes e votantes na Conferência será submetida pelo Secretário-Geral à Assembleia Geral para sua aprovação.

2. Uma emenda adotada em conformidade com o parágrafo 1 do presente Artigo entrará em vigor quando aprovada pela Assembleia Geral das Nações Unidas e aceita por uma maioria de dois terços de Estados Partes.

3. Quando uma emenda entrar em vigor, ela será obrigatória para os Estados Partes que as tenham aceito, enquanto os demais Estados Partes permanecerão obrigados pelas disposições da presente Convenção e pelas emendas anteriormente aceitas por eles.

Artigo 51

1. O Secretário-Geral das Nações Unidas receberá e comunicará a todos os Estados Partes o texto das reservas feitas pelos Estados no momento da ratificação ou da adesão.

2. Não será permitida nenhuma reserva incompatível com o objetivo e o propósito da presente Convenção.

3. Quaisquer reservas poderão ser retiradas a qualquer momento mediante uma notificação nesse sentido dirigida ao Secretário-Geral das Nações Unidas, que informará a todos os Estados. Essa notificação entrará em vigor a partir da data de recebimento da mesma pelo Secretário-Geral.

Artigo 52

Um Estado Parte poderá denunciar a presente Convenção mediante notificação feita por escrito ao Secretário-Geral das Nações Unidas. A denúncia entrará em vigor um ano após a data em que a notificação tenha sido recebida pelo Secretário-Geral.

Artigo 53

Designa-se para depositário da presente Convenção o Secretário-Geral das Nações Unidas.

Artigo 54

O original da presente Convenção, cujos textos em árabe chinês, espanhol, francês, inglês e russo são igualmente autênticos, será depositado em poder do Secretário-Geral das Nações Unidas.

Em fé do que, os plenipotenciários abaixo assinados, devidamente autorizados por seus respectivos Governos, assinaram a presente Convenção.

DOU de 22.11.1990

CONVENÇÃO INTERAMERICANA SOBRE CONFLITO DE LEIS EM MATÉRIA DE ADOÇÃO DE MENORES – MRE

• *Promulgada pelo Decreto nº 2.429, de 17.12.1997.*

Os Governos dos Estados-Membros da Organização dos Estados Americanos,

Desejosos de concluir uma convenção sobre conflito de leis em matéria de adoção de menores,

Convieram no seguinte:

Artigo 1

Esta Convenção aplicar-se-á à adoção de menores sob as formas de adoção plena, legitimação adotiva e outras formas afins que equiparem o adotado à condição de filho cuja filiação esteja legalmente estabelecida, quando o adotante (ou adotantes) tiver seu domicílio num Estado-Parte e o adotado sua residência habitual noutro Estado-Parte.

Artigo 2

Qualquer Estado-Parte poderá declarar, ao assinar ou ratificar esta Convenção, ou ao aderir, a ela, que sua aplicação se estende a qualquer outra forma de adoção internacional de menores.

Artigo 3

A lei da residência habitual do menor regerá a capacidade, o consentimento e os demais requisitos para a adoção, bem como os procedimentos e formalidades extrínsecas necessários para a constituição do vínculo.

Artigo 4

A lei do domicílio do adotante (ou adotantes) regulará:

a) a capacidade para ser adotante;

b) os requisitos de idade e estado civil do adotante;

c) o consentimento do cônjuge do adotante, se for o caso, e

d) os demais requisitos para ser adotante.

Quando os requisitos da lei do adotante (ou adotantes) forem manifestamente menos estritos do que os da lei da residência habitual do adotado, prevalecerá a lei do adotado.

Artigo 5

As adoções feitas de acordo com esta Convenção serão reconhecidas de pleno direito nos Estados-Partes, sem que se possa invocar a exceção da instituição desconhecida.

Artigo 6

Os requisitos concernentes a publicidade e registro da adoção reger-se-ão pela lei do Estado em que devam ser cumpridos.

Nos registros públicos deverão constar a modalidade e as características da adoção.

Artigo 7

Garantir-se-á o sigilo da adoção, quando for pertinente. No entanto, quando for possível e se forem conhecidos, serão informados a quem legalmente proceder os antecedentes clínicos de menor e os dos pais, sem que sejam mencionados seus nomes nem outros dados que permitam sua identificação.

Artigo 8

Nas adoções regidas por esta Convenção as autoridades que outorgarem a adoção poderão exigir que o adotante (ou adotantes) comprove sua capacidade física, moral, psicológica e econômica por meio de instituições públicas ou privadas cuja finalidade específica esteja relacionada com a proteção do menor. Essas instituições deverão estar expressamente autorizadas por um Estado ou organização internacional.

As instituições que comprovarem os tipos de capacidade acima mencionadas comprometer-se-ão a informar a autoridade outorgante da adoção sobre as condições em que esta se desenvolva, no decorrer de um ano. Para esse efeito, a autoridade outorgante comunicará à instituição acreditadora a outorga da adoção.

Artigo 9

Em caso de adoção plena, legitimação adotiva e formas afins:

a) as relações entre o adotante (ou adotantes) e o adotado, inclusive no que diz respeito a alimentos, bem como as relações do adotado com a família do adotante (ou adotantes), reger-se-ão pela mesma lei que regula as relações do adotante (ou adotantes) com sua família legítima;

b) os vínculos do adotado com sua família de origem serão considerados dissolvidos. No entanto, subsistirão impedimentos para contrair matrimônio.

Artigo 10

No caso de adoção diferente da adoção plena, da legitimação adotiva e de forma afins, as relações entre o adotante (ou adotantes), e o adotado regem-se pela lei do domicílio do adotante (ou adotantes).

As relações do adotado com sua família de origem regem-se pela lei da sua residência habitual no momento da adoção.

Artigo 11

Os direitos sucessórios correspondentes ao adotado (ou adotantes) reger-se-ão pelas normas aplicáveis às respectivas sucessões.

No caso de adoção plena, legitimação adotiva e formas afins, o adotado, o adotante (ou adotantes) e a família deste último ou destes últimos terão os mesmos direitos sucessórios correspondentes à filiação legítima.

Artigo 12

As adoções a que se refere o artigo 1 serão irrevogáveis. A revogação das adoções a que se refere o artigo 2 reger-se-á pela lei da residência habitual do adotado no momento da adoção.

Artigo 13

Quando for possível a conversão da adoção simples em adoção em adoção plena, legitimação adotiva ou formas afins, essa conversão reger-se-á, à escolha do autor, pela lei da residência habitual do adotado no momento da adoção ou pela lei do Estado de domicílio do adotante (ou adotantes) no momento de ser pedida a conversão.

Se o adotado for maior de 14 anos será necessário seu consentimento.

Artigo 14

A anulação da adoção será regida pela lei de sua outorga. A anulação somente será decretada judicialmente, velando-se pelos interesses do menor de acordo com o artigo 19 desta Convenção.

Artigo 15

Serão competentes para outorgar as adoções a que se refere esta Convenção as autoridades do Estado da residência habitual do adotado.

Artigo 16

Serão competentes para decidir sobre a anulação ou a revogação da adoção os juízes do Estado da residência habitual do adotado no momento da outorgada adoção.

Quando for possível a convenção da adoção simples em adoção plena, legitimação adotiva ou formas afins, serão competentes para decidir, alternadamente e à escolha do autor, as autoridades do Estado da residência habitual do adotado no momento da adoção, ou as do Estado onde tiver domicílio o adotante (ou adotantes) ou as do Estado onde tiver domicílio o adotado, quando tiver domicílio próprio, no momento de pedir-se a conversão.

Artigo 17

Serão competentes para decidir as questões referentes às relações entre o adotado e o adotante (ou adotantes) e a família deste último (ou destes últimos), os juízes do Estado de domicílio do adotante (ou adotantes), enquanto o adotado não constituir domicílio próprio.

A partir do momento em que o adotado tiver domicílio próprio será competente, à escolha do autor, o juiz do domicílio do adotado ou do adotante (ou adotantes).

Artigo 18

As autoridades dos Estados-Partes poderão recusar-se a aplicar a lei declarada competente por esta Convenção quando essa lei for manifestamente contrária à sua ordem pública.

Artigo 19

Os termos desta Convenção e as leis aplicáveis de acordo com ela serão interpretados harmonicamente e em favor da validade da adoção e em benefício do adotado.

Artigo 20

Qualquer Estado-Parte poderá, a qualquer momento, declarar que esta Convenção aplica-se à adoção de menores com residência habitual nesse Estado, por pessoas que também tenham residência habitual nesse mesmo Estado-Parte, quando, das circunstâncias do caso específico, a juízo da autoridade interveniente, resultar que o adotante (ou adotantes) propõe-se a constituir domicílio em outro Estado-Parte depois de formalizada a adoção.

Artigo 21

Esta Convenção ficará aberta à assinatura dos Estados-Membros da Organização dos Estados Americanos.

Artigo 22

Esta Convenção está sujeita à ratificação. Os instrumentos de ratificação serão depositados na Secretaria-Geral da Organização dos Estados Americanos.

Artigo 23

Esta Convenção ficará aberta à adesão de qualquer outro Estado. Os instrumentos de adesão serão depositados na Secretaria-Geral da Organização dos Estados Americanos.

Artigo 24

Cada Estado poderá formular reservas a esta Convenção no momento de assiná-la, ratificá-la ou de a ela aderir, desde que a reserva verse sobre uma ou mais disposições específicas.

Artigo 25

As adoções, outorgadas de conformidade com o direito interno, quando o adotante (ou adotantes) e o adotado tiverem domicílio ou residência habitual no mesmo Estado-Parte, surtirão efeitos de pleno direito nos demais Estados-Partes, sem prejuízo de que tais efeitos sejam regidos pela lei do novo domicílio do adotante (ou adotantes).

Artigo 26

Esta Convenção entrará em vigor no trigésimo dia a partir da data em que haja sido depositado o segundo instrumento de ratificação.

Para cada Estado que ratificar a Convenção ou a ela aderir depois de haver sido depositado o segundo instrumento de ratificação, a Convenção entrará em vigor no trigésimo dia a partir da data em que tal Estado haja depositado seu instrumento de ratificação ou de adesão.

Artigo 27

Os Estados-Partes que tenham duas ou mais unidades territoriais em que vigorem sistemas jurídicos diferentes com relação a questões de que trata esta Convenção poderão declarar, no momento da assinatura, ratificação ou adesão, que a Convenção aplicar-se-á a todas as suas unidades territoriais ou somente a uma ou mais delas.

Tais declarações poderão ser modificadas mediante declarações ulteriores, que especificarão expressamente a unidade ou as unidades territoriais a que se aplicará esta Convenção. Tais declarações ulteriores serão transmitidas à Secretaria-Geral da Organização dos Estados Americanos e surtirão efeito trinta dias depois de recebidas.

Artigo 28

Esta Convenção vigorará por prazo indefinido, mas qualquer dos Estados-Partes poderá denunciá-la. O instrumento de denúncia será depositado na Secretaria-Geral da Organização dos Estados Americanos. Transcorrido um ano da data do depósito do instrumento de denúncia, os efeitos da Convenção cessarão para o Estado denunciante, mas subsistirão para os demais Estados-Partes.

Artigo 29

O instrumento original desta Convenção, cujos textos em português, espanhol, francês e inglês são igualmente autênticos, será depositado na Secretaria-Geral da Organização dos Estados Americanos, que enviará cópia autenticada do seu texto à Secretaria das Nações Unidas, para seu registro e publicação, de conformidade com o artigo 102 da sua Carta constitutiva. A Secretaria-Geral da Organização dos Estados Americanos notificará aos Estados-Membros da referida Organização e aos Estados que houverem aderido à Convenção as assinaturas e os depósitos de instrumentos de ratificação, adesão e denúncia, bem como as reservas que houver. Outrossim, transmitir-lhes-á as declarações previstas nos artigos 2, 20 e 27 desta Convenção.

Em fé do que, os plenipotenciários infra-assinados, devidamente autorizados por seus respectivos governos, firmam esta Convenção.

Feita na Cidade de La Paz, Bolívia, no dia vinte e quatro de maio de mil novecentos e oitenta e quatro.

DOU de 18.12.1997

CONVENÇÃO RELATIVA À PROTEÇÃO DAS CRIANÇAS E À COOPERAÇÃO EM MATÉRIA DE ADOÇÃO INTERNACIONAL

• *Promulgada pelo Decreto nº 3.087, de 21.6.1999.*

Os Estados signatários da presente Convenção,

Reconhecendo que, para o desenvolvimento harmonioso de sua personalidade, a criança deve crescer em meio familiar, em clima de felicidade, de amor e de compreensão;

Recordando que cada país deveria tomar, com caráter prioritário, medidas adequadas para permitir a manutenção da criança em sua família de origem;

Reconhecendo que a adoção internacional pode apresentar a vantagem de dar uma família permanente à criança para quem não se possa encontrar uma família adequada em seu país de origem;

Convencidos da necessidade de prever medidas para garantir que as adoções internacionais sejam feitas no interesse superior da criança e com respeito a seus direitos fundamentais, assim como para prevenir o sequestro, a venda ou o tráfico de crianças; e

Desejando estabelecer para esse fim disposições comuns que levem em consideração os princípios reconhecidos por instrumentos internacionais, em particular a Convenção das Nações Unidas sobre os Direitos da Criança, de 20 de novembro de 1989, e pela Declaração das Nações Unidas sobre os Princípios Sociais e Jurídicos Aplicáveis à Proteção e ao Bem-estar das Crianças, com Especial Referência às Práticas em Matéria de Adoção e de colocação familiar nos Planos Nacional e Internacional (Resolução da Assembleia Geral nº 41/85, de 3 de dezembro de 1986),

Acordam nas seguintes disposições:

Capítulo I – Âmbito de Aplicação da Convenção

Artigo 1

A presente Convenção tem por objetivo:

a) estabelecer garantias para que as adoções internacionais sejam feitas segundo o interesse superior da criança e com respeito aos direitos fundamentais que lhe conhece o direito internacional;

b) instaurar um sistema de cooperação ente os Estados Contratantes que assegure o respeito às mencionadas garantias e, em consequência, previna o sequestro, a venda ou o tráfico de crianças;

c) assegurar o reconhecimento nos Estados Contratantes das adoções realizadas segundo a Convenção.

Artigo 2

1. A Convenção será aplicada quando uma criança com residência habitual em um Estado Contratante ("o Estado de origem") tiver sido, for, ou deva ser deslocada para outro Estado Contratante ("o Estado de acolhida"), quer após sua adoção no Estado de origem por cônjuges ou por uma pessoa residente habitualmente no Estado de acolhida, quer para que essa adoção seja realizada no Estado de acolhida ou no Estado de origem.

2. A Convenção somente abrange as Adoções que estabeleçam um vínculo de filiação.

Artigo 3

A Convenção deixará de ser aplicável se as aprovações previstas no artigo 17, alínea "c", não forem concedidas antes que a criança atinja a idade de 18 (dezoito) anos.

Capítulo II – Requisitos para as Adoções Internacionais

Artigo 4

As adoções abrangidas por esta Convenção só poderão ocorrer quando as autoridades competentes do Estado de origem:

a) tiverem determinado que a criança é adotável;

b) tiverem verificado, depois de haver examinado adequadamente as possibilidades de colocação da criança em seu Estado de origem, que uma adoção internacional atende ao interesse superior da criança;

c) tiverem-se assegurado de:

1) que as pessoas, instituições e autoridades cujo consentimento se requeira para a adoção hajam sido convenientemente orientadas e devidamente informadas das consequências de seu consentimento, em particular em relação à manutenção ou à ruptura, em virtude da adoção, dos vínculos jurídicos entre a criança e sua família de origem;

2) que estas pessoas, instituições e autoridades tenham manifestado seu consentimento livremente, na forma legal prevista, e que este consentimento se tenha manifestado ou constatado por escrito;

3) que os consentimentos não tenham sido obtidos mediante pagamento ou compensação de qualquer espécie nem tenham sido revogados, e

4) que o consentimento da mãe, quando exigido, tenha sido manifestado após o nascimento da criança; e

d) tiverem-se assegurado, observada a idade e o grau de maturidade da criança, de:

1) que tenha sido a mesma convenientemente orientada e devidamente informada sobre as consequências de seu consentimento à adoção, quando este for exigido;

2) que tenham sido levadas em consideração a vontade e as opiniões da criança;

3) que o consentimento da criança à adoção, quando exigido, tenha sido dado livremente, na forma legal prevista, e que este consentimento tenha sido manifestado ou constatado por escrito;

4) que o consentimento não tenha sido induzido mediante pagamento ou compensação de qualquer espécie.

Artigo 5

As adoções abrangidas por esta Convenção só poderão ocorrer quando as autoridades competentes do Estado de acolhida:

a) tiverem verificado que os futuros pais adotivos encontram-se habilitados e aptos para adotar;

b) tiverem-se assegurado de que os futuros pais adotivos foram convenientemente orientados;

c) tiverem verificado que a criança foi ou será autorizada a entrar e a residir permanentemente no Estado de acolhida.

Capítulo III – Autoridades Centrais e Organismos Credenciados

Artigo 6

1. Cada Estado Contratante designará uma Autoridade Central encarregada de dar cumprimento às obrigações impostas pela presente Convenção.

2. Um Estado federal, um Estado no qual vigoram diversos sistemas jurídicos ou um Estado com unidades territoriais autônomas poderá designar mais de uma Autoridade Central e especificar

o âmbito territorial ou pessoal de suas funções. O Estado que fizer uso dessa faculdade designará a Autoridade Central à qual poderá ser dirigida toda a comunicação para sua transmissão à Autoridade Central competente dentro desse Estado.

Artigo 7

1. As Autoridades Centrais deverão cooperar entre si e promover a colaboração entre as autoridades competentes de seus respectivos Estados a fim de assegurar a proteção das crianças e alcançar os demais objetivos da Convenção.

2. As Autoridades Centrais tomarão, diretamente, todas as medidas adequadas para:

a) fornecer informações sobre a legislação de seus Estados em matéria de adoção e outras informações gerais, tais como estatísticas e formulários padronizados;

b) informar-se mutuamente sobre o funcionamento da Convenção e, na medida do possível, remover os obstáculos para sua aplicação.

Artigo 8

As Autoridades Centrais tomarão, diretamente ou com a cooperação de autoridades públicas, todas as medidas apropriadas para prevenir benefícios materiais induzidos por ocasião de uma adoção e para impedir qualquer prática contrária aos objetivos da Convenção.

Artigo 9

As Autoridades Centrais tomarão todas as medidas apropriadas, seja diretamente ou com a cooperação de autoridades públicas ou outros organismos devidamente credenciados em seu Estado, em especial para:

a) reunir, conservar e permutar informações relativas à situação da criança e dos futuros pais adotivos, na medida necessária à realização da adoção;

b) facilitar, acompanhar e acelerar o procedimento de adoção;

c) promover o desenvolvimento de serviços de orientação em matéria de adoção e de acompanhamento das adoções em seus respectivos Estados;

d) permutar relatórios gerais de avaliação sobre as experiências em matéria de adoção internacional;

e) responder, nos limites da lei do seu Estado, às solicitações justificadas de informações a respeito de uma situação particular de adoção formulada por outras Autoridades Centrais ou por autoridades públicas.

Artigo 10

Somente poderão obter e conservar o credenciamento os organismos que demonstrarem sua aptidão para cumprir corretamente as tarefas que lhe possam ser confiadas.

Artigo 11

Um organismo credenciado deverá:

a) perseguir unicamente fins não lucrativos, nas condições e dentro dos limites fixados pelas autoridades competentes do Estado que o tiver credenciado;

b) ser dirigido e administrado por pessoas qualificadas por sua integridade moral e por sua formação ou experiência para atuar na área de adoção internacional;

c) estar submetido à supervisão das autoridades competentes do referido Estado, no que tange à sua composição, funcionamento e situação financeira.

Artigo 12

Um organismo credenciado em um Estado Contratante somente poderá atuar em outro Estado Contratante se tiver sido autorizado pelas autoridades competentes de ambos os Estados.

Artigo 13

A designação das Autoridades Centrais e, quando for o caso, o âmbito de suas funções, assim como os nomes e endereços dos organismos credenciados devem ser comunicados por cada Estado Contratante ao Bureau Permanente da Conferência da Haia de Direito Internacional Privado.

Capítulo IV – Requisitos Processuais para a Adoção Internacional

Artigo 14

As pessoas com residência habitual em um Estado Contratante, que desejem adotar uma criança cuja residência habitual seja em outro Estado Contratante, deverão dirigir-se à Autoridade Central do Estado de sua residência habitual.

Artigo 15

1. Se a Autoridade Central do Estado de acolhida considerar que os solicitantes estão habilitados e aptos para adotar, a mesma preparará um relatório que contenha informações sobre a identidade, a capacidade jurídica e adequação dos solicitantes para adotar, sua situação pessoal, familiar e médica, seu meio social, os motivos que os animam, sua aptidão para assumir uma adoção internacional, assim como sobre as crianças de que eles estariam em condições de tomar a seu cargo.

2. A Autoridade Central do Estado de acolhida transmitirá o relatório à Autoridade Central do Estado de origem.

Artigo 16

1. Se a Autoridade Central do Estado de origem considerar que a criança é adotável, deverá:

a) preparar um relatório que contenha informações sobre a identidade da criança, sua adotabilidade, seu meio social, sua evolução pessoal e familiar, seu histórico médico pessoal e familiar, assim como quaisquer necessidades particulares da criança;

b) levar em conta as condições de educação da criança, assim como sua origem étnica, religiosa e cultural;

c) assegurar-se de que os consentimentos tenham sido obtidos de acordo com o artigo 4; e

d) verificar, baseando-se especialmente nos relatórios relativos à criança e aos futuros pais adotivos, se a colocação prevista atende ao interesse superior da criança.

2. A Autoridade Central do Estado de origem transmitirá à Autoridade Central do Estado de acolhida seu relatório sobre a criança, a prova dos consentimentos requeridos e as razões que justificam a colocação, cuidando para não revelar a identidade da mãe e do pai, caso a divulgação dessas informações não seja permitida no Estado de origem.

Artigo 17

Toda decisão de confiar uma criança aos futuros pais adotivos somente poderá ser tomada no Estado de origem se:

a) a Autoridade Central do Estado de origem tiver se assegurado de que os futuros pais adotivos manifestaram sua concordância;

b) a Autoridade Central do Estado de acolhida tiver aprovado tal decisão, quando esta aprovação for requerida pela lei do Estado de acolhida ou pela Autoridade Central do Estado de origem;

c) as Autoridades Centrais de ambos os Estados estiverem de acordo em que se prossiga com a adoção; e

d) tiver sido verificado, de conformidade com o artigo 5, que os futuros pais adotivos estão habilitados e aptos a adotar e que a criança está ou será autorizada a entrar e residir permanentemente no Estado de acolhida.

Artigo 18

As Autoridades Centrais de ambos os Estados tomarão todas as medidas necessárias para que a criança receba a autorização de saída do Estado de origem, assim como aquela de entrada e de residência permanente no Estado de acolhida.

Artigo 19

1. O deslocamento da criança para o Estado de acolhida só poderá ocorrer quando tiverem sido satisfeitos os requisitos do artigo 17.

2. As Autoridades Centrais dos dois Estados deverão providenciar para que o deslocamento se realize com toda a segurança, em condições adequadas e, quando possível, em companhia dos pais adotivos ou futuros pais adotivos.

3. Se o deslocamento da criança não se efetivar, os relatórios a que se referem os artigos 15 e 16 serão restituídos às autoridades que os tiverem expedido.

Artigo 20

As Autoridades Centrais manter-se-ão informadas sobre o procedimento de adoção, sobre as medidas adotadas para levá-la a efeito, assim como sobre o desenvolvimento do período probatório, se este for requerido.

Artigo 21

1. Quando a adoção deva ocorrer, após o deslocamento da criança, para o Estado de acolhida e a Autoridade Central desse Estado considerar que a manutenção da criança na família de acolhida já não responde ao seu interesse superior, essa Autoridade Central tomará as medidas necessárias à proteção da criança, especialmente de modo a:

a) retirá-la das pessoas que pretendem adotá-la e assegurar provisoriamente seu cuidado;

b) em consulta com a Autoridade Central do Estado de origem, assegurar, sem demora, uma nova colocação da criança com vistas à sua adoção ou, em sua falta, uma colocação alternativa de caráter duradouro. Somente poderá ocorrer uma adoção se a Autoridade Central do Estado de origem tiver sido devidamente informada sobre os novos pais adotivos;

c) como último recurso, assegurar o retorno da criança ao Estado de origem, se assim o exigir o interesse da mesma.

2. tendo em vista especialmente a idade e o grau de maturidade da criança, esta deverá ser consultada e, neste caso, deve-se obter seu consentimento em relação às medidas a serem tomadas, em conformidade com o presente Artigo.

Artigo 22

1. As funções conferidas à Autoridade Central pelo presente capítulo poderão ser exercidas por autoridades públicas ou por organismos credenciados de conformidade com o capítulo III, e sempre na forma prevista pela lei de seu Estado.

2. Um Estado Contratante poderá declarar ante o depositário da Convenção que as Funções conferidas à Autoridade Central pelos artigos 15 a 21 poderão também ser exercidas nesse Estado dentro dos limites permitidos pela lei e sob o controle das autoridades competentes desse Estado, por organismos e pessoas que:

a) satisfizerem as condições de integridade moral, de competência profissional, experiência e responsabilidade exigidas pelo mencionado Estado;

b) forem qualificados por seus padrões éticos e sua formação e experiência para atuar na área de adoção internacional.

3. O Estado Contratante que efetuar a declaração prevista no parágrafo 2 informará com regularidade ao Bureau Permanente da Conferência da Haia de Direito Internacional Privado os nomes e endereços desses organismos e pessoas.

4. Um Estado contratante poderá declarar ante o depositário da Convenção que as adoções de crianças cuja residência habitual estiver situada em seu território somente poderão ocorrer se as funções conferidas às Autoridades Centrais foram exercidas de acordo com o parágrafo 1.

5. Não obstante qualquer declaração efetuada de conformidade com o parágrafo 2, os relatórios previstos nos artigos 15 e 16 serão, em todos os casos, elaborados sob a responsabilidade da Autoridade Central ou de outras autoridades ou organismos, de conformidade com o parágrafo 1.

Capítulo V – Reconhecimento e Efeitos da Adoção

Artigo 23

1. Uma adoção certificada em conformidade com a Convenção, pela autoridade competente do Estado onde ocorreu, será reconhecida de pleno direito pelos demais Estados Contratantes.

O certificado deverá especificar quando e quem outorgou os assentimentos previstos no artigo 17, alínea "c".

2. Cada Estado Contratante, no momento da assinatura, ratificação, aceitação, aprovação ou adesão, notificará ao depositário da Convenção a identidade e as Funções da autoridade ou das autoridades que, nesse Estado, são competentes para expedir esse certificado, bem como lhe notificará, igualmente, qualquer modificação na designação dessas autoridades.

Artigo 24

O reconhecimento de uma adoção só poderá ser recusado em um Estado Contratante se a adoção for manifestamente contrária à sua ordem pública, levando em consideração o interesse superior da criança.

Artigo 25

Qualquer Estado Contratante poderá declarar ao depositário da Convenção que não se considera obrigado, em virtude desta, a reconhecer as adoções feitas de conformidade com um acordo concluído com base no artigo 39, parágrafo 2.

Artigo 26

1. O reconhecimento da adoção implicará o reconhecimento:

a) do vínculo de filiação entre a criança e seus pais adotivos;

b) da responsabilidade paterna dos pais adotivos a respeito da criança;

c) da ruptura do vínculo de filiação preexistente entre a criança e sua mãe e seu pai, se a adoção produzir este efeito no Estado Contratante em que ocorreu.

2. Se a adoção tiver por efeito a ruptura do vínculo preexistente de filiação, a criança gozará, no Estado de acolhida e em qualquer outro Estado Contratante no qual se reconheça a adoção, de direitos equivalente aos que resultem de uma adoção que produza tal efeito em cada um desses Estados.

3. Os parágrafos precedentes não impedirão a aplicação de quaisquer disposições mais favoráveis à criança, em vigor no Estado Contratante que reconheça a adoção.

Artigo 27

1. Se uma adoção realizada no Estado de origem não tiver como efeito a ruptura do vínculo preexistente de filiação, o Estado de acolhida que reconhecer a adoção de conformidade com a Convenção poderá convertê-la em uma adoção que produza tal efeito, se:

a) a lei do Estado de acolhida o permitir; e

b) os consentimentos previstos no artigo 4, alíneas "c" e "d", tiverem sido ou forem outorgados para tal adoção.

2. O artigo 23 aplica-se à decisão sobre a conversão.

Capítulo VI – Disposições Gerais

Artigo 28

A Convenção não afetará nenhuma lei do Estado de origem que requeira que a adoção de uma criança residente habitualmente nesse Estado, ocorra neste Estado, ou que proíba a colocação da criança no Estado de acolhida ou seu deslocamento ao Estado de acolhida antes da adoção.

Artigo 29

Não deverá haver nenhum contato entre os futuros pais adotivos e os pais da criança ou qualquer outra pessoa que detenha a sua guarda até que se tenham cumprido as disposições do artigo 4, alíneas "a" a "c" e do artigo 5, alínea "a", salvo os casos em que a adoção for efetuada entre membros de uma mesma família ou em que as condições fixadas pela autoridade competente do Estado de origem forem cumpridas.

Artigo 30

1. As autoridades competentes de um Estado Contratante tomarão providências para a conservação das informações de que dispuserem relativamente à origem da criança e, em par-

ticular, a respeito da identidade de seus pais, assim como sobre o histórico médico da criança e de sua família.

2. Essas autoridades assegurarão o acesso, com a devida orientação da criança ou de seu representante legal, a estas informações, na medida em que o permita a lei do referido Estado.

Artigo 31

Sem prejuízo do estabelecido no artigo 30, os dados pessoais que forem obtidos ou transmitidos de conformidade com a Convenção, em particular aqueles a que se referem os artigos 15 e 16, não poderão ser utilizados para fins distintos daqueles para os quais foram colhidos ou transmitidos.

Artigo 32

1. Ninguém poderá obter vantagens materiais indevidas em razão de intervenção em uma adoção internacional.

2. Só poderão ser cobrados e pagos os custos e as despesas, inclusive os honorários profissionais razoáveis de pessoas que tenham intervindo na adoção.

3. Os dirigentes, administradores e empregados dos organismos intervenientes em uma adoção não poderão receber remuneração desproporcional em relação aos serviços prestados.

Artigo 33

Qualquer autoridade competente, ao verificar que uma disposição da Convenção foi desrespeitada ou que existe risco manifesto de que venha a sê-lo, informará imediatamente a Autoridade Central de seu Estado, a qual terá a responsabilidade de assegurar que sejam tomadas as medidas adequadas.

Artigo 34

Se a autoridade competente do Estado destinatário de um documento requerer que se faça deste uma tradução certificada, esta deverá ser fornecida. Salvo dispensa, os custos de tal tradução estarão a cargo dos futuros pais adotivos.

Artigo 35

As autoridades competentes do Estados Contratantes atuarão com celeridade nos procedimentos de adoção.

Artigo 36

Em relação a um Estado que possua, em matéria de adoção, dois ou mais sistemas jurídicos aplicáveis em diferentes unidades territoriais:

a) qualquer referência à residência habitual nesse Estado será entendida como relativa à residência habitual em uma unidade territorial do dito Estado;

b) qualquer referência à lei desse Estado será entendida como relativa à lei vigente na correspondente unidade territorial;

c) qualquer referência às autoridades competentes ou às autoridades públicas desse Estado será entendida como relativa às autoridades autorizadas para atuar na correspondente unidade territorial;

d) qualquer referência aos organismos credenciados do dito Estado será entendida como relativa aos organismos credenciados na correspondente unidade territorial.

Artigo 37

No tocante a um Estado que possua, em matéria de adoção, dois ou mais sistemas jurídicos aplicáveis a categorias diferentes de pessoas, qualquer referência à lei desse Estado será entendida como ao sistema jurídico indicado pela lei do dito Estado.

Artigo 38

Um Estado em que distintas unidades territoriais possuam suas próprias regras de direito em matéria de adoção não estará obrigado a aplicar a Convenção nos casos em que um Estado de sistema jurídico único não estiver obrigado a fazê-lo.

Artigo 39

1. A Convenção não afeta os instrumentos internacionais em que os Estados Contratantes sejam Partes e que contenham disposições sobre as matérias reguladas pela presente Convenção, salvo declaração em contrário dos Estados vinculados pelos referidos instrumentos internacionais.

2. Qualquer Estados Contratante poderá concluir com um ou mais Estados Contratantes acordos para favorecer a aplicação da Convenção em suas relações recíprocas. Esses acordos somente poderão derrogar as disposições contidas nos artigos 14 a 16 e 18 a 21. Os Estados que concluírem tais acordos transmitirão uma cópia dos mesmos ao depositário da presente Convenção.

Artigo 40

Nenhuma reserva à Convenção será admitida.

Artigo 41

A Convenção será aplicada às Solicitações formuladas em conformidade com o artigo 14 e recebidas depois da entrada em vigor da Convenção no Estado de acolhida e no Estado de origem.

Artigo 42

O Secretário-Geral da Conferência da Haia de Direito Internacional Privado convocará periodicamente uma Comissão Especial para examinar o funcionamento prático da Convenção.

Capítulo VII – Cláusulas Finais

Artigo 43

1. A Convenção estará aberta à assinatura dos Estados que eram membros da Conferência da Haia de Direito Internacional Privado quando da Décima-Sétima Sessão, e aos demais Estados participantes da referida Sessão.

2. Ela será ratificada, aceita ou aprovada e os instrumentos de ratificação, aceitação ou aprovação serão depositados no Ministério dos Negócios Estrangeiros do Reino dos Países Baixos, depositário da Convenção.

Artigo 44

1. Qualquer outro Estado poderá aderir à Convenção depois de sua entrada em vigor, conforme o disposto no artigo 46, parágrafo 1.

2. O instrumento de adesão deverá ser depositado junto ao depositário da Convenção.

3. A adesão somente surtirá efeitos nas relações entre o Estado aderente e os Estados Contratantes que não tiverem formulado objeção à sua adesão nos seis meses seguintes ao recebimento da notificação a que se refere o artigo 48, alínea "b". Tal objeção poderá igualmente ser formulada por qualquer Estado o momento da ratificação, aceitação ou aprovação da Convenção, posterior à adesão. As referidas objeções deverão ser notificadas ao depositário.

Artigo 45

1. Quando um Estado compreender duas ou mais unidades territoriais nas quais se apliquem sistemas jurídicos diferentes em relação às questões reguladas pela presente Convenção, poderá declarar, no momento da assinatura, da ratificação, da aceitação, da aprovação ou da adesão, que a presente Convenção será aplicada a todas as suas unidades territoriais ou somente a uma ou várias delas. Essa declaração poderá ser modificada por meio de nova declaração a qualquer tempo.

2. Tais declarações serão notificadas ao depositário, indicando-se expressamente as unidades territoriais às quais a Convenção será aplicável.

3. Caso um Estado não formule nenhuma declaração na forma do presente artigo, a Convenção será aplicada à totalidade do território do referido Estado.

Artigo 46

1. A Convenção entrará em vigor no primeiro dia do mês seguinte à expiração de um período de três meses contados da data do depósito do terceiro instrumento de ratificação, de aceitação ou de aprovação previsto no artigo 43.

2. Posteriormente, a Convenção entrará em vigor:

a) para cada Estado que a ratificar, aceitar ou aprovar posteriormente, ou apresentar adesão à mesma, no primeiro dia do mês seguinte à expiração de um período de três meses depois do depósito de seu instrumento de ratificação, aceitação, aprovação ou adesão;

b) para as unidades territoriais às quais se tenha estendido a aplicação da Convenção conforme o disposto no artigo 45, no primeiro dia do mês seguinte à expiração de um período de três meses depois da notificação prevista no referido artigo.

Artigo 47

1. Qualquer Estado-Parte na presente Convenção poderá denunciá-la mediante notificação por escrito, dirigida ao depositário.

2. A denúncia surtirá efeito no primeiro dia do mês subsequente à expiração de um período de doze meses da data de recebimento da notificação pelo depositário. Caso a notificação fixe um período maior para que a denúncia surta efeito, esta surtirá efeito ao término do referido período a contar da data do recebimento da notificação.

Artigo 48

O depositário notificará aos Estados-Membros da Conferência da Haia de Direito Internacional Privado, assim como aos demais Estados participantes da Décima-Sétima Sessão e aos Estados que tiverem aderido à Convenção de conformidade com o disposto no artigo 44:

a) as assinaturas, ratificações, aceitações e aprovações a que se refere o artigo 43;

b) as adesões e as objeções às adesões a que se refere o artigo 44;

c) a data em que a Convenção entrará em vigor de conformidade com as disposições do artigo 46;

d) as declarações e designações a que se referem os artigos 22, 23, 25 e 45;

e) os Acordos a que se refere o artigo 39;

f) as denúncias a que se refere o artigo 47.

Em testemunho do que, os abaixo-assinados, devidamente autorizados, firmaram a presente Convenção.

Feita na Haia, em 29 de maio de 1993, nos idiomas francês e inglês, sendo ambos os textos igualmente autênticos, em um único exemplar, o qual será depositado nos arquivos do Governo do Reino dos Países Baixos e do qual uma cópia certificada será enviada, por via diplomática, a cada um dos Estados-Membros da Conferência da Haia de Direito Internacional Privado por ocasião da Décima-Sétima Sessão, assim como a cada um dos demais Estados que participaram desta Sessão.

DOU de 22.6.1999

CONVENÇÃO SOBRE OS ASPECTOS CIVIS DO SEQUESTRO INTERNACIONAL DE CRIANÇAS

• *Promulgada pelo Decreto nº 3.413, de 14.4.2000.*

Os Estados signatários da presente Convenção,

Firmemente convictos de que os interesses da criança são de primordial importância em todas as questões relativas à sua guarda;

Desejando proteger a criança, no plano internacional, dos efeitos prejudiciais resultantes de mudança de domicílio ou de retenção ilícitas e estabelecer procedimentos que garantam o retorno imediato da criança ao Estado de sua residência habitual, bem como assegurar a proteção do direito de visita;

Decidiram concluir uma Convenção para esse efeito e acordaram nas seguintes disposições:

Capitulo I – Âmbito da Convenção

Artigo 1

A presente Convenção tem por objetivo:

a) assegurar o retorno imediato de crianças ilicitamente transferidas para qualquer Estado Contratante ou nele retidas indevidamente;

b) fazer respeitar de maneira efetiva nos outros Estados Contratantes os direitos de guarda e de visita existentes num Estado Contratante.

Artigo 2

Os Estados Contratantes deverão tomar todas as medidas apropriadas que visem assegurar, nos respectivos territórios, a concretização dos objetivos da Convenção. Para tal, deverão recorrer a procedimentos de urgência.

Artigo 3

A transferência ou a retenção de uma criança é considerada ilícita quando:

a) tenha havido violação a direito de guarda atribuído a pessoa ou a instituição ou a qualquer outro organismo, individual ou conjuntamente, pela lei do Estado onde a criança tivesse sua residência habitual imediatamente antes de sua transferência ou da sua retenção; e

b) esse direito estivesse sendo exercido de maneira efetiva, individual ou em conjuntamente, no momento da transferência ou da retenção, ou devesse está-lo sendo se tais acontecimentos não tivessem ocorrido.

O direito de guarda referido na alínea a) pode resultar de uma atribuição de pleno direito, de uma decisão judicial ou administrativa ou de um acordo vigente segundo o direito desse Estado.

Artigo 4

A Convenção aplica-se a qualquer criança que tenha residência habitual num Estado Contratante, imediatamente antes da violação do direito de guarda ou de visita. A aplicação da Convenção cessa quando a criança atingir a idade de dezesseis anos.

Artigo 5

Nos termos da presente Convenção:

a) o "direito de guarda" compreenderá os direitos relativos aos cuidados com a pessoa da criança, e, em particular, o direito de decidir sobre o lugar da sua residência;

b) o "direito de visita" compreenderá o direito de levar uma criança, por um período limitado de tempo, para um lugar diferente daquele onde ela habitualmente reside.

Capítulo II – Autoridades Centrais

Artigo 6

Cada Estado Contratante designará uma Autoridade Central encarregada de dar cumprimento às obrigações que lhe são impostas pela presente Convenção.

Estados federais, Estados em que vigorem vários sistemas legais ou Estados em que existam organizações territoriais autônomas terão a liberdade de designar mais de uma Autoridade Central e de especificar a extensão territorial dos poderes de cada uma delas. O Estado que utilize esta faculdade deverá designar a Autoridade Central à qual os pedidos poderão ser dirigidos para o efeito de virem a ser transmitidos à Autoridade Central internamente competente nesse Estado.

Artigo 7

As autoridades centrais devem cooperar entre si e promover a colaboração entre as autoridades competentes dos seus respectivos Estados, de forma a assegurar o retorno imediato das crianças e a realizar os demais objetivos da presente Convenção.

Em particular, deverão tomar, quer diretamente, quer através de um intermediário, todas as medidas apropriadas para:

a) localizar uma criança transferida ou retida ilicitamente;

b) evitar novos danos à criança, ou prejuízos às partes interessadas, tomando ou fazendo tomar medidas preventivas;

c) assegurar a entrega voluntária da criança ou facilitar uma solução amigável;

d) proceder, quando desejável, à troça de informações relativas à situação social da criança;

e) fornecer informações de caráter geral sobre a legislação de seu Estado relativa à aplicação da Convenção;

f) dar início ou favorecer a abertura de processo judicial ou administrativo que vise o retorno da criança ou, quando for o caso, que permita a organização ou o exercício efetivo do direito de visita;

g) acordar ou facilitar, conforme as circunstâncias, a obtenção de assistência judiciária e jurídica, incluindo a participação de um advogado;

h) assegurar no plano administrativo, quando necessário e oportuno, o retorno sem perigo da criança;

i) manterem-se mutuamente informados sobre o funcionamento da Convenção e, tanto quanto possível, eliminarem os obstáculos que eventualmente se oponham à aplicação desta.

Capítulo III – Retorno da Criança

Artigo 8

Qualquer pessoa, instituição ou organismo que julgue que uma criança tenha sido transferida ou retirada em violação a um direito de guarda pode participar o fato à Autoridade Central do Estado de residência habitual da criança ou à Autoridade Central de qualquer outro Estado Contratante, para que lhe seja prestada assistência para assegurar o retorno da criança.

O pedido deve conter:

a) informação sobre a identidade do requerente, da criança e da pessoa a quem se atribuí a transferência ou a retenção da criança;

b) caso possível, a data de nascimento da criança;

c) os motivos em que o requerente se baseia para exigir o retorno da criança;

d) todas as informações disponíveis relativas à localização da criança e à identidade da pessoa com a qual presumivelmente se encontra a criança.

O pedido pode ser acompanhado ou complementado por:

e) cópia autenticada de qualquer decisão ou acordo considerado relevante;

f) atestado ou declaração emitidos pela Autoridade Central, ou por qualquer outra entidade competente do Estado de residência habitual, ou por uma pessoa qualificada, relativa à legislação desse Estado na matéria;

g) qualquer outro documento considerado relevante.

Artigo 9

Quando a Autoridade Central que recebeu o pedido mencionado no Artigo 8 tiver razões para acreditar que a criança se encontra em outro Estado Contratante, deverá transmitir o pedido, diretamente e sem demora, à Autoridade Central desse Estado Contratante e disso informará a Autoridade Central requerente ou, se for caso, o próprio requerente.

Artigo 10

A Autoridade Central do Estado onde a criança se encontrar deverá tomar ou fazer com que se tomem todas as medidas apropriadas para assegurar a entrega voluntária da mesma.

Artigo 11

As autoridades judiciais ou administrativas dos Estados Contratantes deverão adotar medidas de urgência com vistas ao retomo da criança.

Se a respectiva autoridade judicial ou administrativa não tiver tomado uma decisão no prazo de 6 semanas a contar da data em que o pedido lhe foi apresentado, o requerente ou a Autoridade

Central do Estado requerido, por sua própria iniciativa ou a pedido da Autoridade Central do Estado requerente, poderá solicitar uma declaração sobre as razões da demora. Se for a Autoridade Central do Estado requerido a receber a resposta, esta autoridade deverá transmiti-la à Autoridade Central do Estado requerente ou, se for o caso, ao próprio requerente.

Artigo 12

Quando uma criança tiver sido ilicitamente transferida ou retida nos termos do Artigo 3 e tenha decorrido um período de menos de 1 ano entre a data da transferência ou da retenção indevidas e a data do início do processo perante a autoridade judicial ou administrativa do Estado Contratante onde a criança se encontrar, a autoridade respectiva deverá ordenar o retomo imediato da criança.

A autoridade judicial ou administrativa respectiva, mesmo após expirado o período de uma ano referido no parágrafo anterior, deverá ordenar o retorno da criança, salvo quando for provado que a criança já se encontra integrada no seu novo meio.

Quando a autoridade judicial ou administrativa do Estado requerido tiver razões para crer que a criança tenha sido levada para outro Estado, poderá suspender o processo ou rejeitar o pedido para o retorno da criança.

Artigo 13

Sem prejuízo das disposições contidas no Artigo anterior, a autoridade judicial ou administrativa do Estado requerido não é obrigada a ordenar o retorno da criança se a pessoa, instituição ou organismo que se oponha a seu retomo provar:

a) que a pessoa, instituição ou organismo que tinha a seu cuidado a pessoa da criança não exercia efetivamente o direito de guarda na época da transferência ou da retenção, ou que havia consentido ou concordado posteriormente com esta transferência ou retenção; ou

b) que existe um risco grave de a criança, no seu retorno, ficar sujeita a perigos de ordem física ou psíquica, ou, de qualquer outro modo, ficar numa situação intolerável.

A autoridade judicial ou administrativa pode também recusar-se a ordenar o e retorno da criança se verificar que esta se opõe a ele e que a criança atingiu já idade e grau de maturidade tais que seja apropriado levar em consideração as suas opiniões sobre o assunto.

Ao apreciar as circunstâncias referidas neste Artigo, as autoridades judiciais ou administrativas deverão tomar em consideração as informações relativas à situação social da criança fornecidas pela Autoridade Central ou por qualquer outra autoridade competente do Estado de residência habitual da criança.

Artigo 14

Para determinar a ocorrência de uma transferência ou retenção ilícitas nos termos do Artigo 3, as autoridades judiciais ou administrativas do Estado requerido poderão tomar ciência diretamente do direito e das decisões judiciais ou administrativas, formalmente reconhecidas ou não, no Estado de residência habitual da criança sem ter de recorrer a procedimentos específicos para a comprovação dessa legislação ou para o reconhecimento de decisões estrangeiras que seriam de outra forma aplicáveis.

Artigo 15

As autoridades judiciais ou administrativas de um Estado Contratante podem, antes de ordenar o retorno da criança, solicitar a produção pelo requerente de decisão ou de atestado passado pelas autoridades do Estado de residência habitual da criança comprovando que a transferência ou retenção deu-se de forma ilícita nos termos do Artigo 3º da Convenção, desde que essa decisão ou atestado possam ser obtidas no referido Estado. As autoridades centrais dos Estados Contratantes deverão, na medida do possível, auxiliar os requerentes a obter tal decisão ou atestado.

Artigo 16

Depois de terem sido informadas da transferência ou retenção ilícitas de uma criança, nos termos do Artigo 3, as autoridades judiciais ou administrativas do Estado Contratante para onde a criança tenha sido levada ou onde esteja retida não poderão tomar decisões sobre o fundo do direito de guarda sem que fique determinado não estarem reunidas as condições previstas na presente Convenção para o retorno da criança ou sem que haja transcorrido um período razoável de tempo sem que seja apresentado pedido de aplicação da presente Convenção.

Artigo 17

O simples fato de que uma decisão relativa à guarda tenha sido tomada ou seja passível de reconhecimento no Estado requerido não poderá servir de base para justificar a recusa de fazer retornar a criança nos termos desta Convenção, mas as autoridades judiciais ou administrativas do Estado requerido poderão levar em consideração os motivos dessa decisão na aplicação da presente Convenção.

Artigo 18

As disposições deste Capítulo não limitam o poder das autoridades judiciais ou administrativas para ordenar o retorno da criança a qualquer momento.

Artigo 19

Qualquer decisão sobre o retorno da criança, tomada nos termos da presente Convenção, não afetam os fundamentos do direito de guarda.

Artigo 20

O retomo da criança de acordo com as disposições contidas no Artigo 12 poderá ser recusado quando não for compatível com os princípios fundamentais do Estado requerido com relação à proteção dos direitos humanos e das liberdades fundamentais.

Capítulo IV – Direito de Visita

Artigo 21

O pedido que tenha por objetivo a organização ou a proteção do efetivo exercício do direito de visita poderá ser dirigido à Autoridade Central de um Estado Contratante nas mesmas condições do pedido que vise o retomo da criança.

Às Autoridades Centrais, incumbe, de acordo com os deveres de cooperação previstos no Artigo 7, promover o exercício pacífico do direito de visita, bem como o preenchimento de todas as condições indispensáveis ao exercício deste direito. As autoridades centrais deverão tomar providencias no sentido de remover, tanto quanto possível, todos os obstáculos ao exercício desse mesmo direito.

As Autoridades Centrais podem, diretamente ou por meio de intermediários, iniciar ou favorecer o procedimento legal com o intuito de organizar ou proteger o direito de visita e assegurar a observância das condições a que o exercício deste direito esteja sujeito.

Capítulo V – Disposições Gerais

Artigo 22

Nenhuma caução ou depósito, qualquer que seja a sua denominação, podará ser imposta para garantir o pagamento de custos e despesas relativas aos processos judiciais ou administrativos previstos na presente Convenção.

Artigo 23

Nenhuma legalização ou formalidade similar serão exigíveis no contexto da presente Convenção.

Artigo 24

Os pedidos, comunicações e outros documentos serão enviados na língua original à Autoridade Central do Estado requerido e acompanhados de uma tradução na língua oficial, ou numa das línguas oficiais, desse Estado, ou, quando tal tradução for dificilmente realizável, de uma tradução em francês ou inglês.

No entanto, um Estado Contratante poderá, fazendo a reserva prevista no Artigo 42, opor-se a utilização seja do francês, seja do inglês, mas não de ambos, em todo pedido, comunicação ou outro documento enviado à respectiva Autoridade Central.

Artigo 25

Os nacionais de um Estado Contratante e as pessoas que habitualmente residam nesse Estado terão direito, em tudo o que esteja relacionado à aplicação da presente Convenção, à assistência judiciária e jurídica em qualquer outro Estado Contratante, nas mesmas condições dos nacionais desse outro Estado e das pessoas que nele habitualmente residam.

Artigo 26

Cada Autoridade Central deverá arcar com os custos resultantes da aplicação da Convenção.

A Autoridade Central e os outros serviços públicos dos Estados Contratantes não deverão exigir o pagamento de custas pela apresentação de pedidos feitos nos termos da presente Convenção. Não poderão, em especial, exigir do requerente o pagamento de custos e despesas relacionadas ao processo ou, eventualmente, decorrentes da participação de advogado ou de consultor jurídico. No entanto, poderão exigir o pagamento das despesas ocasionadas pelo retorno da criança.

Todavia, qualquer Estado Contratante poderá, ao fazer a reserva prevista no Artigo 42, declarar que não se obriga ao pagamento dos encargos previstos no parágrafo anterior, referentes à participação de advogado ou de consultor jurídico ou ao pagamento dos custos judiciais, exceto se esses encargos puderem ser cobertos pelo seu sistema de assistência judiciária e jurídica.

Ao ordenar o retorno da criança ou ao regular o direito de visita no quadro da presente Convenção, as autoridades judiciais ou administrativas podem, caso necessário, impor à pessoa que transferiu, que reteve a criança ou que tenha impedido o exercício do direito de visita o pagamento de todas as despesas necessárias efetuadas pelo requerente ou em seu nome, inclusive as despesas de viagem, as despesas efetuadas com a representação judiciária do requerente e as despesas com o retorno da criança, bem como todos os custos e despesas incorridos na localização da criança.

Artigo 27

Quando for constatado que as condições exigidas pela presente Convenção não se encontram preenchidas ou que o pedido não tem fundamento, a Autoridade Central não será obrigada a recebê-lo. Nesse caso, a Autoridade Central informará de imediato o requerente ou, se for o caso, a Autoridade Central que haja remetido o pedido das suas razões.

Artigo 28

A Autoridade Central poderá exigir que o pedido seja acompanhado de uma autorização escrita dando-lhe poderes para agir em nome do requerente ou para nomear um representante habilitado a agir em seu nome.

Artigo 29

A Convenção não impedirá qualquer pessoa, instituição ou organismo que julgue ter havido violação do direito de guarda ou de visita, nos termos dos Artigos 3 ou 21, de dirigir-se diretamente às autoridades judiciais ou administrativas de qualquer dos Estados Contratantes, ao abrigo ou não das disposições da presente Convenção.

Artigo 30

Todo o pedido apresentado às autoridades centrais ou diretamente às autoridades judiciais ou administrativas de um Estado Contratante nos termos da presente Convenção, bem como qualquer documento ou informação a ele anexado ou fornecido por uma Autoridade Central, deverá ser admissível para os tribunais ou para as autoridades administrativas dos Estados Contratantes.

Artigo 31

Com relação a um Estado que, em matéria de guarda de criança, possua dois ou mais sistemas de direito aplicáveis em diferentes unidades territoriais:

a) qualquer referência à residência habitual nesse Estado significa residência habitual numa unidade territorial desse Estado;

b) qualquer referência à lei do Estado de residência habitual corresponde à lei da unidade territorial onde a criança tenha a sua residência habitual.

Artigo 32

Com relação a um Estado que, em matéria de guarda de criança, possua dois ou vários sistemas de direito aplicáveis a diferentes categorias de pessoas, qualquer referência à lei desse Estado corresponderá a referência ao sistema legal definido pelo direito deste Estado.

Artigo 33

Um Estado no qual diferentes unidades territoriais tenham as suas próprias regras de direito em matéria de guarda de crianças não será obrigado a aplicar a presente Convenção nos casos em que outro Estado com um sistema de direito unificado não esteja obrigado a aplicá-la.

Artigo 34

Nas matérias às quais se aplique a presente Convenção, esta prevalecerá sobre a Convenção de 5 de outubro de 1961 Relativa à Competência das Autoridades e à Lei Aplicável em Matéria de Proteção de menores, no caso dos Estados Partes a ambas Convenções. Por outro lado, a presente Convenção não impedirá que outro instrumento internacional em vigor entre o Estado de origem e o Estado requerido ou que o direito não convencional do Estado requerido sejam invocados para obter o retorno de uma criança que tenha sido ilicitamente transferida ou retida, ou para organizar o direito de visita.

Artigo 35

Nos Estados Contratantes, a presente Convenção aplica-se apenas às transfefitcias ou às retenções ilícitas ocorridas após sua entrada em vigor nesses Estados.

Caso tenham sido feitas as declarações previstas nos Artigos 39 ou 40, a referência a um Estado Contratante feita no parágrafo anterior corresponderá a referência à unidade ou às unidades territoriais às quais a Convenção se aplica.

Artigo 36

Nenhuma disposição da presente Convenção impedirá que dois ou mais Estados Contratares, com o objetivo de reduzir as restrições a que poderia estar sujeito o retorno da criança, estabeleçam entre si um acordo para derrogar as disposições que possam implicar tais restrições.

Capítulo VI – Cláusulas Finais

Artigo 37

A Convenção é aberta a assinatura dos Estados que eram membros da Conferência da Haia de Direito Internacional Privado quando de sua 14º sessão.

A Convenção será ratificada, aceita ou aprovada e os instrumentos de ratificação, de aceitação ou de aprovação serão depositados junto ao Ministério dos Negócios Estrangeiros do Reino dos Países Baixos.

Artigo 38

Qualquer outro Estado poderá aderir à Convenção.

O instrumento de adesão será depositado junto ao Ministério dos Negócios Estrangeiros do Reino dos Países Baixos.

A Convenção entrará em vigor, para o Estado aderente, no primeiro dia do terceiro mês após o depósito de seu instrumento de adesão.

A adesão apenas produzirá efeito nas relações entre o Estado aderente e os Estados Contratantes que tenham declarado aceitar essa adesão. Esta declaração deverá ser igualmente feita por qualquer Estado membro que ratifique, aceite ou aprove a Convenção após tal adesão. Esta declaração será depositada junto ao Ministério dos Negócios Estrangeiros do Reino dos Países Baixos, que, por via diplomática, enviará uma cópia autenticada a cada um dos Estados Contratantes.

A Convenção entrará em vigor entre o Estado aderente e o Estado que tenha declarado aceitar essa adesão no primeiro dia do terceiro mês após o depósito da declaração de aceitação.

Artigo 39

Qualquer Estado poderá, no momento da assinatura, da ratificação, da aceitação, da aprovação ou da adesão, declarar que a Convenção será aplicável ao conjunto dos territórios que internacionalmente representa ou apenas a um ou mais deles. Essa declaração produzirá efeito no momento em que a Convenção entrar em vigor para esse Estado.

Tal declaração, bem como qualquer extensão posterior, será notificada ao Ministério dos Negócios Estrangeiros do Reino dos Países Baixos.

Artigo 40

O Estado Contratante que compreenda duas ou mais unidades territoriais nas quais sejam aplicáveis diferentes sistemas de direito em relação às matérias reguladas pela presente Convenção poderá declarar, no momento da assinatura, da ratificação, da aceitação, da aprovação ou da adesão, que a presente Convenção deverá aplicar-se a todas as suas unidades territoriais ou somente a uma ou mais delas, e poderá, a qualquer momento, modificar essa declaração apresentando outra em substituição.

Tais declarações serão notificadas ao Ministério dos Negócios Estrangeiros do Reino dos Países Baixos, e mencionando expressamente as unidades territoriais às quais a Convenção será aplicável.

Artigo 41

Quando o Estado Contratante possua um sistema de Governo em virtude do qual os poderes executivo, judiciário e legislativo sejam partilhados entre autoridades centrais e outras autoridades desse Estado, a assinatura, ratificação, aceitação ou aprovação da Convenção, ou adesão a esta, ou a declaração feita nos termos do Artigo 40, não trarão qualquer consequência quanto à partilha interna de poderes nesse Estado.

Artigo 42

Todo Estado Contratante poderá, até o momento da ratificação, aceitação, aprovação ou adesão, ou quando de uma declaração feita nos termos dos Artigos 39 ou 40, fazer uma ou ambas reservas previstas nos Artigos 24 e 26, terceiro parágrafo. Nenhuma outra reserva será admitida.

Qualquer Estado poderá, a qualquer momento, retirar uma reserva que haja feito. A retirada deverá ser notificada ao Ministério dos Negócios Estrangeiros do Reino dos Países Baixos.

O efeito da reserva cessará no primeiro dia do terceiro mês após a notificação mencionada no parágrafo anterior.

Artigo 43

A Convenção entrará em vigor no primeiro dia do terceiro mês após o depósito do terceiro instrumento de ratificação, aceitação, aprovação ou adesão previsto nos Artigos 37 e 38.

Em seguida, a Convenção entrará em vigor:

1) para cada Estado que a ratifique, aceite, aprove ou a ela adira posteriormente, no primeiro dia do terceiro mês após o depósito do respectivo instrumento de ratificação, aceitação, aprovação ou adesão.

2) Para os territórios ou unidades territoriais onde a Convenção tenha sido tornada extensiva nos termos dos Artigos 39 ou 40, no primeiro dia do terceiro mês após a notificação prevista nesses Artigos.

Artigo 44

A Convenção terá uma duração de cinco anos a partir da data da sua entrada em vigor, em conformidade com o primeiro parágrafo do Artigo 43, mesmo para os Estados que a tenham ratificado, aceito, aprovado ou a ela aderido posteriormente.

A Convenção será tacitamente renovada de cinco em cinco anos, salvo denúncia.

A denúncia deverá ser notificada ao Ministério dos Negócios Estrangeiros do Reino dos Países Baixos pelo menos 6 meses antes de expirar-se o período de cinco anos. A denúncia poderá limitar-se a certos territórios ou unidades territoriais onde a Convenção vigore.

A denúncia só produzirá efeito em relação ao Estado que a tenha notificado. A Convenção permanecerá em vigor para os outros Estados Contratantes.

Artigo 45

O Ministério dos Negócios Estrangeiros do Reino dos Países Baixos notificará os membros da Conferência, bem como os Estados que a ela tenham aderido em conformidade com as disposições contidas no Artigo 38:

1) das assinaturas, ratificações, aceitações e aprovações referidas no Artigo 37;

2) das adesões referidas no Artigo 38;

3) da data em que a Convenção entrará em vigor, de acordo com o Artigo 43;

4) das extensões referidas no Artigo 39;

5) das declarações mencionadas nos Artigos 38 e 40;

6) das reservas previstas nos Artigos 24 e 26, terceiro parágrafo, e das retiradas de reservas previstas no Artigo 42;

7) das denúncias referidas no Artigo 44.

Em fé do que, os abaixo assinados, devidamente autorizados, assinaram a presente Convenção.

Feita na Haia, em 25 de outubro de 1980, em francês e em inglês, sendo ambos os textos igualmente originais, num único exemplar, que será depositado nos arquivos do Governo do Reino dos Países Baixos e do qual será remetida, por via diplomática, uma cópia certificada conforme a cada um dos Estados Membros da Conferência da Haia de Direito Internacional Privado à data da sua 14ª Sessão.

DOU de 17.4.2000

CONVENÇÃO OIT Nº 182

CONVENÇÃO SOBRE A PROIBIÇÃO DAS PIORES FORMAS DE TRABALHO INFANTIL E A AÇÃO IMEDIATA PARA SUA ELIMINAÇÃO

- *Promulgada pelo Decreto nº 3.597, de 12.9.2000.*

- *V. Portaria MTE/SIT nº 88, de 28.4.2009 – Remete ao que são considerados locais e serviços perigosos ou insalubres, proibidos ao trabalho do menor de 18 (dezoito) anos. Nesta edição.*
- *V. Decreto nº 6.481/2008 – Regulamenta os artigos 3º, alínea "d", e 4º da Convenção nº 182 da Organização Internacional do Trabalho (OIT) que trata da proibição das piores formas de trabalho infantil e ação imediata para sua eliminação, aprovada pelo Decreto Legislativo nº 178, de 14 de dezembro de 1999, e promulgada pelo Decreto nº 3.597, de 12 de setembro de 2000, e dá outras providências. Nesta edição.*

A Conferência Geral da Organização Internacional do Trabalho:

Convocada em Genebra pelo Conselho de Administração da Repartição Internacional do Trabalho e reunida naquela cidade em 1º de junho de 1999 em sua octogésima sétima reunião;

Considerando a necessidade de adotar novos instrumentos para a proibição e eliminação das piores formas de trabalho infantil, principal prioridade da ação nacional e internacional, incluídas a cooperação e a assistência internacionais, como complemento da Convenção e Recomendação sobre a idade mínima de admissão ao emprego 1973, que continuam sendo instrumentos fundamentais sobre o trabalho infantil;

Considerando que a eliminação efetiva das piores formas de trabalho infantil requer uma ação imediata e abrangente que leve em conta a importância da educação básica gratuita e a necessidade de liberar de todas essas formas de trabalho as crianças afetadas e assegurar a sua reabilitação e sua inserção social ao mesmo tempo em que são atendidas as necessidades de suas famílias;

Recordando a Resolução sobre a eliminação do trabalho infantil, adotada pela Conferência Internacional do Trabalho em sua 83ª reunião, celebrada em 1996;

Reconhecendo que o trabalho infantil é em grande parte causado pela pobreza e que a solução no longo prazo está no crescimento econômico sustentado conducente ao progresso social, em particular à mitigação da pobreza e à educação universal;

Recordando a Convenção sobre Direitos da Criança adotada pela Assembleia Geral das Nações Unidas em 20 de novembro de 1989;

Recordando a Declaração da OIT relativa aos princípios e direitos fundamentais no trabalho e seu seguimento, adotada pela Conferência Internacional do Trabalho em sua 86ª reunião, celebrada em 1998;

Recordando que algumas das piores formas de trabalho infantil são objeto de outros instrumentos internacionais, em particular a Convenção sobre o trabalho forçado, 1930, e a Convenção suplementar das Nações Unidas sobre a abolição da escravidão, o tráfico de escravos e as instituições e práticas análogas à escravidão, 1956;

Tendo decidido adotar diversas propostas relativas ao trabalho infantil, questão que constitui o quarto ponto da agenda da reunião, e

Tendo determinado que essas propostas tomem a forma de uma convenção internacional,

Adota, com data de dezessete de junho de mil novecentos e noventa e nove, a seguinte Convenção, que poderá ser citada como Convenção sobre as piores formas de trabalho infantil, 1999:

Artigo 1

Todo Membro que ratifique a presente Convenção deverá adotar medidas imediatas e eficazes para assegurar a proibição e eliminação das piores formas de trabalho infantil, em caráter de urgência.

Artigo 2

Para efeitos da presente Convenção, o termo “criança” designa toda pessoa menor de 18 anos.

Artigo 3

Para efeitos da presente Convenção, a expressão “as piores formas de trabalho infantil” abrange:

a) todas as formas de escravidão ou práticas análogas à escravidão, tais como a venda e tráfico de crianças, a servidão por dívidas e a condição de servo, e o trabalho forçado ou obrigatório, inclusive o recrutamento forçado ou obrigatório de crianças para serem utilizadas em conflitos armados;

b) a utilização, o recrutamento ou a oferta de crianças para a prostituição, a produção de pornografia ou atuações pornográficas;

c) a utilização, recrutamento ou a oferta de crianças para a realização para a realização de atividades ilícitas, em particular a produção e o tráfico de entorpecentes, tais com definidos nos tratados internacionais pertinentes; e,

d) o trabalho que, por sua natureza ou pelas condições em que é realizado, é suscetível de prejudicar a saúde, a segurança ou a moral das crianças.

Artigo 4

1. Os tipos de trabalhos a que se refere o Artigo 3, d), deverão ser determinados pela legislação nacional ou pela autoridade competente, após consulta às organizações de empregadores e de trabalhadores interessadas e levando em consideração as normas internacionais na matéria, em particular os parágrafos 3 e 4 da Recomendação sobre as piores formas de trabalho infantil, 1999.

2. A autoridade competente, após consulta às organizações de empregados e de trabalhadores interessadas, deverá localizar os tipos de trabalho determinados conforme o parágrafo 1º deste Artigo.

3. A lista dos tipos de trabalho determinados conforme o parágrafo 1º deste Artigo deverá ser examinada periodicamente e, caso necessário, revista, em consulta com as organizações de empregados e de trabalhadores interessadas.

Artigo 5

1. Todo Membro, após consulta às organizações de empregadores e de trabalhadores, deverá estabelecer ou designar mecanismos apropriados para monitorar a aplicação dos dispositivos que colocam em vigor a presente Convenção.

Artigo 6

1. Todo membro deverá elaborar e implementar programas de ação para eliminar, como medida prioritária, as piores formas de trabalho infantil.

2. Esses programas de ação deverão ser elaborados e implementados em consulta com as instituições governamentais competentes e as organizações de empregadores e de trabalhadores, levando em consideração as opiniões de outros grupos interessados, caso apropriado.

Artigo 7

1. Todo Membro deverá adotar todas as medidas necessárias para garantir a aplicação efetiva e o cumprimento dos dispositivos que colocam em vigor a presente Convenção, inclusive o estabelecimento e a aplicação de sanções penais ou outras sanções, conforme o caso.

2. Todo Membro deverá adotar, levando em consideração a importância para a eliminação de trabalho infantil, medidas eficazes e em prazo determinado, com o fim de:

a) impedir a ocupação de crianças nas piores formas de trabalho infantil;

b) prestar a assistência direta necessária e adequada para retirar as crianças das piores formas de trabalho infantil e assegurar sua reabilitação e inserção social;

c) assegurar o acesso ao ensino básico gratuito e, quando for possível e adequado, à formação profissional a todas as crianças que tenham sido retiradas das piores formas de trabalho infantil;

d) identificar as crianças que estejam particularmente expostas a riscos e entrar em contato direto com elas; e,

e) levar em consideração a situação particular das meninas.

3. Todo Membro deverá designar a autoridade competente encarregada da aplicação dos dispositivos que colocam em vigor a presente Convenção.

Artigo 8

Os Membros deverão tomar medidas apropriadas para apoiar-se reciprocamente na aplicação dos dispositivos da presente Convenção por meio de uma cooperação e/ou assistência internacionais intensificadas, as quais venham a incluir o apoio ao desenvolvimento social e econômico, aos programas de erradicação da pobreza e à educação universal.

Artigo 9

As ratificações formais da presente Convenção serão comunicadas, para registro, ao Diretor-Geral da Repartição Internacional do Trabalho.

Artigo 10

1. Esta Convenção obrigará unicamente aqueles Membros da Organização Internacional do Trabalho cujas ratificações tenham sido registradas pelo Diretor-Geral da Repartição Internacional do Trabalho.

2. Entrará em vigor 12 (doze) meses depois da data em que as ratificações de 2 (dois) dos Membros tenham sido registradas pelo Diretor-Geral.

3. A partir desse momento, esta Convenção entrará em vigor, para cada Membro, 12 (doze) meses após a data em que tenha sido registrada sua ratificação.

Artigo 11

1. Todo Membro que tenha ratificado esta Convenção poderá denunciá-la ao expirar um período de dez anos, a partir da data em que tenha entrado em vigor, mediante ata comunicada, para registro, ao Diretor-Geral da Repartição Internacional do Trabalho. A denúncia não surtirá efeito até 1 (um) ano após a data em que tenha sido registrada.

2. Todo Membro que tenha ratificado esta Convenção e que, no prazo de um ano após a expiração do período de dez anos mencionados no parágrafo precedente, não faça uso do direito

de denúncia previsto neste Artigo ficará obrigado durante um novo período de dez anos, podendo, sucessivamente, denunciar esta Convenção ao expirar cada período de dez anos, nas condições previstas neste Artigo.

Artigo 12

1. O Diretor-Geral da Repartição Internacional do Trabalho notificará todos os membros da Organização Internacional do Trabalho do registro de todas as ratificações e atas de denúncia que lhe forem comunicadas pelos Membros da Organização.

2. Ao notificar os Membros da Organização do registro da segunda ratificação que lhe tenha sido comunicada, o Diretor-Geral informará os Membros da Organização sobre a data de entrada em vigor da presente Convenção.

Artigo 13

O Diretor-Geral da Repartição Internacional do Trabalho apresentará ao Secretário-Geral das Nações Unidas, para efeitos de registro e em conformidade com o Artigo 102 da Carta das Nações Unidas, informação completa sobre todas as ratificações e atas de denúncia que tenha registrado de acordo com os Artigos precedentes.

Artigo 14

Sempre que julgar necessário, o Conselho de Administração da Repartição Internacional do Trabalho apresentará à Conferência Geral um relatório sobre a aplicação da Convenção e examinará a conveniência de incluir na agenda da Conferência a questão de sua revisão total ou parcial.

Artigo 15

1. Caso a Conferência adote uma nova Convenção que revise, total ou parcialmente, a presente, e a menos que a nova Convenção contenha dispositivos em contrário:

a) a ratificação, por um Membro, da nova Convenção revisora implicará *ipso jure* a denúncia imediata desta Convenção, não obstante os dispositivos contidos no Artigo 11, desde que a nova Convenção revisora tenha entrado em vigor;

b) a partir da data em que entrar em vigor a nova Convenção revisora, a presente Convenção cessará de estar à ratificação pelos Membros.

2. Esta Convenção continuará em vigor em qualquer hipótese, em sua forma e conteúdo atuais, para os Membros que a tenham ratificado, mas não tenham ratificado a Convenção revisora.

Artigo 16

As versões inglesa e francesa do texto desta Convenção são igualmente autênticas.

DOU de 13.9.2000

RECOMENDAÇÃO OIT Nº 190
RECOMENDAÇÃO SOBRE A PROIBIÇÃO DAS PIORES FORMAS DE TRABALHO INFANTIL E A AÇÃO IMEDIATA PARA A SUA ELIMINAÇÃO

- *Promulgada pelo Decreto nº 3.597, de 12.9.2000.*

- *V. Portaria MTE/SIT nº 88, de 28.4.2009 – Remete ao que são considerados locais e serviços perigosos ou insalubres, proibidos ao trabalho do menor de 18 (dezoito) anos. Nesta edição.*
- *V. Decreto nº 6.481/2008 – Regulamenta os artigos 3º, alínea "d", e 4º da Convenção nº 182 da Organização Internacional do Trabalho (OIT) que trata da proibição das piores formas de trabalho infantil e ação imediata para sua eliminação, aprovada pelo Decreto Legislativo nº 178, de 14 de dezembro de 1999, e promulgada pelo Decreto nº 3.597, de 12 de setembro de 2000, e dá outras providências. Nesta edição.*

A Conferência Geral da Organização Internacional do Trabalho:

Convocada em Genebra pelo Conselho de Administração da Repartição Internacional do Trabalho e reunida naquela cidade em 1º de junho de 1999, em sua octogésima sétima reunião:

Tendo adotado a Convenção sobre as piores formas de trabalho infantil, 1999;

Tendo decidido adotar diversas propostas relativas ao trabalho infantil, questão que constitui o quarto ponto da agenda da reunião, e

Tendo determinado que essas propostas tomem a forma de uma recomendação que complemente a Convenção sobre as piores formas de trabalho infantil, 1999,

Adota, nesta data de dezessete de junho de mil novecentos e noventa e nove, a seguinte Recomendação, que poderá ser citada como a Recomendação sobre as Piores Formas de Trabalho Infantil, 1999.

1. Os dispositivos da presente Recomendação complementam os da Convenção sobre as piores formas de trabalho infantil, 1999 (doravante denominada "a Convenção"), e deveriam ser aplicados em conjuntos com os mesmos.

I – Programas de Ação

1. Os programas de ação mencionados no artigo 6 da Convenção deveriam ser elaborados e implementados em caráter de urgência, em consulta com as instituições governamentais competentes e as organizações de empregadores e de trabalhadores, levando em consideração as opiniões das crianças diretamente afetadas pelas piores formas de trabalho infantil, de suas famílias e, caso apropriado, de outros grupos interessados comprometidos com os objetivos da Convenção e da presente Recomendação. Os objetivos de tais programas deveriam ser, entre outros:

a) identificar e denunciar as piores formas de trabalho infantil;

b) impedir a ocupação de crianças nas piores formas de trabalho infantil ou retirá-las dessas formas de trabalho, protegê-las de represálias e garantir sua reabilitação e inserção social através de medidas que atendam a suas necessidades educacionais, físicas e psicólogas;

c) dispensar especial atenção:

i) às crianças mais jovens;

ii) às meninas;

iii) ao problema do trabalho oculto, no qual as meninas estão particularmente expostas a riscos; e,

iv) a outros grupos de crianças que sejam especialmente vulneráveis ou tenham necessidades particulares;

d) identificar as comunidades nas quais as crianças estejam especialmente expostas a riscos, entrar em contato direto e trabalhar com elas; e

e) informar, sensibilizar e mobilizar a opinião públicas e os grupos interessados, inclusive as crianças e suas famílias.

II – Trabalho perigoso

1. Ao determinar e localizar onde se praticam os tipos de trabalho a que se refere o artigo 3, d) da Convenção, deveriam ser levadas em consideração, entre outras coisas:

a) os trabalhos em que a criança ficar exposta a abusos de ordem física, psicológica ou sexual;

b) os trabalhos subterrâneos, debaixo d'água, em alturas perigosas ou em locais confinados;

c) os trabalhos que se realizam com máquinas, equipamentos e ferramentas perigosos, ou que impliquem a manipulação ou transporte manual de cargas pesadas;

d) os trabalhos realizados em um meio insalubre, no qual as crianças estiverem expostas, por exemplo, a substâncias, agentes ou processos perigosos ou a temperaturas, níveis de ruído ou de vibrações prejudiciais à saúde; e

e) os trabalhos que sejam executados em condições especialmente difíceis, como os horários prolongados ou noturnos, ou trabalhos que retenham injustificadamente a criança em locais do empregador.

4. No que concerne os tipos de trabalho a que se faz referência no Artigo 3, d) da Convenção e no parágrafo 3 da presente Recomendação, a legislação nacional ou a autoridade competente, após consulta às organizações de empregadores e de trabalhadores interessadas, poderá autorizar o emprego ou trabalho a partir da idade de 16 anos, desde que fiquem plenamente garantidas a saúde, a segurança e a moral dessas crianças e que tenham recebido instruções ou formação profissional adequada e específica na área da atividade correspondente.

III – Aplicação

5.1) Deveriam ser compilados e mantidos atualizados dados estatísticos e informações pormenorizadas sobre a natureza e extensão do trabalho infantil, de modo a servir de base para o estabelecimento das prioridades da ação nacional dirigida à eliminação do trabalho infantil, em particular à proibição e à eliminação de suas piores formas, em caráter de urgência.

2) Na medida do possível, essas informações e esses dados estatísticos deveriam incluir dados desagregados por sexo, faixa etária, ocupação, setor de atividade econômica, situação no emprego, frequência escolar e localização geográfica. Deveria ser levada em consideração a importância de um sistema eficaz de registros de nascimentos, que compreenda a expedição de certidões de nascimento.

3) Deveriam ser compilados e mantidos atualizados os dados pertinentes em matéria de violação das normas jurídicas nacionais sobre a proibição e a eliminação das piores formas de trabalho infantil.

6. A compilação e o processamento das informações e dos dados a que se refere o parágrafo 5 anterior deveriam ser realizados com o devido respeito ao direito à privacidade.

7. As infomações compiladas conforme o disposto no parágrafo 5 anterior deveriam ser comunicadas periodicamente à Repartição Internacional do Trabalho.

8 . Os Membros, após consulta às organizações de empregadores e de trabalhadores, deveriam estabelecer ou designar mecanismos nacionais apropriados para monitorar a aplicação das normas jurídicas nacionais sobre a proibição e a eliminação das piores formas de trabalho infantil.

9. Os Membros deveriam assegurar que as autoridades competentes incumbidas da aplicação das normas jurídicas nacionais sobre a proibição e eliminação das piores formas de trabalho infantil colaborem entre si e coordenem suas atividades.

10. A legislação nacional ou autoridade competente deveria determinar a quem será atribuída a responsabilidade em caso de descumprimento das normas jurídicas nacionais sobre a proibição e eliminação das piores formas de trabalho infantil.

11. Os Membros deveriam colaborar, na medida em que for compatível com a legislação nacional, com os esforços internacionais tendentes à proibição e eliminação das piores formas de trabalho infantil, em caráter de urgência, mediante:

a) a compilação e o intercâmbio de informações relativas a atos delituosos, incluídos aqueles que envolvam redes internacionais;

b) a investigação e a instauração de inquérito contra aqueles que estiverem envolvidos na venda e tráfico de crianças ou na utilização, recrutamento ou oferta de crianças para a realização de atividades ilícitas, prostituição, produção de pornografia ou atuações pornográficas; e,

c) o registro dos autores de tais delitos.

12. Os Membros deveriam adotar dispositivos com o fim de considerar atos delituosos as piores formas de trabalho infantil que são indicadas a seguir:

a) todas as formas de escravidão ou as práticas análogas à escraviadão, como a venda e o tráfico de crianças, a servidão por dívidas e a condição de servo, e o trabalho forçado ou obrigatório, inclusive o recrutamento forçado ou obrigatório de crianças para serem utilizadas em conflitos armados;

b) a utilização, recrutamento ou oferta de crianças para a prostituição, a produção de pornografia ou atuações pornográficas; e,

c) a utilização, recrutamento ou oferta de criança para a realização de atividades ilícitas, em particular para a produção e tráfico de entorpecentes, tais com definidos nos tratados internacionais pertinentes, ou para a realização de atividades que impliquem o porte ou o uso ilegais de armas de fogo ou outras armas.

13. Os Membros deveriam assegurar que sejam impostas sanções, inclusive de caráter penal, quando proceda, em caso de violação das normas jurídicas nacionais sobre a proibição e a eliminação de qualquer dos tipos de trabalho a que se refere o artigo 3, d) da Convenção.

14. Quando apropriado, os Membros também deveriam estabelecer em caráter de urgência outras medidas penais, civis ou administrativas para garantir a aplicação efetiva das normas jurídicas nacionais sobre a proibição e eliminação das piores formas de trabalho infantil, tais como a supervisão especial das empresas que tiverem utilizado as piores formas de trabalho infantil e, nos casos de violação reiterada, a revogação temporária ou permanente das licenças para operar.

15. Dentre outras medidas voltadas para a proibição e eliminação das piores formas de trabalho infantil, poderiam ser incluídas as seguintes:

a) informar, sensibilizar e mobilizar o público em geral e, em particular, os dirigentes políticos nacionais e locais, os parlamentares e as autoridades judiciárias;

b) tornar partícipes e treinar as organizações de empregadores e trabalhadores e as organizações da sociedade civil;

c) dar formação adequada aos funcionários públicos competentes, em particular aos fiscais e aos funcionários encarregados do cumprimento da lei, bem como a outros profissionais pertinentes;

d) permitir a todo Membro que processe em seu território seus nacionais por infringir sua legislação nacional sobre a proibição e eliminação imediata das piores formas de trabalho infantil, ainda que estas infrações tenham sido cometidas fora de seu território;

e) simplificar os procedimentos judiciais e administrativos e assegurar que sejam adequados e rápidos;

f) estimular o desenvolvimento de políticas empresariais que visem à promoção dos fins da Convenção;

g) registrar e difundir as melhores práticas em matéria de eliminação do trabalho infantil;

h) difundir, nos idiomas e dialetos correspondentes, as normas jurídicas ou de outro tipo sobre o trabalho infantil;

i) prever procedimentos especiais para queixas, adotar medidas para proteger da discriminação e de represálias aqueles que denunciem legitimamente toda violação dos dispositivos da Convenção, criar serviços telefônicos de assistência e estabelecer centros de contato ou designar mediadores;

j) adotar medidas apropriadas para melhorar a infraestrutura educativa e a capacitação de professores que atendam às necessidades dos meninos e das meninas; e

k) na medida do possível, levar em conta, nos programas de ação nacionais, a necessidade de:

i) promover o emprego e a capacitação profissional dos pais e adultos das famílias das crianças que trabalham nas condições referidas na Convenção, e

ii) sensibilizar os pais sobre o problema das crianças que trabalham nessas condições.

16. Uma cooperação e/ou assistência internacional maior entre os Membros destinada a proibir e eliminar efetivamente as piores formas de trabalho infantil deveria complementar os esforços nacionais e poderia, segundo proceda, desenvolver-se e implementar-se em consulta com as organizações de empregadores e de trabalhadores. Essa cooperação e/ou assistência internaciononal deveria incluir:

a) a mobilização de recursos para os programas nacionais ou internacionais;

b) a assistência jurídica mútua;

c) a assistência técnica, inclusive o intercâmbio de informações; e

d) o apoio ao desenvolvimento econômico e social, aos programas de erradiação da pobreza e à educação universal.

DOU de 13.9.2000

PROTOCOLO FACULTATIVO À CONVENÇÃO SOBRE OS DIREITOS DA CRIANÇA RELATIVO AO ENVOLVIMENTO DE CRIANÇAS EM CONFLITOS ARMADOS

• *Promulgado pelo Decreto nº 5.006, de 8.3.2004.*

Os Estados Partes do presente Protocolo,

Encorajados pelo apoio incontestável à Convenção sobre os Direitos da Criança, demonstrando o amplo compromisso de lutar pela promoção e proteção dos direitos da criança,

Reafirmando que os direitos da criança demandam proteção especial e exigindo o aprimoramento contínuo da situação das crianças sem distinção, bem como seu desenvolvimento e educação em condições de paz e segurança,

Preocupados com o impacto prejudicial e disseminado de conflitos armados sobre as crianças e com as suas consequências de longo prazo sobre a paz duradoura, a segurança e o desenvolvimento,

Condenando o fato de as crianças se converterem em alvo em situações de conflito armado, bem como ataques diretos a bens protegidos pelo direito internacional, inclusive locais em que geralmente contam com presença significativa de crianças, tais como escolas e hospitais,

Observando a adoção do Estatuto do Tribunal Penal Internacional e, em particular, a inclusão, na relação de crimes de guerra, do recrutamento ou alistamento de crianças menores de 15 anos ou sua utilização para participar ativamente em hostilidades em conflitos armados internacionais ou nacionais,

Considerando, assim, que para intensificar ainda mais a implementação dos direitos reconhecidos na Convenção sobre os Direitos da Criança é necessário aumentar a proteção da criança contra o envolvimento em conflitos armados,

Observando que o Artigo 1º da Convenção sobre os Direitos da Criança dispõe que, para fins dessa Convenção, criança significa todo ser humano com idade inferior a 18 anos, à exceção daquele que, em conformidade com a lei aplicável à criança, tenha alcançado antes a maioridade,

Convencidos de que um protocolo facultativo à Convenção aumentando a idade para o possível recrutamento de pessoas pelas forças armadas e sua participação em hostilidades contribuirá efetivamente para a implementação do princípio de que os interesses superiores da criança deverão ser uma consideração primordial em todas as ações envolvendo crianças,

Observando que a vigésima sexta Conferência Internacional da Cruz Vermelha e do Crescente Vermelho, realizada em dezembro de 1995, recomendou, *inter alia*, que as partes envolvidas em conflitos adotem todas as medidas possíveis para garantir que crianças menores de 18 anos não participem de hostilidades,

Acolhendo a adoção unânime, em junho de 1999, da Convenção nº 182 da Organização Internacional do Trabalho sobre a Proibição das Piores Formas de Trabalho Infantil e Ação Imediata para sua Eliminação, que proíbe, entre outras coisas, o recrutamento forçado ou compulsório de crianças para utilização em conflitos armados,

Condenando com a mais séria preocupação o recrutamento, treinamento e utilização, dentro ou fora de fronteiras nacionais, de crianças em hostilidades por parte de grupos armados distintos das forças armadas de um Estado, e reconhecendo a responsabilidade daqueles que recrutam, treinam e utilizam crianças para tal fim,

Relembrando a obrigação de cada parte de um conflito armado de acatar as disposições do direito humanitário internacional,

Enfatizando que o presente Protocolo não fere os fins e princípios contidos na Carta das Nações Unidas, inclusive o Artigo 51, e normas relevantes do direito humanitário,

Tendo em mente que as condições de paz e segurança baseadas no respeito total aos fins e princípios contidos na Carta e a observância dos instrumentos de direitos humanos aplicáveis são indispensáveis para a proteção total das crianças, em particular durante conflitos armados e ocupação estrangeira,

Reconhecendo as necessidades especiais das crianças particularmente vulneráveis ao recrutamento ou utilização em hostilidades contra o disposto neste Protocolo, em virtude de sua situação econômica ou social ou de sexo,

Cientes da necessidade de considerar as verdadeiras causas econômicas, sociais e políticas do envolvimento de crianças em conflitos armados,

Convencidos da necessidade de intensificar a cooperação internacional na implementação do presente Protocolo, bem como a reabilitação física e psicossocial, e a reintegração social das crianças vítimas de conflitos armados,

Encorajando a participação da comunidade e, em particular, das crianças e da criança vitimada, na disseminação de programas informativos e educativos associados à implementação do Protocolo,

Acordaram o que segue:

Artigo 1º

Os Estados Partes adotarão todas as medidas possíveis para assegurar que membros de suas forças armadas menores de 18 anos não participem diretamente de hostilidades.

Artigo 2º

Os Estados Partes assegurarão que menores de 18 anos não serão recrutados de maneira compulsória em suas forças armadas.

Artigo 3º

1. Os Estados Partes elevarão a idade mínima para o recrutamento voluntário de pessoas em suas forças armadas nacionais acima daquela fixada no Artigo 38, parágrafo 3, da Convenção sobre os Direitos da Criança, tendo em conta os princípios contidos no referido Artigo e reconhecendo que, em conformidade com a Convenção, indivíduos menores de 18 anos tem direito a proteção especial.

2. Cada Estado Parte depositará, ao ratificar o presente Protocolo ou a ele aderir, uma declaração vinculante fixando a idade mínima em que permitirá o recrutamento voluntário em suas forças armadas nacionais, bem como das salvaguardas adotadas para assegurar que o referido recrutamento não seja feito por meio da força ou coação.

3. Os Estados Partes que permitirem o recrutamento voluntário de menores de 18 anos em suas forças armadas nacionais manterão salvaguardas para assegurar, no mínimo que:

a) o referido recrutamento seja genuinamente voluntário;

b) o referido recrutamento seja feito com o consentimento informado dos pais do menor ou de seus tutores legais;

c) os menores em questão sejam devidamente informados das responsabilidades envolvidas no referido serviço militar;

d) os menores em questão forneçam comprovação fiável de sua idade antes de serem aceitos no serviço militar nacional.

4. Os Estados Partes poderão ampliar sua declaração a qualquer tempo por meio de notificação para tal fim encaminhada ao Secretário Geral das Nações Unidas, o qual informará todos os Estados Partes. A referida notificação entrará em vigor na data de seu recebimento pelo Secretário Geral.

5. A exigência relativa à elevação da idade a que se refere o parágrafo 1 do presente Artigo não se aplica a escolas operadas ou controladas pelas forças armadas dos Estados Partes, em conformidade com os Artigos 28 e 29 da Convenção sobre os Direitos da Criança.

Artigo 4º

1. Os grupos armados distintos das forças armadas de um Estado não deverão, em qualquer circunstância, recrutar ou utilizar menores de 18 anos em hostilidades.

2. Os Estados Partes deverão adotar todas as medidas possíveis para evitar esse recrutamento e essa utilização, inclusive a adoção de medidas legais necessárias para proibir e criminalizar tais práticas.

3. A aplicação do presente Artigo, em conformidade com o Protocolo, não afetará o *status* jurídico de qualquer das partes de um conflito armado.

Artigo 5º

Nenhuma disposição do presente Protocolo será interpretada de modo a impedir a aplicação dos preceitos do ordenamento de um Estado Parte ou de instrumentos internacionais e do direito humanitário internacional, quando esses preceitos forem mais propícios à realização dos direitos da criança.

Artigo 6º

1. Os Estados Partes adotarão todas as medidas legais, administrativas e de outra natureza necessárias para assegurar a implementação e aplicação efetivas das disposições do presente Protocolo em suas jurisdições.

2. Os Estados Partes comprometem-se a disseminar e promover, pelos meios apropriados, os princípios e as disposições do presente Protocolo junto tanto a adultos quanto crianças.

3. Os Estados Partes adotarão todas as medidas possíveis para assegurar que pessoas em sua jurisdição recrutadas ou utilizadas em hostilidades em contradição com o presente Protocolo sejam desmobilizadas ou liberadas do serviço de outro modo. Quando necessário, os Estados Partes prestarão a essas pessoas toda a assistência apropriada para a sua recuperação física e psicológica, bem como sua reintegração social.

Artigo 7º

1. Os Estados Partes cooperarão na implementação do presente Protocolo, inclusive no que se refere à prevenção de qualquer atividade contrária ao Protocolo e na reabilitação e reintegração social de vítimas de atos contrários a este Protocolo, inclusive por meio de cooperação técnica e assistência financeira. A assistência e cooperação em questão serão implementadas de comum acordo com os Estados Partes envolvidos e organizações internacionais relevantes.

2. Os Estados Partes em condições de fazê-lo prestarão essa assistência por meio de programas multilaterais, bilaterais ou de outros programas existentes, ou, *inter alia*, por meio de um fundo voluntário criado em conformidade com as normas da Assembleia Geral.

Artigo 8º

1. Cada Estado Parte submeterá ao Comitê sobre os Direitos da Criança, no prazo de dois anos a contar da data de entrada em vigor do Protocolo para aquele Estado Parte, um relatório, inclusive as medidas adotadas para implementar as disposições sobre participação e recrutamento.

2. Após a apresentação do relatório abrangente, cada Estado Parte incluirá nos relatórios que submeter ao Comitê sobre os Direitos da Criança quaisquer informações adicionais sobre a implementação do Protocolo, em conformidade com o Artigo 44 da Convenção. Os demais Estados Partes do Protocolo submeterão um relatório a cada cinco anos.

3. O Comitê sobre os Direitos da Criança poderá solicitar aos Estados Partes informações adicionais relevantes para a implementação do presente Protocolo.

Artigo 9º

1. O presente Protocolo está aberto para assinatura de qualquer Estado que seja parte ou signatário da Convenção.

2. O presente Protocolo está sujeito a ratificação e aberto a adesão de qualquer Estado que seja parte ou signatário da Convenção. Os instrumentos de ratificação ou adesão serão depositados com o Secretário Geral das Nações Unidas.

3. O Secretário Geral, na qualidade de depositário da Convenção e do Protocolo, informará os Estados Partes da Convenção e todos os Estados signatários da Convenção sobre cada instrumento de declaração em conformidade com o Artigo 13.

Artigo 10

1. O presente Protocolo entrará em vigor três meses após o depósito do décimo instrumento de ratificação ou adesão.

2. Para cada Estado que ratificar o presente Protocolo ou a ele aderir após sua entrada em vigor, o presente Protocolo passará a viger um mês após a data do depósito de seu próprio instrumento de ratificação ou adesão.

Artigo 11

1. Qualquer Estado Parte poderá denunciar o presente Protocolo a qualquer tempo por meio de notificação escrita ao Secretário Geral das Nações Unidas, o qual subsequentemente informará os demais Estados Partes da Convenção e todos os Estados signatários da Convenção. A denúncia produzirá efeitos um ano após a data de recebimento da notificação pelo Secretário Geral. Se, entretanto, ao final daquele ano o Estado Parte denunciante estiver envolvido em conflito armado, a denúncia não produzirá efeitos antes do término do conflito armado.

2. A referida denúncia não isentará o Estado Parte das obrigações contraídas sob o presente Protocolo no que se refere a qualquer ato ocorrido anteriormente à data na qual a denúncia se tornar efetiva. A denúncia tampouco impedirá, de qualquer forma, que se dê continuidade ao exame de qualquer matéria que já esteja sendo examinada pelo Comitê antes da data na qual a denúncia se tornar efetiva.

Artigo 12

1. Qualquer Estado Parte poderá propor uma emenda e depositá-la junto ao Secretário Geral das Nações Unidas. O Secretário Geral comunicará a emenda proposta aos Estados Partes, solicitando-lhes que indiquem se são favoráveis à realização de uma conferência de Estados Partes para análise e votação das propostas. Caso, no prazo de quatro meses a contar da data da referida comunicação, pelo menos um terço dos Estados Partes se houver manifestado a favor da referida conferência, o Secretário Geral convocará a conferência sob os auspícios das Nações Unidas. Qualquer emenda adotada por uma maioria de Estados Partes presentes e votantes na conferência será submetida à Assembleia Geral para aprovação.

2. Uma emenda adotada em conformidade com o parágrafo 1 do presente Artigo entrará em vigor quando aprovada pela Assembleia Geral das Nações Unidas e aceita por maioria de dois terços dos Estados Partes.

3. Quando uma emenda entrar em vigor, tornar-se-á obrigatória para aqueles Estados Partes que a aceitaram; os demais Estados Partes continuarão obrigados pelas disposições do presente Protocolo e por quaisquer emendas anteriores que tenham aceitado.

Artigo 13

1. O presente Protocolo, com textos em árabe, chinês, espanhol, francês, inglês e russo igualmente autênticos, será depositado nos arquivos das Nações Unidas.

2. O Secretário Geral das Nações Unidas enviará cópias autenticadas do presente Protocolo a todos os Estados Partes da Convenção e a todos os Estados signatários da Convenção.

DOU de 9.3.2004

PROTOCOLO FACULTATIVO À CONVENÇÃO SOBRE OS DIREITOS DA CRIANÇA REFERENTE À VENDA DE CRIANÇAS, À PROSTITUIÇÃO INFANTIL E À PORNOGRAFIA INFANTIL

- *Promulgado pelo Decreto nº 5.007, de 8.3.2004.*

Os Estados Partes do presente Protocolo,

Considerando que, a fim de alcançar os propósitos da Convenção sobre os Direitos da Criança e a implementação de suas disposições, especialmente dos Artigos 1, 11, 21, 32, 33, 34, 35 e 36, seria apropriado ampliar as medidas a serem adotadas pelos Estados Partes, a fim de garantir a proteção da criança contra a venda de crianças, a prostituição infantil e a pornografia infantil,

Considerando também que a Convenção sobre os Direitos da Criança reconhece o direito da criança de estar protegida contra a exploração econômica e contra o desempenho de qualquer trabalho que possa ser perigoso para a criança ou interferir em sua educação, ou ser prejudicial à saúde da criança ou ao seu desenvolvimento físico, mental, espiritual, moral ou social,

Seriamente preocupados com o significativo e crescente tráfico internacional de crianças para fins de venda de crianças, prostituição infantil e pornografia infantil,

Profundamente preocupados com a prática disseminada e continuada do turismo sexual, ao qual as crianças são particularmente vulneráveis, uma vez que promove diretamente a venda de crianças, a prostituição infantil e a pornografia infantil,

Reconhecendo que uma série de grupos particularmente vulneráveis, inclusive meninas, estão mais expostos ao risco de exploração sexual, e que as meninas estão representadas de forma desproporcional entre os sexualmente explorados,

Preocupados com a crescente disponibilidade de pornografia infantil na Internet e em outras tecnologias modernas, e relembrando a Conferência Internacional sobre o Combate à Pornografia Infantil na Internet (Viena, 1999) e, em particular, sua conclusão, que demanda a criminalização em todo o mundo da produção, distribuição, exportação, transmissão, importação, posse intencional e propaganda de pornografia infantil, e enfatizando a importância de cooperação e parceria mais estreita entre governos e a indústria da Internet,

Acreditando que a eliminação da venda de crianças, da prostituição infantil e da pornografia será facilitada pela adoção de uma abordagem holística que leve em conta os fatores que contribuem para a sua ocorrência, inclusive o subdesenvolvimento, a pobreza, as disparidades econômicas, a estrutura socioeconômica desigual, as famílias com disfunções, a ausência de educação, a migração do campo para a cidade, a discriminação sexual, o comportamento sexual adulto irresponsável, as práticas tradicionais prejudiciais, os conflitos armados e o tráfico de crianças,

Acreditando na necessidade de esforços de conscientização pública para reduzir a demanda de consumo relativa à venda de crianças, prostituição infantil e pornografia infantil, e acreditando, também, na importância do fortalecimento da parceria global entre todos os atores, bem como da melhoria do cumprimento da lei no nível nacional,

Tomando nota das disposições de instrumentos jurídicos internacionais relevantes para a proteção de crianças, inclusive a Convenção da Haia sobre a Proteção de Crianças e Cooperação no que se Refere à Adoção Internacional; a Convenção da Haia sobre os Aspectos Civis do Sequestro Internacional de Crianças; a Convenção da Haia sobre Jurisdição, Direito Aplicável, Reconhecimento, Execução e Cooperação Referente à Responsabilidade dos Pais; e a Convenção nº 182 da Organização Internacional do Trabalho sobre a Proibição das Piores Formas de Trabalho Infantil e a Ação Imediata para sua Eliminação,

Encorajados pelo imenso apoio à Convenção sobre os Direitos da Criança, que demonstra o amplo compromisso existente com a promoção e proteção dos direitos da criança,

Reconhecendo a importância da implementação das disposições do Programa de Ação para a Prevenção da Venda de Crianças, da Prostituição Infantil e da Pornografia Infantil e a Declaração e Agenda de Ação adotada no Congresso Mundial contra a Exploração Comercial Sexual de Crianças, realizada em Estocolmo, de 27 a 31 de agosto de 1996, bem como outras decisões e recomendações relevantes emanadas de órgãos internacionais pertinentes,

Tendo na devida conta a importância das tradições e dos valores culturais de cada povo para a proteção e o desenvolvimento harmonioso da criança,

Acordaram o que segue:

Artigo 1º

Os Estados Partes proibirão a venda de crianças, a prostituição infantil e a pornografia infantil, conforme disposto no presente Protocolo.

Artigo 2º

Para os propósitos do presente Protocolo:

a) Venda de crianças significa qualquer ato ou transação pela qual uma criança é transferida por qualquer pessoa ou grupo de pessoas a outra pessoa ou grupo de pessoas, em troca de remuneração ou qualquer outra forma de compensação;

b) Prostituição infantil significa o uso de uma criança em atividades sexuais em troca de remuneração ou qualquer outra forma de compensação;

c) Pornografia infantil significa qualquer representação, por qualquer meio, de uma criança envolvida em atividades sexuais explícitas reais ou simuladas, ou qualquer representação dos órgãos sexuais de uma criança para fins primordialmente sexuais.

Artigo 3º

1. Os Estados Partes assegurarão que, no mínimo, os seguintes atos e atividades sejam integralmente cobertos por suas legislações criminal ou penal, quer os delitos sejam cometidos dentro ou fora de suas fronteiras, de forma individual ou organizada:

a) No contexto da venda de crianças, conforme definido no Artigo 2º;

(i) A oferta, entrega ou aceitação, por qualquer meio, de uma criança para fins de:

a. Exploração sexual de crianças;

b. Transplante de orgãos da criança com fins lucrativos;

c. Envolvimento da criança em trabalho forçado.

(ii). A indução indevida ao consentimento, na qualidade de intermediário, para adoção de uma criança em violação dos instrumentos jurídicos internacionais aplicáveis sobre adoção;

b) A oferta, obtenção, aquisição, aliciamento ou o fornecimento de uma criança para fins de prostituição infantil, conforme definido no Artigo 2º;

c) A produção, distribuição, disseminação, importação, exportação, oferta, venda ou posse, para os fins acima mencionados, de pornografia infantil, conforme definido no Artigo 2º.

2. Em conformidade com as disposições da legislação nacional de um Estado Parte, o mesmo aplicar-se-á a qualquer tentativa de perpetrar qualquer desses atos e à cumplicidade ou participação em qualquer desses atos.

3. Os Estados Partes punirão esses delitos com penas apropriadas que levem em consideração a sua gravidade.

4. Em conformidade com as disposições de sua legislação nacional, os Estados Partes adotarão medidas, quando apropriado, para determinar a responsabilidade legal de pessoas jurídicas pelos delitos definidos no parágrafo 1 do presente Artigo. Em conformidade com os princípios jurídicos do Estado Parte, essa responsabilidade de pessoas jurídicas poderá ser de natureza criminal, civil ou administrativa.

5. Os Estados Partes adotarão todas as medidas legais e administrativas apropriadas para assegurar que todas as pessoas envolvidas na adoção de uma criança ajam em conformidade com os instrumentos jurídicos internacionais aplicáveis.

Artigo 4º

1. Cada Estado Parte adotará as medidas necessárias para estabelecer sua jurisdição sobre os delitos a que se refere o Artigo 3º, parágrafo 1, quando os delitos forem cometidos em seu território ou a bordo de embarcação ou aeronave registrada naquele Estado.

2. Cada Estado Parte poderá adotar as medidas necessárias para estabelecer sua jurisdição sobre os delitos a que se refere o Artigo 3º, parágrafo 1, nos seguintes casos:

a) Quando o criminoso presumido for um cidadão daquele Estado ou uma pessoa que mantém residência habitual em seu território;

b) Quando a vítima for um cidadão daquele Estado.

3. Cada Estado Parte adotará, também, as medidas necessárias para estabelecer sua jurisdição sobre os delitos acima mencionados quando o criminoso presumido estiver presente em seu território e não for extraditado para outro Estado Parte pelo fato de o delito haver sido cometido por um de seus cidadãos.

4. O presente Protocolo não exclui qualquer jurisdição criminal exercida em conformidade com a legislação interna.

Artigo 5º

1. Os delitos a que se refere o Artigo 3º, parágrafo 1, serão considerados delitos passíveis de extradição em qualquer tratado de extradição existentes entre Estados Partes, e incluídos como delitos passíveis de extradição em todo tratado de extradição subsequentemente celebrado entre os mesmos, em conformidade com as condições estabelecidas nos referidos tratados.

2. Se um Estado Parte que condiciona a extradição à existência de um tratado receber solicitação de extradição de outro Estado Parte com o qual não mantém tratado de extradição, poderá adotar o presente Protocolo como base jurídica para a extradição no que se refere a tais delitos. A extradição estará sujeita às condições previstas na legislação do Estado demandado.

3. Os Estados Partes que não condicionam a extradição à existência de um tratado reconhecerão os referidos delitos como delitos passíveis de extradição entre si, em conformidade com as condições estabelecidas na legislação do Estado demandado.

4. Para fins de extradição entre Estados Partes, os referidos delitos serão considerados como se cometidos não apenas no local onde ocorreram, mas também nos territórios dos Estados obrigados a estabelecer sua jurisdição em conformidade com o Artigo 4º.

5. Se um pedido de extradição for feito com referência a um dos delitos descritos no Artigo 3º, parágrafo 1, e se o Estado Parte demandado não conceder a extradição ou recusar-se a conceder a extradição com base na nacionalidade do autor do delito, este Estado adotará as medidas apropriadas para submeter o caso às suas autoridades competentes, com vistas à instauração de processo penal.

Artigo 6º

1. Os Estados Partes prestar-se-ão mutuamente toda a assistência possível no que se refere a investigações ou processos criminais ou de extradição instaurados com relação aos delitos descritos no Artigo 3º, parágrafo 1. Inclusive assistência na obtenção de provas à sua disposição e necessárias para a condução dos processos.

2. Os Estados Partes cumprirão as obrigações assumidas em função do parágrafo 1 do presente Artigo, em conformidade com quaisquer tratados ou outros acordos sobre assistência jurídica mútua que porventura existam entre os mesmos. Na ausência de tais tratados ou acordos, os Estados Partes prestar-se-ão assistência mútua em conformidade com sua legislação nacional.

Artigo 7º

Os Estados Partes, em conformidade com as disposições de sua legislação nacional:

a) adotarão medidas para permitir o sequestro e confisco, conforme o caso, de:

(i) bens tais como materiais, ativos e outros meios utilizados para cometer ou facilitar o cometimento dos delitos definidos no presente Protocolo;

(ii) rendas decorrentes do cometimento desses delitos.

b) atenderão às solicitações de outro Estado Parte referentes ao sequestro ou confisco de bens ou rendas a que se referem os incisos i) e ii) do parágrafo a);

c) adotarão medidas para fechar, temporária ou definitivamente, os locais utilizados para cometer esses delitos.

Artigo 8º

1. Os Estados Partes adotarão as medidas apropriadas para proteger os direitos e interesses de crianças vítimas das práticas proibidas pelo presente Protocolo em todos os estágios do processo judicial criminal, em particular:

a) reconhecendo a vulnerabilidade de crianças vitimadas e adaptando procedimentos para reconhecer suas necessidades especiais, inclusive suas necessidades especiais como testemunhas;

b) informando as crianças vitimadas sobre seus direitos, seu papel, bem como o alcance, as datas e o andamento dos processos e a condução de seus casos;

c) permitindo que as opiniões, necessidades e preocupações das crianças vitimadas sejam apresentadas e consideradas nos processos em que seus interesses pessoais forem afetados, de forma coerente com as normas processuais da legislação nacional;

d) prestando serviços adequados de apoio às crianças vitimadas no transcorrer do processo judicial;

e) protegendo, conforme apropriado, a privacidade e a identidade das crianças vitimadas e adotando medidas, em conformidade com a legislação nacional, para evitar a disseminação inadequada de informações que possam levar à identificação das crianças vitimadas;

f) assegurando, nos casos apropriados, a segurança das crianças vitimadas, bem como de suas famílias e testemunhas, contra intimidação e retaliação;

g) evitando demora desnecessária na condução de causas e no cumprimento de ordens ou decretos concedendo reparação a crianças vitimadas.

2. Os Estados Partes assegurarão que quaisquer dúvidas sobre a idade real da vítima não impedirão que se dê início a investigações criminais, inclusive investigações para determinar a idade da vítima.

3. Os Estados Partes assegurarão que, no tratamento dispensado pelo sistema judicial penal às crianças vítimas dos delitos descritos no presente Protocolo, a consideração primordial seja o interesse superior da criança.

4. Os Estados Partes adotarão medidas para assegurar treinamento apropriado, em particular treinamento jurídico e psicológico, às pessoas que trabalham com vítimas dos delitos proibidos pelo presente Protocolo.

5. Nos casos apropriados, os Estados Partes adotarão medidas para proteger a segurança e integridade daquelas pessoas e/ou organizações envolvidas na prevenção e/ou proteção e reabilitação de vítimas desses delitos.

6. Nenhuma disposição do presente Artigo será interpretada como prejudicial aos direitos do acusado a um julgamento justo e imparcial, ou como incompatível com esses direitos.

Artigo 9º

1. Os Estados Partes adotarão ou reforçarão, implementarão e disseminarão leis, medidas administrativas, políticas e programas sociais para evitar os delitos a que se refere o presente Protocolo. Especial atenção será dada á proteção de crianças especialmente vulneráveis a essas práticas.

2. Os Estados Partes promoverão a conscientização do público em geral, inclusive das crianças, por meio de informações disseminadas por todos os meios apropriados, educação e treinamento, sobre as medidas preventivas e os efeitos prejudiciais dos delitos a que se refere o presente Protocolo. No cumprimento das obrigações assumidas em conformidade com o presente Artigo, os Estados Partes incentivarão a participação da comunidade e, em particular, de crianças vitimadas, nas referidas informações e em programas educativos e de treinamento, inclusive no nível internacional.

3. Os Estados Partes adotarão todas as medidas possíveis com o objetivo de assegurar assistência apropriada às vítimas desses delitos, inclusive sua completa reintegração social e sua total recuperação física e psicológica.

4. Os Estados Partes assegurarão que todas as crianças vítimas dos delitos descritos no presente Protocolo tenham acesso a procedimentos adequados que lhe permitam obter, sem discriminação, das pessoas legalmente responsáveis, reparação pelos danos sofridos.

5. Os Estados Partes adotarão as medidas apropriadas para proibir efetivamente a produção e disseminação de material em que se faça propaganda dos delitos descritos no presente Protocolo.

Artigo 10

1. Os Estados Partes adotarão todas as medidas necessárias para intensificar a cooperação internacional por meio de acordos multilaterais, regionais e bilaterais para prevenir, detectar, investigar, julgar e punir os responsáveis por atos envolvendo a venda de crianças, a prostituição infantil, a pornografia infantil e o turismo sexual infantil. Os Estados Partes promoverão, também, a coo-

peração e coordenação internacionais entre suas autoridades, organizações não governamentais nacionais e internacionais e organizações internacionais.

2. Os Estados Partes promoverão a cooperação internacional com vistas a prestar assistência às crianças vitimadas em sua recuperação física e psicológica, sua reintegração social e repatriação.

3. Os Estados Partes promoverão o fortalecimento da cooperação internacional, a fim de lutar contra as causas básicas, tais como pobreza e subdesenvolvimento, que contribuem para a vulnerabilidade das crianças à venda de crianças, à prostituição infantil, à pornografia infantil e ao turismo sexual infantil.

4. Os Estados Partes que estejam em condições de fazê-lo, prestarão assistência financeira, técnica ou de outra natureza por meio de programas multilaterais, regionais, bilaterais ou outros programas existentes.

Artigo 11

Nenhuma disposição do presente Protocolo afetará quaisquer outras disposições mais propícias à fruição dos direitos da criança e que possam estar contidas:

a) na legislação de um Estado Parte;

b) na legislação internacional em vigor para aquele Estado.

Artigo 12

1. Cada Estado Parte submeterá ao Comitê sobre os Direitos da Criança, no prazo de dois anos a contar da data da entrada em vigor do Protocolo para aquele Estado Parte, um relatório contendo informações abrangentes sobre as medidas adotadas para implementar as disposições do Protocolo.

2. Após a apresentação do relatório abrangente, cada Estado Parte incluirá nos relatórios que submeter ao Comitê sobre os Direitos da Criança quaisquer informações adicionais sobre a implementação do Protocolo, em conformidade com o Artigo 44 da Convenção. Os demais Estados Partes do Protocolo submeterão um relatório a cada cinco anos.

3. O Comitê sobre os Direitos da Criança poderá solicitar aos Estados Partes informações adicionais relevantes para a implementação do presente Protocolo.

Artigo 13

1. O presente Protocolo está aberto para assinatura de qualquer Estado que seja parte ou signatário da Convenção.

2. O presente Protocolo está sujeito a ratificação e aberto a adesão de qualquer Estado que seja parte ou signatário da Convenção. Os instrumentos de ratificação ou adesão serão depositados com o Secretário Geral das Nações Unidas.

Artigo 14

1. O presente Protocolo entrará em vigor três meses após o depósito do décimo instrumento de ratificação ou adesão.

2. Para cada Estado que ratificar o presente Protocolo ou a ele aderir após sua entrada em vigor, o presente Protocolo passará a viger um mês após a data do depósito de seu próprio instrumento de ratificação ou adesão.

Artigo 15

1. Qualquer Estado Parte poderá denunciar o presente Protocolo a qualquer tempo por meio de notificação escrita ao Secretário Geral das Nações Unidas, o qual subsequentemente informará os demais Estados Partes da Convenção e todos os Estados signatários da Convenção. A denúncia produzirá efeitos um ano após a data de recebimento da notificação pelo Secretário Geral das Nações Unidas.

2. A referida denúncia não isentará o Estado Parte das obrigações assumidas por força do presente Protocolo no que se refere a qualquer delito ocorrido anteriormente à data na qual a denúncia passar a produzir efeitos. A denúncia tampouco impedirá, de qualquer forma, que se dê continuidade ao exame de qualquer matéria que já esteja sendo examinada pelo Comitê antes da data na qual a denúncia se tornar efetiva.

Artigo 16

1. Qualquer Estado Parte poderá propor uma emenda e depositá-la junto ao Secretário Geral das Nações Unidas. O Secretário Geral comunicará a emenda proposta aos Estados Partes, solicitando-lhes que indiquem se são favoráveis à realização de uma conferência de Estados Partes para análise e votação das propostas. Caso, no prazo de quatro meses a contar da data da referida comunicação, pelo menos um terço dos Estados Partes se houver manifestado a favor da referida conferência, o Secretário Geral convocará a conferência sob os auspícios das Nações Unidas. Qualquer emenda adotada por uma maioria de Estados Partes presentes e votantes na conferência será submetida à Assembleia Geral para aprovação.

2. Uma emenda adotada em conformidade com o parágrafo 1 do presente Artigo entrará em vigor quando aprovada pela Assembleia Geral das Nações Unidas e aceita por maioria de dois terços dos Estados Partes.

3. Quando uma emenda entrar em vigor, tornar-se-á obrigatória para aqueles Estados Partes que a aceitaram; os demais Estados Partes continuarão obrigados pelas disposições do presente Protocolo e por quaisquer emendas anteriores que tenham aceitado.

Artigo 17

1. O presente Protocolo, com textos em árabe, chinês, espanhol, francês, inglês e russo igualmente autênticos, será depositado nos arquivos das Nações Unidas.

2. O Secretário Geral das Nações Unidas enviará cópias autenticadas do presente Protocolo a todos os Estados Partes da Convenção e a todos os Estados signatários da Convenção.

DOU de 9.3.2004

DECLARAÇÃO DOS DIREITOS DA CRIANÇA

Proclamada pela Resolução da Assembleia Geral 1386 (XIV), de 20 de novembro de 1959.

Preâmbulo

Considerando que os povos das Nações Unidas reafirmaram, na Carta, a sua fé nos direitos fundamentais, na dignidade do homem e no valor da pessoa humana e que resolveram favorecer o progresso social e instaurar melhores condições de vida numa liberdade mais ampla;

Considerando que as Nações Unidas, na Declaração dos Direitos do Homem, proclamaram que todos gozam dos direitos e liberdades nela estabelecidas, sem discriminação alguma, de raça, cor, sexo, língua, religião, opinião política ou outra, origem nacional ou social, fortuna ou outra situação;

Considerando que a criança, por motivo da sua falta de maturidade física e intelectual, tem necessidade uma proteção e cuidados especiais, nomeadamente de proteção jurídica adequada, tanto antes como depois do nascimento;

Considerando que a necessidade de tal proteção foi proclamada na Declaração de Genebra dos Direitos da Criança de 1924 e reconhecida na Declaração Universal dos Direitos do Homem e nos estatutos de organismos especializados e organizações internacionais preocupadas com o bem-estar das crianças;

Considerando que a Humanidade deve à criança o melhor que tem para dar,

A Assembleia Geral

Proclama esta Declaração dos Direitos da Criança com vista a uma infância feliz e ao gozo, para bem da criança e da sociedade, dos direitos e liberdades aqui estabelecidos e com vista a chamar a atenção dos pais, enquanto homens e mulheres, das organizações voluntárias, autoridades locais e Governos nacionais, para o reconhecimento dos direitos e para a necessidade de se empenharem na respectiva aplicação através de medidas legislativas ou outras progressivamente tomadas de acordo com os seguintes princípios:

Princípio 1º

A criança gozará dos direitos enunciados nesta Declaração. Estes direitos serão reconhecidos a todas as crianças sem discriminação alguma, independentemente de qualquer consideração de raça, cor, sexo, idioma, religião, opinião política ou outra da criança, ou da sua família, da sua origem nacional ou social, fortuna, nascimento ou de qualquer outra situação.

Princípio 2º

A criança gozará de uma proteção especial e beneficiará de oportunidades e serviços dispensados pela lei e outros meios, para que possa desenvolver-se física, intelectual, moral, espiritual e socialmente de forma saudável e normal, assim como em condições de liberdade e dignidade. Ao promulgar leis com este fim, a consideração fundamental a que se atenderá será o interesse superior da criança.

Princípio 3º

A criança tem direito desde o nascimento a um nome e a uma nacionalidade.

Princípio 4º

A criança deve beneficiar da segurança social. Tem direito a crescer e a desenvolver-se com boa saúde; para este fim, deverão proporcionar-se quer à criança quer à sua mãe cuidados especiais, designadamente, tratamento pré e pós-natal. A criança tem direito a uma adequada alimentação, habitação, recreio e cuidados médicos.

Princípio 5º

A criança mental e fisicamente deficiente ou que sofra de alguma diminuição social, deve beneficiar de tratamento, da educação e dos cuidados especiais requeridos pela sua particular condição.

Princípio 6º

A criança precisa de amor e compreensão para o pleno e harmonioso desenvolvimento da sua personalidade. Na medida do possível, deverá crescer com os cuidados e sob a responsabilidade dos seus pais e, em qualquer caso, num ambiente de afeto e segurança moral e material; salvo em circunstâncias excepcionais, a criança de tenra idade não deve ser separada da sua mãe. A sociedade e as autoridades públicas tem o dever de cuidar especialmente das crianças sem família e das que careçam de meios de subsistência. Para a manutenção dos filhos de famílias numerosas é conveniente a atribuição de subsídios estatais ou outra assistência.

Princípio 7º

A criança tem direito à educação, que deve ser gratuita e obrigatória, pelo menos nos graus elementares. Deve ser-lhe ministrada uma educação que promova a sua cultura e lhe permita, em condições de igualdade de oportunidades, desenvolver as suas aptidões mentais, o seu sentido de responsabilidade moral e social e tornar-se um membro útil à sociedade.

O interesse superior da criança deve ser o princípio diretivo de quem tem a responsabilidade da sua educação e orientação, responsabilidade essa que cabe, em primeiro lugar, aos seus pais.

A criança deve ter plena oportunidade para brincar e para se dedicar a atividades recreativas, que devem ser orientados para os mesmos objetivos da educação; a sociedade e as autoridades públicas deverão esforçar-se por promover o gozo destes direitos.

Princípio 8º

A criança deve, em todas as circunstâncias, ser das primeiras a beneficiar de proteção e socorro.

Princípio 9º

A criança deve ser protegida contra todas as formas de abandono, crueldade e exploração, e não deverá ser objeto de qualquer tipo de tráfico. A criança não deverá ser admitida ao emprego antes de uma idade mínima adequada, e em caso algum será permitido que se dedique a uma ocupação ou emprego que possa prejudicar a sua saúde e impedir o seu desenvolvimento físico, mental e moral.

Princípio 10º

A criança deve ser protegida contra as práticas que possam fomentar a discriminação racial, religiosa ou de qualquer outra natureza. Deve ser educada num espírito de compreensão, tolerância, amizade entre os povos, paz e fraternidade universal, e com plena consciência de que deve devotar as suas energias e aptidões ao serviço dos seus semelhantes.

Fonte: *http://www.unicef.org/brazil*

REGRAS DAS NAÇÕES UNIDAS PARA PROTEÇÃO DE JOVENS PRIVADOS DE LIBERDADE

A Assembleia Geral,

Tendo em consideração a Declaração Universal dos Direitos Humanos, o Pacto Internacional sobre Direitos Civis e Políticos, a Convenção contra a Tortura e outras Penas ou Tratamentos Cruéis, Desumanos ou Degradantes, a Convenção sobre os Direitos da Criança assim como outros instrumentos internacionais relativos à proteção dos direitos e ao bem-estar dos jovens.

Tendo também em consideração as Regras Mínimas para o tratamento de Reclusos adotadas pelo Primeiro Congresso das Nações Unidas para a Prevenção do Crime e o Tratamento dos Delinquentes,

Tendo ainda em consideração o Conjunto de Princípios para a Proteção de Todas as Pessoas Sujeitas a Qualquer Forma de Detenção ou Prisão, aprovado pela Assembleia Geral na sua Resolução nº 43/173, de 9 de Dezembro de 1988, e anexa a esta última,

Lembrando as Regras Mínimas das Nações Unidas para a Administração da Justiça da Infância e da Juventude (Regras de Beijing).

Lembrando igualmente a Resolução 21 do Sétimo Congresso das Nações Unidas sobre a Prevenção do Crime e o Tratamento dos Delinquentes, no qual o Congresso pedia o desenvolvimento das Regras das Nações Unidas para a Proteção de Jovens Privados de Liberdade,

Lembrando ainda que o Conselho Econômico e Social, na Resolução 1986/10, seção II, de 21 de Maio de 1986, pediu ao Secretário-Geral para relatar ao Comitê para a Prevenção do Crime e a Luta Contra a Delinquência, na sua décima sessão, os progressos realizados em relação às Regras e pedia ao Oitavo Congresso das Nações Unidas sobre a Prevenção do Crime e o Tratamento dos Delinquentes que considerasse as Regras propostas com vista à sua adoção,

Alarmada com as condições em que os jovens são privados da sua liberdade em todo o mundo,

Consciente de que os jovens privados de liberdade são altamente vulneráveis aos maus tratos, vitimização e violação dos seus direitos,

Preocupada com o fato de muitos sistemas não diferenciarem adultos e jovens nos vários estágios da administração da justiça e com o fato de os jovens serem assim detidos em prisões e outros estabelecimentos com adultos,

1. Declara que a colocação de um jovem numa instituição deve ser sempre uma decisão do último recurso e pelo mínimo período de tempo necessário;

2. Reconhece que, dada a sua alta vulnerabilidade, os jovens privados de liberdade requerem uma atenção e proteção especiais e que os seus direitos e bem-estar devem ser garantidos durante e depois do período em questão privados de liberdade;

3. Nota com apreço o trabalho com apreço o trabalho valioso do Secretariado das Nações Unidas e a colaboração que se estabeleceu na preparação do projeto das Regras das Nações Unidas para a Proteção de Jovens Privados de Liberdade entre o Secretariado e os peritos, os práticos, as organizações intergovernamentais, o conjunto de organizações não governamentais, em especial a Anistia Internacional, a Defesa Internacional das Crianças, e Rädda Barnen Internacional (Federação Sueca de Proteção da Juventude) e as instituições científicas preocupadas com os direitos das crianças e a justiça de adolescentes;

4. Adota as Regras das Nações Unidas para a Proteção de Jovens Privados de Liberdade contida em anexo à presente resolução;

5. Pede ao Comitê para a Prevenção do Crime e a Luta contra a Delinquência que formule medidas para aplicação eficaz das Regras, com a assistência dos institutos das Nações Unidas para a prevenção do Crime e Tratamento dos Delinquentes;

6. Convida os Estados membros a adaptarem, quando necessário, a sua legislação, práticas, políticas nacionais, em especial no que respeita à formação de todas as categorias de pessoal da justiça de adolescentes, ao espírito das Regras, e a levá-las ao conhecimento das autoridades a quem digam respeito e ao público em geral.

7. Convida também os Estados membros a informarem o Secretário-Geral dos seus esforços para aplicarem as Regras no nível da sua legislação, política e prática e a relatarem regularmente ao Comitê para a Prevenção do Crime e a Luta contra a Delinquência os resultados conseguidos na sua implementação;

8. Encarrega o Secretário-Geral e convida a os Estados membros a assegurarem a maior difusão possível no texto das Regras em todas as línguas oficiais das Nações Unidas;

9. Encarrega o Secretário-Geral de proceder a uma investigação comparativa, de promover a colaboração necessária e de traçar estratégias para lidar com as diferentes categorias de jovens delinquentes graves e reincidentes e de preparar, com essa base, um relatório orientado para a formulação de políticas a apresentar ao Nono Congresso das Nações Unidas para a Prevenção do Crime e o Tratamento dos Delinquentes;

10. Encarrega o Secretário-Geral e pede veementemente aos Estados membros que forneçam os recursos necessários para assegurar uma bem sucedida aplicação e implementação das Regras, em especial nas áreas do recrutamento, da formação profissional e permuta de todas as categorias de pessoal dos Serviços de Justiça de adolescentes;

11. Incita todos os organismos competentes do sistema das Nações Unidas, em especial o Fundo das Nações Unidas para a Infância, as comissões regionais e entidades especializadas, os institutos das Nações Unidas para a Prevenção do Crime e o Tratamento dos Delinquentes e todas as organizações intergovernamentais e não governamentais interessadas, a colaborarem com o Secretário-Geral e a tomarem as medidas necessárias para assegurar um esforço concertado e apoiado, dentro de seus respectivos campos de competência técnica, para promoverem a aplicação das Regras;

12. Convida a subcomissão para a Prevenção da Discriminação e a Proteção das Minorias da Comissão dos Direitos do Homem a considerar este novo instrumento internacional, tendo em vista promover a aplicação das suas disposições;

13. Pede ao Nono Congresso que examine os progressos efetuados na promoção e aplicação das Regras e das recomendações contidas na presente resolução, num ponto distinto dos trabalhos, relativos à justiça de adolescentes.

68ª Sessão plenária

14 de Dezembro de 1990.

ANEXO

I – Perspectivas Fundamentais

1. O sistema de justiça de crianças e adolescentes deve respeitar os direitos e a segurança dos jovens e promover o seu bem-estar físico e mental. A prisão deverá constituir uma medida de último recurso.

2. Os adolescentes só devem ser privados de liberdade de acordo com os princípios e processos estabelecidos nestas Regras e nas Regras Mínimas das Nações Unidas para a Administração da Justiça da Infância e da Juventude (Regras de Beijing). A privação de liberdade de um adolescente deve ser uma medida de último recurso e pelo período mínimo necessário e deve ser limitada a casos excepcionais. A duração da sanção deve ser determinada por uma autoridade judicial, sem excluir a possibilidade de uma libertação antecipada.

3. As Regras têm como objetivo estabelecer um conjunto de regras mínimas aceitáveis pelas Nações Unidas para a proteção dos jovens privados de liberdade sob qualquer forma, compatíveis com os direitos humanos e liberdades, tendo em vista combater os efeitos nocivos de qualquer tipo de detenção e promover a integração na sociedade.

4. As Regras devem ser aplicadas com imparcialidade, sem discriminação de qualquer espécie quanto à raça, cor, sexo, idade, língua, religião, nacionalidade, opiniões políticas ou outras, crenças ou práticas culturais, situação econômica, nascimento ou situação familiar, origem étnica ou social e incapacidade. As crenças religiosa, as práticas culturais e os conceitos morais dos jovens devem ser respeitados.

5. As Regras têm por fim servir como padrões de fácil referência e encorajar e guiar os profissionais envolvidos na gestão do sistema da justiça juvenil.

6. As Regras devem ser postas rapidamente à disposição do pessoal da justiça de adolescentes na sua língua nacional. Os jovens que não são fluentes na língua falada pelo pessoal do estabelecimento de detenção devem ter direito aos serviços gratuitos de um intérprete, sempre que necessário, em especial durante os exames médicos e processos disciplinares.

7. Quando apropriado, os Estados devem incorporar as Regras na sua legislação, ou modificá-la em conformidade, e prever recursos eficazes em caso de não cumprimento, incluindo a indenização quando são infligidos maus tratos aos jovens. Os Estados devem também supervisionar a aplicação das Regras.

8. As autoridades competentes devem procurar constantemente aumentar a consciência do público quanto ao fato de os cuidados aos jovens detidos e a preparação do seu regresso à sociedade serem um serviço social de grande importância; com este fim devem tomar medidas no sentido de proporcionarem contatos diretos entre os jovens e a comunidade local.

9. Nenhuma das disposições contidas nestas Regras deve ser interpretada como excluindo a aplicação das normas e instrumentos pertinentes das Nações Unidas relativos aos direitos do homem, reconhecidos pela comunidade internacional, que sejam mais favoráveis aos direitos, ao tratamento e à proteção das crianças e de todos os jovens.

10. No caso de a aplicação de certas Regras contidas nas Partes II a V, inclusive, destas Regras apresentar algum conflito com as Regras contidas na Parte I, é a obrigação de aplicação destas últimas que prevalece.

II – Aplicação Das Regras

11. Para efeitos das Regras, são aplicáveis as seguintes definições:

a) *criança* ou *adolescente* é qualquer pessoa que tenha menos de 18 anos. A idade limite abaixo da qual não deve ser permitido privar uma criança de liberdade deve ser fixada em lei;

b) *privação de liberdade* significa qualquer forma de detenção, de prisão ou a colocação de uma pessoa, por decisão de qualquer autoridade judicial, administrativa ou outra autoridade pública, num estabelecimento público ou privado do qual essa pessoa não pode sair por sua própria vontade.

12. A privação da liberdade deve ser efetuada em condições e circunstâncias que assegurem o respeito pelos direitos humanos dos adolescentes. Os adolescentes detidos devem poder exercer uma atividade útil e seguir programas que mantenham e reforcem a sua saúde e o respeito por si próprios, favorecendo o seu sentido de responsabilidade e encorajando-os a adotar atitudes e adquirir conhecimentos que os auxiliarão no desenvolvimento do seu potencial como membros da sociedade.

13. Os adolescentes privados de liberdade não devem, por força do seu estatuto de detidos, ser privados dos direitos civis, econômicos, políticos, sociais ou culturais de que gozem por força da lei nacional ou do direito internacional, e que sejam compatíveis com a privação de liberdade.

14. A proteção dos direitos individuais dos adolescentes, com especial relevância para a legalidade da execução das medidas de detenção, deve ser assegurada pela autoridade competente, enquanto os objetivos da integração social devem ser assegurados mediante inspeções regulares e outros meios de controle levados a cabo, de acordo com as normas internacionais, leis e regulamentos nacionais, por uma entidade devidamente constituída, autorizada a visitar os adolescentes e independente da administração do estabelecimento.

15. As presentes Regras aplicam-se a todos os tipos e formas de instituições de detenção nas quais os adolescentes estão privados de liberdade. As partes I, II, IV e V das Regras aplicam-se a todos os estabelecimentos e instituições em que os adolescentes são detidos e a Parte III aplica-se especificamente aos adolescentes sob detenção ou que aguardem julgamento.

16. As Regras serão aplicadas no contexto das condições econômicas, sociais e culturais existentes em cada Estado membro.

III – Adolescentes sob Detenção ou que Aguardam Julgamento

17. Os adolescentes que estão detidos preventivamente ou que aguardam julgamento (não julgados) presumem-se inocentes e serão tratados como tal. A detenção antes do julgamento deve ser evitada, na medida do possível, e limitada a circunstâncias excepcionais. Devem, por isso, ser feitos todos os esforços para se aplicarem medidas alternativas. No entanto, quando se recorrer à detenção preventiva, os tribunais de adolescentes e os órgãos de investigação tratarão tais casos com a maior urgência, a fim de assegurar a mínima duração possível da detenção. Os detidos sem julgamento devem estar separados dos adolescentes condenados.

18. As condições em que um adolescente não julgado se encontra detido devem estar de acordo com as regras abaixo estabelecidas, sob reserva de disposições especiais, julgadas necessárias e apropriadas em razão da presunção da inocência, da duração da detenção e do estatuto legal e circunstâncias do adolescente. Estas disposições devem incluir, mas não necessariamente restringir-se, ao seguinte:

a) os adolescentes devem ter direito aos serviços de um advogado e podem requerer assistência judiciária gratuita, quando essa assistência esteja disponível, e comunicar regularmente com os seus conselheiros legais. A privacidade e confidencialidade de tais comunicações deve ser assegurada;

b) sempre que possível, os adolescentes devem dispor de oportunidades de efetuar um trabalho remunerado, e de continuar a sua educação e formação profissional, mas não lhes deve ser exigido que o façam. O trabalho, os estudos ou a formação profissional não devem causar a continuação da detenção;

c) os adolescentes podem receber e guardar materiais para os seus tempos livres e recreio, na medida em que isso for compatível com os interesses da administração da justiça.

IV – A Administração dos Estabelecimentos de Adolescentes

A) Registros

19. Todos os relatórios, incluindo os autos processuais, registros médicos e registros de processos disciplinares e outros documentos relativos à forma, conteúdo e por adolescentes do tratamento devem ser arquivados num processo individual e confidencial, que deve ser mantido atualizado, ser acessível unicamente a pessoas autorizadas e ser classificado de tal modo que possa ser facilmente compreendido. Sempre que possível, os adolescentes devem ter o direito de contestar qualquer fato ou opinião contida no seu processo, de modo a permitir a retificação de declarações inadequadas, infundadas ou injustas. Com vista ao exercício deste direito, devem estabelecer-se procedimentos que autorizem uma terceira parte a ter acesso ao processo ou a consultá-lo quando requerido. Depois de sua libertação, os processos dos adolescentes serão selados e, em tempo apropriado, distribuídos.

20. Nenhum adolescente deve ser admitido num estabelecimento sem uma ordem de detenção válida emanada de uma autoridade judicial, administrativa ou outra autoridade pública. Os adolescentes desta decisão devem dar imediatamente entrada no registro. Nenhum adolescente deve ser detido em qualquer estabelecimento quando tal registro não exista.

B) Admissão, Registro e Transferência

21. Em qualquer local em que se encontrem adolescentes detidos, deve ser mantido um registro completo e seguro das seguintes informações relativas a cada adolescente admitido:

a) informação sobre a identidade do adolescente;

b) os fatos e os motivos da detenção e a autoridade que a ordenou;

c) o dia e hora da admissão, transferência ou libertação;

d) pormenores dos problemas conhecidos de saúde física ou mental, incluindo o abuso de droga e álcool.

22. As informações relativas à admissão, lugar e detenção, transferência e libertação devem ser fornecidas sem demora aos pais e tutores ou ao parente mais próximo do adolescente.

23.Tão depressa quanto possível após a admissão, devem ser elaborados relatórios contendo informações relevantes sobre a situação pessoal e o caso de cada adolescente e submetidos à administração.

24. Na admissão, deve ser dada a todos os adolescentes uma cópia das regras que regem o estabelecimento de detenção e uma descrição escrita dos seus direitos e obrigações numa linguagem que ele possam perceber, assim como o endereço das autoridades competentes para receberem queixas e das entidades e organizações públicas e privadas que fornecem assistência legal. Para os adolescentes analfabetos e para os adolescentes que não compreendam o idioma em que as informações são fornecidas, deverá assegurar-se a sua transmissão de modo a tornar possível a sua completa compreensão.

25. Todos os adolescentes devem ser ajudados a compreender os regulamentos que regem a organização interna do estabelecimento, os fins e a metodologia do tratamento dispensado, as regras disciplinares, os meios autorizados de obtenção de informação e de elaboração de queixas, e todos e quaisquer pontos que sejam necessários para conseguir a percepção completa dos seus direitos e obrigações durante a detenção.

26. O transporte dos adolescentes processar-se-á a expensas da administração, em transporte com ventilação e luz adequadas, em condições que não os submetam, de qualquer modo, a situações duras ou indignas. Os adolescentes não devem ser transferidos arbitrariamente de um estabelecimento para outro.

C) Classificação e Colocação

27. Logo que possível, após a sua admissão, casa adolescente deve ser entrevistado e deve ser elaborado um relatório psicológico e social que identifique quaisquer fatores relevantes quanto ao tipo de tratamento e programa de educação e de formação requeridos pelo adolescente. Este relatório, juntamente com o relatório elaborado pelo médico que examinou o jovem depois de sua admissão, deve ser enviado ao diretor, para fins de determinação da colocação mais apropriada do adolescente dentro do estabelecimento e do tipo de tratamento e programa de formação requeridos. Quando é requerido um tratamento de reeducação especial, e a duração de permanência no estabelecimento o permite, o pessoal especializado do estabelecimento deve preparar, por escrito, um plano de tratamento individualizado, especificando os objetivos do tratamento, a sua duração e os meios, etapas e prazos com que os objetivos deverão ser prosseguidos.

28. A detenção de adolescentes só deve ter lugar em condições que tenham em consideração as suas necessidades particulares, estatuto e requisitos especiais, exigidos pela sua idade, personalidade, sexo e tipo de crime, assim como sua saúde física e mental, e que assegurem a sua proteção contra influências perniciosas e situações de risco. O principal critério de classificação das diferentes categorias de adolescentes privados de liberdade deve basear-se no tipo de tratamento que melhor se adapte às necessidades especiais dos indivíduos a que dizem respeito, e à proteção da sua integridade física, mental e moral e do seu bem-estar.

29. Em todos os estabelecimentos de detenção os adolescentes devem estar separados dos adultos, a menos que sejam membros da mesma família. Sob condições controladas, os adolescentes podem juntar-se com adultos, cuidadosamente selecionados, como parte de um programa especial que se tenha demonstrado ser benéfico para os adolescentes a que diz respeito.

30. Devem ser criados estabelecimentos de detenção abertos para os adolescentes. Os estabelecimentos abertos são aqueles em não existem ou em que existem um mínimo de medidas de segurança. A população desses estabelecimentos de detenção deve ser tão pequena quanto possível. O número de adolescentes detidos em estabelecimentos fechados deve ser suficientemente pequeno para permitir um tratamento individualizado. Os estabelecimentos de detenção para adolescentes devem ser descentralizados e de um tamanho que facilite o acesso e o contato entre os adolescentes e as suas famílias. Devem ser criados estabelecimentos de detenção de pequena escala e integrados no ambiente social, econômico e cultural da comunidade.

D) Ambiente Físico e Alojamento

31. Os adolescentes privados de liberdade têm direito a instalações e serviços que preencham todos os requisitos de saúde e dignidade humana.

32. A concepção dos estabelecimentos de detenção de adolescentes e o ambiente físico devem estar à altura do objetivo de reabilitação ligado ao tratamento residencial, respeitando a necessidade de privacidade dos adolescentes, de estímulos sensoriais e oferecendo oportunidades de associação com outros jovens e a participação em desportos, exercício físico e atividades de tempos livres. A concepção e a estrutura dos estabelecimentos de detenção de adolescentes deve ser de molde a minimizar o risco de incêndio e a assegurar a evacuação segura das instalações. Deve haver um sistema de alarme eficiente, em caso de fogo, assim como processos formais e experimentados que permitam a segurança dos adolescentes. As instalações de detenção não devem ser localizadas em áreas onde existam conhecidos riscos para a saúde e outros perigos.

33. As acomodações para dormir devem ser normalmente constituídos por dormitórios para pequenos grupos ou quartos individuais, tendo em conta os padrões locais. Durante as horas de sono, deve haver uma vigilância regular e discreta de todas as áreas onde dormem os detidos, quartos individuais e dormitórios de grupo, a fim de assegurar a proteção de cada adolescente. Cada jovem deve receber, de acordo com os padrões locais ou nacionais, roupa de cama suficiente e individual, que deve estar limpa quando é entregue, mantida em boa ordem e mudada com a frequência para assegurar a sua higiene.

34. As instalações sanitárias devem ser de um nível adequado e estar localizados de forma a permitir que cada adolescente possa satisfazer as suas necessidades físicas com privacidade e de um modo limpo e decente.

35. A posse de objetos pessoais é um elemento básico do direito à privacidade e é essencial ao bem-estar psicológico do adolescente. O direito dos adolescentes possuírem objetos pessoais e disporem de lugares adequados para os guardar deve ser integralmente reconhecido e respeitado. Os objetos pessoais que o jovem não quer ter consigo, ou que são confiscados, devem ser colocados em lugar seguro. Será feito um inventário desses bens que deve ser assinado pelo adolescente. Devem ser tomada providências para os manter em boas condições. Todos esses artigos e dinheiro devem ser restituídos ao adolescente quando esta é libertado, exceto se esse adolescente for autorizado a gastar o dinheiro ou a enviar esse dinheiro ou artigos para fora da instituição. Se um adolescente recebe, ou é encontrado na posse de qualquer medicamento, o médico deve decidir-se sobre o uso que deve ser feito dele.

36. Na medida do possível, os adolescentes devem ter o direito a usar as suas próprias roupas. Os estabelecimentos devem assegurar que cada adolescente tenha roupa pessoal adequada ao clima e suficiente para manter em bom estado de saúde e que, de modo algum, seja degradante ou humilhante. Os adolescentes que saiam do estabelecimento ou que, por qualquer razão sejam autorizados a abandoná-lo, devem ser autorizados a usar as suas próprias roupas.

37. Cada estabelecimento assegurará que todos os adolescentes recebam alimentação convenientemente preparada e servida às horas normais das refeições e de qualidade e quantidade que satisfaça as normas dietéticas, de higiene e de saúde e, tanto quanto possível, requisitos religiosos e culturais. Água potável deve estar à disposição de todos os adolescentes em qualquer momento.

E) Educação, Formação Profissional e Trabalho

38. Qualquer adolescente em idade de escolaridade obrigatória tem direito à educação adequada às suas necessidades e capacidades, com vista à preparação da sua reinserção na sociedade. Tal educação deve ser dada, sempre que possível, fora do estabelecimento de detenção em escolas da comunidade e, em qualquer caso, deve ser ministrada por professores qualificados, no quadro de programas integrados no sistema educativo do país, de modo a que os adolescentes possam prosseguir, sem dificuldade, os estudos após a sua libertação. A administração do estabelecimento deve conceder uma especial atenção à educação dos adolescentes de origem estrangeira ou com especiais necessidades culturais ou étnicas. Os adolescentes que são analfabetos ou que têm dificuldades cognitivas ou de aprendizagem devem ter direito a uma educação especial.

39. Os adolescentes acima da idade de escolaridade obrigatória que desejem continuar a sua educação devem ser autorizados e encorajados a fazê-lo e devem ser feitos todos os esforços para lhes possibilitar o acesso aos programas educacionais apropriados.

40. Os diplomas ou certificados de educação concedidos aos jovens durante a detenção não devem indicar que o jovem esteve detido.

41. Cada estabelecimento de detenção deve proporcionar o acesso a uma biblioteca que deve estar adequadamente equipada com livros, tanto instrutivos como recreativos e com publicações periódicas adequadas aos adolescentes, devendo estes ser encorajados e ter possibilidades de fazerem uso completo dos serviços da biblioteca.

42. Todo o adolescente deve ter direito a receber formação profissional suscetível de o preparar para a vida ativa.

43. Nos limites compatíveis com uma seleção profissional adequada com as exigências da administração e da disciplina da instituição, os adolescentes devem poder escolher o tipo de trabalho que desejam executar.

44. Todos os padrões nacionais e internacionais de proteção aplicáveis ao trabalho das crianças e dos jovens trabalhadores devem aplicar-se aos adolescentes privados de liberdade.

45. Sempre que possível, deve dar-se aos adolescentes a oportunidade de realizarem trabalho remunerado, se possível na comunidade local, como complemento da formação profissional que lhes é ministrada com o fim de lhes proporcionar a possibilidade de encontrarem um trabalho conveniente quando regressam às suas comunidades. O tipo de trabalho deve ser de molde a fornecer formação apropriada que beneficie os adolescentes após a libertação. A organização e métodos oferecidos nos estabelecimentos de detenção devem assemelhar-se, tanto quanto possível, aos trabalhos similares na comunidade, de modo a preparar os adolescentes para as condições de uma vida de trabalho normal.

46. Todos os adolescentes que trabalham devem ter direito a uma remuneração equitativa. Os interesses dos adolescentes e da sua formação profissional não devem estar subordinados a fins lucrativos da instituição ou de terceiros. Parte dos ganhos do adolescente deve normalmente ser posta de lado, a fim de constituir um fundo de poupança a ser entregue ao adolescente quando da sua libertação. O adolescente deve ter o direito de usar o remanescente desses ganhos na compra de artigos para seu uso pessoal ou para indenizar a vítima prejudicada pelo seu crime ou para o enviar à família ou outras pessoas que se encontram fora do estabelecimento.

F) Recreio

47. Todos os jovens devem ter direito diariamente a um período de tempo adequado para exercício ao ar livre, quando o tempo o permita durante o qual lhe devem ser normalmente proporcionados atividades físicas e recreativas adequadas. Para estas atividades devem ser-lhes fornecidos espaços, instalações e equipamento adequados. Todos os jovens devem ter tempo adicional para atividades diárias de tempos livres, parte das quais devem ser dedicadas, se o jovem o desejar, ao desenvolvimento de aptidões para artes e ofícios. O estabelecimento deve assegurar que cada adolescente esteja fisicamente apto para participar nos programas existentes de educação física. Deve ser proporcionada educação física e terapia corretiva, sob supervisão médica, aos adolescentes que delas necessitem.

G) Religião

48. Todos os adolescentes devem ser autorizados a satisfazer as suas necessidades religiosas e de vida espiritual, em especial assistindo aos serviços religiosos ou encontros organizados no estabelecimento ou contatando com os representantes do seu culto e tendo na sua posse dos livros e objetos de culto e de instrução religiosa próprios da sua confissão. Se um estabelecimento de detenção tiver um número suficiente de adolescentes de uma dada religião, um ou mais representantes qualificados dessa religião devem ser nomeados ou aprovados e ser-lhes concedida autorização para prestar serviços religiosos regulares e fazer visitas pastorais particulares aos adolescentes, a pedido destes. Todos os jovens devem ter direito a receber visitas de um representante qualificado de qualquer religião da sua escolha, assim como o direito de não participarem nos serviços religiosos e recusarem livremente a educação, aconselhamento ou doutrinação religiosa.

H) Cuidados Médicos

49. Todos os jovens deverão receber cuidados médicos adequados, tanto preventivos como terapêuticos, incluindo cuidados de estomatologia, oftalmologia e de saúde mental, assim como

produtos farmacêuticos e dietas especiais, de acordo com a prescrição médica. Todos estes cuidados médicos devem, sempre que possível, se proporcionado aos adolescentes detidos por meio das instituições e serviços de saúde apropriados da comunidade na qual o estabelecimento de detenção encontra-se situado, de modo a prevenir a estigmatização do adolescente e a promover o respeito próprio e a integração na comunidade.

50. Todos os jovens têm o direito de ser examinados por um médico imediatamente após sua admissão no estabelecimento de detenção, com o fim de se registrar qualquer prova de mais tratos anteriores e identificar qualquer problema físico ou mental que requeira atenção médica.

51. Os serviços médicos fornecidos aos adolescentes devem procurar detectar e tratar qualquer doença física e mental ou outra, e o abuso de substâncias que possam constituir obstáculo à inserção do adolescente na sociedade. Todos os estabelecimentos de detenção de adolescentes deverão ter acesso imediato a meios e equipamentos médicos apropriados ao número e necessidades dos seus residentes e estar dotados de pessoal formado em cuidados preventivos de saúde e em emergências médicas. Qualquer jovem que esteja doente, que se queixe de doença ou demonstre sintomas de dificuldades físicas ou mentais, deve ser prontamente examinado por um médico.

52. Qualquer médico que tenha razão para crer que a saúde física ou mental de um jovem tem sido ou será perniciosamente afetada pela detenção prolongada, por uma greve de fome ou qualquer condição da detenção, deve relatar este fato imediatamente ao diretos do estabelecimento em causa e à autoridade independente responsável pela proteção do bem-estar dos adolescentes.

53. Um adolescente que sofre de doença mental deve ser tratado numa instituição especializada sob supervisão médica independente. Devem ser feitas diligências, junto das instituições apropriadas, para assegurar a continuação dos cuidados de saúde mental depois da libertação.

54. Os estabelecimentos de detenção de adolescentes devem adotar programas especializados de prevenção do abuso de drogas, bem como programas de reabilitação, a ser administrados por pessoal qualificado. Estes programas devem ser adaptados à idade, sexo e outras características dos adolescentes a que dizem respeito; instalações e serviços de desintoxicação apetrechedos com pessoal qualificado devem ser postos à disposição dos adolescentes dependentes de droga ou álcool.

55. Os medicamentos só devem ser administrados para tratamentos médicos necessários e, quando possível, depois de ser obtido o consentimento esclarecido do adolescente em causa. Em especial, não devem ser administrados com vista a provocar ilicitamente informações ou uma confissão, como castigo ou como meio repressivo. Os adolescentes nunca devem ser cobaias no uso experimental de fármacos ou tratamentos. A administração de qualquer fármaco deve sempre ser autorizada e efetuada por pessoal médico qualificado.

l) Notificação de Doença, Acidente ou Morte

56. A família ou tutor de um adolescente e qualquer outra pessoa por si designada tem o direito de ser informada, quando o requeira, do estado de saúde do adolescente, bem como no caso de se darem quaisquer mudanças importantes na saúde do adolescente. O diretor do estabelecimento de detenção deve notificar imediatamente a família ou tutor do adolescente em causa, ou outra pessoa por este indicada, no caso de morte, doença que requeira a transferência de adolescente para uma instalação médica exterior, ou condição que requeira cuidados médicos dentro do estabelecimento de detenção por mais de 48 horas. Devem também notificar-se autoridades consulares do Estado de que um adolescente estrangeiro é cidadão.

57. Em caso de morte de um adolescente durante o período de privação de liberdade, o parente mais próximo deve reter o direito de inspecionar a certidão de óbito, ver o corpo e determinar o que quer fazer do corpo. Após a morte de um adolescente detido, deverá haver um inquérito independente às causas da morte, cujo relatório deve ser posto à disposição do parente mais próximo. Este inquérito deve também ser realizado quando a morte do adolescente ocorre dentro dos seis meses seguintes à data da sua libertação do estabelecimento e existam razões para crer que a morte está relacionada com o período de detenção.

58. Um adolescente deve ser informado tão depressa quanto possível da morte, doença ou acidente grave de qualquer membro da sua família próxima e deve ser-lhe concedida a possibilidade de assistir ao funeral do falecido e de visitar um parente gravemente doente.

J) Contatos com o Exterior

59. Devem ser fornecidos todos os meios para assegurar a comunicação adequada dos adolescentes com o mundo exterior, o que constitui parte integrante do direito a um tratamento justo e humano e é essencial à preparação destes para a sua reinserção social. Os adolescentes devem ser autorizados a comunicar com as suas famílias, amigos e com membros ou representantes de organizações exteriores de renome, a sair das instalações de detenção para visitarem as suas casas e famílias e receberem autorização especial para sair do estabelecimento de detenção por razões imperiosas de caráter educativo, profissional ou outras. Se o adolescente estiver a cumprir uma pena, o tempo passado fora do estabelecimento deve ser contado como parte do período de pena.

60. Todos os adolescentes devem ter o direito de receber visitas regulares e frequentes de membros da sua família, em princípio uma vez por semana e não menos do que uma vez por mês, em circunstâncias que respeitem a sua necessidade de privacidade, contato e comunicação sem restrição, com a família e o advogado de defesa.

61. Todos os adolescentes devem ter o direito de comunicar por escrito ou por telefone, pelo menos duas vezes por semana, com a pessoa da sua escolha, a menos que estejam legalmente proibidos de o fazer, e deve, se necessário, ser auxiliados a fim de gozarem efetivamente este direito. Todos os adolescentes devem ter direito a receber correspondência.

62. Os adolescentes devem ter oportunidade de se manterem regularmente informados das notícias, lendo jornais, revistas e outras publicações, por meio da rádio, programas de televisão e filmes e por meio de visitas de representantes de qualquer clube ou organização lícitas em que estejam interessados.

K) Limitação à Coação Física e ao Uso da Força

63. O recurso a instrumentos de coação e à força para qualquer fim deve ser proibido, exceto nas condições da regra 64.

64. Os instrumentos de coação e o uso da força só podem ser usados em casos excepcionais, quando o recurso a outros métodos de controle se tiver revelado inoperante, e só nos termos explicitamente autorizados e especificados na lei e regulamentos. Não devem causar humilhação ou degradação e devem ser usados restritivamente e apenas durante o período estritamente necessário. Por ordem do diretor da administração, estes instrumentos podem ser empregados para impedir o jovem de se ferir a si mesmo, ferir outros ou causar séria destruição de propriedade. Em tais circunstâncias, o diretor deve consultar imediatamente o médico e outro pessoal relevante e participar o caso à autoridade administrativa hierarquicamente superior.

65. O porte e uso de armas pelo pessoal deve ser proibido em qualquer estabelecimento onde estejam detidos adolescentes.

L) Processos Disciplinares

66. Quaisquer medidas e processos disciplinares devem contribuir para a segurança e uma vida comunitária ordenada e ser compatíveis com o respeito da inerente dignidade do adolescente e com os objetivos fundamentais do tratamento institucional, inspirando designadamente, um sentido de justiça, de respeito pelos direitos básicos de cada pessoa.

67. Serão estritamente proibidas todas as medidas disciplinares que se traduzam num tratamento cruel, desumano ou degradante, tais como castigos corporais, colocação numa cela escura, num calabouço ou em isolamento, ou qualquer outro castigo que possa comprometer a saúde física ou mental do adolescente em causa. A redução de alimentação e a restrição da recusa de contato com os membros da família devem ser proibidas, seja quais forem as razões. O trabalho deve ser sempre visto como um instrumento educativo e um meio de promover o autorrespeito do adolescente preparando-o para o regresso à comunidade e não deve ser imposto como sanção disciplinar. Nenhum adolescente deve ser punido mais do que uma vez pela mesma infração disciplinar. Devem ser proibidas sanções coletivas.

68. A legislação ou regulamentos adotados pela autoridade administrativa competente devem estabelecer normas referentes aos seguintes aspectos, tendo em com as características, necessidades e direitos fundamentais dos adolescentes:

a) conduta que constitui uma infração disciplinar;

b) natureza e duração das sanções disciplinares que podem ser impostas;

c) a autoridade competente para impor essas sanções;

d) a autoridade competente para apreciar os recursos.

69. Os relatórios sobre a conduta irregular devem ser prontamente apresentados à autoridade competente, que deve pronunciar-se sobre ela sem atrasos injustificáveis. A autoridade competente deve proceder a um exame exaustivo do caso.

70. Nenhum jovem deve ser punido disciplinarmente, a não ser em estrita observância dos termos da lei e regulamentos em vigor. Nenhum jovem deve ser punido sem ter sido informado da infração que lhe é imputada, de um modo apropriado à sua compreensão e sem que lhe tenha sido dada a oportunidade de apresentar a sua defesa, incluindo o direito de recorrer para uma autoridade imparcial. Devem ser conservados registros completos de todos os processos disciplinares.

71. Nenhum jovem deve ter a seu cargo funções disciplinares exceto no que se refere à supervisão de atividades sociais, educativas ou desportivas específicas ou em programas de autogestão.

M) Inspeção e Queixas

72. Inspetores qualificados ou uma autoridade equivalente devidamente constituída, e não pertencente à administração da instalação devem ter o poder de fazer inspeções regulares e proceder a inspeções não anunciadas, por sua própria iniciativa, devendo gozar de garantias de independência total no exercício desta função. Os inspetores devem ter livre acesso a todas as pessoas empregadas ou que trabalham nos estabelecimentos onde se encontram ou poderão encontrar-se adolescentes privados de liberdade, a todos os adolescentes e a todos os registros dessas instalações.

73. Médicos qualificados ligados à autoridade inspetora ou o serviço público de saúde devem participar nas inspeções, avaliando o cumprimento das regras referentes ao ambiente físico, higiene, acomodações, alimentação, exercício e serviços médicos, assim como qualquer outro aspecto ou condições da vida institucional que afetem a saúde física e mental dos adolescentes. Qualquer adolescente deve ter o direito da falar, confidencialmente, com qualquer inspetor.

74. Depois de completada a inspeção, o inspetor deve apresentar um relatório sobre os fatos. O relatório deve incluir uma avaliação do cumprimento pelo estabelecimento das presentes regras e das disposições relevantes da lei nacional, e conter recomendações relativas a quaisquer providências consideradas necessárias para assegurar o seu cumprimento. Quaisquer fatos descobertos pelo inspetor que pareçam indicar a ocorrência de uma violação das disposições legais relativas aos direitos dos adolescentes ou no funcionamento de um estabelecimento de detenção para adolescentes devem ser comunicados às autoridades competentes para a investigação e acusação.

75. Todos os adolescentes devem ter a oportunidade de fazer pedidos ou queixas ao diretor da instalação da detenção ou ao seu representante.

76. Todos os adolescentes devem ter o direito de apresentar um pedido ou queixa, não sujeito à censura quanto ao fundo, à administração central dos estabelecimentos para adolescentes, à autoridade judicial ou outras autoridades competentes, por meio dos canais autorizados e a ser informados sem demora da resposta.

77. Devem ser feitos esforços para criar serviço independente (ombudsman) para receber e investigar queixas feitas pelos adolescentes privados de liberdade e para auxiliar na execução de soluções equitativas.

78. Todos os adolescentes devem ter o direito de, quando possível, pedir auxílio aos membros da sua família, juristas, grupos humanitários ou outros, para formular uma queixa. Deve ser dada assistência aos adolescentes analfabetos, caso precisem se utilizar de serviços de organismos pú-

blicos ou privados e organizações que fornecem aconselhamento legal ou que sejam competentes para receber queixas.

N) Regresso à Comunidade

79. Todos os jovens devem beneficiar de medidas destinadas a auxiliá-los no seu regresso à sociedade, à vida familiar, à educação ou emprego, depois da libertação. Com este fim devem ser concebidos procedimentos, que incluem a libertação antecipada e a realização de estágios.

80. As autoridades competentes devem criar ou recorrer a serviços para auxiliar os adolescentes a reintegrarem-se na sociedade e para diminuir os preconceitos contra eles. Estes serviços devem assegurar, até ao limite possível, que os adolescentes disponham de alojamento, emprego e vestuário adequado e de meios suficientes para se manterem depois da libertação, a fim de facilitar uma reintegração bem sucedida. Os representantes de organismos que fornecem tais serviços devem ser consultados e ter acesso aos adolescentes enquanto se encontram detidos, com o fim de os auxiliar no seu regresso à comunidade.

V – Pessoal

81. O pessoal deve ser qualificado e incluir um número suficiente de especialistas tais como educadores, técnicos de formação profissional, conselheiros, assistentes sociais, psiquiatras e psicólogos. Este e outro pessoal especializado deve ter, normalmente, um vínculo laboral de natureza permanente. Isto não deve excluir trabalhadores a tempo parcial ou voluntários, sempre que o apoio e a formação que possam prestar seja adequado e benéfico. As instalações de detenção devem fazer uso de todas as possibilidades e modalidades de assistência médica, educativa, moral, espiritual e outras que estejam disponíveis na comunidade e que sejam idôneas, em função das necessidades e problemas particulares dos adolescentes detidos.

82. A administração deve proceder à seleção e recrutamento cuidadosos de cada grau e tipo de pessoal, uma vez que a gestão correta dos estabelecimentos de detenção depende da sua integridade, humanidade, aptidão e capacidade profissional para lidar com adolescentes, bem como da adequação pessoal para o trabalho.

83. Para assegurar os objetivos precedentes, devem designar-se funcionários profissionais, com remuneração adequada, de forma a atrair e reter os homens e mulheres mais indicados. O pessoal dos estabelecimentos de adolescentes deve ser continuamente encorajado a desempenhar os seus deveres e obrigações de um modo humano, empenhado, profissional, justo e eficiente, a agir sempre de forma a merecer e ganhar o respeito dos adolescentes e proporcionar-lhes um modelo de identificação e uma perspectiva positivas.

84. A administração deve introduzir formas de organização e gestão que facilitem as comunicações entre as diferentes categorias de pessoal em cada estabelecimento, de modo a estimular a cooperação entre os vários serviços empenhados no tratamento dos adolescentes, assim como entre o pessoal e a administração, com vista a assegurar que o pessoal que está diretamente em contato com os adolescentes seja capaz de funcionar em condições favoráveis ao eficiente cumprimento dos seus deveres.

85. O pessoal deve receber uma formação que lhe permita desempenhar as suas funções com eficácia, incluindo, em especial, uma formação nos domínios da psicologia juvenil, da proteção juvenil e dos padrões e normas internacionais sobre os direitos das crianças, incluindo as presentes regras. O pessoal deve manter e melhorar os seus conhecimentos e capacidade profissional, frequentando cursos de formação permanente, que devem ser organizados com intervalos apropriados, ao longo de toda a sua carreira.

86. O diretor da instituição deve estar adequadamente qualificado para o seu trabalho, devendo possuir capacidade administrativa, formação e experiência adequadas e desempenhar as suas funções a tempo inteiro.

87. No cumprimento das suas funções, o pessoal das instituições de detenção deve respeitar e proteger a dignidade humana e os direitos humanos fundamentais de todos os adolescentes. Em especial:

a) Nenhum membro do pessoal do estabelecimento de detenção pode, sob qualquer pretexto ou em quaisquer circunstâncias, infringir ou tolerar qualquer ato de tortura ou qualquer forma de tratamento, castigo, correção ou disciplina cruel, desumana ou degradante;

b) O pessoal do estabelecimento deve opor-se rigorosamente e combater qualquer ato de corrupção, denunciando-o, sem demora, às autoridades competentes;

c) O pessoal dos estabelecimento deve respeitar as presentes regras. Qualquer elemento do pessoal, que tiver razões para crer que ocorreu ou está em vias de ocorrer uma violação grave das presentes regras, deve comunicar o fato às autoridades hierarquicamente superiores ou aos órgãos investidos do poder de revisão ou sanção;

d) O pessoal do estabelecimento deve assegurar a completa proteção da saúde mental e física dos adolescentes, incluindo a proteção contra abusos e exploração físicos, sexuais e emocionais e deve tomar providências imediatas para assegurar cuidados médicos quando necessário;

e) O pessoal do estabelecimento deve respeitar o direito dos adolescentes à privacidade, e, em especial, deve preservar a confidencialidade dos assuntos relativos aos adolescentes e suas famílias, de que tenha tido conhecimento por meio do exercício das suas funções profissionais;

f) O pessoal do estabelecimento deve procurar minimizar qualquer diferença entre a vida dentro e fora da instituição de detenção que tenda a diminuir o respeito à dignidade do adolescente como ser humano.

Fonte: *http://www.unicef.org/brazil*

DIRETRIZES DAS NAÇÕES UNIDAS PARA A PREVENÇÃO DA DELINQUÊNCIA JUVENIL

DIRETRIZES DE RIAD O OITAVO CONGRESSO DAS NAÇÕES UNIDAS SOBRE PREVENÇÃO DO DELITO E TRATAMENTO DO DELINQUENTE

Tendo presentes a Declaração Universal dos Direitos Humanos (Resolução 217-A (111) da Assembleia Geral, de 10 de dezembro de 1948); o Pacto Internacional de Direitos Econômicos, Sociais e Culturais e o Pacto Internacional de Direitos Civis e Políticos (Resolução 2200 A (XXI) da Assembleia Geral, anexo, de 16 de dezembro de 1966); como também outros instrumentos internacionais relativos aos direitos e ao bem-estar dos jovens, entre eles as normas pertinentes estabelecidas; pela Organização Internacional do Trabalho,

Tendo presentes, do mesmo modo, a Declaração de Direitos da Criança (Resolução 1386 (XIV) da Assembleia Geral, de 20 de novembro de 1959); a Convenção sobre os Direitos da Criança (Resolução 44/25 da Assembleia Geral, de 20 de novembro de 1989); e as Regras Mínimas das Nações Unidas para a Administração da Justiça da Infância e da Juventude – Regras de Beijing (Resolução 40/33 da Assembleia Geral, de 29 de novembro de 1985),

Recordando a Resolução 40/33, de 29 de novembro de 1985, da Assembleia Geral que, entre outras coisas, aprovou as Regras mínimas das Nações Unidas para a administração da justiça de jovens por recomendação do Sétimo Congresso das Nações Unidas sobre Prevenção do Delito e Tratamento do Delinquente,

Recordando também que a Assembleia Geral, em sua Resolução 40/35, de 29 de novembro de 1985, aprovada por recomendação do Sétimo Congresso das Nações Unidas, pediu que se elaborassem critérios sobre esse tema que fossem de utilidade para os Estados Membros na formulação e execução de programas e políticas especializados, dando ênfase às atividades de assistência e cuidado e à participação da comunidade, e pedindo ao Conselho Econômico e Social que informasse ao Oitavo Congresso das Nações Unidas sobre Prevenção do Delito e Tratamento do Delinquente sobre os progressos feitos a respeito desses critérios para que fossem examinados e se chegasse a uma decisão,

Recordando, do mesmo modo, a Resolução 1986/10 do Conselho Econômico e Social, de 21 de maio de 1986, pela qual se pediu ao Oitavo Congresso que examinasse o projeto das diretrizes para a prevenção da delinquência juvenil, visando a sua aprovação,

Reconhecendo que é necessário estabelecer critérios e estratégias nacionais, regionais e inter-regionais para prevenir a delinquência juvenil,

Afirmando que toda criança goza de direitos humanos fundamentais, particularmente o acesso à educação gratuita,

Tendo presente o grande número de jovens que, estando ou não em conflito com a lei, encontram-se abandonados, sem atenção, maltratados, expostos ao uso indevido das drogas, marginalizados e, em geral, expostos a risco social,

Tendo em conta os benefícios das medidas progressistas para a prevenção da delinquência e para o bem-estar da comunidade,

1 – Reconhece, com satisfação, o importante trabalho realizado pelo Comitê de Prevenção do Delito e Luta contra a Delinquência e pela Secretaria na preparação das Diretrizes para a prevenção da delinquência juvenil;

2 – Expressa seu reconhecimento pela valiosa colaboração do Centro Árabe de Capacitação e de Estudos de Segurança de Riad que recebeu a Reunião Internacional de Especialistas sobre o estabelecimento do projeto de normas das Nações Unidas para a prevenção da delinquência juvenil, em Riad, de 28 de fevereiro a 1º de março de 1988, com a colaboração do escritório das Nações Unidas em Viena;

3 – Aprova as Diretrizes para a prevenção da delinquência juvenil, figurada no anexo da presente resolução, com o nome de "Diretrizes de Riad";

4 – Exorta os Estados Membros para que, nos seus planos globais de prevenção de delito, apliquem essas Diretrizes na legislação, na política e na prática nacionais e consigam a atenção das autoridades competentes, inclusive dos encarregados de formular políticas, do pessoal da justiça da infância e da juventude, dos educadores, dos meios sociais de comunicação, dos profissionais e dos estudiosos;

5 – Pede ao Secretário Geral que procure dar a maior difusão possível ao texto das Diretrizes em todos os idiomas oficiais das Nações Unidas e convida os Estados Membros para que façam o mesmo;

6 – Pede, além disso, ao Secretário Geral um esforço conciliador para fomentar a aplicação das Diretrizes e convida todos os escritórios competentes das Nações Unidas e instituições interessadas, particularmente o Fundo das Nações Unidas para a Infância, como também os especialistas a título individual que se unam neste mesmo objetivo;

7 – Insta todos os órgãos competentes das Nações Unidas para que colaborem com o Secretário Geral na adoção das medidas necessárias para garantir a aplicação da presente Resolução;

8 – Convida a Subcomissão de Prevenção de Discriminações e Proteção às Minorias, da Comissão de Direitos Humanos, a examinar o presente novo instrumento internacional com o objetivo de fomentar a aplicação da presente resolução;

9 – Convida também os Estados Membros a apoiarem firmemente a organização de cursos práticos de caráter técnico e científico, como também projetos pilotos e de demonstração sobre questões práticas e aspectos normativos, relacionados com a aplicação do disposto nessas Diretrizes e com a adoção de medidas concretas, tendentes a estabelecer serviços baseados na comunidade e dirigidos a atender as necessidades, os problemas e os interesses especiais dos jovens, pedindo ao Secretário Geral que coordene os esforços nesse sentido;

10 – Convida, além disso, os Estados Membros a informarem ao Secretário Geral sobre a aplicação das Diretrizes e a apresentarem relatórios periódicos ao Comitê de Prevenção do Delito e Luta contra a Delinquência sobre os resultados alcançados.

ANEXO

Diretrizes das Nações Unidas para a Prevenção da Delinquência Juvenil (Diretrizes de Riad)

I – PRINCÍPIOS FUNDAMENTAIS

1. A prevenção da delinquência juvenil é parte essencial da prevenção do delito na sociedade. Dedicados a atividades lícitas e socialmente úteis, orientados rumo à sociedade e considerando a vida com critérios humanistas, os jovens podem desenvolver atitudes não criminais.

2. Para ter êxito, a prevenção da delinquência juvenil requer, por parte de toda a sociedade, esforços que garantam um desenvolvimento harmônico dos adolescentes e que respeitem e promovam a sua personalidade a partir da primeira infância.

3. Na aplicação das presentes Diretrizes, os programas preventivos devem estar centralizados no bem-estar dos jovens desde sua primeira infância, de acordo com os ordenamentos jurídicos nacionais.

4. É necessário que se reconheça a importância da aplicação de políticas e medidas progressistas de prevenção da delinquência que evitem criminalizar e penalizar a criança por uma conduta que não cause grandes prejuízos ao seu desenvolvimento e que nem prejudique os demais. Essas políticas e medidas deverão conter o seguinte:

a) criação de meios que permitam satisfazer às diversas necessidades dos jovens e que sirvam de marco de apoio para velar pelo desenvolvimento pessoal de todos os jovens, particularmente daqueles que estejam patentemente em perigo ou em situação de insegurança social e que necessitem um cuidado e uma proteção especiais.

b) critérios e métodos especializadas para a prevenção da delinquência, baseados nas leis, nos processos, nas instituições, nas instalações e uma rede de prestação de serviços, cuja finalidade seja a de reduzir os motivos, a necessidade e as oportunidades de cometer infrações ou as condições que as propiciem.

c) uma intervenção oficial cuja principal finalidade seja a de velar pelo interesse geral do jovem e que se inspire na justiça e na equidade.

d) proteção do bem-estar, do desenvolvimento, dos direitos e dos interesses dos jovens.

e) reconhecimento do fato de que o comportamento dos jovens que não se ajustam aos valores e normas gerais da sociedade são, com frequência, parte do processo de amadurecimento e que tendem a desaparecer, espontaneamente, na maioria das pessoas, quando chegam à maturidade, e

f) consciência de que, segundo a opinião dominante dos especialistas, classificar um jovem de "extraviado", "delinquente" ou "pré-delinquente" geralmente favorece o desenvolvimento de pautas permanentes de comportamento indesejado.

5. Devem ser desenvolvidos serviços e programas com base na comunidade para a prevenção da delinquência juvenil. Só em último caso recorrer-se-á a organismos mais formais de controle social.

II – EFEITOS DAS DIRETRIZES

6. As presentes diretrizes deverão ser interpretadas e aplicadas no marco geral da Declaração Universal de Direitos Humanos, do Pacto Internacional de Direitos Econômicos, Sociais e Culturais e do Pacto Internacional de Direitos Civis e Políticos, da Declaração dos Direitos da Criança e da Convenção sobre os Direitos da Criança e no contexto das regras mínimas das Nações Unidas para a administração da justiça de jovens, como também de outros instrumentos e normas relativos aos direitos, interesses e bem-estar de todas as crianças, e adolescentes.

7. Igualmente, as presentes diretrizes deverão ser aplicadas no contexto das condições econômicas, sociais e culturais predominantes em cada um dos Estados Membros.

III – PREVENÇÃO GERAL

8. Deverão ser formulados, em todos os níveis do governo, planos gerais de prevenção que compreendam, entre outras coisas, o seguinte:

a) análise profunda do problema e relação de programas e serviços, facilidades e recursos disponíveis;

b) funções bem definidas dos organismos e instituições competentes que se ocupam de atividades preventivas;

c) mecanismos para a coordenação adequada das atividades de prevenção entre os organismos governamentais e não governamentais;

d) políticas, estratégias e programas baseados em estudos de prognósticos e que sejam objeto de vigilância permanente e avaliação cuidadosa durante sua aplicação;

e) métodos para diminuir, de maneira eficaz, as oportunidades de cometer atos de delinquência juvenil;

f) participação da comunidade em toda uma série de serviços e programas;

g) estreita cooperação interdisciplinária entre os governos nacionais, estaduais, municipais e locais, com a participação do setor privado, de cidadãos representativos da comunidade interessada e de organizações trabalhistas, de cuidado à criança, de educação sanitária, sociais, judiciais e dos serviços de repressão, na aplicação de medidas coordenadas para prevenir a delinquência juvenil e os delitos dos jovens;

h) participação dos jovens nas políticas e nos processos de prevenção da delinquência juvenil, principalmente nos programas de serviços comunitários, de autoajuda juvenil e de indenização e assistência às vítimas;

i) pessoal especializado de todos os níveis.

IV – PROCESSOS DE SOCIALIZAÇÃO

9. Deverá ser prestada uma atenção especial às políticas de prevenção que favoreçam à socialização e à integração eficazes de todas as crianças e jovens, particularmente através da família, da comunidade, dos grupos de jovens nas mesmas condições, da escola, da formação profissional e do meio trabalhista, como também mediante a ação de organizações voluntárias. Deverá ser respeitado, devidamente, o desenvolvimento pessoal das crianças e dos jovens que deverão ser aceitos, em pé de igualdade, como coparticipantes nos processos de socialização e integração.

A) Família

10. Toda sociedade deverá atribuir elevada prioridade às necessidades e ao bem-estar da família e de todos os seus membros.

11. Como a família é a unidade central encarregada da integrarão social primária da criança, deve-se prosseguir com os esforços governamentais e de organizações sociais para a preservação da integridade da família, incluída a família numerosa. A sociedade tem a obrigação de ajudar a família a cuidar e proteger a criança e garantir seu bem-estar físico e mental. Deverão ser prestados serviços apropriados, inclusive o de creches diurnas.

12. Os governos deverão adotar políticas que permitam o crescimento das crianças num ambiente familiar estável e firme. Deverão ser facilitados serviços adequados para famílias que necessitem de assistência para a resolução de situações de instabilidade ou conflito.

13. Quando não existir um ambiente familiar estável e firme e quando os esforços da comunidade para oferecer assistência aos pais, nesse aspecto, tiverem fracassado e a família numerosa já não puder cumprir essa função, deverá recorrer-se a outras possíveis modalidades de situação familiar, entre elas o acolhimento familiar e a adoção que, na medida do possível, deverão reproduzir um ambiente familiar estável e firme e, ao mesmo tempo, produzir nas crianças um sentimento de permanência, para evitar os problemas relacionados com o "deslocamento" de um lugar a outro.

14. Deverá ser prestada uma atenção especial às crianças de famílias afetadas por problemas originados por mudanças rápidas e desiguais no âmbito econômico, social e cultural, especialmen-

te as crianças de famílias indígenas e imigrantes. Como tais mudanças podem alterar a capacidade social da família para proporcionar a educação e a alimentação tradicional aos filhos, geralmente, como resultado do conflito do papel social e da cultura, será necessário elaborar modalidades inovadoras e socialmente construtivas para a socialização das crianças.

15. Deverão ser adotadas medidas e elaborados programas para dar às famílias a oportunidade de aprender suas funções e obrigações em relação ao desenvolvimento e ao cuidado de seus filhos, para os quais se fomentarão relações positivas entre pais e filhos, sensibilizar-se-ão os pais no que diz respeito aos problemas das crianças e dos jovens e se fomentará a participação dos jovens nas atividades familiares e comunitárias.

16. Os governos deverão adotar medidas para fomentar a união e a harmonia na família e desencorajar a separação dos filhos de seus pais, a não ser quando circunstâncias que afetem o bem-estar e o futuro dos filhos não deixem outra opção.

17. É importante destacar a função de controle social da família e da família numerosa, mas também é igualmente importante reconhecer a função futura, as responsabilidades, a participação e a associação dos jovens na sociedade.

18. Com o objetivo de assegurar o direito das crianças a uma integração social adequada, os governos e outros organismos deverão recorrer às organizações sociais e jurídicas existentes, mas deverão, também, adotar ou facilitar a adoção de medidas inovadoras, quando as instituições e costumes tradicionais já não forem eficazes.

B) Educação

19. Os governos têm a obrigação de facilitar o acesso ao ensino público a todos os jovens.

20. Os sistemas de educação, além de suas possibilidades de formação acadêmica e profissional, deverão dar atenção especial ao seguinte:

a) ensinar os valores fundamentais e fomentar o respeito à identidade própria e às características culturais da criança, aos valores sociais do país em que mora a criança, às civilizações diferentes da sua e aos direitos humanos e liberdades fundamentais;

b) fomentar e desenvolver, o mais possível, a personalidade, as aptidões e a capacidade mental e física dos jovens;

c) conseguir a participação ativa dos jovens no processo educativo, no lugar de serem meros objetos passivos de tal processo;

d) desenvolver atividades que fomentem um sentimento de identidade e integração à escola e à comunidade, como também a compreensão mútua e a harmonia;

e) incentivar os jovens a compreender e a respeitar opiniões e pontos de vista diversos, como também as diferenças culturais e de outra índole;

f) oferecer informação e orientação sobre a formação profissional, as oportunidades de trabalho e as possibilidades de uma profissão;

g) evitar medidas disciplinares severas, particularmente os castigos corporais.

21. Os sistemas de educação deverão tentar trabalhar em cooperação com os pais, com as organizações comunitárias e com os organismos que se ocupam das atividades dos jovens.

22. Deverá ser dada ao jovem informação sobre o ordenamento jurídico e seus direitos e obrigações de acordo com a lei, assim como sobre o sistema de valores universais.

23. Os sistemas de educação deverão cuidar e atender, de maneira especial, aos jovens que estejam em situação de risco social. Deverão ser preparados e utilizados, plenamente, programas de prevenção e materiais didáticos, assim como planos de estudos, critérios e instrumentos especializados.

24. Deverá ser prestada especial atenção na adoção de políticas e estratégias gerais de prevenção do uso indevido de álcool, drogas e outras substâncias por parte dos jovens. Deverá dar-se formação e prover os professores e outros profissionais com meios que possam prevenir e resolver estes problemas. Deverá ser dada aos estudantes informação sobre o emprego e o uso indevido das drogas.

25. As escolas deverão servir como centros de informação e consulta para prestar assistência médica, assessoria e outros serviços aos jovens, sobretudo aos que estiverem especialmente necessitados e forem objeto de maus-tratos, abandono, vitimização e exploração.

26. Serão aplicados diversos programas com o objetivo de que professores e outros adultos possam compreender os problemas, as necessidades e as preocupações dos jovens, especialmente daqueles que pertençam a grupos mais necessitados, menos favorecidos; a grupos de baixa renda e a minorias étnicas ou de outra índole.

27. Os sistemas escolares deverão tratar de promover e alcançar os mais elevados níveis profissionais e educativos, no que diz respeito a programas de estudo, métodos e critérios didáticos e de aprendizagem, contratação e capacitação de pessoal docente. Deverá haver supervisão e avaliação regulares dos resultados, tarefa que se encomendará a organizações e órgãos profissionais competentes.

28. Em cooperação com grupos da comunidade, os sistemas educativos deverão planejar, organizar e desenvolver atividades paralelas ao programa de estudos que forem de interesse para os jovens.

29. Deverá ser prestada ajuda a crianças e jovens que tenham dificuldades para respeitar as normas da assistência, assim como aos que abandonam os estudos.

30. As escolas deverão fomentar a adoção de políticas e normas equitativas e justas; os estudantes estarão representados nos órgãos da administração escolar e nos de adoção de decisões e participarão nos assuntos e procedimentos disciplinares.

C) Comunidade

31. Deverão ser estabelecidos serviços e programas de caráter comunitário ou serem fortalecidos os já existentes, de maneira a que respondam às necessidades, aos interesses e às inquietudes especiais dos jovens e ofereçam, a eles e a suas famílias, assessoria e orientação adequadas.

32. As comunidades deverão adotar ou reforçar uma série de medidas de apoio, baseadas na comunidade e destinadas a ajudar aos jovens, particularmente centros de desenvolvimento comunitário, instalações e serviços de recreação, visando fazer frente aos problemas especiais dos jovens expostos a risco social. Essa forma de ajuda deverá ser prestada respeitando os direitos individuais.

33. Deverão ser estabelecidos serviços especiais para dar alojamento adequado aos jovens que não puderem continuar morando em seus lares.

34. Serão organizados diversos serviços e sistemas de ajuda para enfrentar as dificuldades que os jovens experimentam ao passar da adolescência à idade adulta. Entre estes serviços, deverão figurar programas especiais para os jovens toxicômanos, onde será dada a máxima importância aos cuidados, ao assessoramento, à assistência e às medidas de caráter terapêutica.

35. Os governos e outras instituições deverão dar apoio financeiro e de outra natureza às organizações voluntárias que ofereçam serviços aos jovens.

36. No plano local, deverão ser criadas ou reforçadas as organizações juvenis que participem plenamente na gestão dos assuntos comunitários. Estas organizações deverão animar os jovens a organizar projetos coletivos e voluntários, particularmente aqueles cuja finalidade seja a de prestar ajuda aos jovens necessitados.

37. Os organismos governamentais deverão assumir, especialmente, a responsabilidade do cuidado das crianças sem lar ("meninos de rua") e organizar os serviços que estes necessitem. A informação sobre serviços locais, alojamento, trabalho e outras formas e fontes de ajuda deverá ser facilmente acessível aos jovens.

38. Deverá ser organizada uma grande variedade de instalações e serviços recreativos de especial interesse para os jovens, aos quais estes tenham fácil acesso.

D. Meios de Comunicação

39. Os meios de comunicação deverão certificar-se de que a criança tem acesso à informação e aos materiais procedentes de diversas fontes nacionais e internacionais.

40. Os meios de comunicação deverão ser incentivados a divulgarem a contribuição positiva dos jovens à sociedade.

41. Deverão ser incentivados os meios de comunicação a difundirem informação relativa à existência de serviços, instalações e oportunidades destinados aos jovens dentro da sociedade.

42. Deverá ser solicitado aos meios de comunicação em geral, e à televisão e ao cinema em particular, que reduzam o nível de violência nas suas mensagens e que deem uma imagem desfavorável da violência e da exploração, evitando apresentações degradantes das crianças, da mulher e das relações interpessoais, fomentando, ao contrário, os princípios e as atividades de caráter comunitário.

43. Os meios de comunicação deverão ter consciência da importância de sua função e responsabilidade, assim como de sua influência nas comunicações relacionadas com o uso indevido de drogas entre os jovens. Deverão utilizar seu poder para prevenir o uso indevido de drogas, através de mensagens coerentes difundidas equilibradamente. Campanhas eficazes de luta contra as drogas deverão ser fomentadas, nos níveis primário, secundário e terciário.

V – POLÍTICA SOCIAL

44. Os organismos governamentais deverão dar a máxima prioridade aos planos e programas dedicados aos jovens e proporcionar fundos suficientes e recursos de outro tipo para a prestação de serviços eficazes, proporcionando, também, as instalações e a mão de obra para oferecer serviços adequados de assistência médica, saúde mental, nutrição, moradia e os demais serviços necessários, particularmente a prevenção e o tratamento do uso indevido de drogas, além de terem a certeza de que esses recursos chegarão aos jovens e serão realmente utilizados em seu benefício.

45. Só em último caso os jovens deverão ser internados em instituições e pelo mínimo espaço de tempo necessário, e deverá se dar a máxima importância aos interesses superiores do jovem. Os critérios para a autorização de uma intervenção oficial desta natureza deverão ser definidos estritamente e limitados às seguintes situações:

a) quando a criança ou o jovem tiver sofrido lesões físicas causadas pelos pais ou tutores;

b) quando a criança ou jovem tiver sido vítima de maus-tratos sexuais, físicos ou emocionais por parte dos pais ou tutores;

c) quando a criança ou o jovem tiver sido descuidado, abandonado ou explorado pelos pais ou tutores; e

d) quando a criança ou o jovem se ver ameaçado por um perigo físico ou moral devido ao comportamento dos pais ou tutores.

46. Os organismos governamentais deverão dar ao jovem a oportunidade de continuar sua educação de tempo completo, financiada pelo Estado quando os pais não tiverem condições materiais para isso, e dar também a oportunidade de adquirir experiência profissional.

47. Os programas de prevenção da delinquência deverão ser planejados e executados com base em conclusões confiáveis que sejam o resultado de uma pesquisa científica e, periodicamente, deverão ser revisados, avaliados e readaptados de acordo com essas conclusões.

48. Deverá ser difundida, entre a comunidade profissional e o público em geral, informação sobre o tipo de comportamento ou de situação que se traduza, ou possa ser traduzida, em vitimização, danos e maus-tratos físicos e psicológicos aos jovens.

49. A participação em todos os planos e programas deverá geralmente ser voluntária. Os próprios jovens deverão intervir na sua formulação, desenvolvimento e execução.

VI – LEGISLAÇÃO E ADMINISTRAÇÃO DA JUSTIÇA DA INFÂNCIA E DA ADOLESCÊNCIA

50. Os governos deverão promulgar e aplicar leis e procedimentos especiais para fomentar e proteger os direitos e o bem-estar de todos os jovens.

51. Deverá ser promulgada e aplicada uma legislação que proíba a vitimização, os maus-tratos e a exploração das crianças e dos jovens.

52. Nenhuma criança ou jovem deverá ser objeto de medidas severas ou degradantes de correção ou castigo no lar, na escola ou em qualquer outra instituição.

53. Deverão ser adotadas e aplicadas leis que regulamentem e controlem o acesso das crianças e jovens às armas de qualquer tipo.

54. Com o objetivo de impedir que se prossiga à estigmatização, à vitimização e à incriminação dos jovens, deverá ser promulgada uma legislação pela qual seja garantido que todo ato que não seja considerado um delito, nem seja punido quando cometido por um adulto, também não deverá ser considerado um delito, nem ser objeto de punição quando for cometido por um jovem.

55. Poderá ser considerada a possibilidade de se estabelecer um escritório de "proteção da infância e da adolescência" (ombudsman) ou um escritório análogo independente que garanta o respeito da condição jurídica, dos direitos e dos interesses dos jovens e, também, a possibilidade de remeter casos aos serviços disponíveis.Do mesmo modo, deverão ser estabelecidos serviços de defesa jurídica da criança.

56. O pessoal, de ambos os sexos, da polícia e de outros órgãos de justiça deverão ser capacitados para atender às necessidades especiais dos jovens; essa equipe deverá estar familiarizada com os programas e as possibilidades de remessa a outros serviços, e devem recorrer a eles sempre que possível, com o objetivo de evitar que os jovens sejam levados ao sistema de justiça penal.

57. Leis deverão ser promulgadas e aplicadas, estritamente, para proteger os jovens do uso indevido das drogas e de seus traficantes.

VII – PESQUISA, ADOÇÃO DE POLÍTICAS E COORDENAÇÃO

58. Esforços deverão ser feitos para fomentar a interação e coordenação, de caráter multidisciplinário e interdisciplinário, entre os distintos setores; e, dentro de cada setor, dos organismos e serviços econômicos, sociais, educativos e de saúde, do sistema judiciário, dos organismos dedicados aos jovens, à comunidade e ao desenvolvimento e de outras instituições pertinentes, e deverão ser estabelecidos os mecanismos apropriados para tal efeito.

59. Deverá ser intensificado, no plano nacional, regional e internacional, o intercâmbio de informação, experiência e conhecimentos técnicos obtidos graças a projetos, programas, práticas e iniciativas relacionadas com a delinquência juvenil, a prevenção da delinquência e a justiça da infância e da adolescência.

60. Deverá ser promovida e intensificada a cooperação regional e internacional nos assuntos relativos à delinquência juvenil, à prevenção da delinquência e à justiça da infância e da adolescência, com a participação de profissionais, especialistas e autoridades.

61. Todos os governos, o sistema das Nações Unidas e outras organizações interessadas deverão apoiar firmemente a cooperação técnica e científica nos assuntos práticos relacionados com a adoção de políticas, particularmente nos projetos experimentais, de capacitação e demonstração, sobre questões concretas relativas à prevenção da delinquência juvenil e de delitos cometidos por jovens.

62. Deverá ser incentivada a colaboração nas atividades de pesquisa científica sobre as modalidades eficazes de prevenção da delinquência juvenil e dos delitos cometidos por jovens; e suas conclusões deveriam ser objeto de ampla difusão e avaliação.

63. Os órgãos, organismos e escritórios competentes das Nações Unidas deverão manter uma estreita colaboração e coordenação nas distintas questões relacionadas com as crianças, a justiça da infância e da adolescência, e a prevenção da delinquência juvenil e dos delitos cometidos por jovens.

64. Com base nessas Diretrizes, as Nações Unidas, em cooperação com as instituições interessadas, deverão desempenhar um papel ativo na pesquisa, na colaboração científica, na formulação de opções de política e no exame e na supervisão de sua aplicação e, também, servir de fonte de informação fidedigna sobre as modalidades eficazes de prevenção da delinquência.

Tradução ao português de Betsáida Dias Capilé.

Fonte: http://www.dhnet.org.br/direitos/sip/onu/c_a/lex45.htm

CONVENÇÃO Nº 138 – OIT
IDADE MÍNIMA PARA ADMISSÃO EM EMPREGO

Aprovada na 58ª reunião da Conferência Internacional do Trabalho (Genebra – 1973), entrou em vigor no plano internacional em 19.6.1976.

A Conferência Geral da Organização Internacional do Trabalho:

Convocada em Genebra pelo Conselho de Administração do Secretariado da Organização Internacional do Trabalho e reunida em 6 de junho de 1973, em sua quinquagésima oitava reunião;

Tendo decidido adotar diversas proposições relativas à idade mínima para obtenção de emprego, tema que constitui a quarta questão da ordem do dia da reunião;

Considerando as disposições das seguintes Convenções:

Convenção sobre a Idade Mínima (Indústria), de 1919;

Convenção sobre a Idade Mínima (Trabalho Marítimo), de 1920;

Convenção sobre a Idade Mínima (Agricultura), de 1921;

Convenção sobre a Idade Mínima (Estivadores e Foguistas), de 1921;

Convenção sobre a Idade Mínima (Emprego não Industrial), de 1932;

Convenção (revista) sobre a Idade Mínima (Trabalho Marítimo), de 1936;

Convenção (revista) sobre a Idade Mínima (Indústria), de 1937;

Convenção (revista) sobre a Idade Mínima (Emprego não Industrial), de 1937;

Convenção sobre a Idade Mínima (Pescadores), de 1959, e a

Convenção sobre a Idade Mínima (Trabalho Subterrâneo), de 1965;

Considerando ter chegado o momento de adotar um instrumento geral sobre a matéria, que substitua gradualmente os atuais instrumentos, aplicáveis a limitados setores econômicos, com vista à total abolição do trabalho infantil;

Tendo alegado que essas proposições revistam-se da forma de uma convenção internacional, adota no dia vinte e seis de junho de mil novecentos e setentas e três, a seguinte Convenção que pode ser citada como a "Convenção sobre a Idade Mínima, de 1973":

Art. 1º

Todo país-membro, no qual vigore esta Convenção, compromete-se a seguir uma política nacional que assegure a efetiva abolição do trabalho infantil e eleve, progressivamente, a idade mínima de admissão a emprego ou trabalho em um nível adequado ao pleno desenvolvimento físico e mental do jovem.

Art. 2º

1. Todo país-membro que ratificar esta Convenção especificará, em declaração anexa à ratificação, uma idade mínima para admissão a emprego ou trabalho em seu território e nos meios de transporte registrados em seu território; ressalvado o disposto nos Artigos 4º e 8º desta Convenção, nenhuma pessoa com idade inferior a essa idade será admitida a emprego ou trabalho em qualquer ocupação.

2. Todo país-membro que ratificar esta Convenção poderá ratificar ao Diretor-Geral do Secretariado da Organização Internacional do Trabalho, por declarações subsequentes, que estabelece uma idade mínima superior à anteriormente definida.

3. A idade mínima fixada nos termos do parágrafo 1 deste Artigo não será inferior à idade de conclusão da escolaridade compulsória ou, em qualquer hipótese, não inferior a quinze anos.

4. Não obstante o disposto no parágrafo 3 deste Artigo o país-membro, cuja economia e condições do ensino não estiverem suficientemente desenvolvidas, poderá, após consulta às organizações de empregadores e de trabalhadores concernentes, se as houver, definir, inicialmente, uma idade mínima de quatorze anos.

5. Todo país-membro que definir uma idade mínima de quatorze anos, de conformidade com a disposição do parágrafo anterior, incluirá em seus relatórios a serem apresentados sobre a aplicação desta Convenção, nos termos do Artigo 22 da Constituição da Organização Internacional do Trabalho, declaração:

a – de que subsistem os motivos dessa providência; ou

b – de que renuncia ao direito de se valer da disposição em questão a partir de uma determinada data.

Art. 3º

1. Não será inferior a dezoito anos a idade mínima para admissão a qualquer tipo de emprego ou trabalho que, por sua natureza ou circunstâncias em que for executado, possa prejudicar a saúde, a segurança e a moral do jovem.

2. Serão definidos por lei ou regulamentos nacionais ou pela autoridade competente, após consulta com as organizações de empregadores e de trabalhadores concernentes, se as houver, as categorias de emprego ou trabalho às quais se aplica o parágrafo 1 deste Artigo.

3. Não obstante o disposto no parágrafo 1 deste Artigo, a lei ou regulamentos nacionais ou a autoridade competente poderá, após consultar as organizações de empregadores e de trabalhadores concernentes, se as houver, autorizar emprego ou trabalho a partir da idade de dezesseis anos, desde que estejam plenamente protegidas a saúde, a segurança e a moral dos jovens envolvidos e lhes seja proporcionada instrução ou formação adequada e específica no setor da atividade pertinente.

Art. 4º

1. A autoridade competente, após consulta com as organizações de empregadores de trabalhadores concernentes, se as houver, poderá, na medida do necessário, excluir da aplicação desta Convenção um limitado número de categorias de emprego ou trabalho a respeito das quais se levantarem reais e especiais problemas de aplicação.

2. Todo país-membro que ratificar esta Convenção alistará em seu primeiro relatório sobre sua aplicação, a ser submetido nos termos do Artigo 22 da Constituição da Organização Internacional do Trabalho, todas as categorias que possam ter sido excluídas de conformidade com o parágrafo 1 deste Artigo, dando razões dessa exclusão, e indicará, nos relatórios subsequentes, a situação de sua lei e prática com referência às categorias excluídas e à medida que foi dado ou se pretende dar efeito à Convenção com relação a essas categorias.

3. Não será excluído do alcance da Convenção, de conformidade com este Artigo, emprego ou trabalho protegido pelo Artigo 3º desta Convenção.

Art. 5º

1. O país-membro cuja economia e condições administrativas não estiverem suficientemente desenvolvidas, poderá, após consulta com as organizações de empregadores e de trabalhadores, se as houver, limitar inicialmente o alcance de aplicação desta Convenção.

2. Todo país-membro que se servir do disposto do parágrafo 1 deste Artigo especificará, em declaração anexa à sua ratificação, os setores de atividade econômica ou tipos de empreendimentos aos quais aplicará as disposições da Convenção.

3. As disposições desta Convenção serão aplicáveis, no mínimo, a: mineração e pedreira; indústria de manufatura; construção; eletricidade, água e gás; serviços sanitários; transporte; armazenamento e comunicações; plantações e outros empreendimentos agrícolas de fins comerciais, excluindo, porém, propriedades familiares e de pequeno porte que produzam para o consumo local e não empreguem regularmente mão de obra remunerada.

4. Todo país-membro que tiver limitado o alcance de aplicação desta Convenção, nos termos deste Artigo:

a – indicará em seus relatórios, nos termos do Artigo 22 da Constituição da Organização Internacional do Trabalho, a situação geral com relação ao emprego ou trabalho de jovens e crianças nos setores de atividade excluídos do alcance de aplicação desta Convenção e todo progresso que tenha sido feito no sentido de uma aplicação mais ampla de suas disposições;

b – poderá, em qualquer tempo estender formalmente o alcance de aplicação com uma declaração encaminhada ao Diretor-Geral do Secretariado da Organização Internacional do Trabalho.

Art. 6º

Esta Convenção não se aplicará a trabalho feito por crianças e jovens em escolas de educação vocacional ou técnica ou em outras instituições de treinamento em geral ou a trabalho feito por pessoas de no mínimo quatorze anos de idade em empresas em que esse trabalho fora executado dentro das condições prescritas pela autoridade competente, após consulta com as organizações de empregadores e de trabalhadores concernentes, onde as houver e constituir parte integrante de:

a – curso de educação ou treinamento pelo qual é responsável uma escola ou instituição de treinamento;

b – programa de treinamento principalmente ou inteiramente numa empresa, que tenha sido aprovado pela autoridade competente; ou

c – programa de orientação vocacional para facilitar a escolha de uma profissão ou de especialidade de treinamento.

Art. 7º

1. As leis ou regulamentos nacionais poderão permitir o emprego ou trabalho a pessoas entre treze e quinze anos em serviços leves que:

a – não prejudique sua saúde ou desenvolvimento; e

b – não prejudique sua frequência escolar, sua participação de programas de orientação vocacional ou de treinamento aprovados pela autoridade competente ou sua capacidade de se beneficiar da instrução recebida.

2. As leis ou regulamentos nacionais poderão também permitir o emprego ou trabalho a pessoas com, no mínimo, quinze anos de idade e que não tenham ainda concluído a escolarização compulsória em trabalho que preencher os requisitos estabelecidos nas alíneas a e b do parágrafo 1 deste Artigo.

3. A autoridade competente definirá as atividades em que o emprego ou trabalho poderá ser permitido nos termos dos parágrafos 1 e 2 desse Artigo e estabelecerá o número de horas e as condições em que esse emprego ou trabalho pode ser desempenhado.

4. Não obstante o disposto nos parágrafos 1 e 2 deste Artigo, o país-membro que se tiver servido das disposições do parágrafo 4 do Artigo 2º poderá, enquanto continuar assim procedendo, substituir as idades de treze e quinze anos pelas idades de doze e quatorze anos e a idade de quinze anos pela idade de quatorze anos dos respectivos parágrafos 1 e 2 deste Artigo.

Art. 8º

1. A autoridade competente, após consulta com as organizações de empregadores de trabalhadores concernentes, se as houver, poderá, mediante licenças concedidas em casos individuais, permitir exceções para a proibição de emprego ou trabalho provida no Artigo 2º desta Convenção, para finalidades como a participação em representações artísticas.

2. Licenças dessa natureza limitarão o número de horas de duração do emprego ou trabalho e estabelecerão as condições em que é permitida.

Art. 9º

1. A autoridade competente tomará todas as medidas necessárias, inclusive a instituição de sanções apropriadas, para garantir a efetiva vigência das disposições desta Convenção.

2. As leis ou regulamentos nacionais ou a autoridade competente designarão as pessoas responsáveis pelo cumprimento das disposições que dão efeito à Convenção.

3. As leis ou regulamentos nacionais ou a autoridade competente prescreverão os registros ou outros documentos que devem ser mantidos e postos à disposição pelo empregador; esses registros ou documentos conterão nome, idade ou data de nascimento, devidamente autenticados sempre que possível, das pessoas que emprega ou que trabalham para ele que tenham menos de dezoito anos de idade.

Art. 10º

1. Esta Convenção revê, nos termos estabelecidos neste Artigo, a Convenção sobre a Idade Mínima (Indústria), de 1919; a Convenção sobre a Idade Mínima (Trabalho Marítimo), de 1920; a Convenção sobre a Idade Mínima (Agricultura), de 1921; a Convenção sobre a Idade Mínima

(Estivadores e Foguistas), de 1921; a Convenção sobre a Idade Mínima (Emprego não Industrial), de 1932; a Convenção (revista) sobre a Idade Mínima (Trabalho Marítimo), de 1936; a Convenção (revista) sobre a Idade Mínima (Indústria), de 1937; a Convenção (revista) sobre a Idade Mínima (Emprego não Industrial), de 1937; a Convenção sobre a Idade Mínima (Pescadores), de 1959, e a Convenção sobre a Idade Mínima (Trabalho Subterrâneo), de 1965.

2. A entrada em vigor desta Convenção não priva as ratificações ulteriores às seguintes Convenções: Convenção (revista) sobre a Idade Mínima (Trabalho Marítimo), de 1936; a Convenção (revista) sobre a Idade Mínima (Indústria), de 1937; a Convenção (revista) sobre a Idade Mínima (Emprego não Industrial), de 1937; a Convenção sobre a Idade Mínima (Pescadores), de 1959, e a Convenção sobre a Idade Mínima (Trabalho Subterrâneo), de 1965.

3. A Convenção (revista) sobre a Idade Mínima (Indústria), de 1919; a Convenção sobre a Idade Mínima (Trabalho Marítimo), de 1920; a Convenção sobre a Idade Mínima (Agricultura), de 1921; a Convenção sobre a Idade Mínima (Estivadores e Foguistas), de 1921, não estarão mais sujeitas a ratificações ulteriores quando todos os seus participantes assim estiverem de acordo pela ratificação desta Convenção ou por declaração enviada ao Diretor-Geral do Secretariado da Organização Internacional do Trabalho.

4. Quando as obrigações desta Convenção são aceitas:

a – por um país-membro que faça parte a Convenção (revista) sobre a Idade Mínima (Indústria), de 1937, e é fixada uma idade mínima de não menos de quinze anos, nos termos do Artigo 2º desta Convenção, isso implicará *ipso jure* a denúncia imediata da dita Convenção;

b – com referência ao emprego não industrial, conforme definido na Convenção sobre a Idade Mínima (Emprego não Industrial), de 1932, por um país-membro que faça parte dessa Convenção, isso implicará *ipso jure* a denúncia imediata da dita Convenção;

c – com referência ao emprego não industrial, conforme definido na Convenção (revista) sobre a Idade Mínima (Emprego não Industrial), de 1937, por um país-membro que faça parte desta Convenção, e é fixada uma idade mínima de não menos de quinze anos, nos termos do Artigo 2º desta Convenção, isso implicará *ipso jure* a denúncia imediata da dita Convenção;

d – com referência ao emprego marítimo por um país-membro que faça parte da Convenção (revista) sobre a Idade Mínima (Trabalho Marítimo), de 1936, e é fixada uma idade mínima de não menos de quinze anos, nos termos do Artigo 2º desta Convenção, ou o país-membro define que o Artigo 3º desta Convenção aplica-se ao emprego marítimo, isso implicará *ipso jure* a denúncia imediata da dita Convenção;

e – com referência ao emprego em pesca marítima, por um país-membro que faça parte da Convenção sobre a Idade Mínima (Pescadores), de 1959, e é especificada uma idade mínima de não menos de quinze anos, nos termos do Artigo 2º desta Convenção, ou o país-membro especifica que o Artigo 3º desta Convenção aplica-se a emprego em pesca marítima, isso implicará *ipso jure* a denúncia imediata da dita Convenção;

f – por um país-membro que é parte da Convenção sobre a Idade Mínima (Trabalho Subterrâneo), de 1965, e é especificada uma idade mínima de não menos de quinze anos, nos termos do Artigo 2º desta Convenção, ou o país-membro estabelece que essa idade aplica-se a emprego subterrâneo em minas, por força do Artigo 3º desta Convenção, isso implicará *ipso jure* a denúncia imediata da dita Convenção a partir do momento em que esta Convenção entrar em vigor.

5. A aceitação das obrigações desta Convenção:

a – implicará a denúncia da Convenção sobre a Idade Mínima (Indústria), de 1919, de conformidade com seu Artigo 12;

b – com referência a agricultura, implicará a denúncia da Convenção sobre a Idade Mínima (Agricultura), de 1921, de conformidade com seu Artigo 9º;

c – com referência ao emprego marítimo, implicará a denúncia da Convenção sobre a Idade Mínima (Marítimos), de 1920, de conformidade com seu Artigo 10, e da Convenção sobre a Idade Mínima (Estivadores e Foguistas), de conformidade com seu Artigo 12, a partir do momento em que esta Convenção entrar em vigor.

Fonte: www.dhnet.org.br/direitos/sip/onu/c_a/lex45.htm

/